超简单的国际象棋教程

零基础轻松学 初学者速成宝典

超简单！

超详细标识，一步一步清晰标注行棋路线，一看就懂

超全面！

基本规则、残局、杀法、开局、常见战术、经典战略、名局赏析，一本就够

人民邮电出版社
北京

图书在版编目（CIP）数据

超简单的国际象棋教程 / 洪成浸，邵晖编著. -- 北京 : 人民邮电出版社，2023.11
ISBN 978-7-115-61055-3

Ⅰ. ①超… Ⅱ. ①洪… ②邵… Ⅲ. ①国际象棋－教材 Ⅳ. ①G891.1

中国国家版本馆CIP数据核字(2023)第017092号

内 容 提 要

本书是北京市海淀棋院国际象棋部主任、在少儿国际象棋普及教学领域有二十余年经验的洪成浸教练员，与棋协大师、中国国际象棋协会中级教练员邵晖精心编写的国际象棋入门教程。本书从最基本的国际象棋规则入手，向读者系统地介绍了国际象棋基础知识、国际象棋战术、国际象棋开局和国际象棋战略，并通过超详细的图解形式，一步一步清晰标注行棋路线，让零基础的初学者也能够轻轻松松地学会。书中的重要知识点配有难度适宜的习题和详细解答，方便读者巩固所学内容，并在附录部分提供了国际象棋的小常识和中英对照的常见用语。本书不仅适合国际象棋爱好者自学使用，也可作为培训机构的教学参考书使用。

◆ 编　　著　洪成浸　邵　晖
责任编辑　裴　倩
责任印制　马振武

◆ 人民邮电出版社出版发行　　北京市丰台区成寿寺路 11 号
邮编　100164　　电子邮件　315@ptpress.com.cn
网址　https://www.ptpress.com.cn
北京七彩京通数码快印有限公司印刷

◆ 开本：775×1092　1/16
印张：15　　　　　　2023 年 11 月第 1 版
字数：362 千字　　　2025 年 3 月北京第 2 次印刷

定价：49.80 元

读者服务热线：(010)81055296　印装质量热线：(010)81055316
反盗版热线：(010)81055315

序

中秋国庆双节前，北京老年国际象棋协会会员洪成浸发来了一份书稿，是他和他的弟子邵晖合作编写的国际象棋教材，书名为《超简单的国际象棋教程》，即将由人民邮电出版社出版，邀请我审阅作序。

洪成浸在少儿国际象棋普及教学领域已有二三十年的经验，是北京市的资深国际象棋教练员。他培养了数千名国际象棋小棋手，其中有不少成为了等级棋手，还有的已经晋升为棋协大师。此外，他积极参与组织和主持北京市多个区的国际象棋赛事，策划和主办国际象棋的教练员培训班、裁判员培训班、国际象棋软件应用培训班和国际象棋教师培训班，有着丰富的少儿国际象棋教学经验和组织大型国际象棋活动的经验。他在各项国际象棋普及活动都中表现出了积极负责的精神、创新的意识和特别的热情。邵晖是一个通过自学成为国际象棋棋协大师的年轻人，几年前也开始从事国际象棋教育工作。他了解国内外最新的国际象棋信息，对教学工作有着自己独特的见解，是一名优秀的国际象棋教练。

据我所知，洪成浸和邵晖多年前就开始策划编写适合少年儿童的国际象棋教材，早有一部翻译作品出版。他们这次为编写这本《超简单的国际象棋教程》又投入了大量的时间，付出了巨大的精力。他们参考了国内已出版的国际象棋入门读物和国外出版的同类教材，从最基本的国际象棋规则入手，向读者介绍了国际象棋基本知识、国际象棋基本战术、国际象棋开局和国际象棋战略。最后一章介绍了大师实战对局中的战略战术和思维，这些都是国际象棋初学者的学习内容。相信读者一定能从《超简单的国际象棋教程》这本书中得到需要的知识，轻轻松松地学会、下好国际象棋，逐步进修，通过培训、比赛，成为一名优秀的国际象棋棋手。

著名棋艺理论家

1958 年全国国际象棋冠军

中国首位国际象棋国际级裁判

徐家亮

2023 年 10 月 4 日于北京

前言

虽然国际象棋有着几千年的历史，但它在理论和竞技方面的突破直到近两百年前才出现。自威廉·斯坦尼茨成为第一位世界棋王之后，经过多代棋手的努力，如今的国际象棋已成为逻辑严谨、理论完备的智力竞技项目。

实际上，在过去的一个世纪中，国际象棋与前沿学科的发展息息相关。几十年前，国际象棋棋手成为心理学家们研究人类认知和学习奥秘的重要实验对象，对认知心理学的发展起到了推动作用。同时，国际象棋计算机对弈程序的发展推动了近几十年计算机和人工智能技术的进步。1998 年，IBM 的“深蓝”击败了世界冠军卡斯帕罗夫，这是计算机发展历史上的重要事件，也标志着计算机智能转变的开端。同时，计算机技术的进步也极大地促进了国际象棋的发展。计算机在国际象棋中展示出超越人类的对弈思维，棋手们通过运用对弈程序，进一步优化了国际象棋的理论，推动了对开局更深入的研究和对弈水平的发展。计算机从人类的助手转变成了人类的老师。如今，加入神经网络的国际象棋对弈程序已达到人类无法比拟的水平。

也许不久的将来，人类将完全解开国际象棋的奥秘。现在，人类已经运用计算机解出了 7 个棋子以内的所有局面的最优走法，涵盖了 423（万亿）8368（亿）3566（万）7331 个局面，而解决 8 个棋子内的所有局面问题也已在超级计算机的能力范围内。国际象棋的教育价值也在全球逐步凸显。在科技高速发展的时代，国际象棋作为纯粹的决策模型，能培养逻辑思维，因此成为越来越多国家小学的必修课，如俄罗斯、德国、法国、亚美尼亚等。

对于青少年，国际象棋具备寓教于乐的优势，且在培养思维能力的同时不压抑儿童的创造性。在轻松愉快的学棋过程中，儿童的专注力、分析能力、批判性思维、抽象思维和坚毅品质等素质可以得到充分的锻炼。此外，国际象棋也能够提升自我价值感、内在修养和反思能力。在高速发展、竞争激烈的现代社会，参与国际象棋比赛有助于青少年以积极的心态面对压力和挑战。对于患有自闭症、多动症、注意力缺陷等心理疾病的青少年，国际象棋也能起到一定的治疗作用，帮助他们获得更健康的人生。

2023 年，中国国际象棋取得历史性进展，丁立人在阿斯塔纳成为国际象棋棋王，实现了中国国际象棋棋手在男子、女子个人及男女团体赛中夺冠的四项棋坛最高荣誉的目标。这对于中国几代棋手是激动人心的时刻。本书记录了几十年来中国棋手在世界比赛中奋力拼搏的光辉历程，为初学者全面介绍国际象棋知识，并为初学者提供便于掌握的知识要点和建议。书中还介绍了国际、国内的国际象棋重要人物和竞赛制度，希望读者通过国际象棋了解世界，参与其中。愿国际象棋也能成为你毕生的朋友。

本书是两位作者的第二次合作，上一本《国际象棋入门教程（全彩图解版）》在出版后受到广大读者欢迎。希望本书能为读者带来新的启发和帮助，为国际象棋的普及贡献微薄之力。

目录

第1章

1

国际象棋的规则

RULE OF CHESS

国际象棋的棋盘和棋子

国际象棋的棋盘是一个由 8×8 个，共计 64 个格子组成的正方形，棋盘中的格子深浅相间排列。通常，我们将浅色格称作白格，深色格称作黑格。

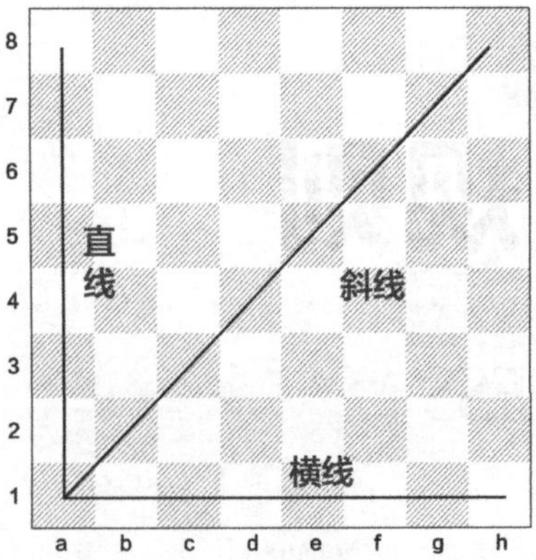

国际象棋的棋盘上有 3 种基本线路，分别为直线、斜线和横线。

从白方视角看，棋盘左半部分区域称为后翼，右半部分称为王翼。

棋盘中央的 4 个格子组成的区域称为中心。

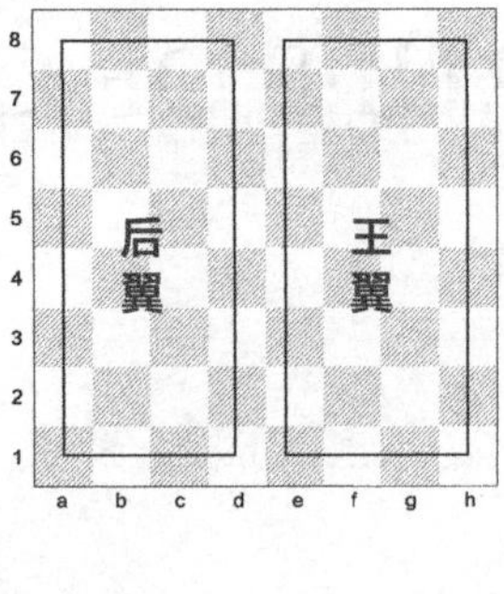

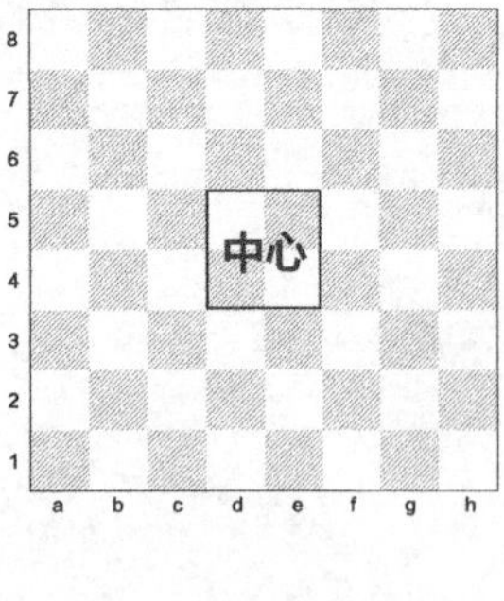

初始局面的摆法

古代的军队在正面交战时，双方军队为了更好地发挥各兵种的功能，都需要在交战前部署阵型。国际象棋是模拟战争的游戏，每一盘对局以一种相同的阵型开始。下面两图展示的是一盘国际象棋对局的初始局面。在本书的后续内容中，我们都将使用这样的图例来展示实际的局面。

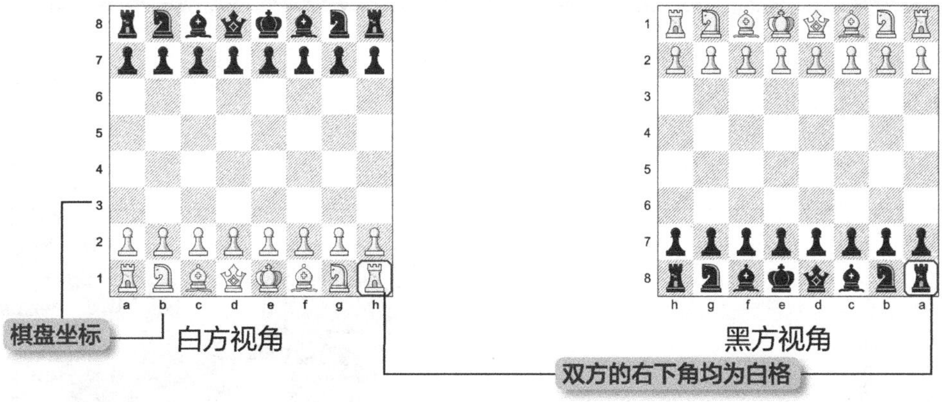
棋盘坐标
白方视角
黑方视角
双方的右下角均为白格

国际象棋的对局中，使用浅色棋子的一方称白方，开局时摆在坐标所示的第 1、第 2 横线，使用深色棋子的一方称黑方，摆在第 7 和第 8 横线。下棋时由白方先走，之后双方交替走棋。

认识棋子

在国际象棋中，双方各有 16 个棋子，棋子的种类和数量如下所示：

棋子名称　王（1 个）　后（1 个）　车（2 个）　马（2 个）　象（2 个）　兵（8 个）

棋子形状

棋子图示

摆棋的方法

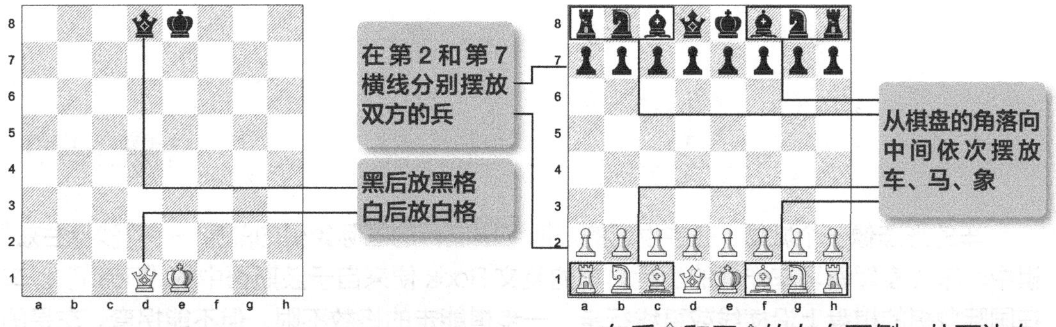
在第 2 和第 7 横线分别摆放双方的兵
黑后放黑格
白后放白格
从棋盘的角落向中间依次摆放车、马、象

在棋盘底线的中央位置，摆放后♕和王♔，后的颜色与棋盘格的颜色一致，王则相反。

在后♕和王♔的左右两侧，从两边向中间依次摆放车♖、马♘、象♗ 3 个棋子，之后在前方摆放己方的 8 个兵♙。

车的走法

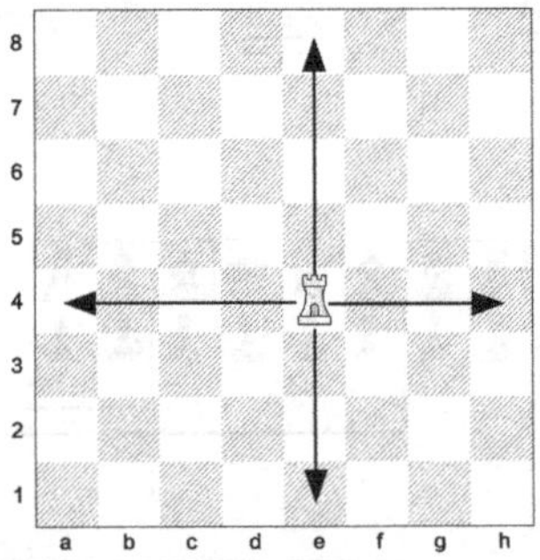

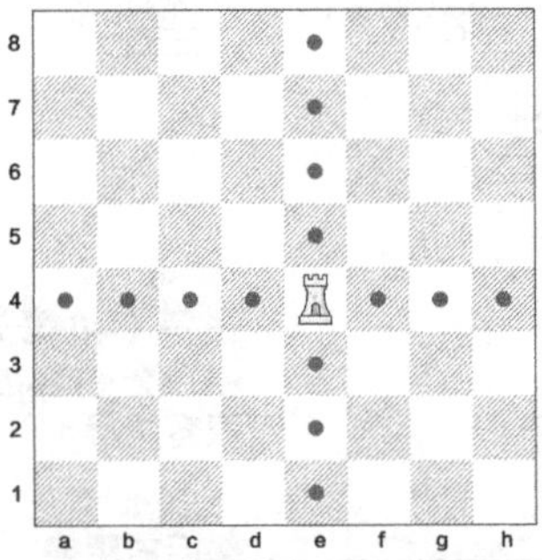

车走直线和横线

车的形态像一个城堡。在中世纪的波斯帝国流行的国际象棋的前身——“沙特兰兹”棋中，车代表驾着马车作战的士兵。车的英文 Rook 便来自于波斯语中的“Rukh”。车在国际象棋的棋盘上沿横线或直线行走，一步棋能走的格数不限，但不能拐弯。车是国际象棋中威力较大的棋子，最多可以走到 14 个不同的格子。

车的走法和吃子规则

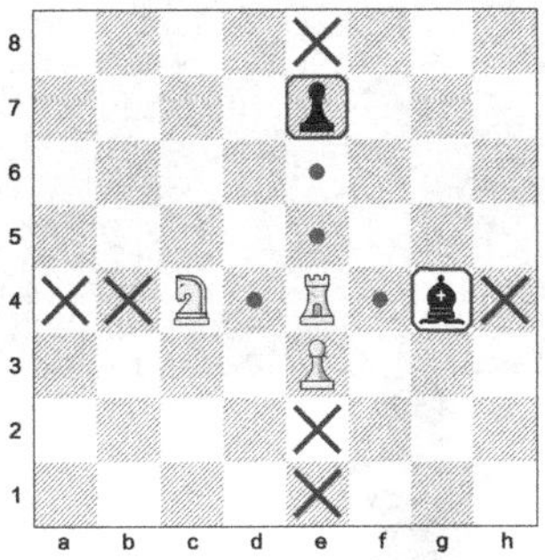

在国际象棋中，多个棋子并不能放置在棋盘的同一个格子上。当车的行走范围内存在其他棋子时，车不能越过它们，不论是己方还是对方的棋子。

当对方的棋子在车的行走范围内时，车可以将该棋子吃掉 (Capture/Take)。被吃掉的棋子将从棋盘上拿掉，不再参与当前对局后续的战斗。

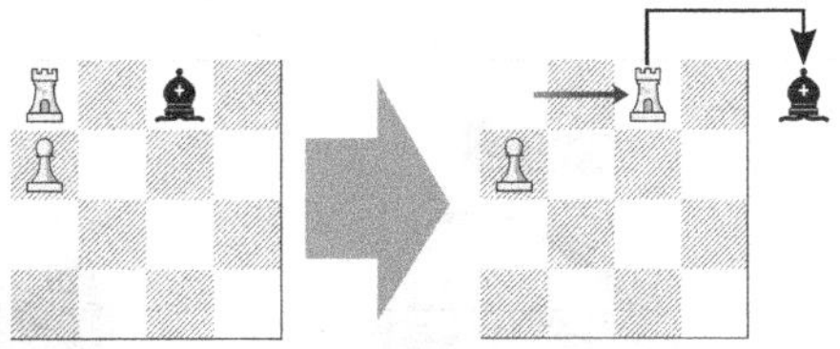

国际象棋中的吃子方式：将己方棋子走到对方棋子的格子，同时将对方棋子拿掉。

小心对手的攻击！

当你了解了棋子的走法和吃法之后，你需要明白的一件很重要的事情是：对手的棋子是同样可以吃掉你的棋子的。所以在下棋时，不要将棋子走到对手棋子可以吃掉的位置。

也就是说，对方棋子的行走路线时常是你的棋子的危险地带，一定要小心！

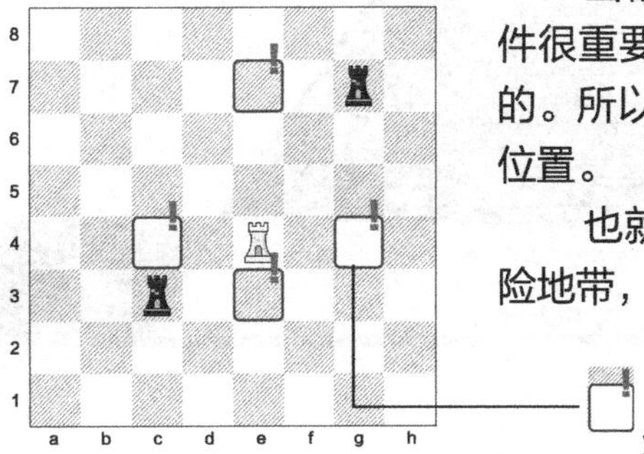

所示为白车行走的危险地带，走到这些位置将会被黑车吃掉。

习题：根据车的走法规则，图中标识的格子，哪一个是车可以行走的位置？是哪一个车可以走到这个位置？

1.

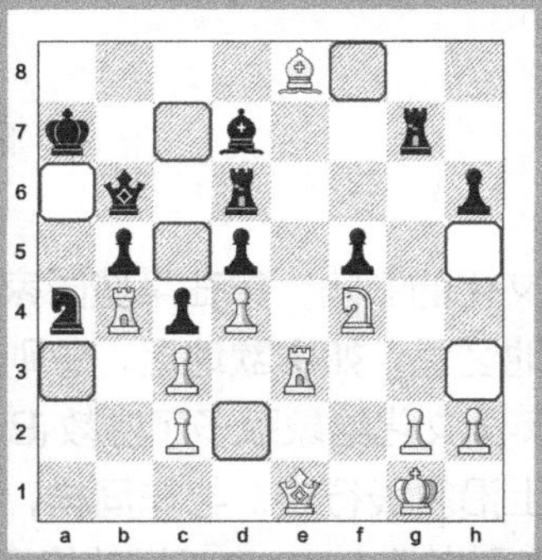

2.

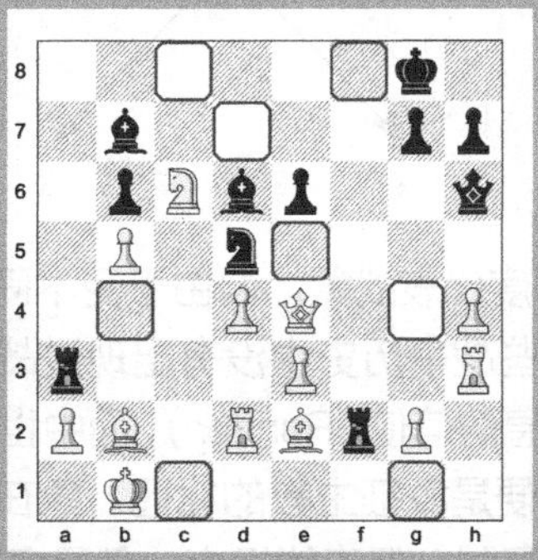

象的走法

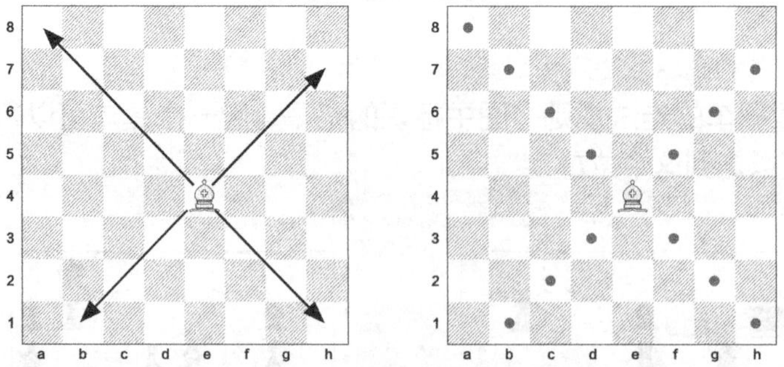

象在古印度代表战象。但由于受不同国家文化的影响，象在某些国家也有一些其他的名字。在某些战争历史中没有出现过战象的地区里，如中欧地区，象则代表古代战争中徒步传递消息的信使（Runner），而中世纪的英国文化给象赋予了主教(Bishop)的意思，当今象的符号便是象征主教的礼冠。象在棋盘上沿斜线行走。与车同样，象一步棋能走的格数也没有限制，但不能拐弯。象最多可以走到棋盘上 13 个不同的格子。

象的走法规则

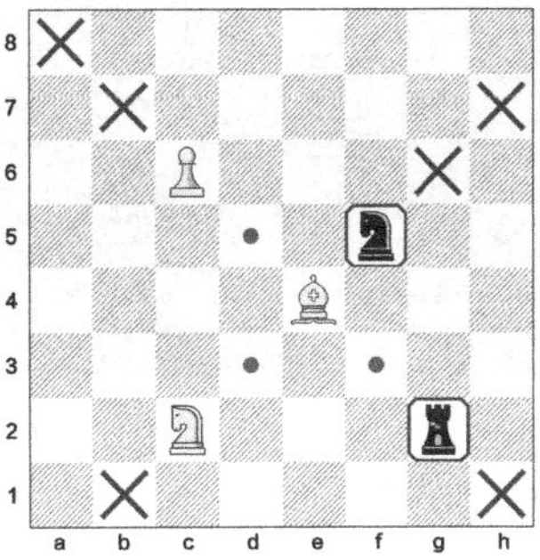

象和车的行棋规则有类似之处，当象的行走范围内存在其他棋子时，象不能越过它们，不论是己方的还是对方的棋子。当对方的棋子在象的行走范围内，象可以将该棋子吃掉。

象的独特属性

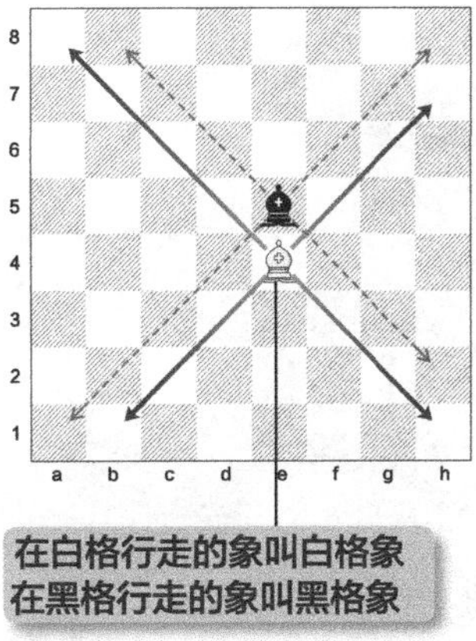
在白格行走的象叫白格象
在黑格行走的象叫黑格象

由于象只能走斜线，这使得国际象棋中的象的走法存在一个特殊的性质——只能在一种颜色的格子行走。在白格的象无法走到黑格，在黑格的象也无法走到白格，它们永远无法相遇。换句话说，对于一个象而言，它的活动范围永远只有棋盘的一半。

于是，我们可以用象所在格的颜色来特指某个象。在白格行走的象为白格象，在黑格行走的象为黑格象。对弈时，每方棋手各有一个白格象和黑格象。摆棋时请看看是不是这样。

习题：图中标识的格子，哪一个是象可以行走的位置？是哪一个象可以走到这个位置？

3.

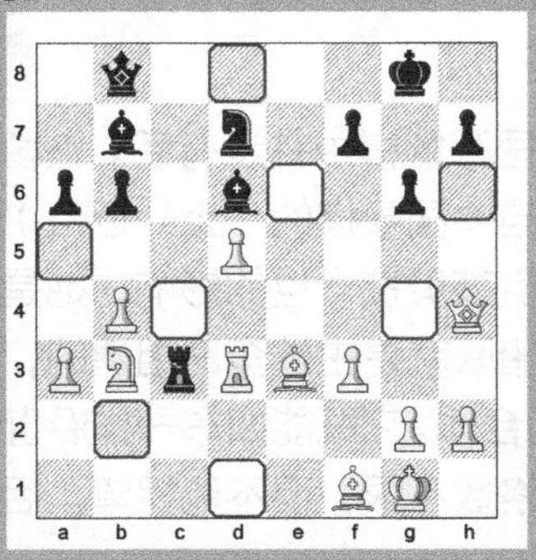

4.

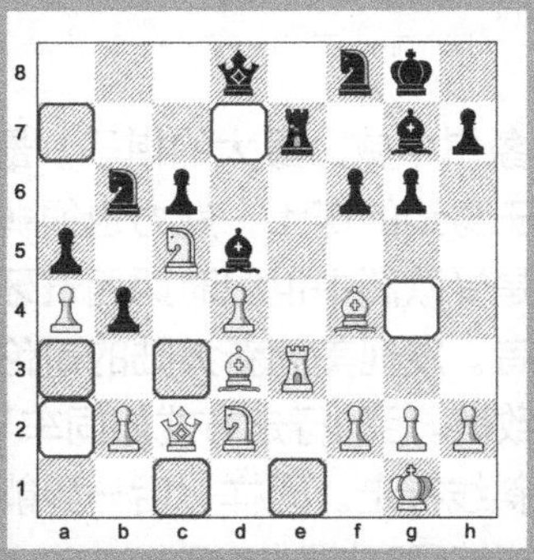

后的走法

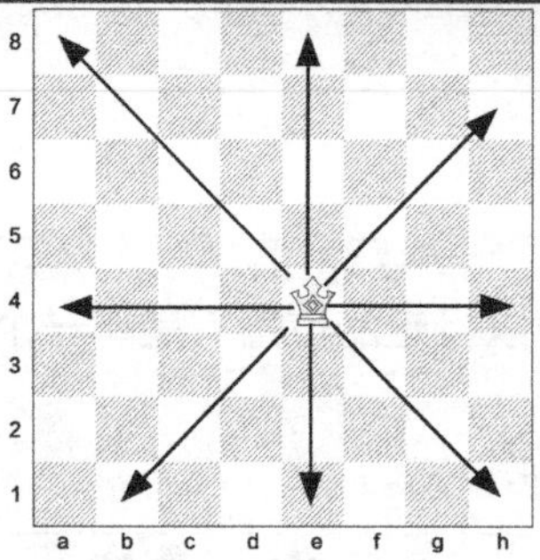

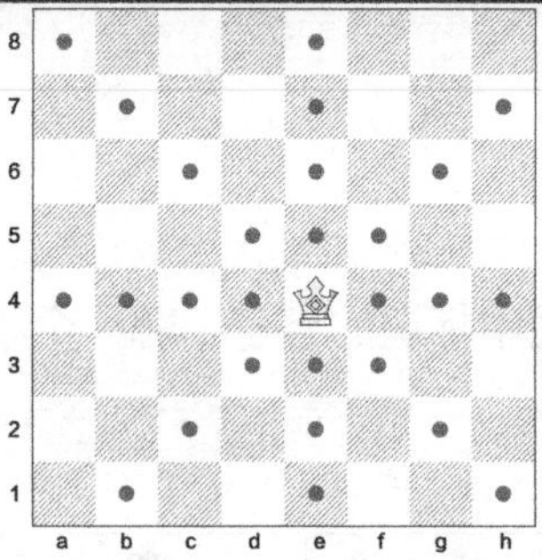

后走直线、横线和斜线

后是国际象棋中威力最大的棋子。最早的国际象棋中并没有后。被替换的棋子，原先象征的是国王身边的谋士，威力也很弱小（与中国象棋的“士”近似）。之所以会演变成后，或许是受欧洲中世纪时期西班牙女王伊莎贝拉一世的影响，她是当时欧洲最伟大的女性统治者。发现美洲新大陆的哥伦布的船队就是由她资助组建的，这一棋子的创新便是向她的致敬。后的行走方式如同车与象的合体。它既能如车一样沿直线、横线行走，也可如象一样斜线行走。同样，后一步能走的格数不限，但不能拐弯。后是威力最大的棋子，它最多能够同时控制棋盘上的 27 个格子。

后的走法规则

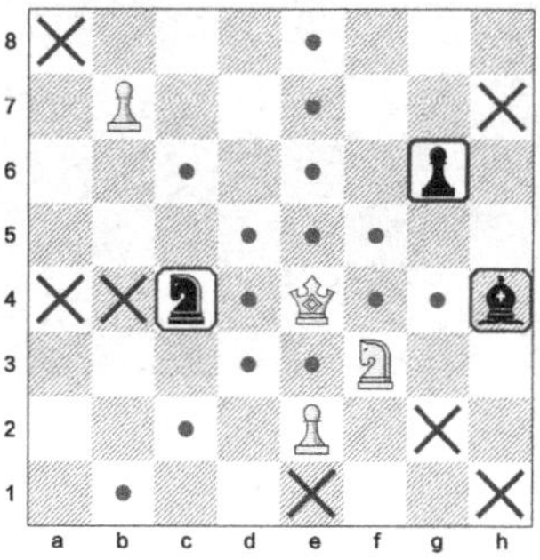

由于后在国际象棋中的功能相当于一个车加一个象，因此，运用好后在国际象棋中至关重要。同样，后不能越过棋子。但是如果对手的棋子在它的行走范围内，我们可以将它们吃掉。

有趣的八个后问题

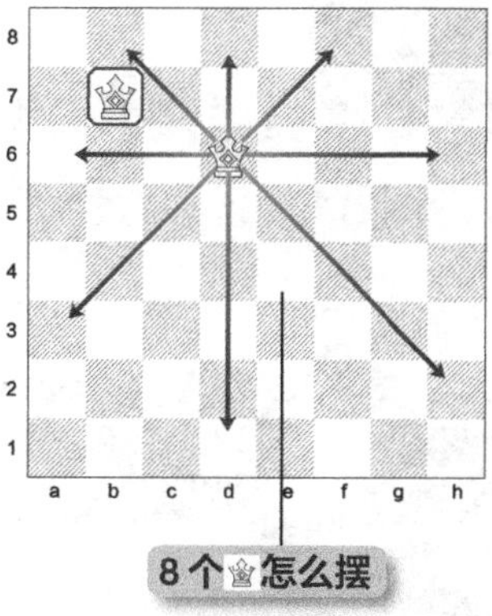

八个后问题是由一位德国人马克斯·贝瑟尔（Max Bezzel）在 1848 年提出的一个数学问题，问题要求将 8 个后放在棋盘的不同位置，如果两两之间均不占据相同的线路，便算作一种正确的解法。

历史上的多位数学家均深入研究过八个后问题。现今我们已经得出结论，八个后问题共有 92 种解法，如果将旋转和翻转的答案算作同一种解法的话，最多只有 12 种解。有兴趣的读者可以将兵♙当作后♕，在自己的棋盘上尝试一下。本章习题答案中附有 12 种基本解法。

习题：图中哪一个格子是后能走到的位置？是哪一个后可以走到该位置？

5.

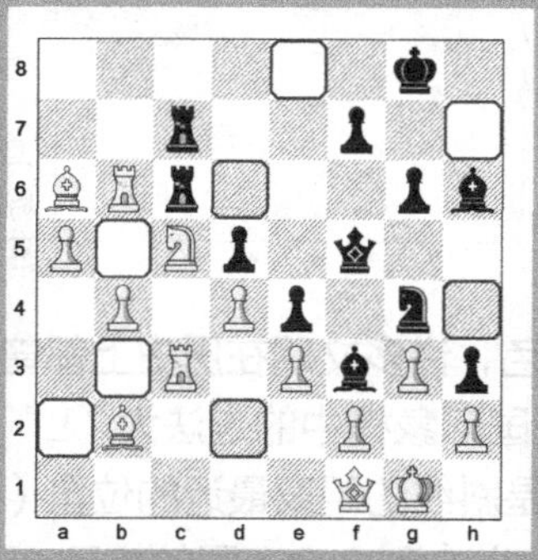

6.

马的走法

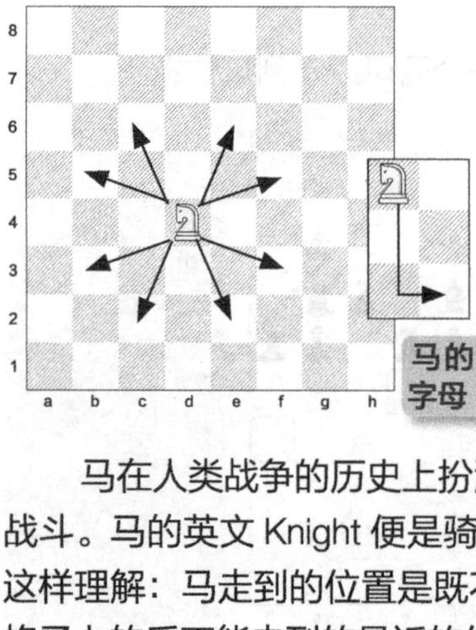

马的走法像英文字母“L”

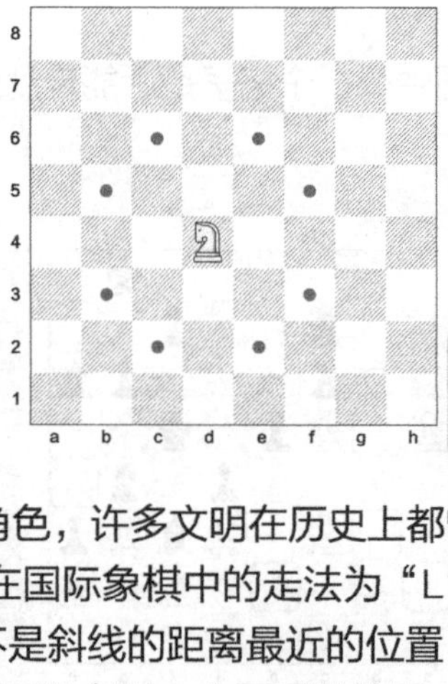

马走到的位置是除了直线和斜线外距离最近的位置

马在人类战争的历史上扮演着很重要的角色，许多文明在历史上都曾运用骑兵进行战斗。马的英文 Knight 便是骑士的意思。马在国际象棋中的走法为“L”形，你也可以这样理解：马走到的位置是既不是直线、也不是斜线的距离最近的位置（也就是同一个格子上的后不能走到的最近的位置），马最多可以走到 8 个不同的格子。

马的走法规则

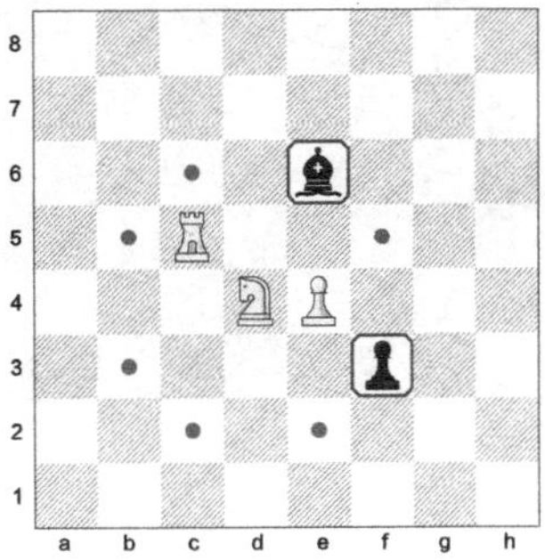

马是国际象棋中唯一可以越过其他棋子走棋的子。不论这个阻挡马的棋子在任何方向上，马均可跳过。

马可以越过其他棋子

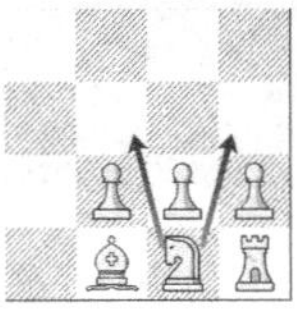

越过己方棋子走棋　越过对方棋子吃子

马的变色属性

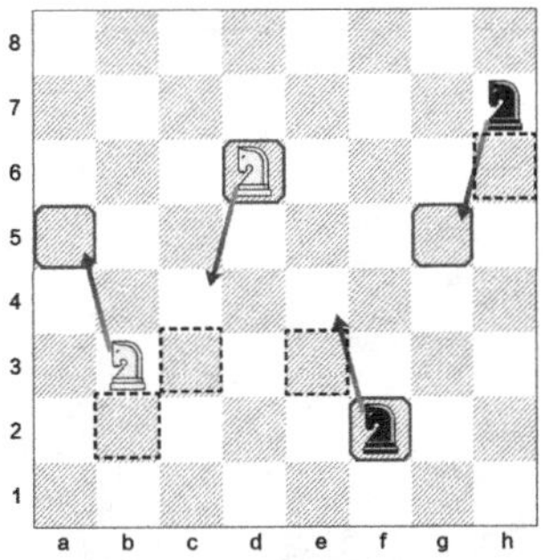

马的每一步都会变换所在格子颜色

国际象棋中的马在走棋时，每一步所占据的棋盘格颜色都会发生变化。在黑格的马一定走到白格，在白格的马一定走到黑格。

一个关于马的数学问题——“骑士的旅行”问题

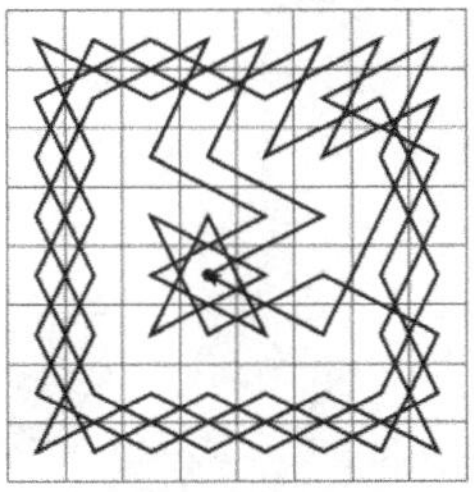

当马在棋盘上任一位置连续行走时，若它只能经过每个棋盘格一次，并且当它最终走遍所有的棋盘格时，如果它最后一步走到的格恰好可以返回起始格，这便算作一种正确的解法。试试看，你能不能给马设计出一种这样的路线？

这一问题经过数学家们的探索，最终被发现共有 26 万亿多（26534728821064）种解法。

习题：图中哪一个格子是马能走到的位置？是哪一个马可以走到该位置？

7.

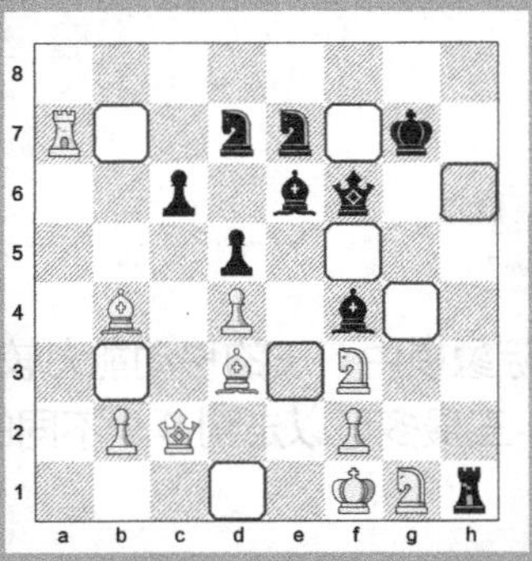

8.

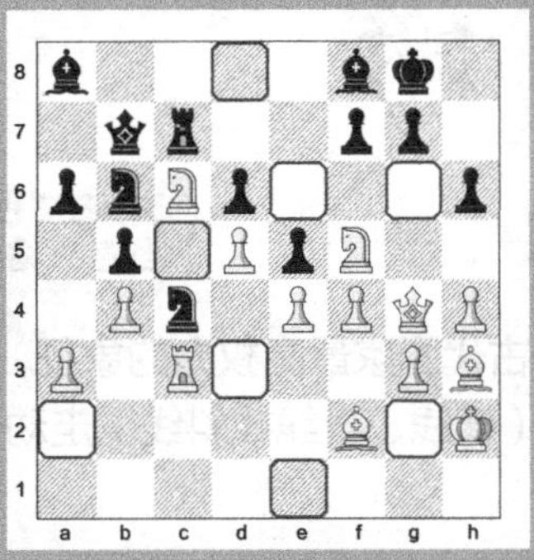

王的走法

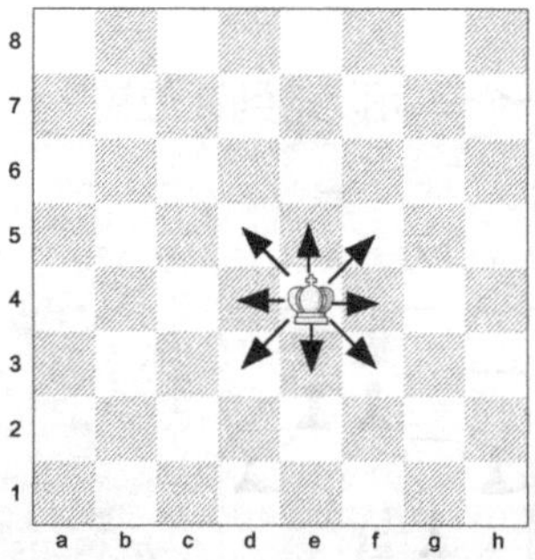

王的走法是横线、直线、斜线各一格

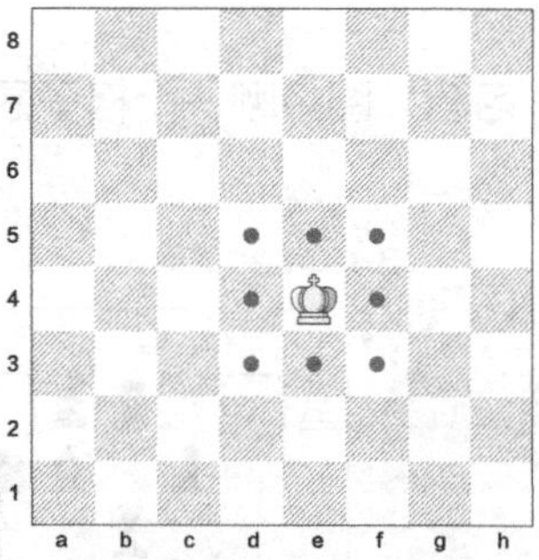

王是一个古代国家最高权力的象征，在国际象棋中，王的移动能力较弱，它每次只能沿任意方向（横线、直线或斜线）走动一格。王最多可以走到 8 个不同的格子。

王的走法规则

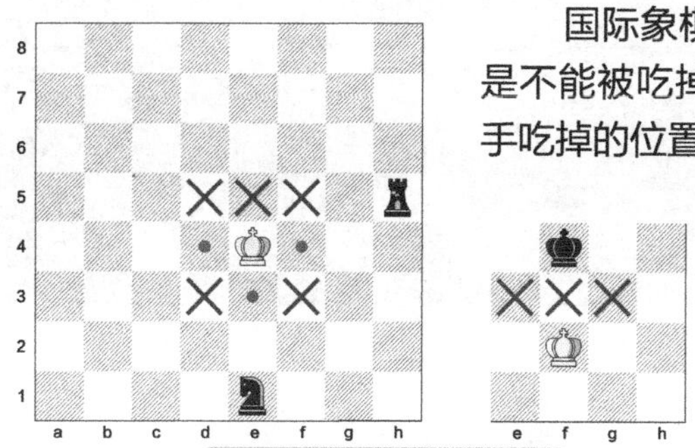

不能把王走到被吃的位置

国际象棋中的王是最重要的棋子，在一盘棋当中，王是不能被吃掉的。因此，在走棋时，王不允许走到会被对手吃掉的位置。

中间的 3 个格是双方王都不能走的位置。因为这些位置在对手王的吃子范围内。

王的移动范围

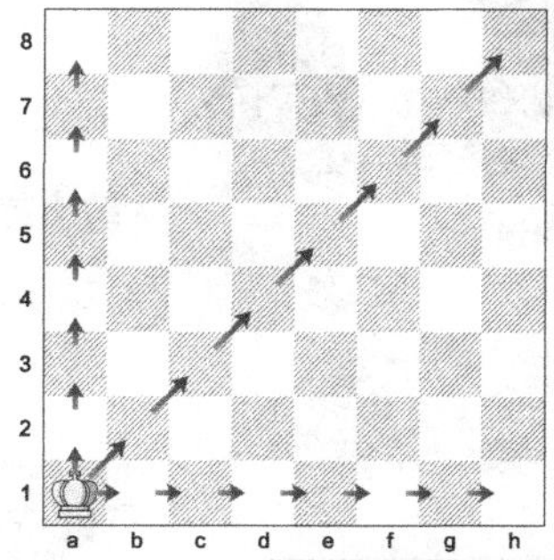

王从棋盘的一角走到另外任何一个角落的步数相同

在国际象棋中，王可以移动到棋盘的任意位置。这与中国象棋中的帅、将是完全不同的。这给了王很大的自由度。但王仍然应该尽可能躲避在一个安全的位置。因为王与一盘棋的胜负有着非常重要的关系（见第 16 页“将军和胜负规则”）。

习题

9.

白王走到目标(圆点)位置，至少需要几步?

10.

黑方不走棋，白王如何走到右上角的格子中?（白王不能吃子）

兵的走法

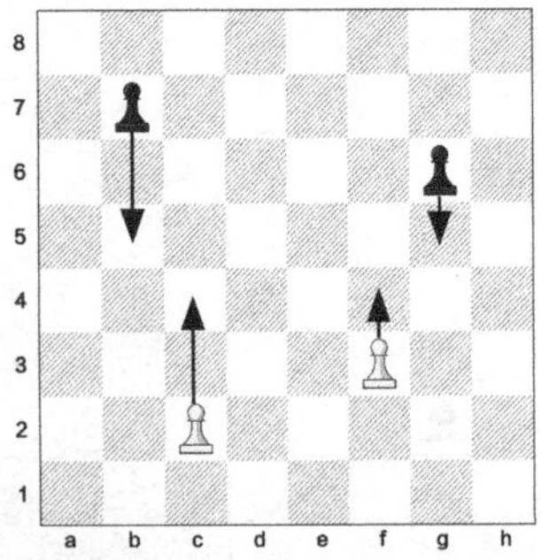

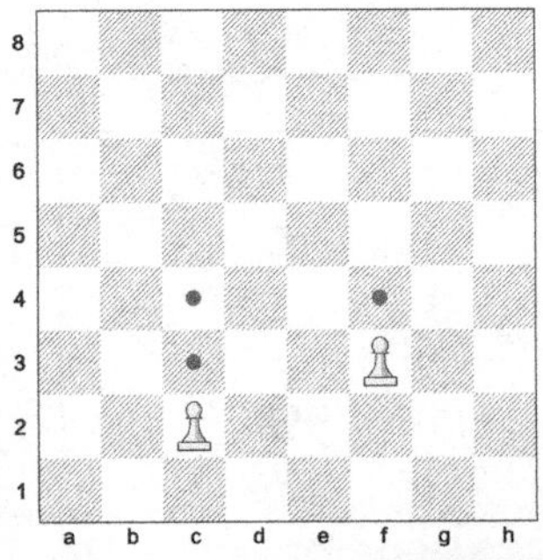

兵通常只能走一格
但第一步可以走两格

兵是国际象棋中最弱小的棋子。兵的走法分为两种，它在任意位置都可向前方（对手的方向）走一格，而在起始位置的兵，还可以选择一次向前走两格（但不能越过棋子）。兵不能后退，也不能沿其他方向行走。

兵的走法规则

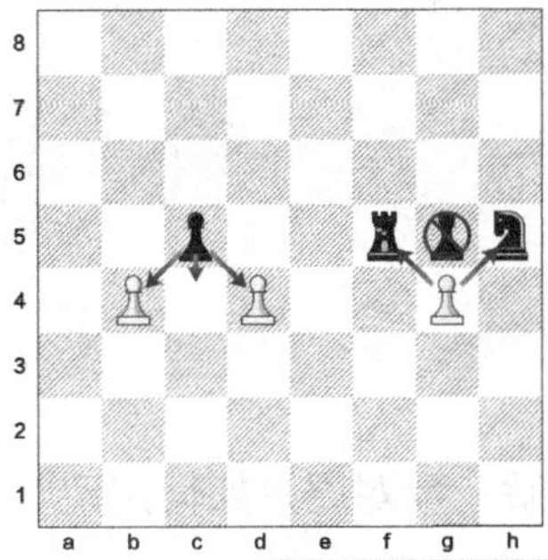

兵的吃法是吃斜前一格
兵不能吃正前方的棋子

兵的吃子方式

兵是国际象棋中唯一一种走法和吃法不同的棋子，虽然兵的走法是向前方走一格，但兵不能吃掉正前方的棋子。兵的正确吃法是，吃斜前方一格的棋子。

兵的防守阵型

鉴于兵的这一走法特性，在实际的对局中，有两种兵的组合形态是很好的抵御对手的方式，它们分别是兵链（Pawn Chain）和联兵（Connected Pawns）。

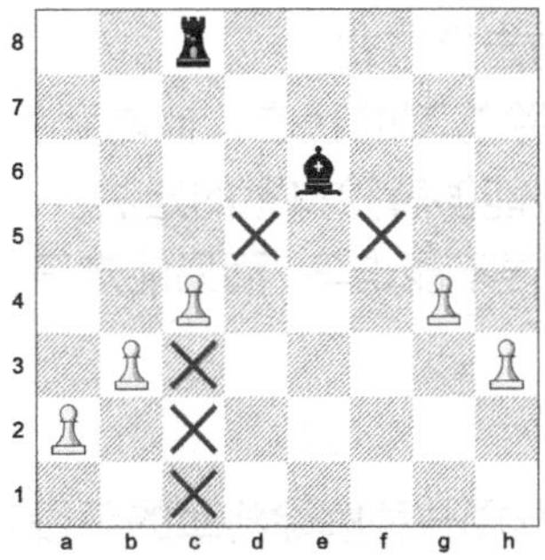

兵链可以协助己方在一些线路上有效抵御对手的直线和斜线行走的棋子。

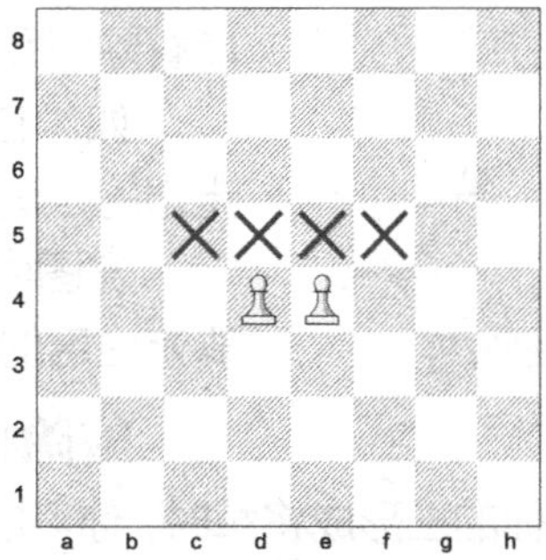

联兵可以提供一定程度的封锁效果，使对方的一些棋子难以逾越，从而发动攻击。

习题

11.

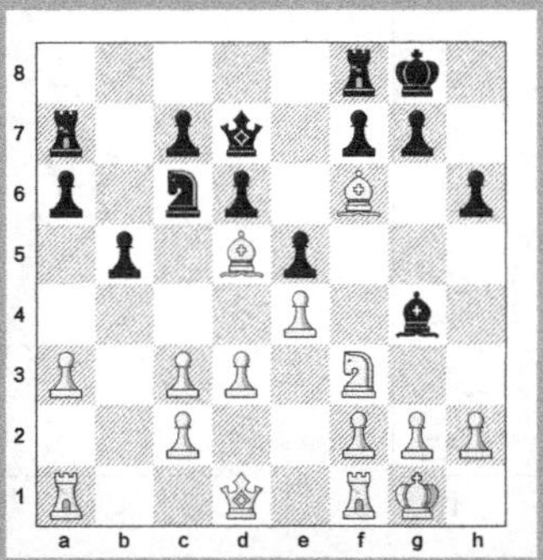

图中的哪个兵可以吃子？

12.

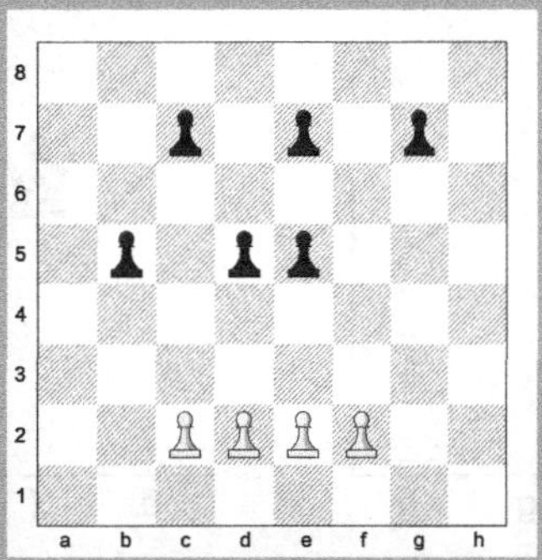

用白兵吃掉所有的黑兵，至少需要几步？

将军和胜负规则

你已经学会了国际象棋的基本走法规则，现在让我们来了解一盘对局是如何判定胜负的。

之前我们提到，王在一盘对局中对胜负有着至关重要的意义。正如古代国家之间的战争一样，如果一国的国王陷入了危险的处境，那么他的国家的命运也就危在旦夕了。

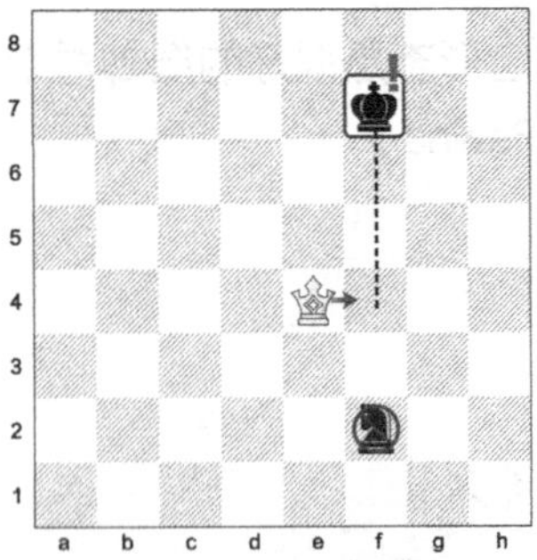

被将军时必须应将

将军

在一盘对局中，当棋局的一方将自己的棋子走到下一步可以吃掉对方王的位置时，这样的走法叫作将军(Check)。此时，被将军的一方必须运用某种方式解除将军，任何不能解除将军的走法都是不合规则的走棋方式。

如果被将军的一方并没有解除将军的状态，他需要将走出的走法退回，并重新走出一步能够解除将军的走法。

左图中，当白后将军时，黑方便不能走马，而只能走王，躲避白后的将军。

解除将军的方式

当对手对你的王形成将军时，你可以根据实际遇到的情况选择一种解除将军的手段，这样的手段又叫应将。在对局中，你可能有 3 种应将方式——躲避对手的将军、吃掉正在将军的棋子或用另一个棋子阻挡将军的棋子对王的攻击。

躲避对手的将军

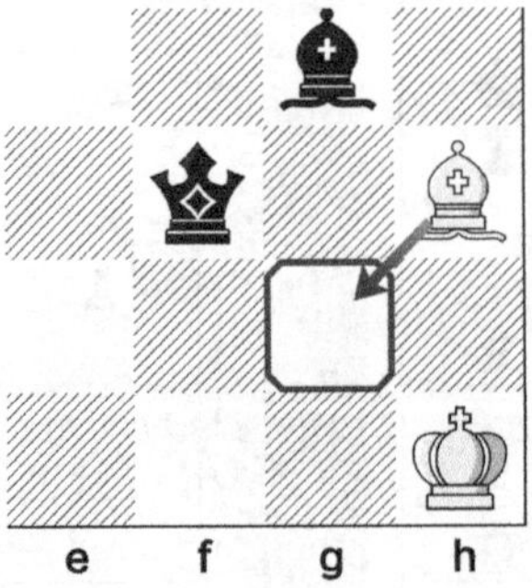

阻挡对手的将军

吃掉将军的棋子

胜负规则——将死对手的王

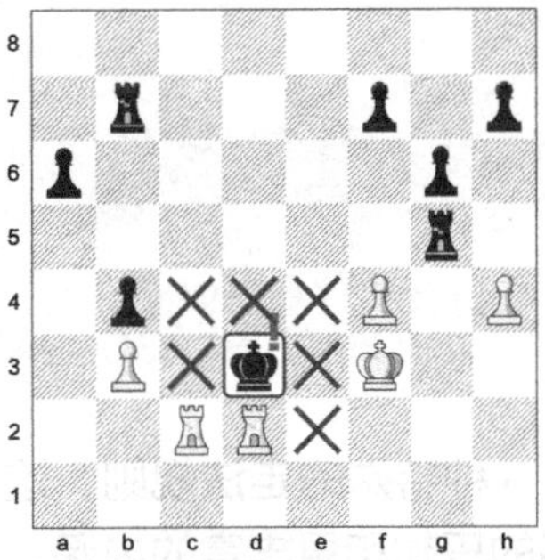

黑王既不能逃跑，也不能吃掉白车或阻挡白方将军，黑王被将死了

当棋局的一方对对手构成将军时，如果对手不存在任何可以解除将军的走法，这种情况叫作将死或将杀(Checkmate)。当一方的王被将死时，对局就宣告结束，王被将死的一方就意味着输掉了这盘对局。也就是说，将死对方的王就是国际象棋对局的胜利目标。

在实际的对局中，并非每一盘对局都是以将杀作为结束的。如果棋局的一方认为自己已经在对局中处于绝对的劣势，并且无法挽回时，他可以自愿放弃继续对局，也就是主动认输。

习题

13.

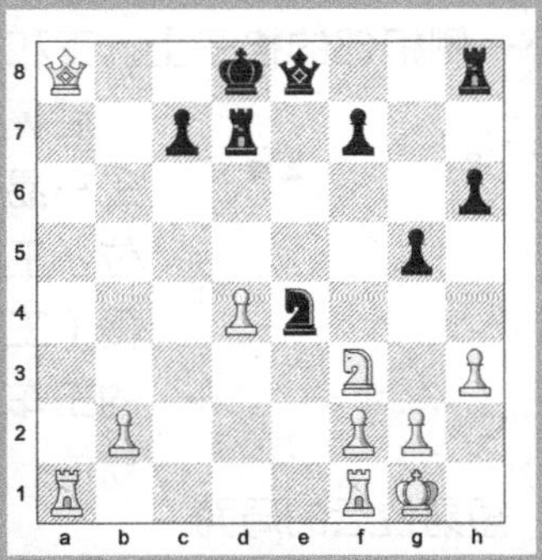

黑方应该如何应将？

14.

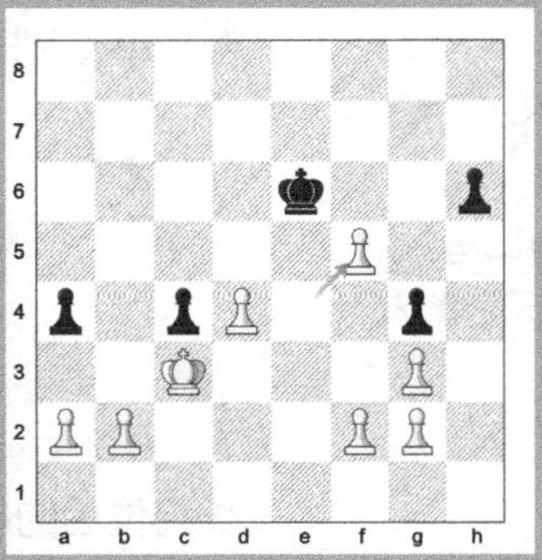

黑方应该如何应将？

15.

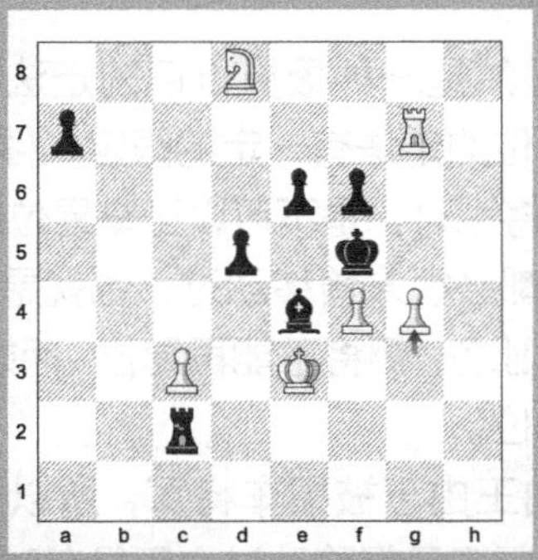

黑王被将死了吗？

16.

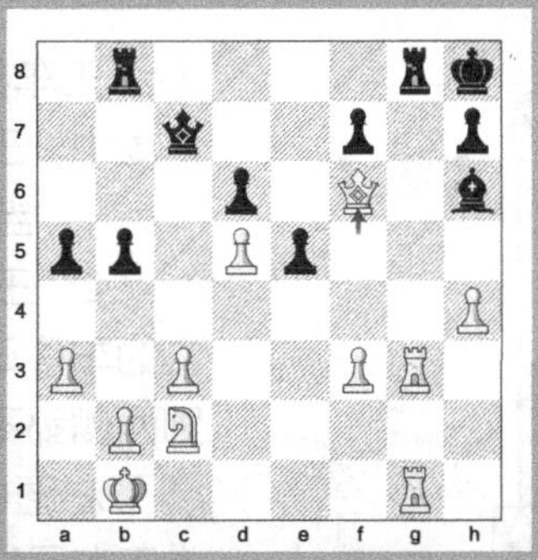

黑王被将死了吗？

特殊的走法规则

在国际象棋中，除了以上我们学习的规则之外，还有另外 3 种特殊的走法规则，这 3 种规则在对局中经常使用，它们的存在为国际象棋增添了更多的乐趣和更丰富的内涵。

王车易位（Castle）

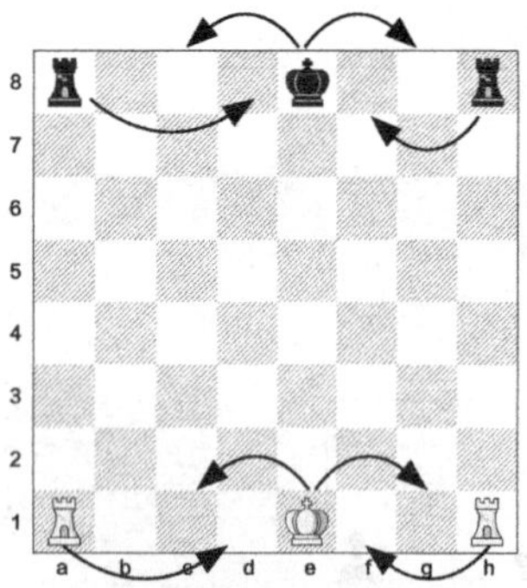

王车易位是一步同时移动两个棋子的走法

王车易位是国际象棋中唯一一种可以同时走动两个棋子的走法，这种走法在实战中有着重要的价值，一方面可以将王躲避到棋盘上更安全的位置，另一方面可以让一个车加入战斗。

王车易位的走法，是将王向左或向右移动两格，之后将车移动到王另外一侧相邻的格子上。王和距离较远一侧（后翼）的车采取的王车易位，也叫长易位，王和距离较近一侧（王翼）的车采取的王车易位，也叫短易位。

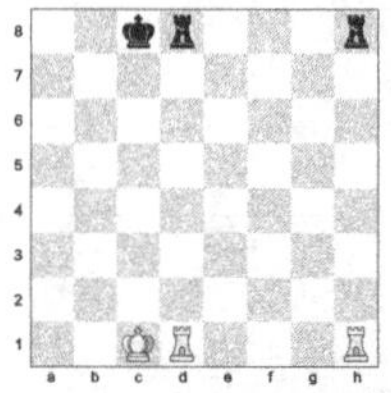

长易位后的局面

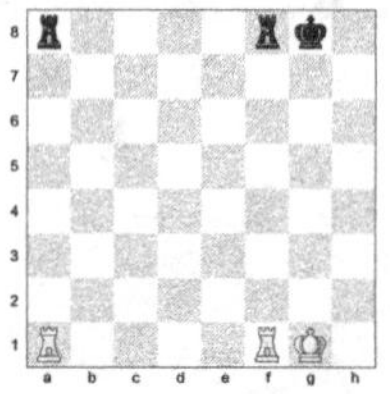

短易位后的局面

王车易位的限定条件

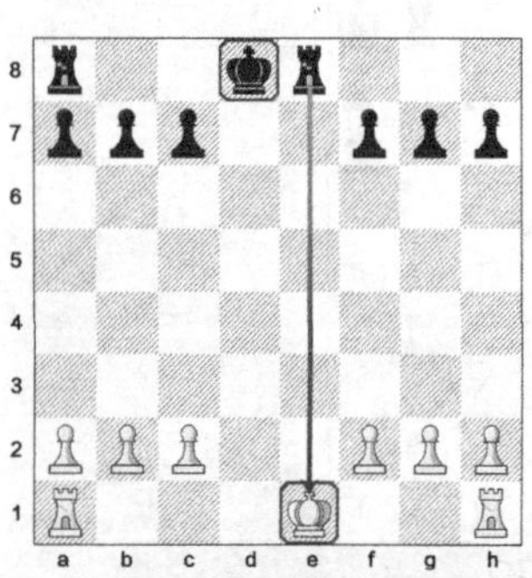

被将军时不能易位
王或车移动过也不能易位

王车易位虽然是一种极具价值的走法，不过在实际对局中，王车易位的走法有一定的限定条件。

1. 当王被将军时，是不可以王车易位的。

2. 王和车都必须未曾移动过。也就是说，如果某一侧的车移动过，则这一侧将不能再易位；而如果王移动过，则两侧都不能易位。

左图中，白王由于被黑车将军，所以白方此时不能走王车易位，而黑王已经移动过，于是在对局后面的走法中，黑方也不能再走王车易位。

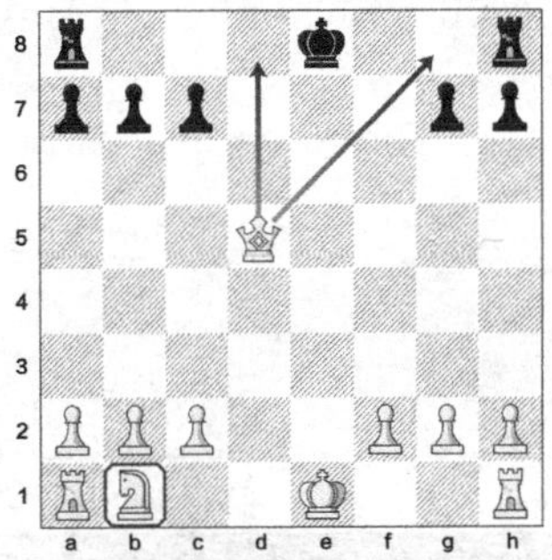

中间有棋子时不能易位
王经过的路线和到达的位置会被攻击时不能易位

3. 当王和车中间仍留有棋子时，王车易位不可行。

4. 如果王在王车易位的过程中会经过对手攻击的格子，或是易位后会到达对手攻击的格子，这样的情况也不能王车易位。这个规则只针对王，不针对车。

左图中，白方可以进行短易位，但由于后翼的马尚未出动，因此他无法长易位，而黑方的王无论试图长易位或短易位都将经过白后控制的棋盘格，因此黑方此时是无法易位的。

兵的升变（Promotion）

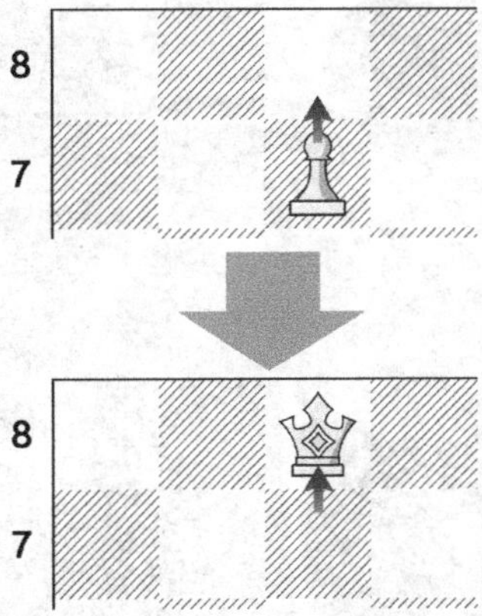

兵走到对方的底线可以升变

当兵走到对面的底线时，可以选择将兵直接晋升成后、车、马、象中的任何一种棋子（兵冲到底线与换成新的棋子算作一步棋），这种走法叫兵的升变，这是对它英勇冲锋的奖赏。在实际的对局中，这可以大大提升取胜机会。

兵的升变不受棋局开始时棋子数量的限制，所以当兵升变以后，升变方出现多个后或两个以上的车、马、象，都是可能的。

吃过路兵（En passant）

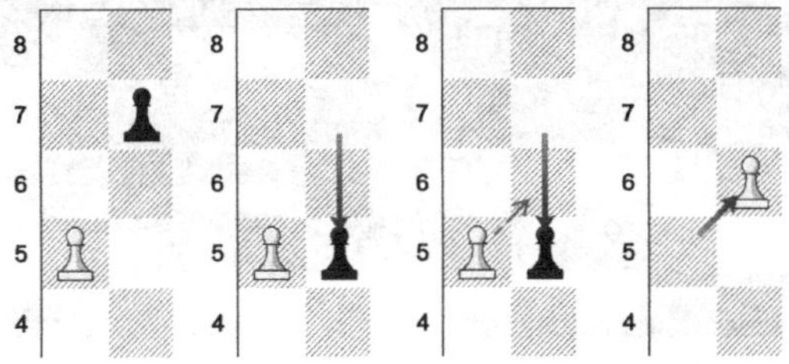

吃过路兵必须在对方走完兵后立刻进行

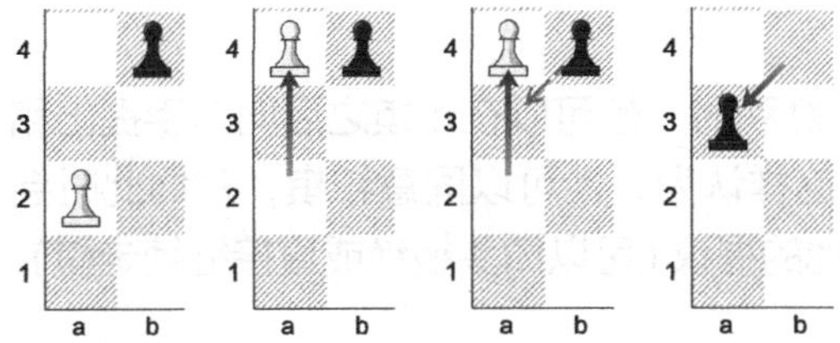

吃过路兵是一种兵的特殊吃子方式。当白方的兵在第 5 横线时（黑方则是第 4 横线），如果对方旁边线路的兵冲两格，则正好冲到兵的同一条线的一侧上，这时我们可以将它吃掉，这种吃子方式就叫吃过路兵。

需要注意的是，若要选择走吃过路兵，必须在对方的兵冲两格之后立即吃掉，若放弃吃兵，在后续的走法中，将失去这一走法选择。

黑方吃过路兵时的行棋方式如左图所示。

和棋的规则

现在我们已经知道，将死对方的王是一盘对局的最终目标。但是，在一些对局中，可能会出现一些特殊的情况，使得双方无法分出胜负，这样的对局就会以和棋结束。

协议和棋（Draw by agreement）

当对局中的一方认为该盘对局双方都无法胜利时，他可以在走棋之后向对手提出和棋 (Draw Offer) 的建议。如果他的对手也同样这样认为，他可以同意和棋，对局此时会以和棋直接结束。当然，他的对手也可以拒绝他的提议 (可以口头拒绝或直接继续走棋)，这样对局就将继续进行。

逼和规则 (Stalemate)

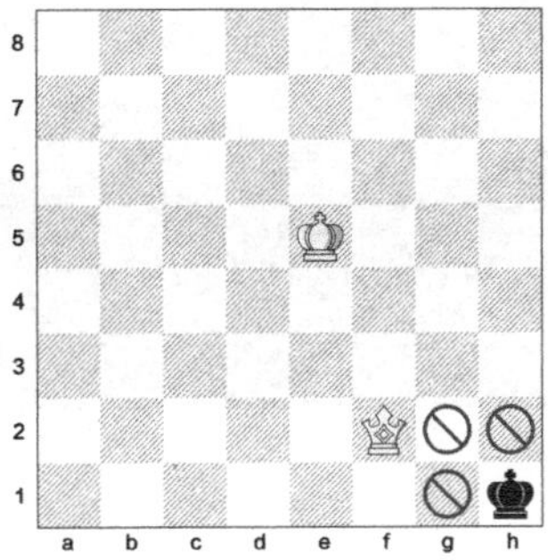

黑方按照规则无法移动棋子

之前，我们学习了国际象棋的胜负规则，但现在我们要注意以下局面中的情况。

现在轮到黑方走棋，他的王已经无路可走，这个局面是白方胜利吗？

不是，黑王虽然移动到任何位置都会遭到白方将军，并且黑方也没有其他棋子可走，但最重要的是，在当前局面下，白方并没有制造将军。

当对局中出现这种未被将军，应当走棋却无子可动的情况时，这被称为逼和 (Stalemate)。逼和在实际的对局中是防守方的最后一种防御手段，在残局中有着非常重要的意义。

三次重复局面和棋（Threefold repetition）

在一盘棋的对弈过程中，若先后出现了 3 次完全相同（棋子位置相同，走棋方相同）的局面，这样的对局也会算作和棋。

如果一方可以持续不断地制造将军且防守方无论如何都无法规避，当他坚持将军时将必然导致局面会重复出现 3 次，这种情况又叫长将和棋 (Perpetual Check)。

五十回合和棋规则（Fifty-move rule）

在双方对局的过程中，如果出现了在连续 50 个回合（双方各走一步为一回合）内，双方都没有走动过任何一个兵，也没有吃过任何一个棋子时，对局一方的棋手可以提出和棋的要求。在实际的比赛中，经过裁判核实对局走法记录后，对局将会被判为和棋。

子力不足（Insufficient material）

如果在对弈的局面中，双方无论如何都没有将死对手王的可能，这样的局面也是和棋。这种和棋一般只在残局剩余子力极少时才会出现。在实际的比赛中，双方均出现子力不足时，对局即刻结束。

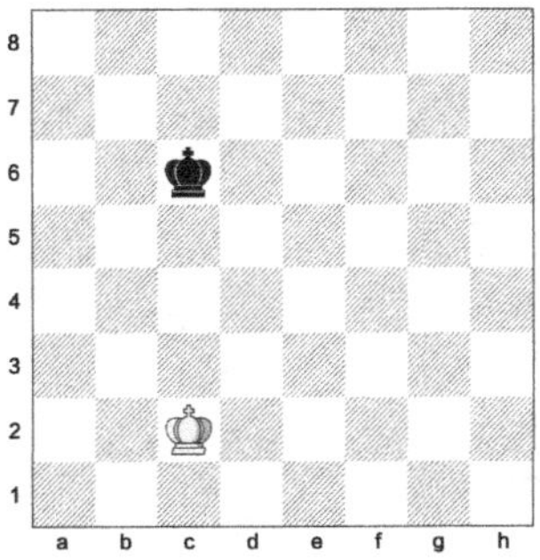

子力不足有如下几种情况：

1. 双方均仅剩王的情况下；
2. 一方仅剩王，而另一方剩余王和一马或一象时；
3. 双方均只剩一王一象，且象的颜色相同时（同是白格象或同是黑格象）是和棋。

国际象棋的记谱法

国际象棋的对局是对弈者创造力的结晶，古往今来的大师们的杰作，倘若不能记录下来岂不是太可惜了？为了让对局的过程保存下来（一方面可以为实际对局的过程提供更切实的依据，另一方面也便于棋手在对局后进行总结提高水平），人们设计了多种国际象棋的棋谱记录方式。

如今最流行的记谱方式被称作代数记谱法。这也是世界国际象棋联合会 (FIDE) 指定的比赛要求的记谱方式。

标准的记录方式分成完整记录法和简易记录法两种。

下图便是一盘使用简易记录法记录的职业比赛对局棋谱，右上角标注了对局结果。在国际象棋比赛中，胜积 1 分，和棋积 0.5 分，负积 0 分。0-1 代表黑胜，白胜的记录方式是 1-0，和棋的记录方式是 1/2-1/2 或 0.5-0.5。

□ *Carlsen,Magnus (2822)* ■ *Bu,Xiangzhi (2710)*

棋赛 *FIDE World Cup*

轮次 *3.1* 日期 *09.09.2017* 结果 *0-1*

ECO *C55: 双马防御*

1	e4	e5	21	Bxd5?	cxd5
2	Bc4	Nf6	22	Re3	Rxe3
3	d3	Nc6	23	Bxe3	g5-+
4	Nf3	Be7	24	Kf2	gxf4
5	0-0	0-0	25	Qf3	fxe3+
6	Bb3!?	d6	26	Nxe3	Qh2+
7	c3	Be6	27	Kf1	Rg8
8	Re1	Qd7	28	Qxf5+	Rg6!
9	Nbd2	Rab8!?N	29	Ke1	h5?!
10	Bc2	d5!?	30	Kd1?	Kh6
11	h3	h6	31	Nc2	h4
12	exd5	Nxd5	32	Ne1	h3
13	Nxe5	Nxe5	33	Nf3	Qg2
14	Rxe5	Bd6	34	Ne1	Qg4+
15	Re1	Bxh3!	35	Qxg4	Rxg4
16	gxh3	Qxh3	36	Nf3	Rg1+!?
17	Nf1	Rbe8	37		
18	d4	f5	38		
19	Bb3	c6	39		
20	f4	Kh7	40		

2017 年世界冠军卡尔森对中国棋手卜祥志的一盘棋谱记录

国际象棋的记谱法

在“国际象棋的棋盘和棋子”这一节，我们曾提到，棋盘的两侧存在数字和字母，这些是用来标注国际象棋棋盘格位置的坐标。根据这个坐标，每一个棋盘格都有独特且固定的名称。在记录坐标时，我们先记录直线的坐标（字母），再记录横线的坐标（数字）。

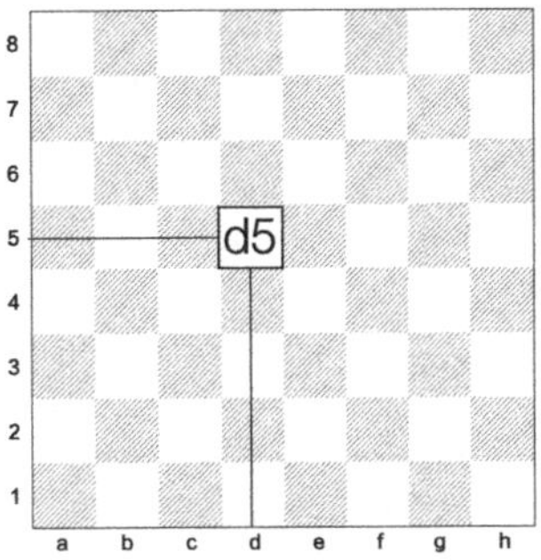

记录棋盘格时，先写直线对应的英文字母，再写对应横线的数字。

书写棋盘格坐标时，为与棋子进行区分，对应直线用英文的小写字母

所有棋盘格的名称

认识了棋盘格的坐标之后，现在我们来认识棋子的书写方法。

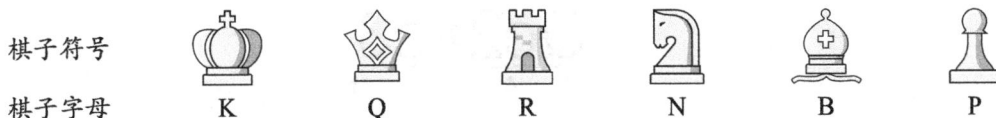

棋子符号

棋子字母 K Q R N B P

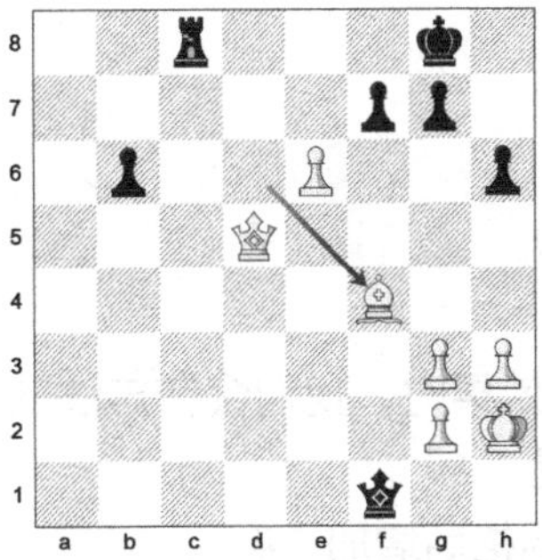

对于左面棋盘中的走法，我们可以用完整记录法和简易记录法记录如下。

完整记录法：

Bd6—f4

棋子符号 起始格 移动符号 目标格

简易记录法：

Bf4

棋子符号 目标格

在简易记录法中，起始格的名称和移动符号均省略不记。

对于简易记录法来说，如果存在两个棋子可以同时走到相同位置的情况，会用两个棋子不同的线路加以区分，例如 Rfd1 或 N3d2

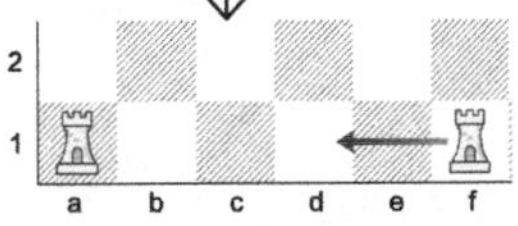

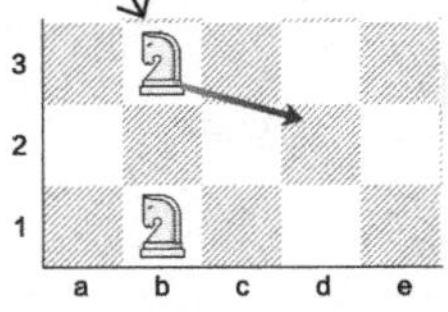

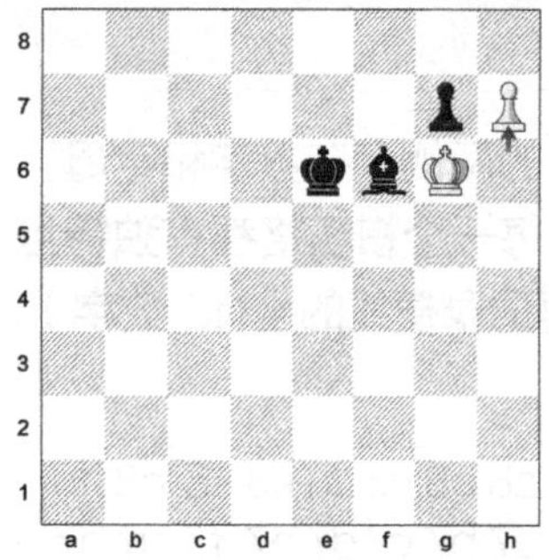

兵的棋子符号 P 是省略不写的

对于兵的走法而言，棋子符号是省略的，无论是完整记录还是简易记录的方式都不需要书写。也就是说，当你看到走法前面并没有出现字母时，就应明白这步棋是兵的走法。

完整记录法：

简易记录法：

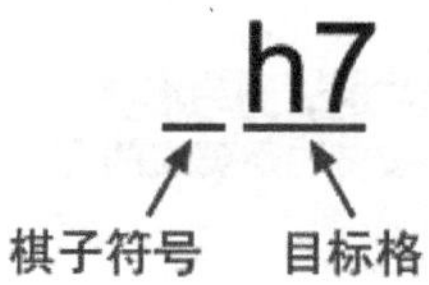

当走法中包含吃子时，我们会在目标格前方写上“×”作为吃子的记号。

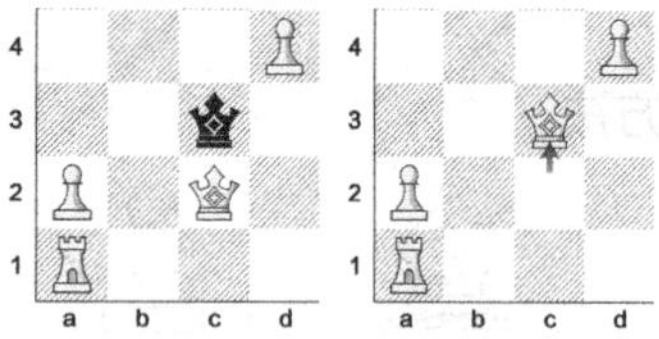

完整记录法：

简易记录法：

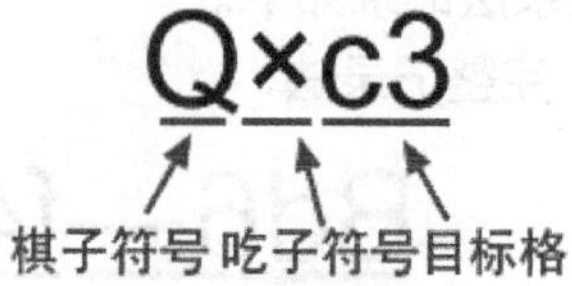

当走法具有将军或者将死的效果时，我们会在走法的结尾进行标注，表示将军的符号是“+”。

如果将死对方的王，则在目标格后增加“#”。

完整记录法：

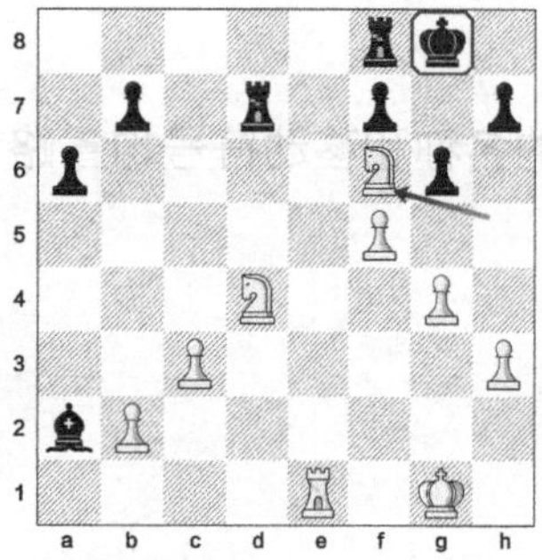

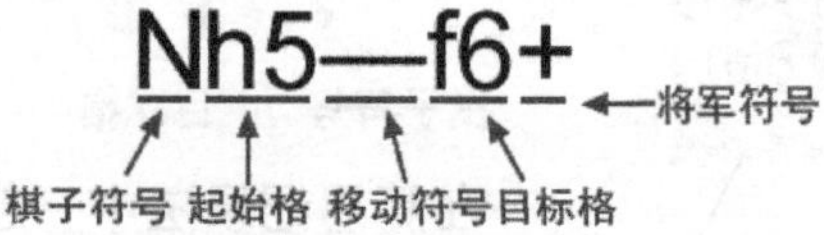

简易记录法：

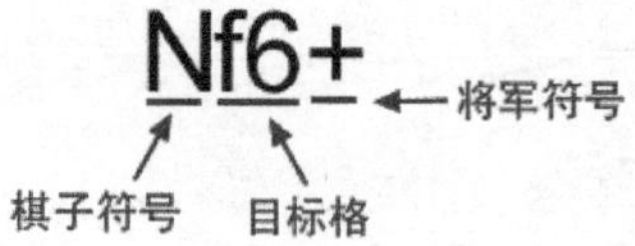

特殊走法的记录方式

对于国际象棋中的特殊走法，也有相应的记谱方式。

王车易位的记法

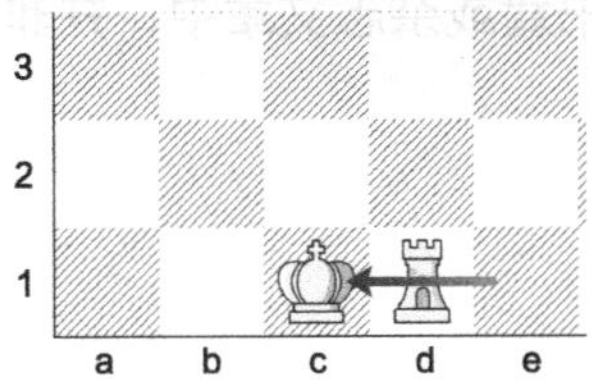

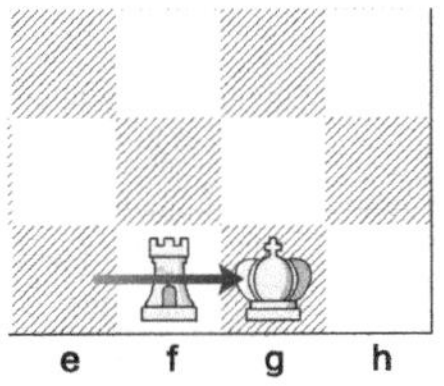

长易位的记法：

O-O-O

短易位的记法：

O-O

吃过路兵的记法

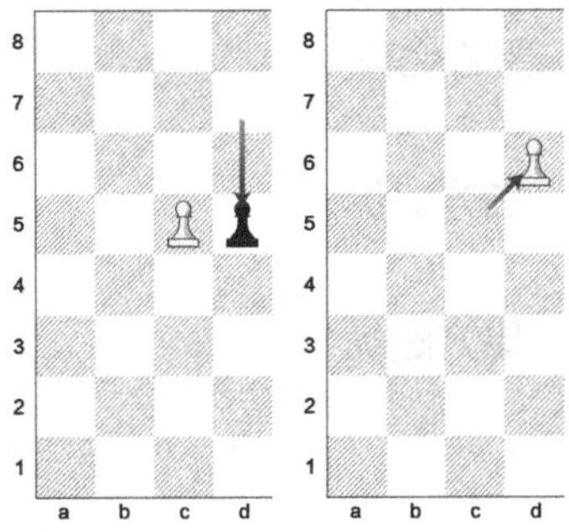

吃过路兵可按照正常的记法来书写，需要注意兵在吃子时在吃子符号前写的是兵离开的线路。

完整记谱法：

c5xd6

起始格 吃子符号 目标格

简易记谱法：

cxd6

起始线路 吃子符号 目标格

兵在吃对手兵时，可以只写两条直线的线路

cd

起始线路 被吃小兵的线路

也可使用缩写

e. p.

(e.p. = en passant ，是吃过路兵的法语缩写)

兵的升变的记法

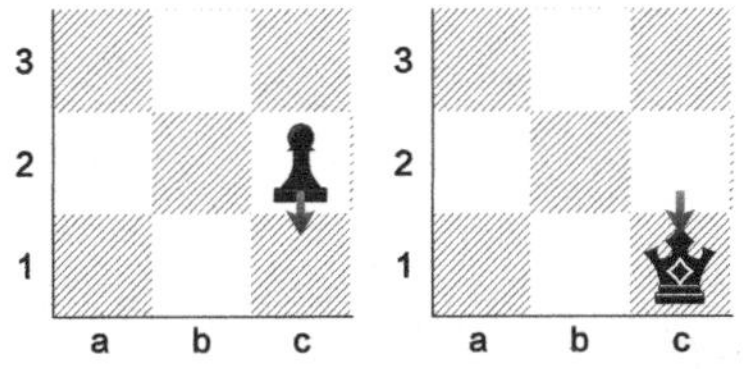

兵的升变的记法是，在正常记法的后面增加“=”和要升变的棋子符号，在简易记法中可以省略。

c2—c1 = Q

起始格 移动符号 目标格 升变符号和要升变的棋子

简易记谱法：

c1Q

目标格 升变的棋子

棋局评注符号

在本节首页的对局棋谱图中，细心的读者还会看到某些走法后标注了如“！”或“？”这样的符号，这是棋局结束后，棋局评论者对双方走法标注的一些评注符号，用来表示对走法或对局局势好坏的判断。评注符号一般出现在国际象棋书籍或杂志文章中，并非对局者需要书写的符号。

常见的评注符号如下：

！！ 妙棋	= 均势
! 好棋	+- 白方胜势
!? 有趣的着法	-+ 黑方胜势
?! 有疑问的着法	+/- 或 白方优势
? 坏棋	-/+ 或 ∓ 黑方优势
?? 败着	+/= 或 ± 白方略优
∞ 局势不明朗	=/+ 或 ∓ 黑方略优
=/∞ 有补偿的	
→ 有攻势的	
↑ 有先手	
⇄ 有反击	
N 开局新着	
○ 开局出子优势	

国际象棋的棋钟、对局礼仪及规范

国际象棋的棋钟（Chess Clock）

棋钟是在国际象棋比赛中用来记录双方用时的一种计时器，两面显示的分别为双方棋手在这盘对局可以继续使用的剩余时间。棋钟上方有一个像跷跷板一样的按钮，当一方按下按钮时，会使对手一侧的按钮抬起，这时对方棋钟上的倒计时就会走动，反之亦然。

使用棋钟一方面可以分别记录双方的对局用时，另一方面也可以避免拖延对局时间的行为。当一方的用时归零，意味着他超出了用时限制，简称为超时（Time Forfeit），此时对局通常会直接被判负（本节尾会讲解例外的情况）。

棋钟最早是在 1883 年被发明出来的，而带加时功能的棋钟的发明则是前国际象棋世界冠军菲舍尔的功劳。如今棋钟几乎被普及到了所有的棋盘对弈游戏和比赛中，无论是中国象棋、围棋还是日本将棋，等等。

在当今比赛里，棋钟的时限设定有以下几种常用的模式。

1. 包干制（No increment）：双方在一开始就固定总用时，例如在世界大赛中，规定前 40 回合的双方用时各为 120 分钟包干，这意味着对局的双方均必须在属于他的 120 分钟内完成自己前 40 步棋的对弈。

2. 加秒制 (Increment)：由于电子棋钟的普及，加秒制的运用得到了大力推广，在快棋比赛中经常被使用。当一方走棋并按下棋钟按钮之后，他的倒计时会按照比赛的规定增加相应的秒数，也就是说，他每一步棋都可以在基础时间上增加少量额外的可用时间。在描述国际象棋的对局用时要求时，通常以分钟 + 秒数表示，例如“15+10”表示的是双方各有 15 分钟用时，并且每走一步再在个人时间上附加 10 秒用时。

对局礼仪与规范

国际象棋是两个人智慧的交锋、是一场激烈的战斗，但也只是一个游戏，对局里的对手，是对局外的朋友。

认输时，可以主动向对方伸手示意
协议和棋被对方接受之后，双方亦会握手致意

握手礼

在对局开始前，双方应握手致意，这是国际象棋比赛延续百年来的传统，在对局结束时，也是如此，无论是一方认输，还是两方确认和棋。在国际象棋的国际比赛中甚至规定，对局的一方若不与对手握手且不以另一种合理的方式向对手致意，并且在比赛裁判的要求下也不这样做时，他就会被直接判负。

行棋的规范

在对局时，每一步的走法都要用一只手来走。王车易位时，应当先移动王，再移动车到目标位置。如果先触摸了车，则应当走车，而不能再王车易位。若需要按棋钟，同样也要用同一只手进行。

比赛中走棋和按棋钟需要用同一只手进行

摸子走子，落棋无悔

对局时，任何的反悔行为都是违反对局的公平原则的。因此一旦触摸了某一个棋子，我们就必须移动它，除非它完全无法移动；若是触摸了对方的棋子，且自己的某个棋子可以吃掉它时，则必须将对方的这个棋子吃掉。

走棋时，一旦棋子从手中放开到了某个棋盘格中，就表示这步棋已经走完，此时就不再允许进行改变。

摆正棋子

若认为棋盘上的某个棋子位置不端正，应提前向对方说明，才可进行摆正，在轮到对手走棋时，不能摆正棋子。

不合规则的走法

当对局中的一方没有应将或者送王（走王到被将军的位置），或走了其他不符合国际象棋规则的走法时，这样的走法都是违例的，应当恢复到之前的局面继续进行。在正式的比赛中，违例通常还会被施以一定的处罚，两次违例会被裁判直接判负。

对于超时和违例判负的一种例外情况的说明

比赛中，当一方的棋钟用时超出了时限，而对手却不存在任何可能的将死他的王的方式时，例如对手只剩下了王（即便自己在之后的所有局面都走出最差的走法，对手也不能杀王），这时对局仍然会被判和棋。

同样的，两次违例犯规也是如此。例如在面对对手的单王时，由于某种原因走出了第二次不合规则的走法，这在比赛中并不能认定他两次违例输棋，而是应当认作和棋，因为单王一方无论如何都无法取胜。

例如，单马对单象残局通常两个人都无法取胜，单马对单王是一种子力不足的和棋情况。但是若白方在对局中超时，他的最差走法可以使黑方将死他的王，因此白方仍会判输。

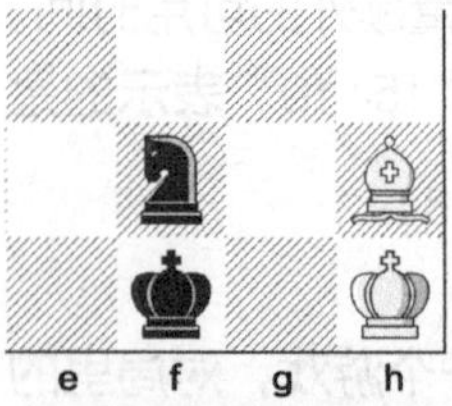

单马对单象是可能出现杀王局面的，因此不是子力不足和棋，不过在实际情况下（由于加秒制的存在），对局通常都会以议和结束

第 2 章

2

国际象棋基础知识

BASIC KNOWLEDGE

残局基本杀法

现在你已经知晓了国际象棋的规则，但在进入实战之前，你仍需要掌握一些赢棋的基本要领，这样才能快速地帮助你取得胜利。首先，要学习一些杀王的技巧。

当对手仅剩下王时，你仍需要把他的王将死才能取得胜利。实力强大的棋手或许会时常在王被将死之前就主动认输（因为某些残局杀法在他们看来是非常简单的，他们确信以对手的实力一定可以完成杀王），但我们必须保证，在面对顽强抵抗、拒绝认输的对手时，能有可靠的方法来结束战斗。

在这些基本杀法中，目前你需要掌握双车杀王、单后杀王和单车杀王的技巧，但为了让你感受国际象棋中子力配合的魅力，我们也会告诉你双象杀王和马象杀王的方法。

双车杀王

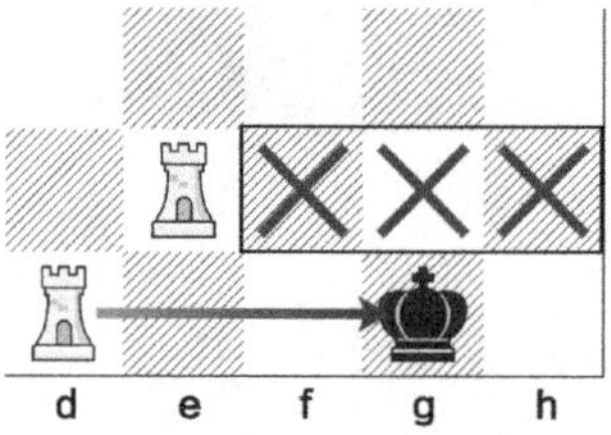

王在边线时，双车并排控制两条线即可杀王

双车杀王是一种最简单的多子配合的杀王方法，其基本图形如图所示。双车杀王时，不需要己方王的参与，一个车封锁王的逃跑路线，另一个车在一条边线将军即可将杀。然而，实战中的王时常并非处在边线的位置，因此我们往往需要在杀王之前进行一些准备。

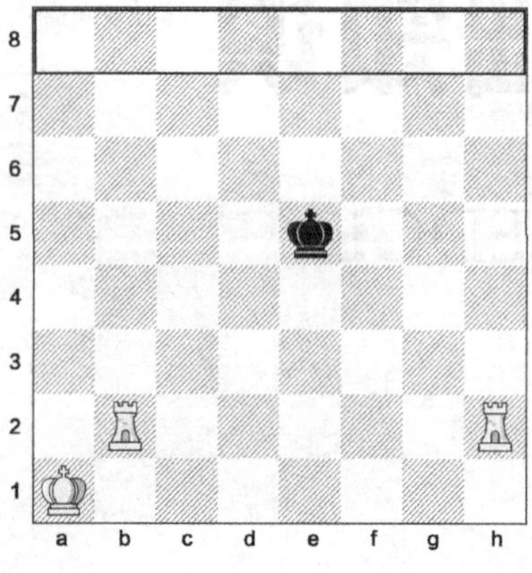

双车杀单王的一般步骤

我们假设黑方的王在一个距离边线最远的位置——中心格上。

这时，我们要做的第一个步骤便是确定要将王驱赶到棋盘的哪一条边线。在此，我们可以准备在上方的底线将死黑王，也就是说，我们此时第一步的计划是，将王驱赶到上方的底线。

计划性在国际象棋中至关重要，率先制订计划会为我们接下来的行棋指明方向

实施双车杀王

我们已经明确了第一步的目标，接下来就可以驱赶黑王了。

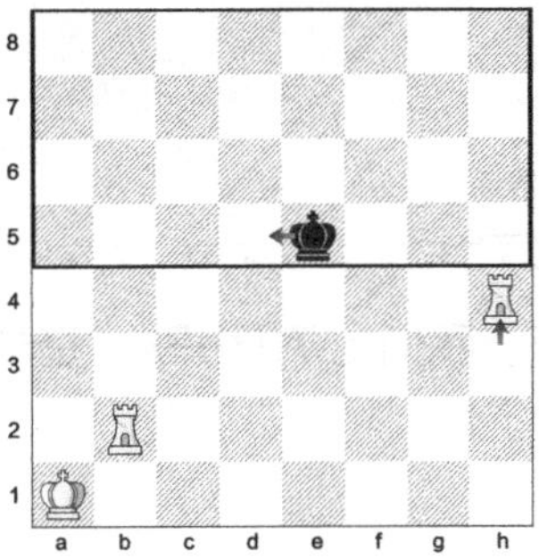

首先，我们走 **1.Rh4**，这步棋的作用在于将黑王控制在棋盘的第 5 ～ 8 横线内。**1...Kd5** 黑方不会轻易退缩，他在第 5 横线上继续走他的王。

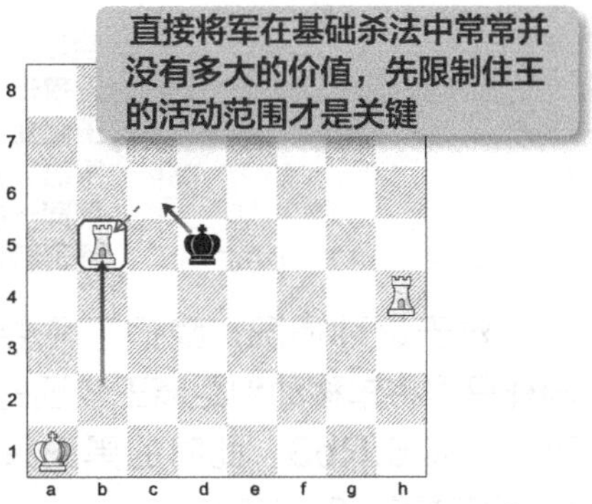
直接将军在基础杀法中常常并没有多大的价值，先限制住王的活动范围才是关键

此时，我们就可以继续走 **2.Rb5+**，这里就体现出第一步的意义了，黑王只能向上方继续走 **2...Kc6**。然而，此时的 b5 车受到了黑王的攻击，该怎么办呢？

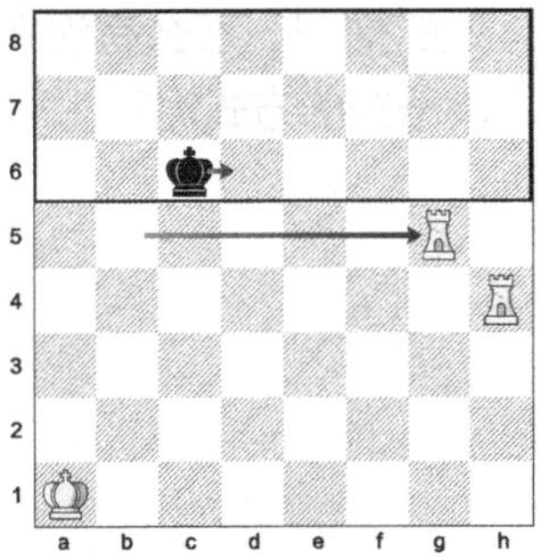

我们只需将 b5 的车移动到同一条线远离王的位置就可以了，但是要注意，两个车不要走到同一条直线。**2.Rg5**，黑方此时只能在第 6 ～ 8 横线行走，**2...Kd6**。

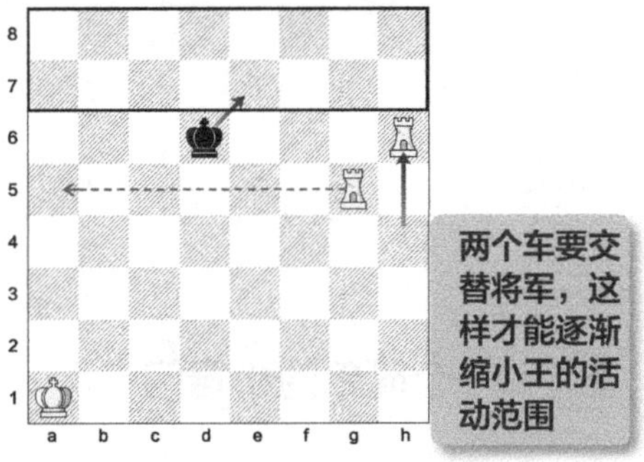
两个车要交替将军，这样才能逐渐缩小王的活动范围

此时的黑王已经远离我们的车了，于是我们可以用下方的车继续将军来驱赶黑王。

3.Rh6+，黑方继续走 **3...Ke7**。

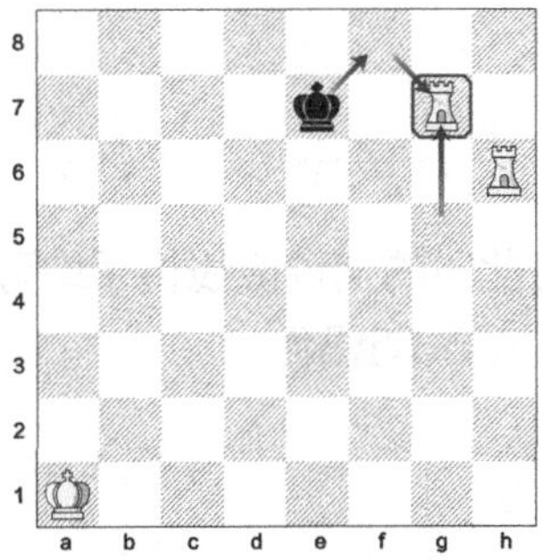

继续这一驱赶王的方式，**4.Rg7+ Kf8**，此时黑王再次攻击了我们的车。

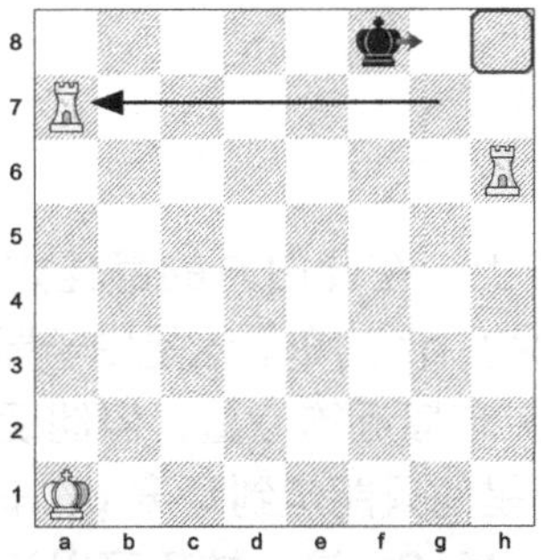

我们再次将车移动到棋盘的另一侧，**5.Ra7**，此时黑方走 **5...Kg8**。虽然此时的黑王并未攻击我们的车，但阻止了我们继续 Rh8+ 的走法。

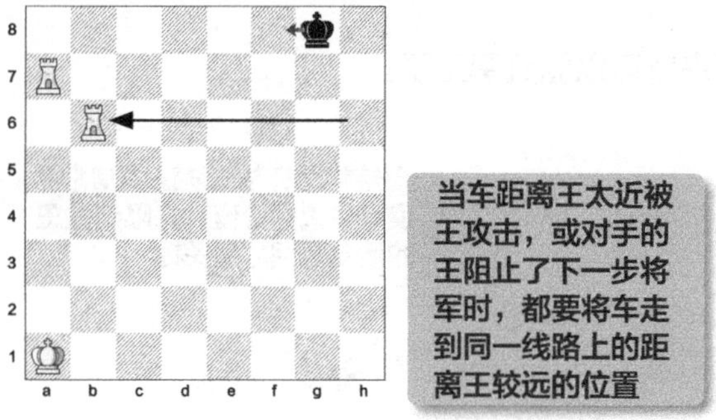
当车距离王太近被王攻击，或对手的王阻止了下一步将军时，都要将车走到同一线路上的距离王较远的位置

对于这种情况，我们不需要担心，同样只需将车移动到距离王较远的位置即可，例如 **6.Rb6**。此时的黑王只能在底线上移动了，**6...Kf8**。

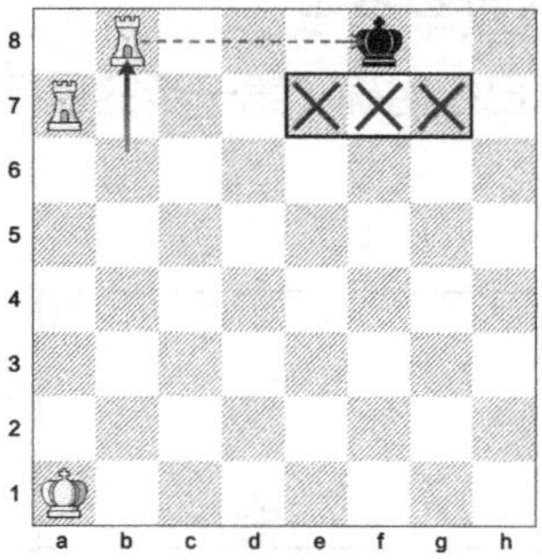

最终，我们走 **7.Rb8+**，造成杀王，我们胜利了！

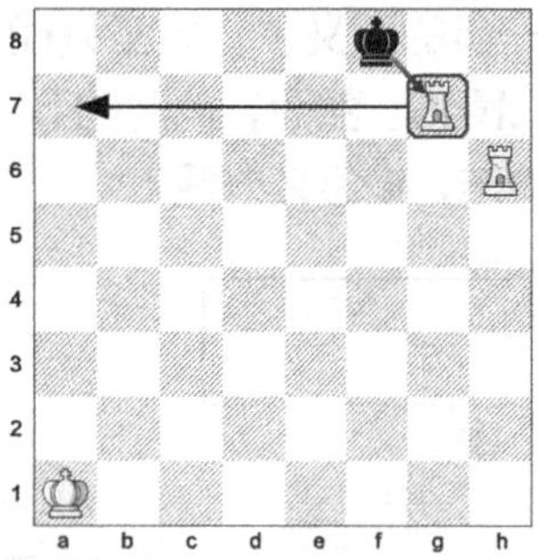

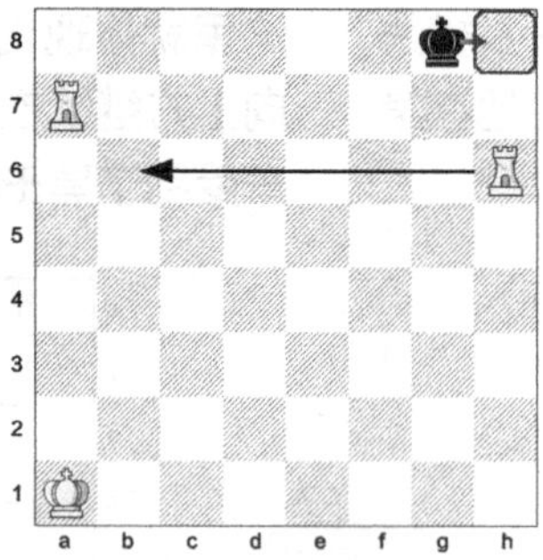

细心的读者可能会发现，在最后杀王之前，由于我们的车均距离对手的王比较近，导致出现了两次需要移动车到远处的情况。那么有没有更加简单一些的方式呢？

一个简单的小窍门

事实上，在此白方的最佳走法是走 **5.Rh7** 保护 g7 的车。这是由于黑王已经处在离 g7 车最近的位置，但他现在必须走棋，于是他只能走到距离 g7 车更远的位置：**5...Ke8**。这一技巧可以让我们在此更快地杀王。虽然这并非完全必要，但在后面的其他杀法中，你会看到这一思路的价值。

白方此时的两种底线将军均可杀王：**6.Rg8#** 或 **6.Rh8#**。

单后杀单王与单车杀单王

理解了双车杀王的基本思路之后，单后和单车杀王对你来说就会容易许多。要注意的是，无论单后还是单车杀王，光靠一个棋子是不够的，我们的王也需要一同加入战斗。

由于这两种杀法有一定的相似性，我们放在一起讲解。

单后杀王的模式有哪些呢?

在学习单后杀王的具体方法之前，我们先来看一下单后杀王可能形成的局面，你可以先自己尝试摆一摆，看看是否跟下面给出的完全一样。

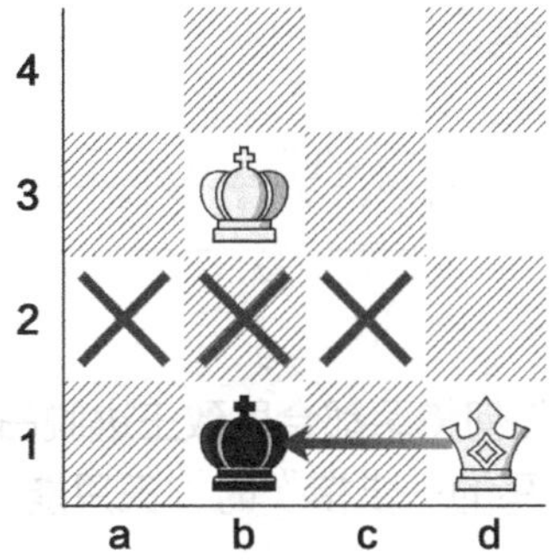

①

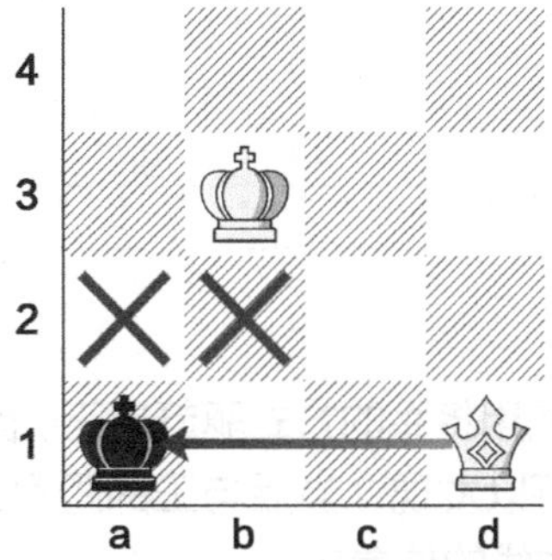

②

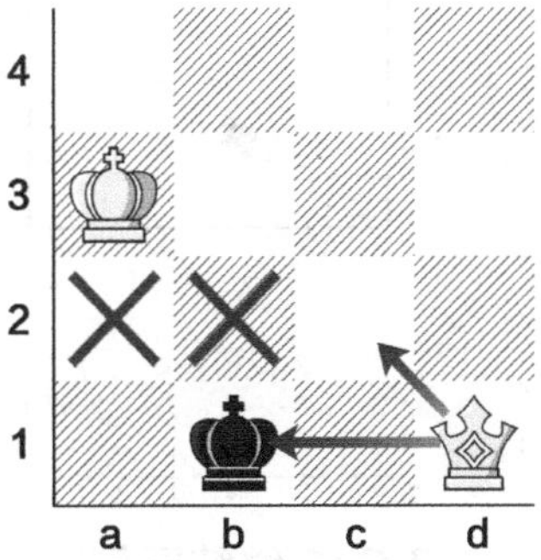

③

王在 a3、b3、c3 均可

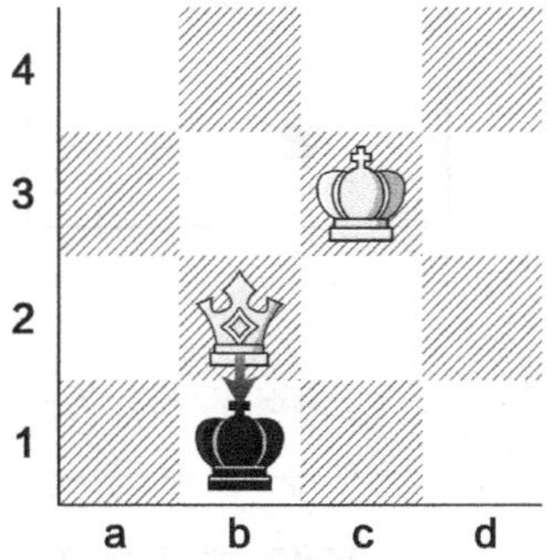

④

王在 a3、b3、c3、c2、c1 均可

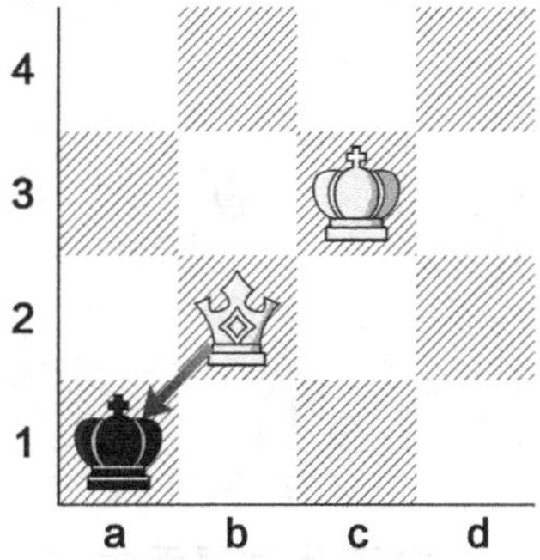

⑤

单车杀王的模式有哪些呢?

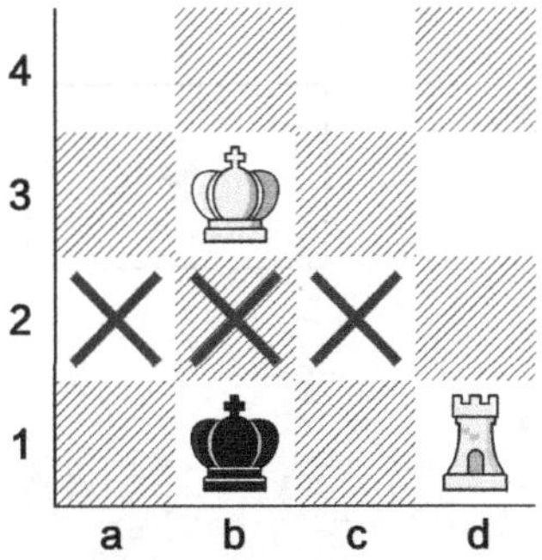

①

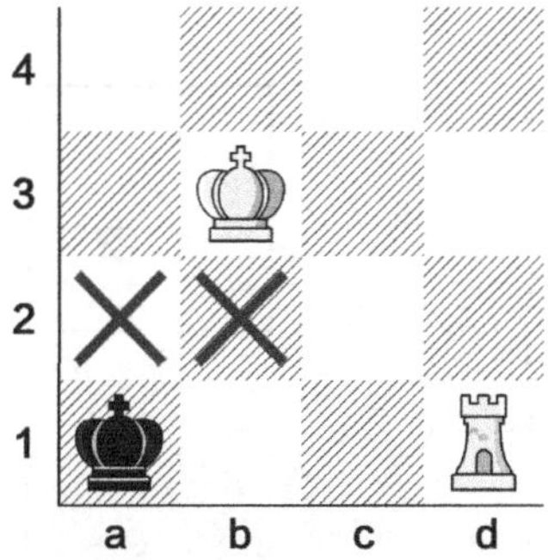

②

单车杀王与单后杀王的前两种模式相同。

单后杀王和单车杀王都需要先将王驱赶到棋盘的边线或角落。

实施单后杀王

在双车杀王时，我们可以用一个车控制王的活动范围，再用另一个车将军驱赶王。但是，一个后如何驱赶王呢？

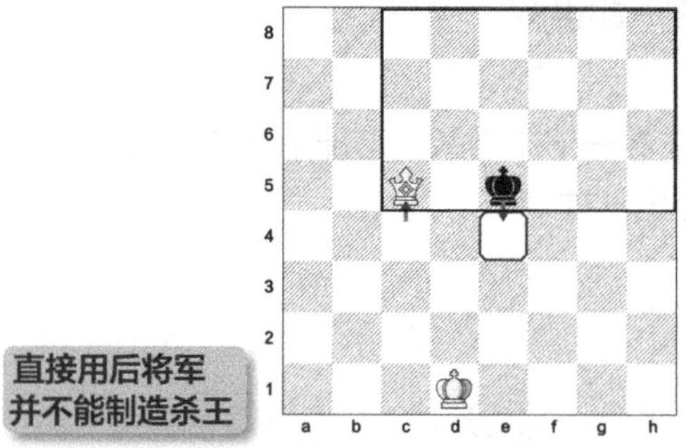

①

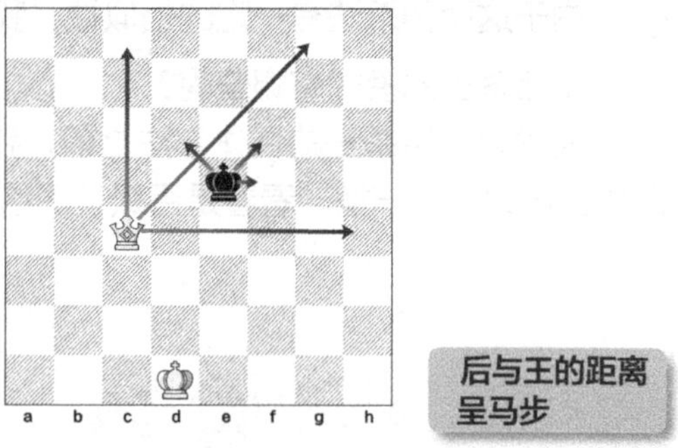

②

我们并不能用将军的方式驱赶黑王，因为任何将军都会导致王逃脱白后的控制区域。观察②，我们可以发现，当后与王的距离为“马的一步棋”时，王只能向远离白后且靠近棋盘底线或边线的位置走。

因此，我们可以用这种维持马步的方式一步一步地驱赶黑王。

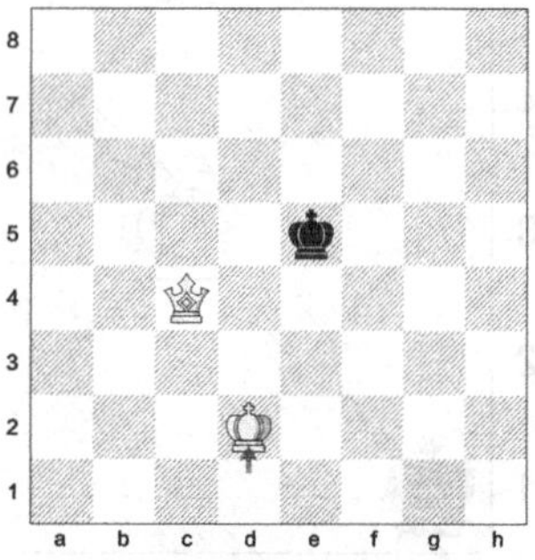

由于此时局面中的后和王已经是马步的状态，我们可以先走动一步王，把走棋权交给黑方。**1.Kd2**

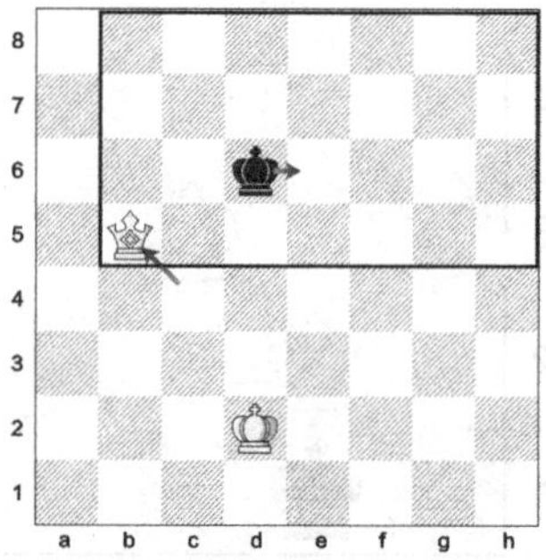

1...Kd6 由于黑王向后撤退，此时我们继续驱赶黑王。**2.Qb5 Ke6**

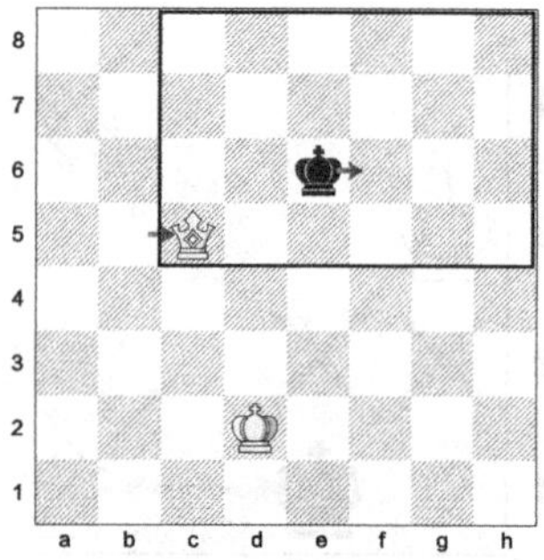

3.Qc5 继续重复这一过程…**Kf6**

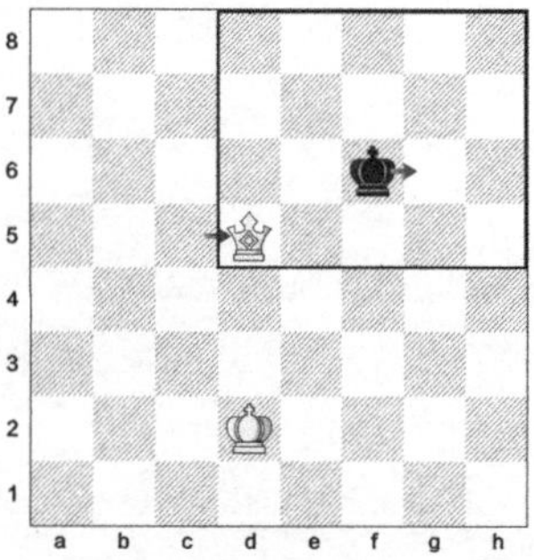

4.Qd5 Kg6

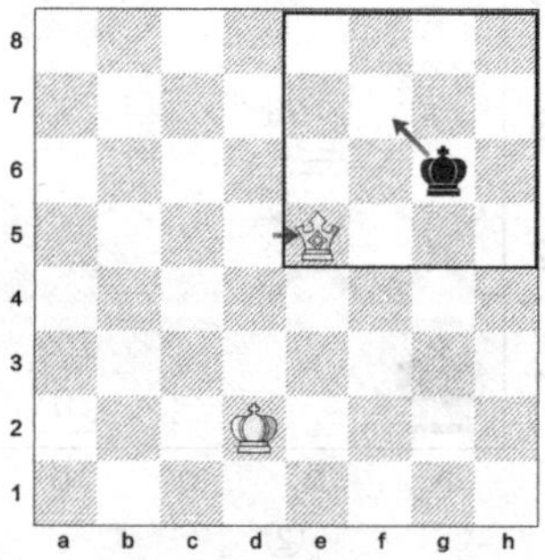

5.Qe5 Kf7

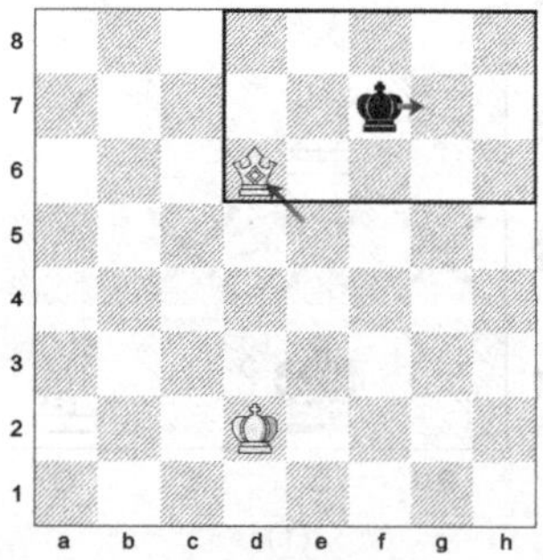

6.Qd6 Kg7

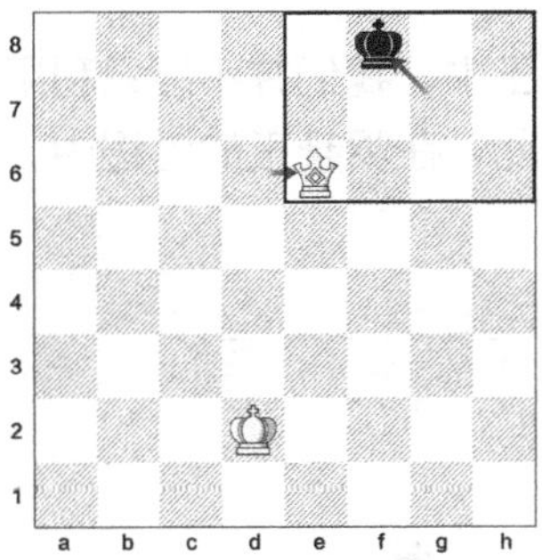

7.Qe6 Kf8 继续驱赶黑王。

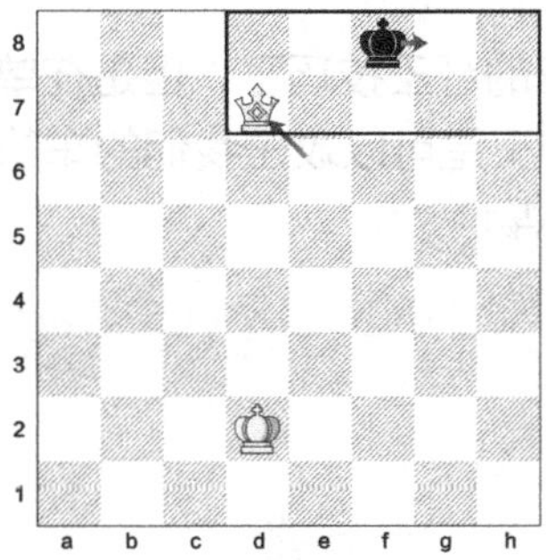

8.Qd7 Kg8 此时，黑王已经不得不在边线上行走。

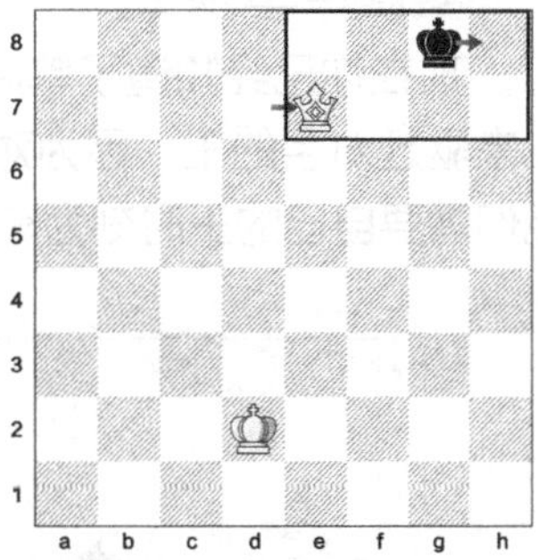

将王驱赶到只有两格的活动空间为止

9.Qe7 Kh8 此时，我们就可以靠近王。

终于，我们将黑王驱赶到只有两格活动范围的位置，这时我们就可以执行第二个步骤，让白王来协助杀王。

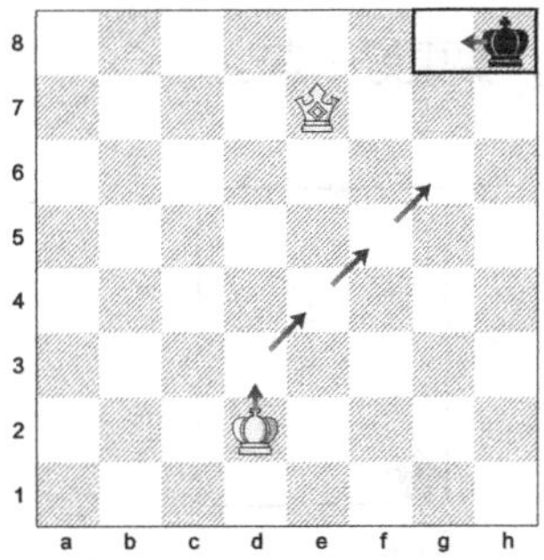

10.Kd3 Kg8 11.Ke4 Kh8 12.Kf5 Kg8 13.Kg6 Kh8

黑王只能在 g8 和 h8 来回走动。

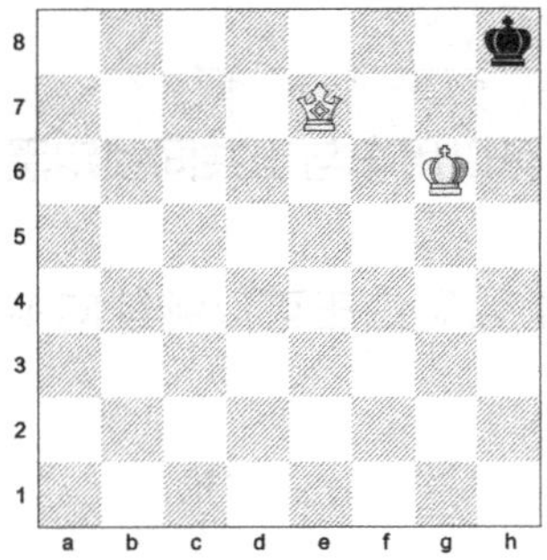

白王已经到位，可以实施杀王了！想一想，一共有几种杀法？

在此，白方可以有 **Qd8#**、**Qe8#**、**Qf8#**、**Qg7#** 和 **Qh7#** 5 种方式杀王。

× 错误示范

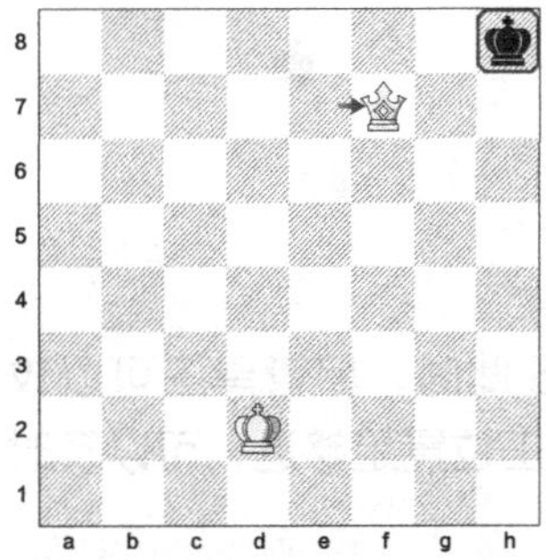

为什么不能在王只剩两格时继续驱赶黑王呢？

在用后驱赶黑王时，此时如果走 10.Qf7?? 就会犯下大错。

此时的黑王被驱赶到角落中无法移动，这时轮到黑方走棋棋局就是逼和，我们前面的努力就白费了。在用单后杀王时一定注意这一个陷阱。

无子可动是和棋

实施单车杀王

现在你已经知道了单后杀王的赶王技巧了，但是在单车杀王中，我们并不能只利用车来驱赶对手的王，因为对方的王是可以攻击我们的车的。因此，在驱赶王的过程中，我们需要自己的王时刻为车提供保护。

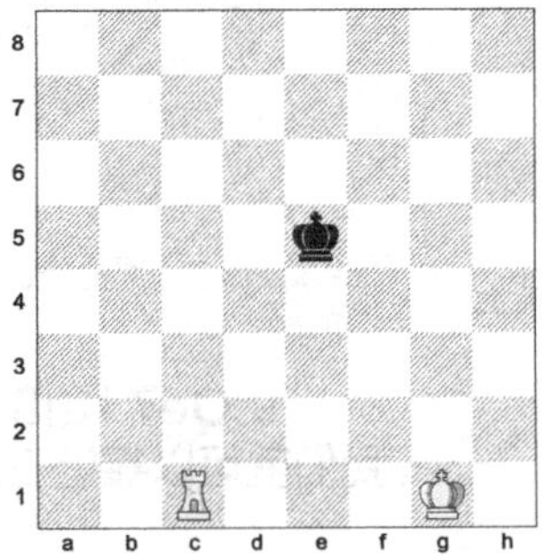

在这一局面中，我们是否应该走1.Rc4 呢?

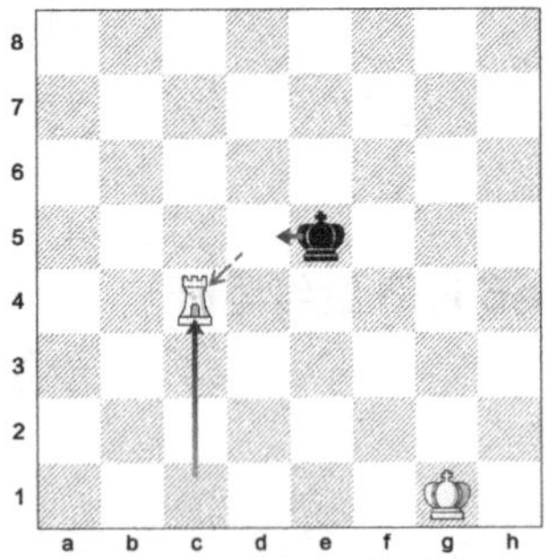

此时走 1.Rc4 并不好，因为黑方可以走 1...Kd5 来攻击我们的车。

因此，在单车杀王时，先运用王来控制对方王的活动范围，要更好一些。

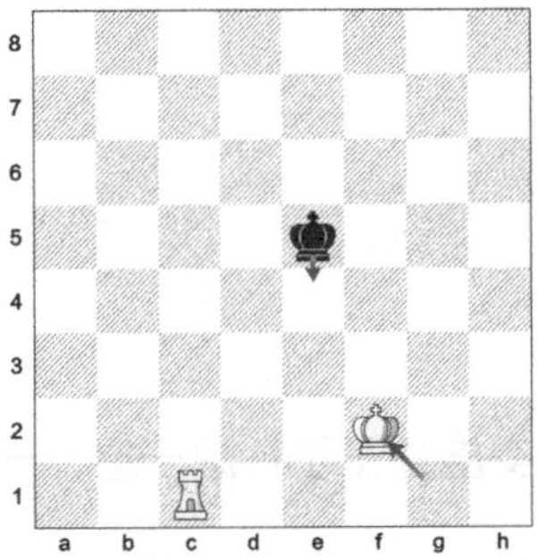

1.Kf2 Ke4 黑王自然想维持在中心格。

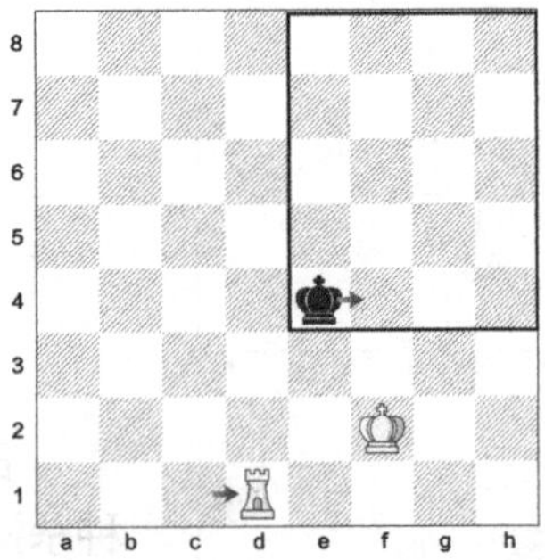

此时，我们可以用车与王共同锁定黑王的活动范围。

2.Rd1 Kf4 否则白王可以继续向前行走。

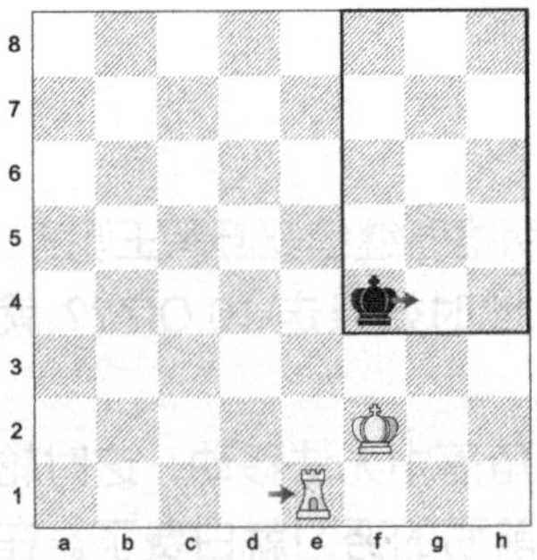

3.Re1 Kg4

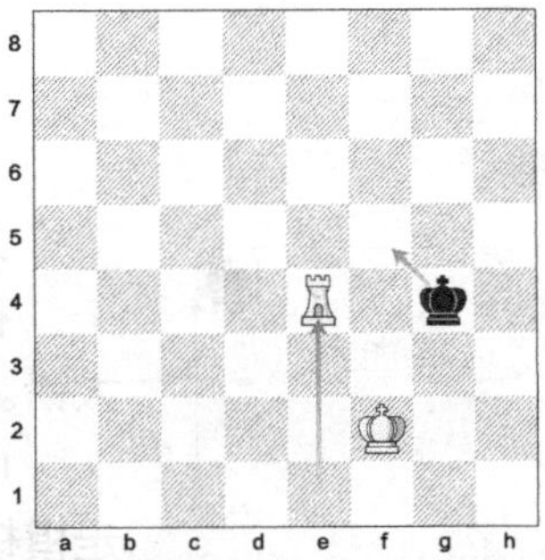

4.Re4 Kf5 此时，尽管黑王可以攻击白车，我们的王位置足够近，可以及时保护白车。

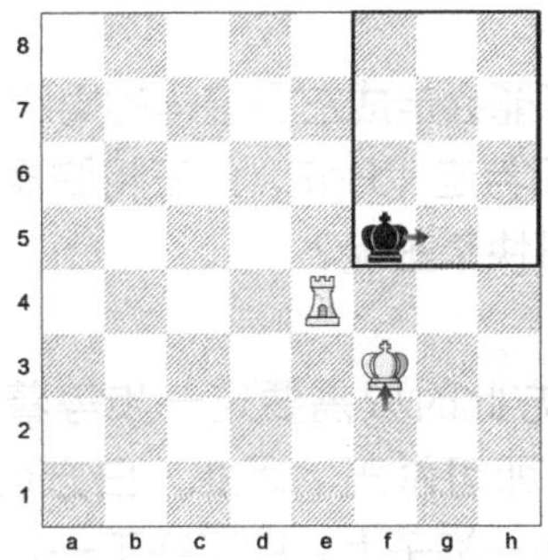

5.Kf3 Kg5 黑王只能远离白车。

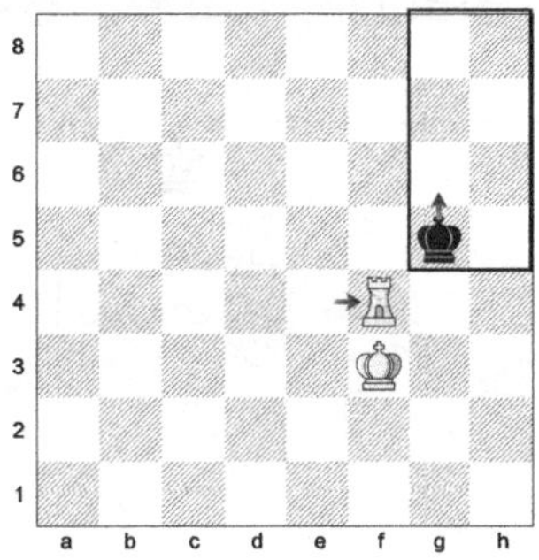

6.Rf4 Kg6 黑王只能远离白车。

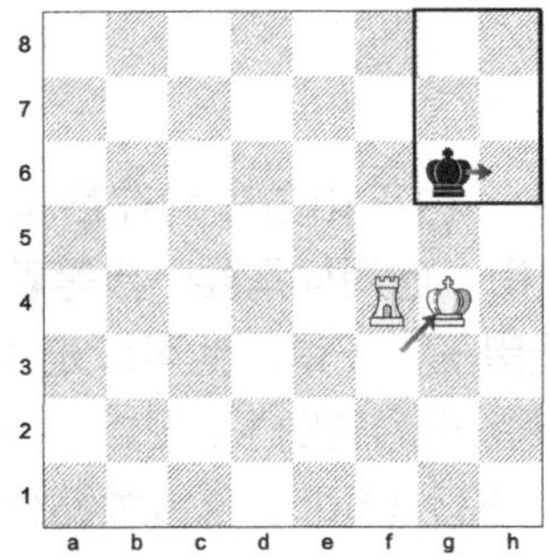

7.Kg4 Kh6

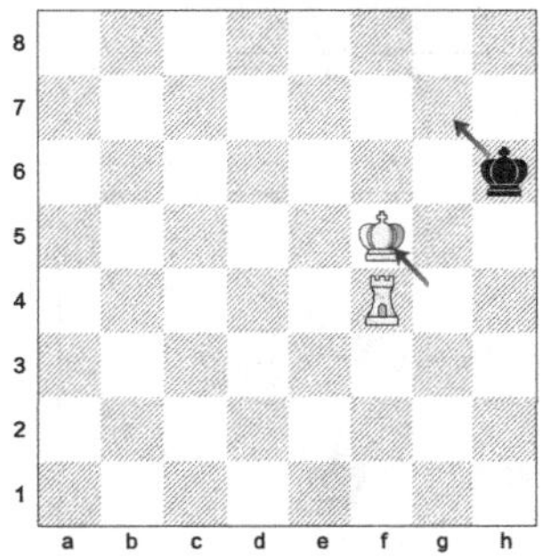

8.Kf5 Kg7 由于黑王在棋盘的边线上，无法越过白方的封锁，我们可以先让白王靠近。

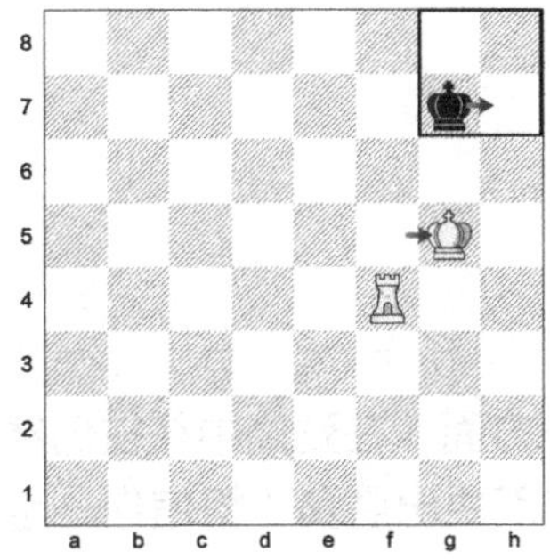

9.Kg5 Kh7

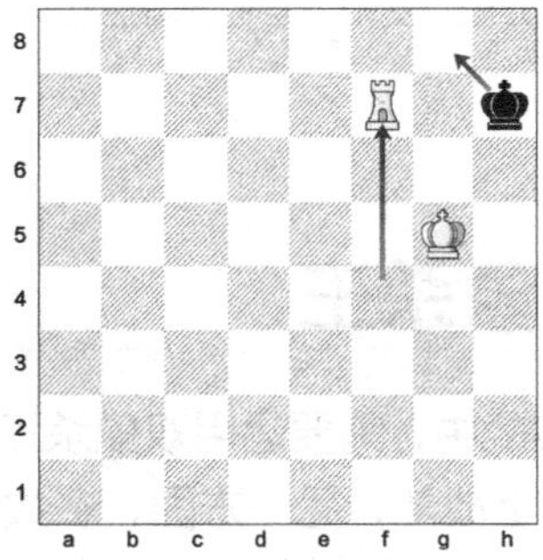

10.Rf7+ 终于，我们将黑王驱赶到棋盘的边线上，**10...Kg8**。

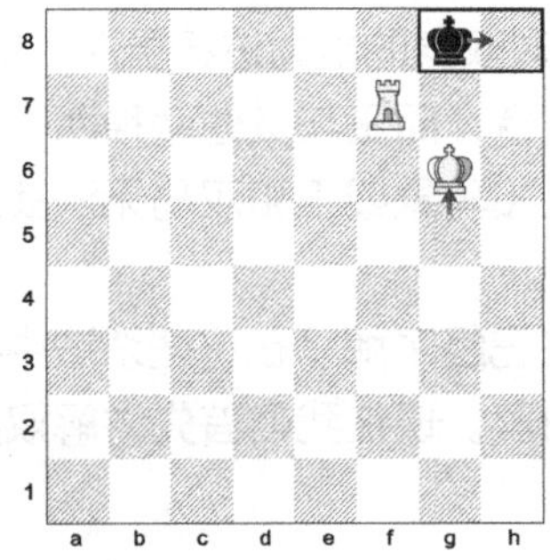

11.Kg6 Kh8

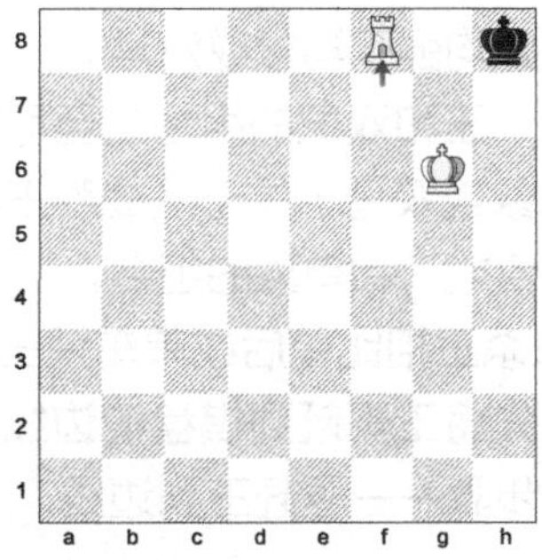

此刻，我们即可完成杀王：**12.Rf8#**。

当然，我们一定不要走 12.Rg7??形成逼和。

单车杀王的两个重要的等着局面

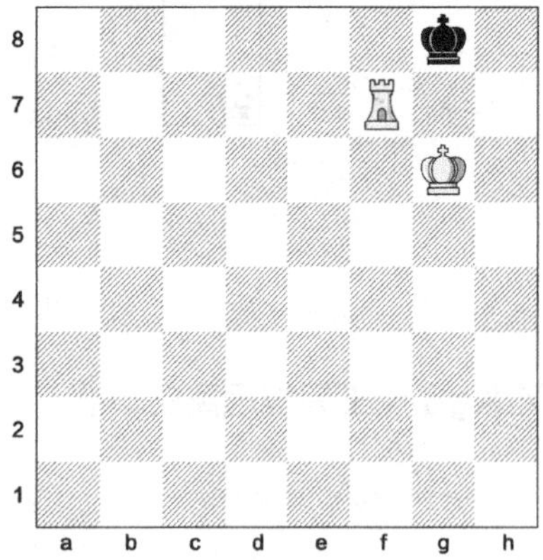

有时，我们可能会走成左图这样的局面。这时，白车无法杀王，而若走 1.Rg7，黑王将脱离白车的封锁，白方如何最快杀王呢？

事实上，白方此时只需要走一步等着，使黑王移动到 h8 格，即可杀王。因此，白方可将 f 线的车向后移动到任一格子上，即可在下一步杀王，例如：1.Rf4 Kh8 2.Rf8#。

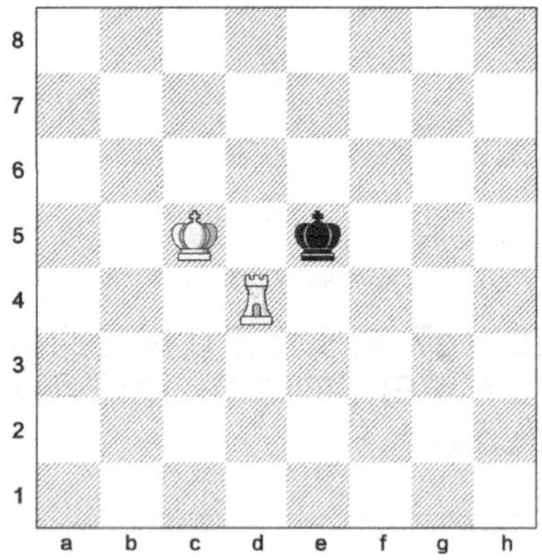

在这一局面中，白王和白车均在最佳的位置上，若轮到白方走棋，他同样需要一步等着来让自己能够进一步驱赶黑王。于是，他可以走 1.Ra4、1.Rb4 或 1.Rc4，使黑王远离白王，例如 1...Ke6 时，他便可以走 2.Re5+ Kf5 3.Kd5，来继续缩小黑王的活动范围。

双象杀王

在实战中，需要运用双象杀王的情况较为罕见。一方面，在残局中往往仍然有车或后在棋盘上战斗，另一方面，多数残局都会以一方升变而决出胜负（相信你一定不会为了使用双象杀王而选择升变成象而不是后），但仍然建议大家仔细地了解双象杀王，因为运用双象的配合还是颇具实战意义的。

在国际象棋中，双象（Bishop pair）是两个轻子的组合中最强大的类型，即在多数情况下双象均强于马象或双马。在第 5 章中我们会继续对双象的能力进行更深入的阐述。在残局中，王和双象的组合甚至可以战胜王加单马的组合，而王与其他两种两个轻子的组合（马象或双马）是无法战胜王加一个轻子的，即王和马象或王和双马无法战胜王和单马的组合或王和单象的组合。

双象杀王相比单后或单车杀王要难一些，但你现在已经了解了在这些杀法中共同的策略——先将王驱赶到棋盘的边线上，再将王驱赶到角落。现在我们首先讲解双象杀王的第一个步骤——驱赶王到边线。

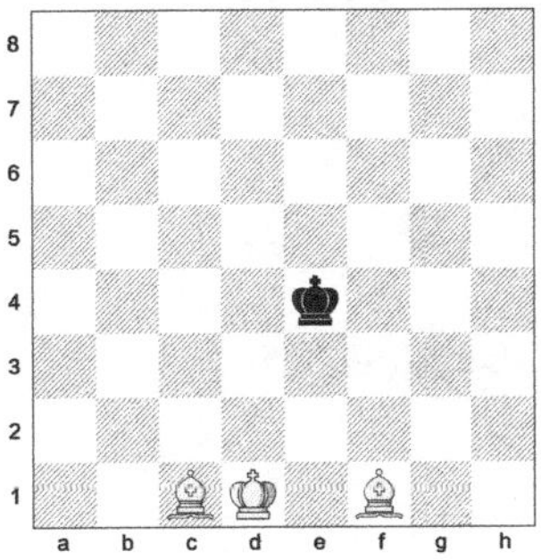

我们仍然假设黑王在棋盘的中心格上，在这一残局中，驱赶王到边线要注意两个要点：

1. 双象相邻部署，限制黑王的活动范围；

2. 运用自己的王和象共同驱赶黑王直至边线（而不是只运用双象），其中运用王甚至更重要。

当王在中心格上时，我们首先需要将它驱离中心。

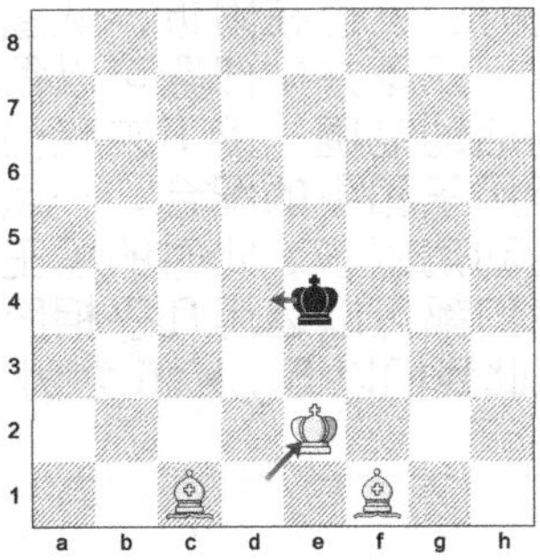

1.Ke2 在双象杀王中，最好先运用王来驱赶对手的王，因为象不能控制直线，单象无法像单车一样封锁黑王，同时很容易被对方的王攻击。**1...Kd4**

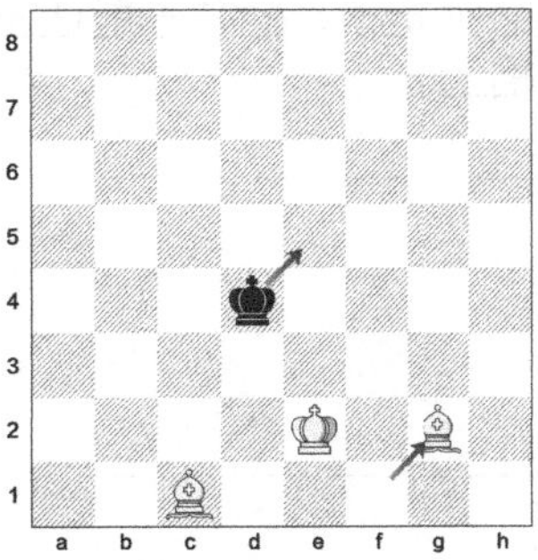

2.Bg2 控制中心的白格，黑王若想继续维持在中心格上，只能走 **2...Ke5**。

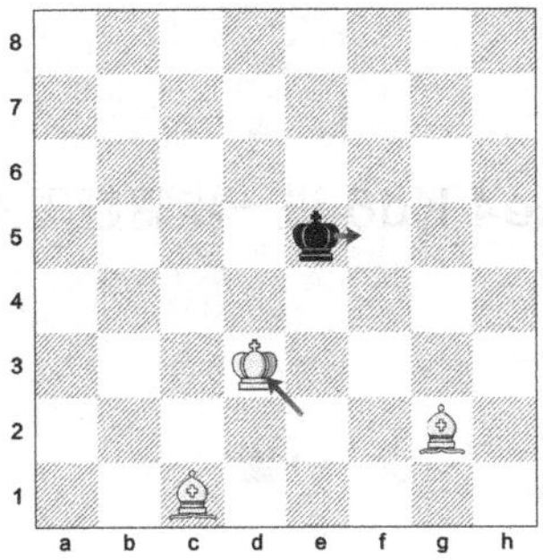

3.Kd3 此时黑王只能离开中心格，例如走 **3...Kf5**。

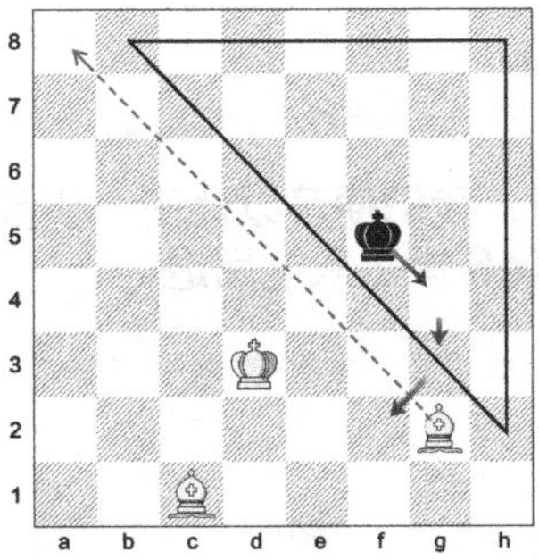

我们始终可以以黑王距离最近的一角为顶点，以距离角落最远的黑王能走的区域，在脑海中构建一个三角形。这个三角形中的格子并不一定都是黑王可以走的格子，而是我们用来判断黑王是否可以逃脱的参照物。此时的黑王可以通过 g4-g3 逃出这个三角形的控制范围，这是我们不愿看到的。

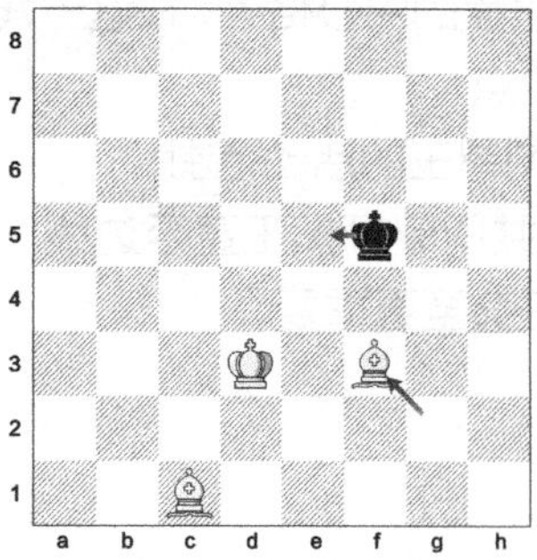

因此，我们走 **4.Bg4** 阻止黑王逃脱。黑王可以回到中心格 **4...Ke5**，但由于对手之后还必须走棋，他并不能让王一直维持在中心格上。

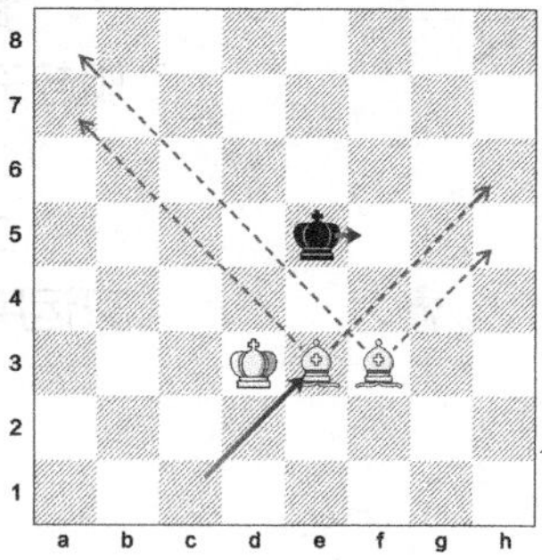

5.Be3 这时，我们已经完成了驱赶黑王的前期准备工作，我们让双象相邻部署，同时白王也在附近。从图中我们可以看出，双象并排部署可以很好地锁定黑王的活动范围，接下来我们便可以轻松地运用王和象的配合，一点点缩小黑王的活动范围了。此时的黑王无论走哪里，我们都可以运用几乎相同的驱赶方式，在此我们以 **5...Kf5** 为例。

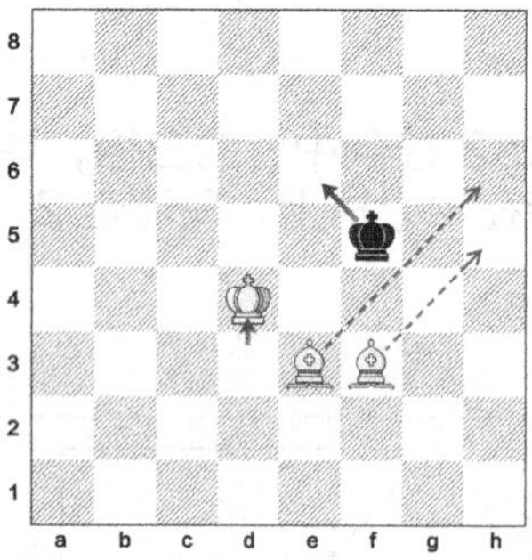

此时，我们便可以让王一步步靠近。**6.Kd4 Ke6** 黑王只能后退。

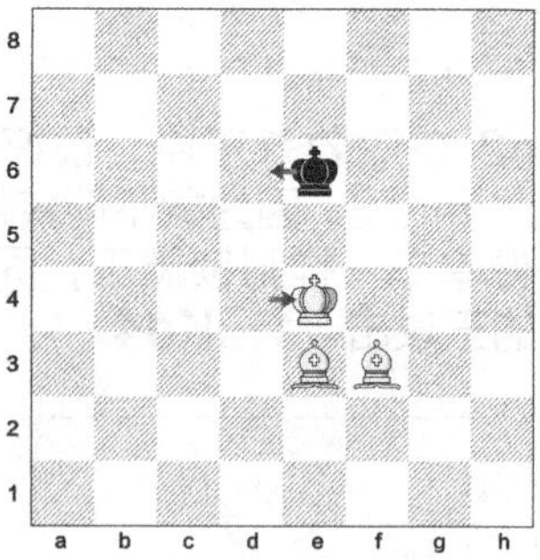

7.Ke4 Kd6 进一步驱赶黑王。

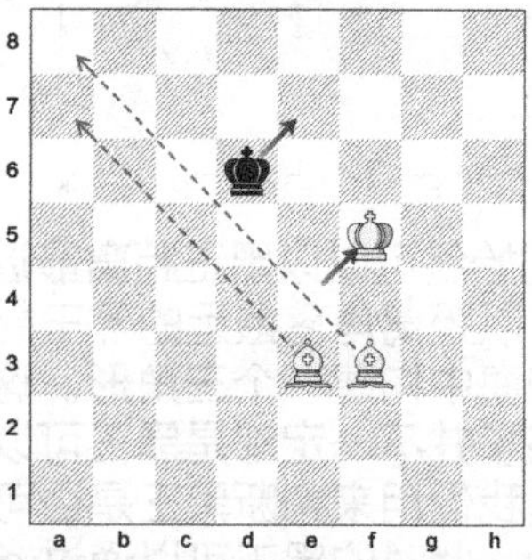

8.Kf5 Ke7 和单后杀王、单车杀王相同，黑王只能向更差的位置移动。

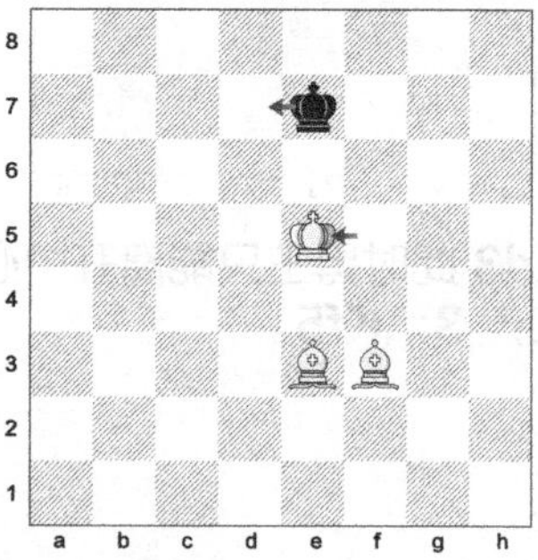

9.Ke5 Kd7

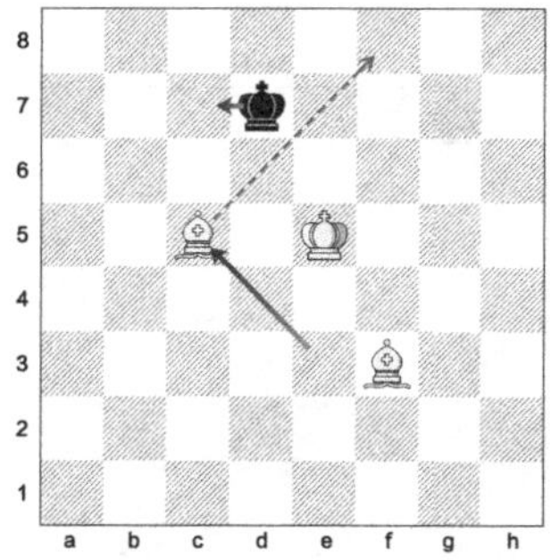

此时，我们已经将黑王限定在靠近边线的位置，这时我们无法用王将黑王驱赶到边线上。因此，我们用象缩小封锁区，从两个方向封锁黑王。**10.Bc5 Kc7**

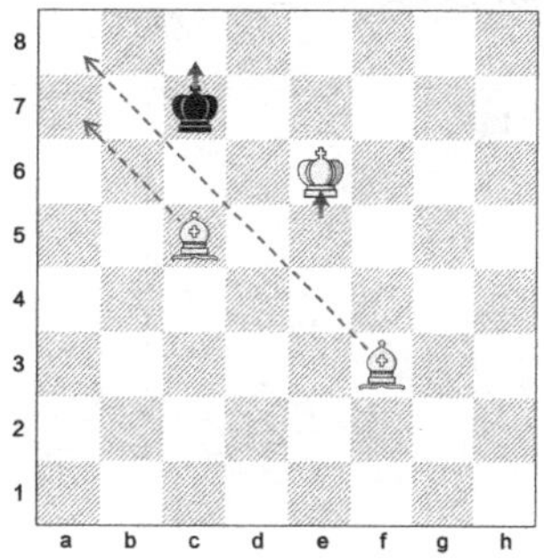

11.Ke6 这时，黑王便不得不逃到底线。**11…Kc8**

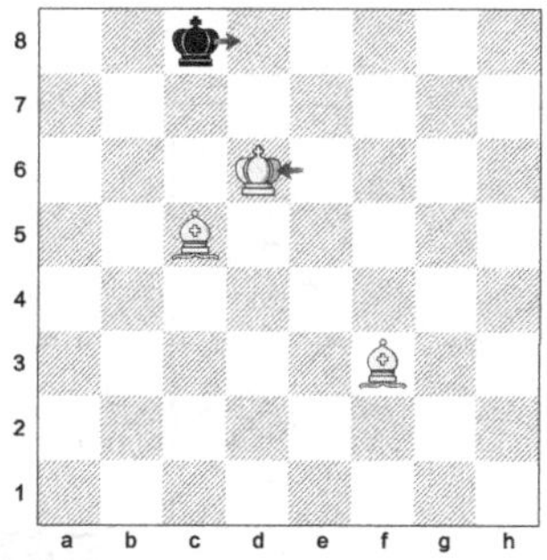

12.Kd6 Kd8

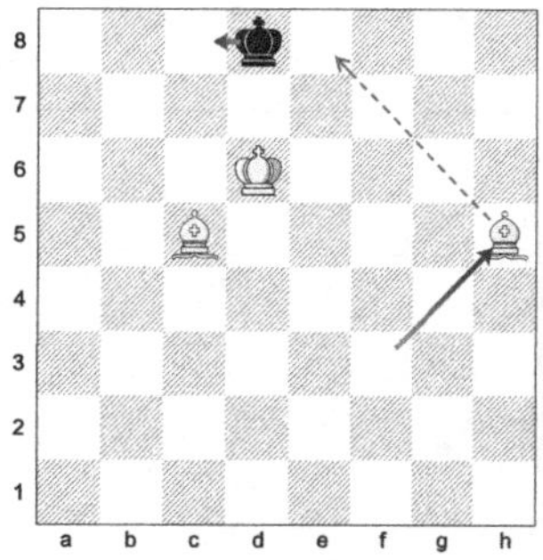
利用边线驱赶黑王时控制不希望让王走的位置

此时，我们便进行到双象杀王的最后一个步骤，运用双象将王驱赶到棋盘的一个角落上，并最终完成杀王。**13.Bh5 Kc8**

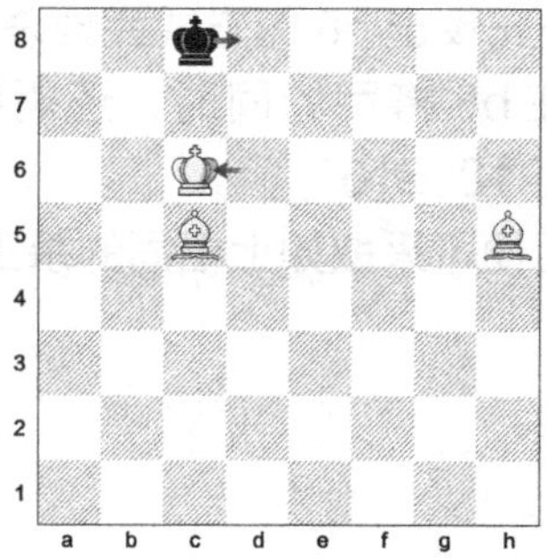

时刻注意黑王可能逃离底线的位置，并用王进行封锁。**14.Kc6 Kd8**

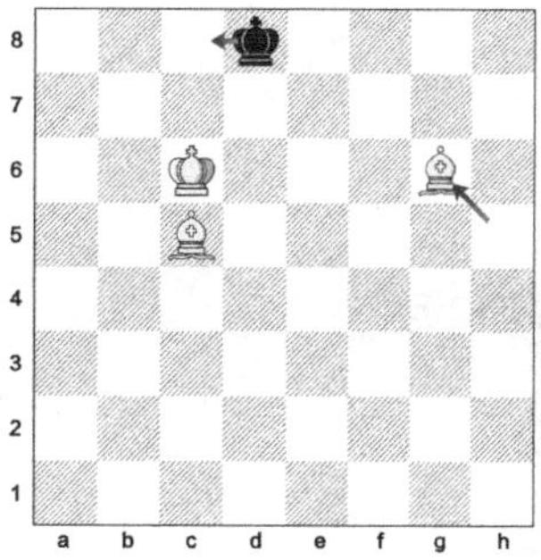
象不能在黑王的旁边将军此时往往要运用等着

此时的黑王无法往 e7 行走，但我们需要走一步等着，来继续驱赶黑王。**15.Bg6 Kc8**

情况①

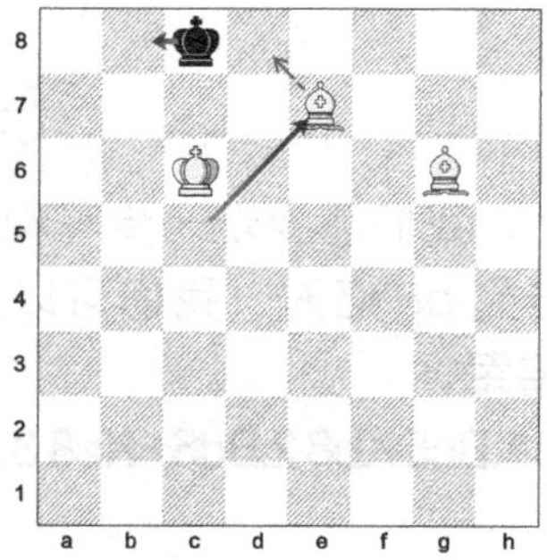

16.Be7 Kb8

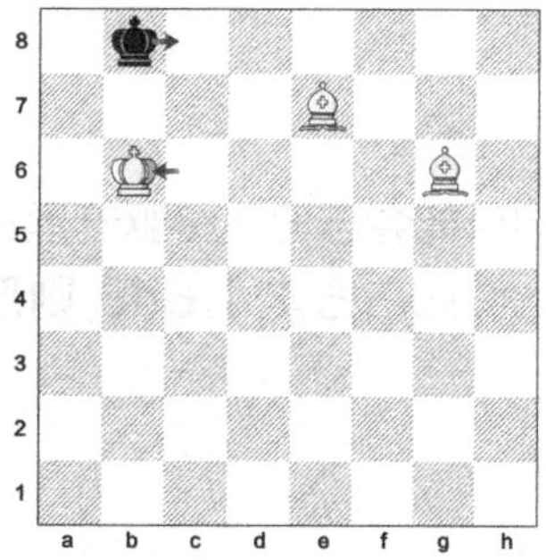

将王放在 b6 格，准备最终杀王。**17.Kb6 Kc8**

在双车杀王时，你已经了解过两个车的交替封锁，此时两个象可以采取同样的方法。**18.Bf5+ Kb8**

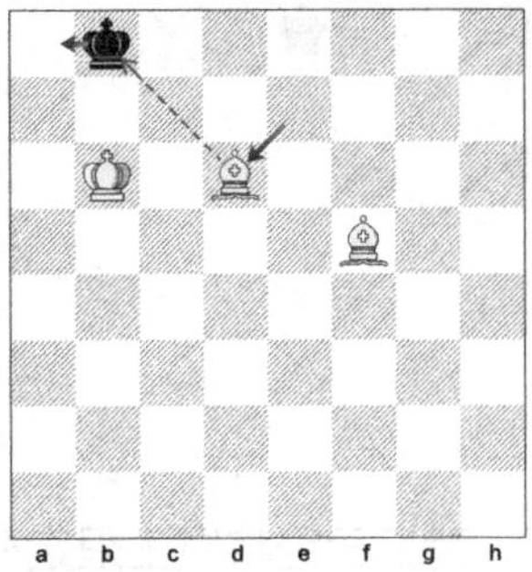

19.Bd6+ Ka8

20.Be4# 完成杀王。

情况②

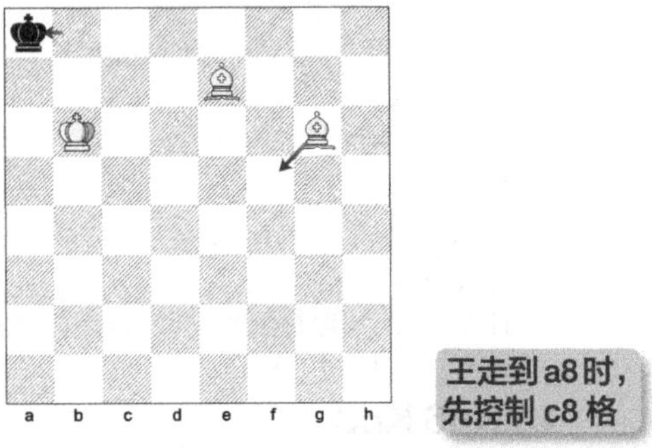
王走到a8时，
先控制 c8 格

需要注意的是，有时你的对手可能会将王走到角落，**17...Ka8**，这时我们仍然按照先攻击 c8 的方式完成杀王（因为我们在 b8 将军的同时，还需要控制 c8 格）。**18.Bf5**

之后便可采取如上相同的杀王方法。

注意等着的运用

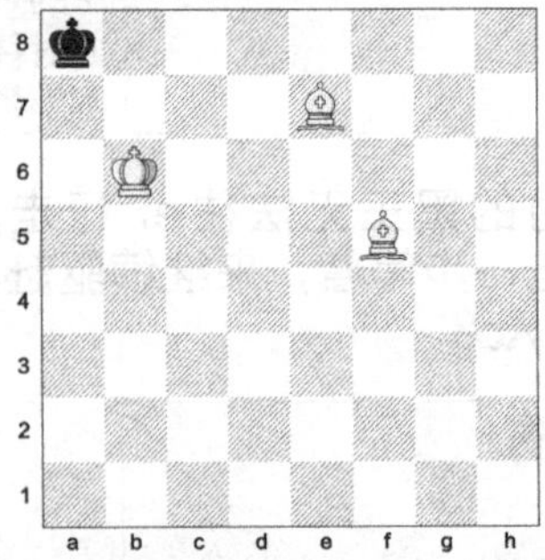

有时，你可能会忘记最终驱赶黑王的步骤。此时，假如白方走 **1.Bd6** 则形成逼和。

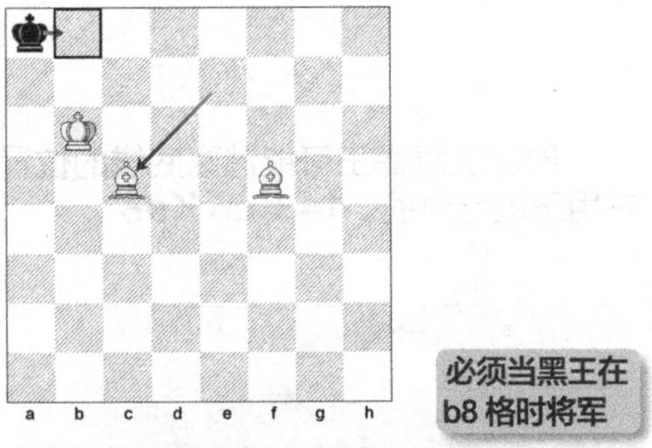
必须当黑王在
b8 格时将军

因此，我们需要走一步等着，使得当黑王走到 b8 格时，我们可以制造在 b8 格的将军。

例如 **1.Bc5 Kb8 2.Bd6+ Ka8 3.Be4#**。

马象杀王

马象杀王在实战中的出现概率极低（据统计大概小于万分之二），并且这一杀法颇具难度，甚至曾经有大师在下快棋时也无法完成马象杀王取胜，导致对局由于五十回合规则和棋。或许你并不需要马上掌握这一杀法，但学会这一杀法，可以让你对马和象这两个棋子的特性和配合能力有更深刻的体会。

在运用马象杀王时，我们**只能在与象的格子颜色相同的角落**杀王，即当我们拥有白格象时，我们只能在 h1 和 a8 杀王，当我们拥有黑格象时，则是在 a1 和 h8 杀王。

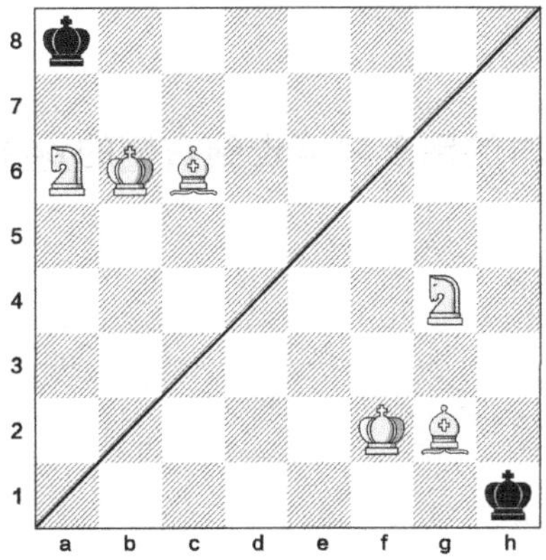

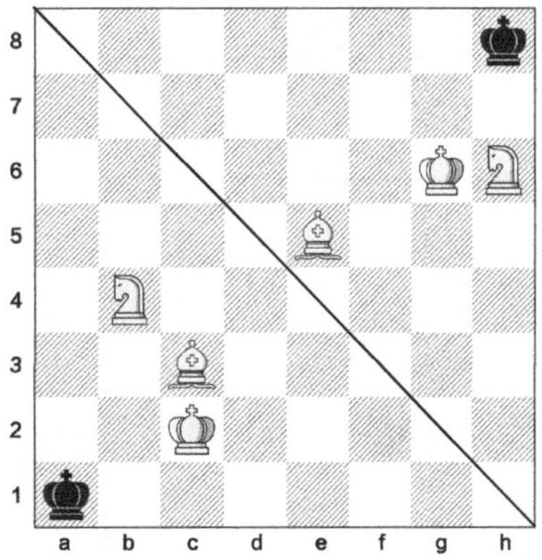

在马象杀王时，象的走法相对容易一些，而马的走法非常重要，一旦马的走法走错，则可能浪费许多步数，在其他基础杀王中，浪费几着棋可能并不会产生太大的问题，但在马象杀王中，很容易会因浪费步数而导致五十回合规则和棋。

在上一节双象杀王中，可以看到双象可以同时控制两种颜色，从而达到封锁王的活动范围的目的。然而在运用马象时，马的控制能力相比象要弱许多，因此，需要掌握重要的方法，来成功施展马象杀王。

将王从中心驱赶到白格的角落上

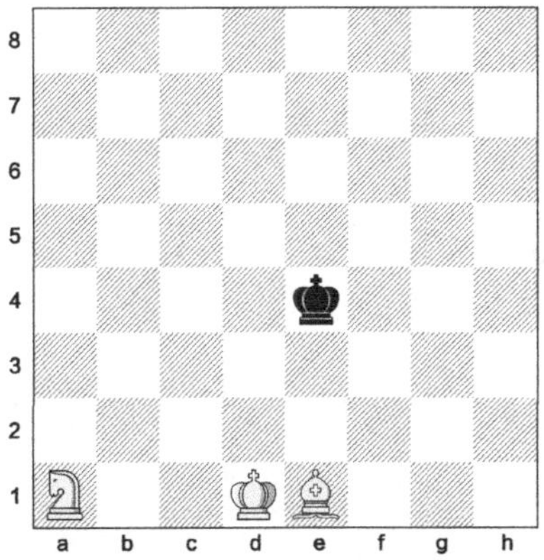

与前面的几种杀王方式相同，黑王的最佳位置是留在中心。

在此我们可以运用在双象杀王中讲过的相似的方式驱赶黑王：

1. 让白王尽可能靠近黑王；
2. 用象和王驱赶黑王。

由于此时只有一个象，需要仔细注意一下运用王和一个象驱赶黑王离开中心的方式。

运用象和王配合，将黑王驱离中心

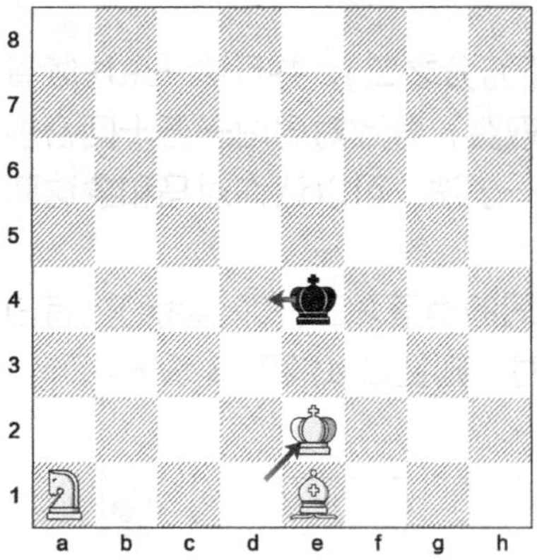

1.Ke2 Kd4 首先让王靠近。

由于棋盘的中心有两个黑格，因此只需用象控制黑格即可使黑王后退。由于此时黑王在 d4，可先走一步等着，将象走到白王的左侧。

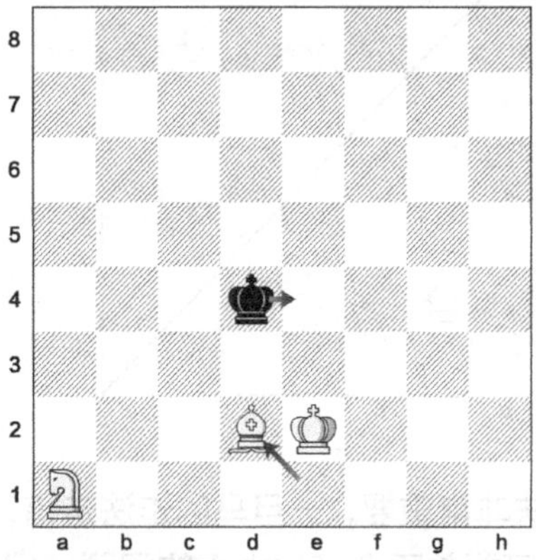

2.Bd2 此时的黑王只能走到右侧的 e4 格。

2...Ke4

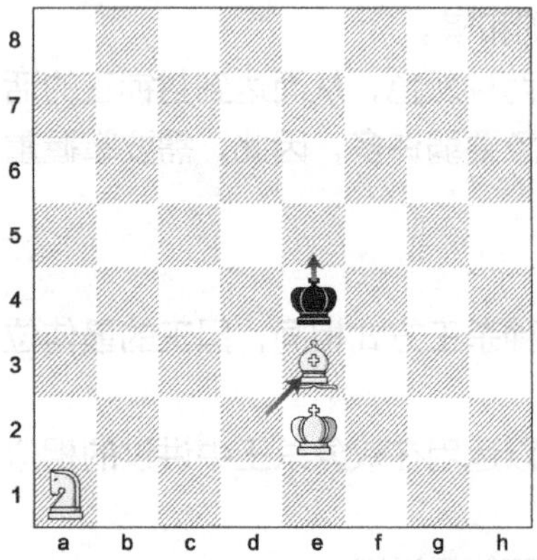

通过将象走到两个王的中间，我们可以成功使黑王后退。

3.Be3 此时黑王只能退到 d5 或 e5，以 e5 为例。

3...Ke5

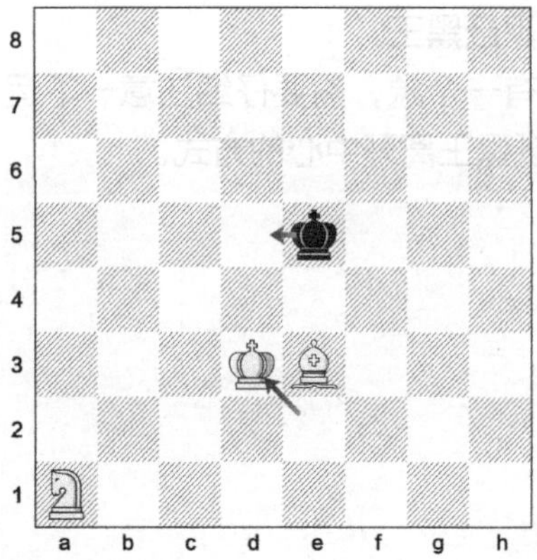

4.Kd3 Kd5

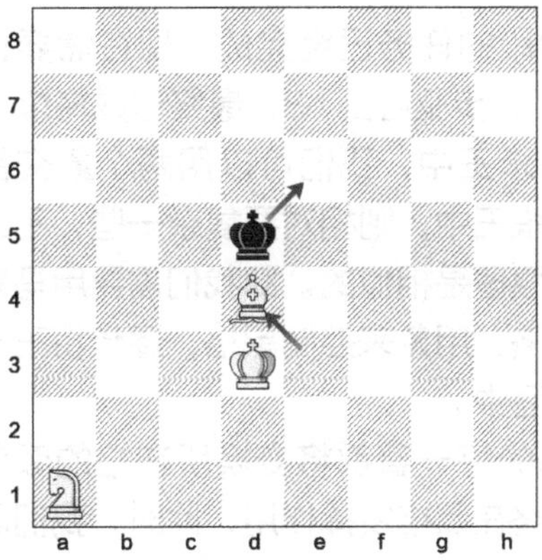

5.Bd4 依靠同样的方法，此时可以继续将黑王逼退。**5...Ke6**

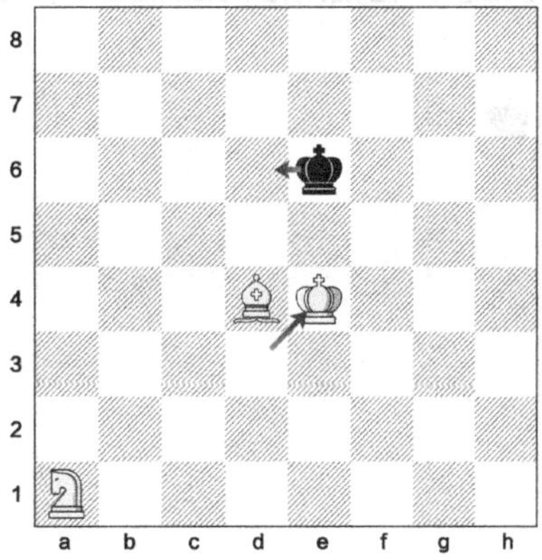

6.Ke4 Kd6

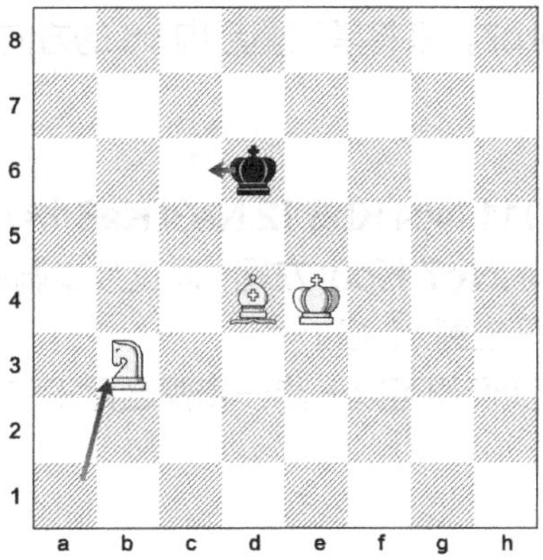

7.Nb3 当王和象已经占领中心格时，可以让马靠近。7...Kc6 黑王由于无法回到中心，此时向白格的角落逃避是他的最优解。

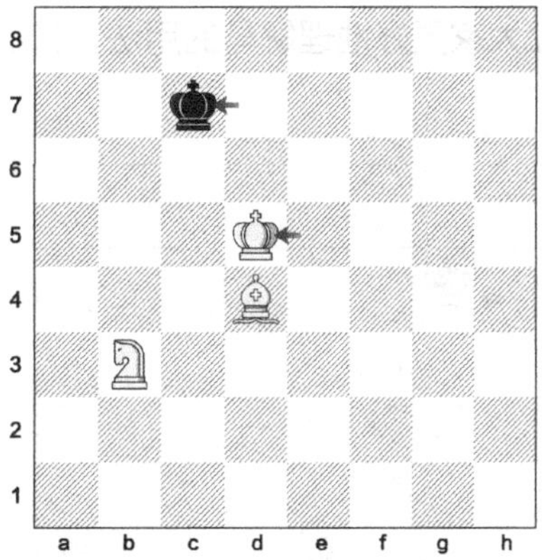

8.Ke5 Kc7 9.Kd5 Kc7

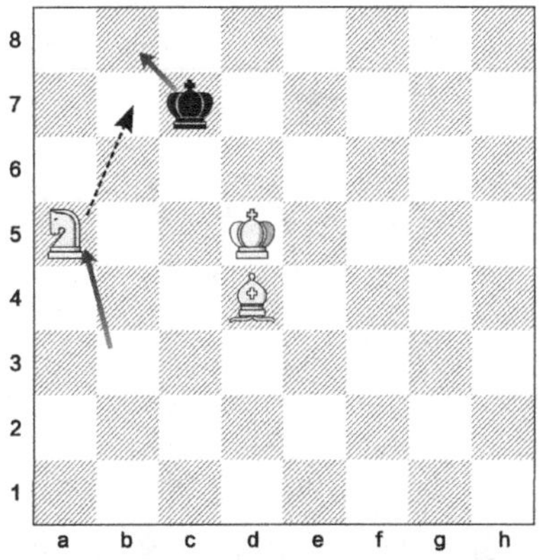

此时，再次用马继续驱赶黑王。**10.Na5 Kb8**

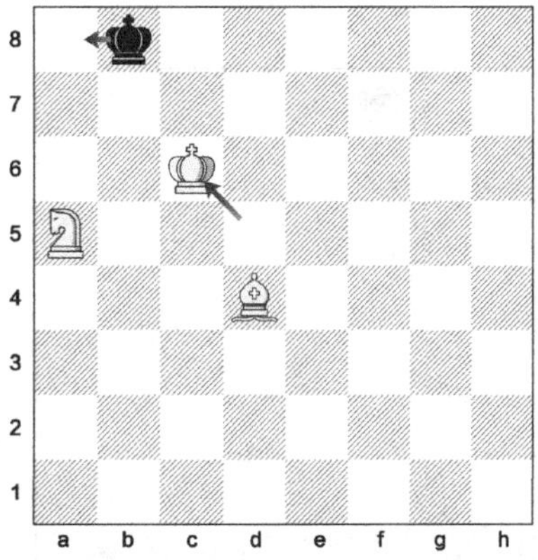

此时，再次用马继续驱赶黑王。**10.Kc6 Ka8**

将位于异色格角落的王驱赶到同色格的角落杀王

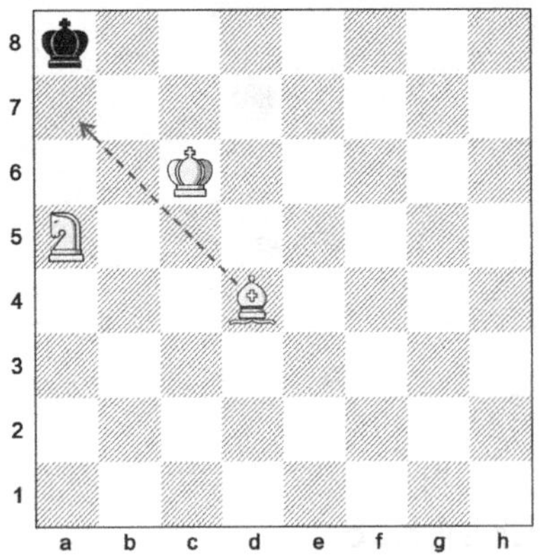

第一阶段的任务已经完成，现在需要将位于 a8 格的王逐步驱赶到 h8，最终造成将杀。

在双象杀王中，我们可以用两个象交替将军，在马象杀王中，则相对要复杂一些，不过这两种杀法的原理是相似的。即我们需要用马来控制底线的白格，用象来控制黑格，逐步将王驱赶到右侧的角落中。

由于马的每一着都将变换所在格的颜色，白马应当始终在黑格发挥作用，此时，我们需要用马控制 a8 格。

若马在 b6，由于挡住象的线路，此时更容易的方式是将黑王驱赶到 a1，这也是可以的。为了让大家更好地理解马的用法，我们仍然将马走到 c7，来将黑王驱赶向 h8 的方向。

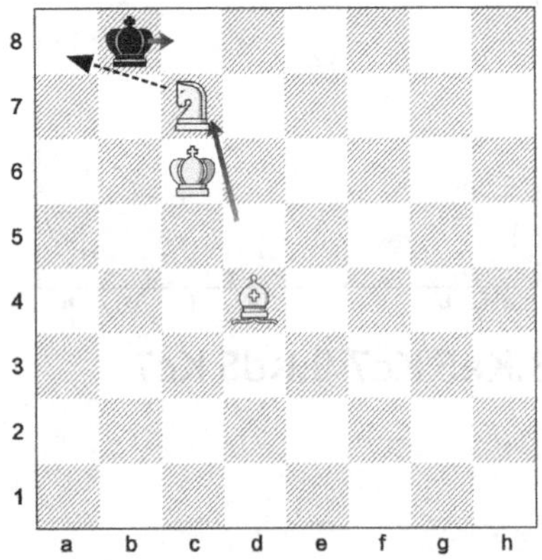

（上图）**11.Nc4 Kb8 12.Ne3! Ka8 13.Nd5 Kb8 14.Nc7 Kc8**（左图）通过几步调动，我们终于将马走到 c7 格。

这时，我们便可以一步一步驱赶黑王了。

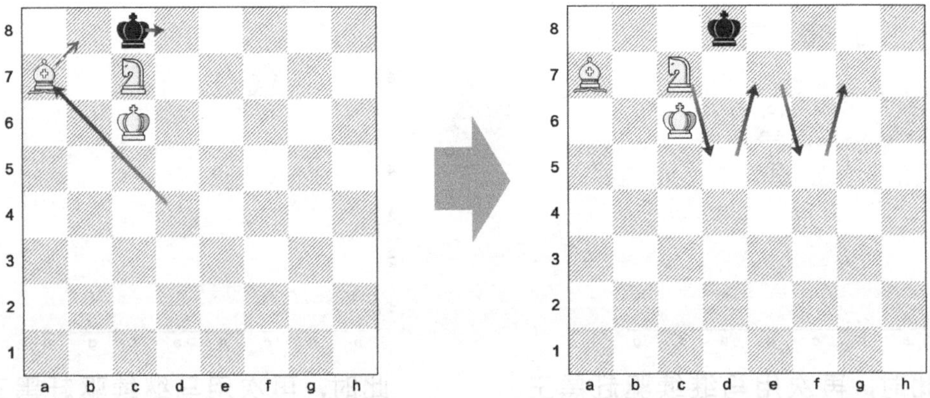

15.Ba7 控制 b8 格。**15...Kd8**

接下来的走法中，我们的马将按照这样的方式移动，来帮助我们驱赶黑王。

情况①：

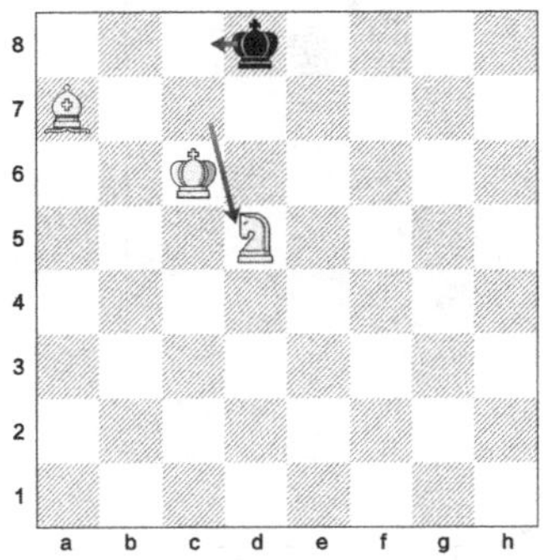

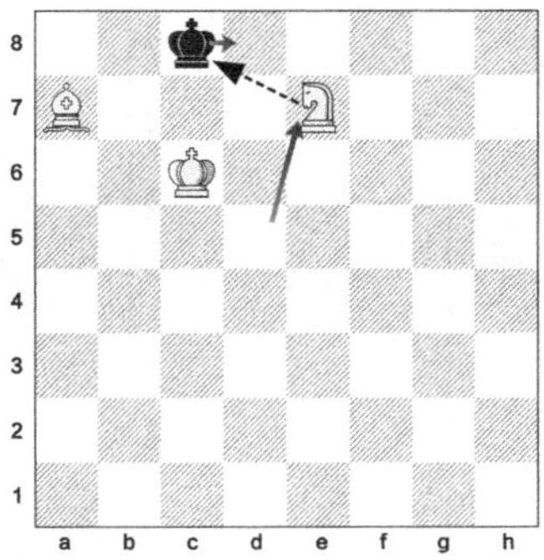

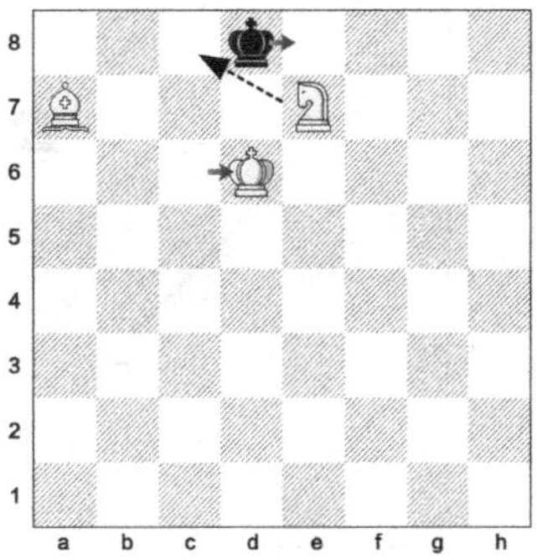

16.Nd5 Kc8 当黑王逃向 c8 时，我们可以直接走 Ne7+ 来将王驱赶到 d8 的位置，之后再移动王，这样便使黑王只能向 e8 行走了。

情况②：

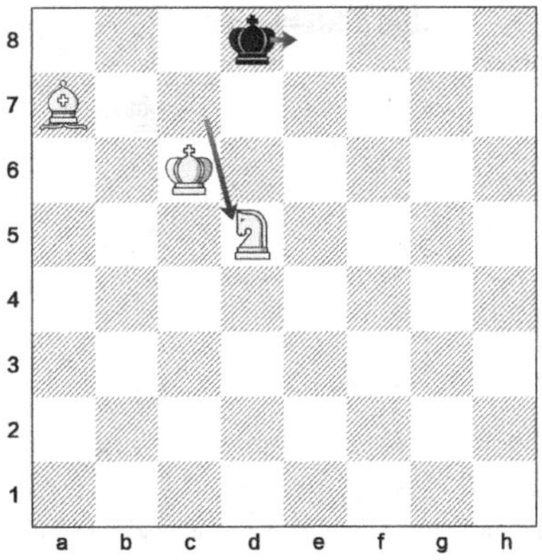

而当黑王逃向 e8 时，我们将运用这样的思路。

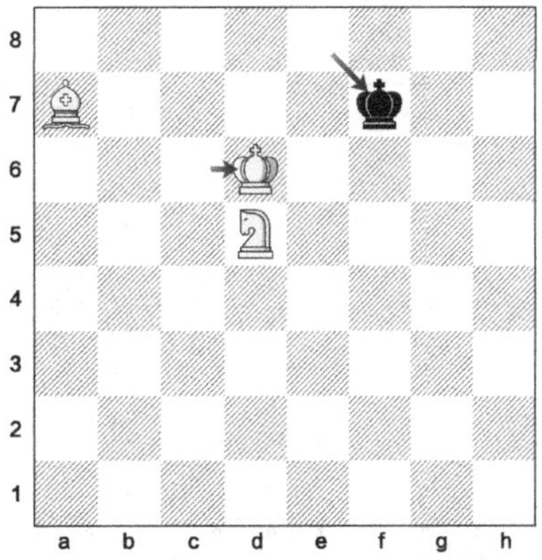

17.Kd6 Kf7 若黑王逃到 d8，我们走 Ne7，形成与情况①相同的局面。

但此时的黑王逃向 f7，意图突破我们的封锁。

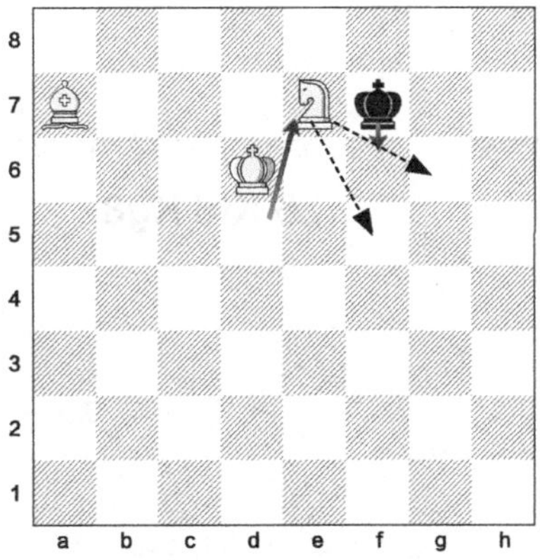

这便是马要如此调动的原因，此时我们仍走 **18.Ne7**。注意，此时的马封锁了右侧逃跑的白格路径。

18...Kf6 黑王竭力逃窜，但仔细观察，我们发现它此时只能逃向 g5 格。

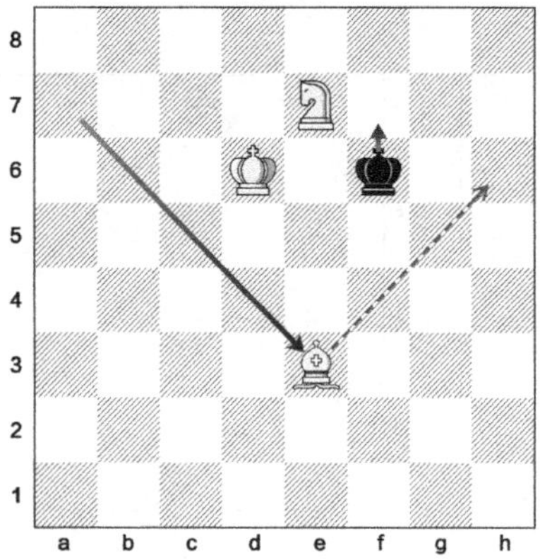

于是，我们走 **19.Be3!**，这时黑王就只能乖乖地往回走了。

19...Kf7

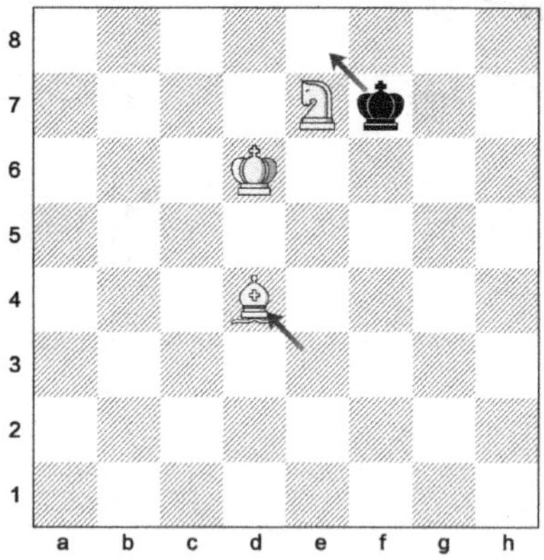

20.Bd4 Ke8 黑王又被赶回了底线。逃跑的计划落空了。

接下来的驱赶方式，就比较简单。

注意这里的等着，我们要等黑王先动才能跳马

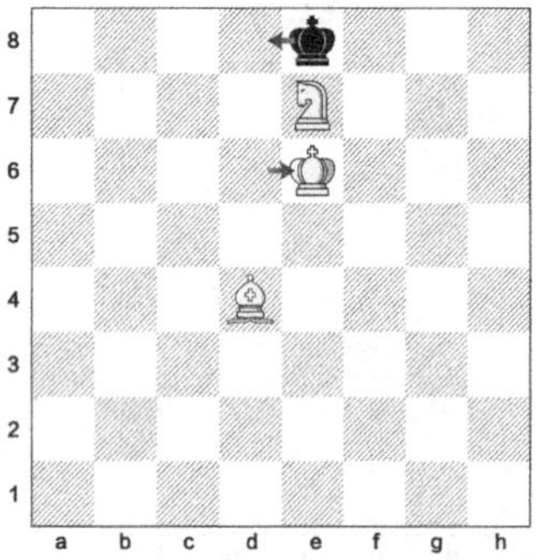

21.Ke6 Kd8

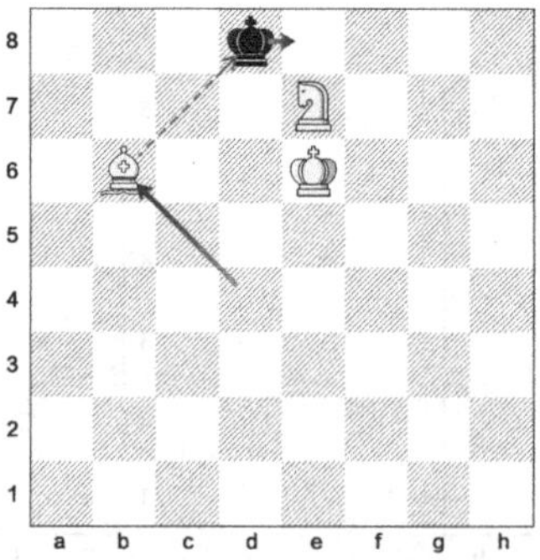

22.Bb6+ Ke8

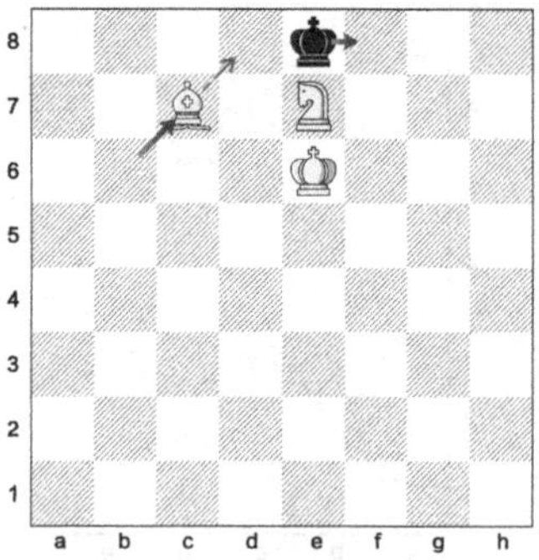

23.Bc7 Kf8

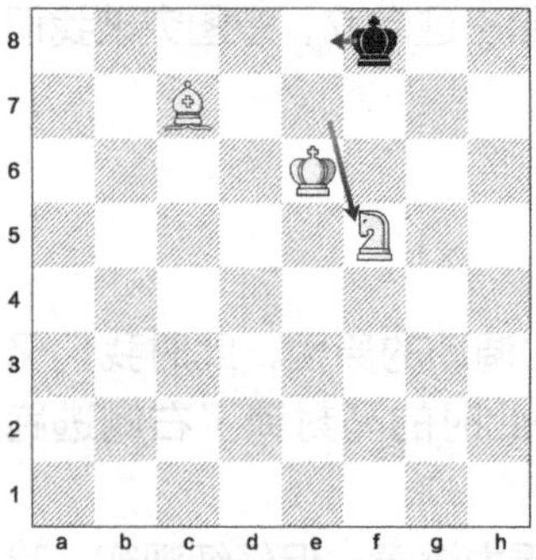

24.Nf5 Ke8

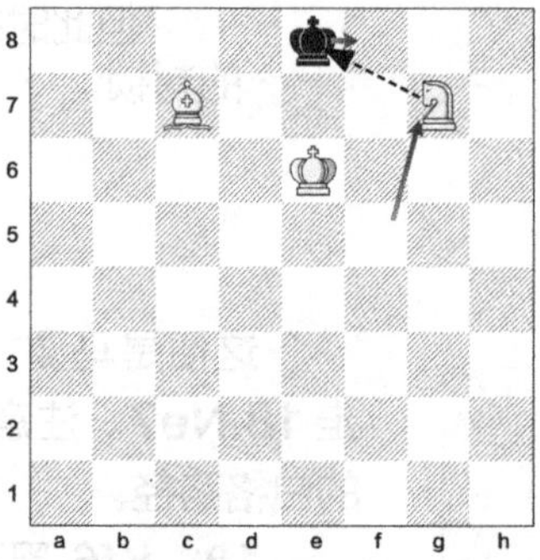

25.Ng7 Kf8

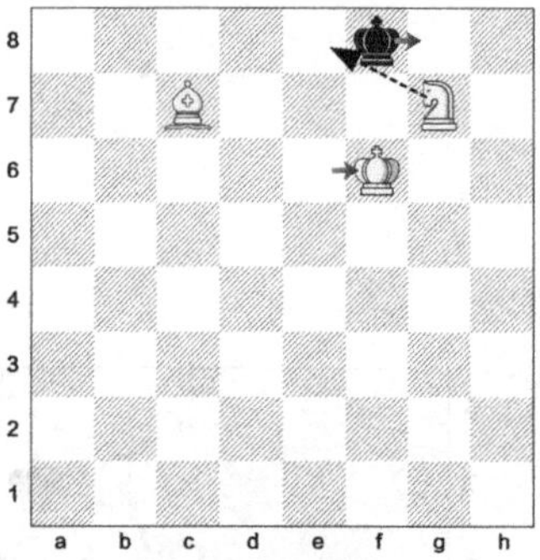

26.Kf6 Kg8

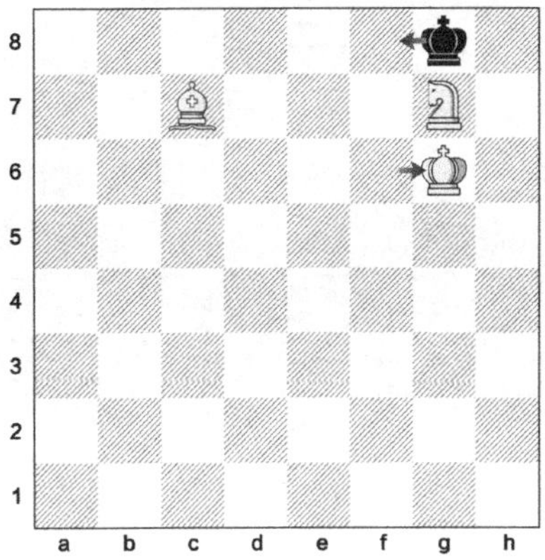

施展最终的杀王！

27.Kg6 Kf8

终于，历经千辛万苦，我们到达了最终将要取胜的时刻。结合上面的驱赶技巧和下面的杀王方法，你就可以成功施展马象杀王了。如果你在一场实际比赛中有机会成功施展马象杀王，全场的人一定会认为你是一个高手！

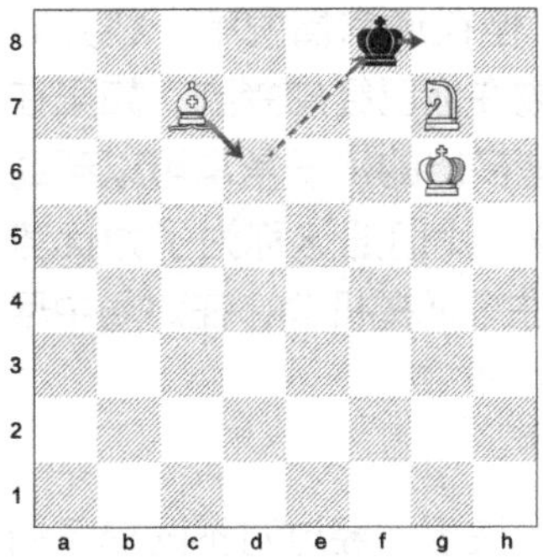

28.Bd6+ Kg8

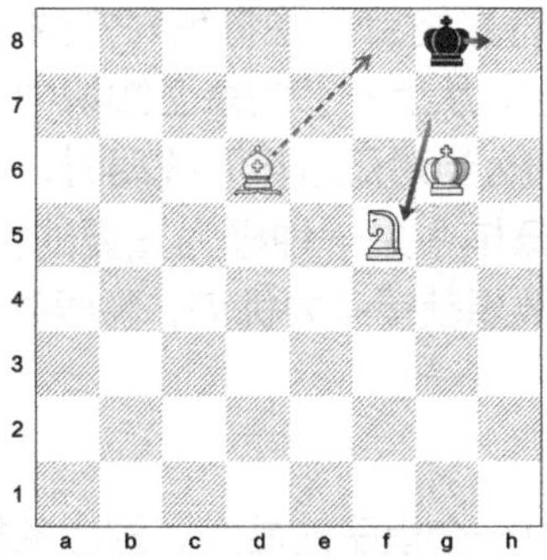

29.Nf5 Kh8 此时我们需要计算一下，必须当王在g8时，用马造成将军。

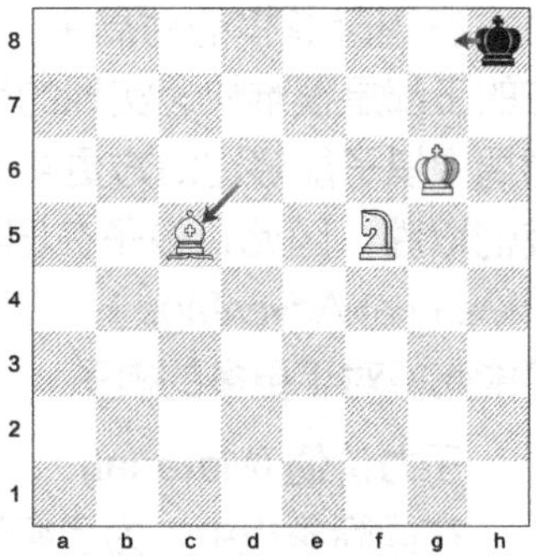

30.Bc5 这是等着，如果我们走Nh6??将造成逼和。

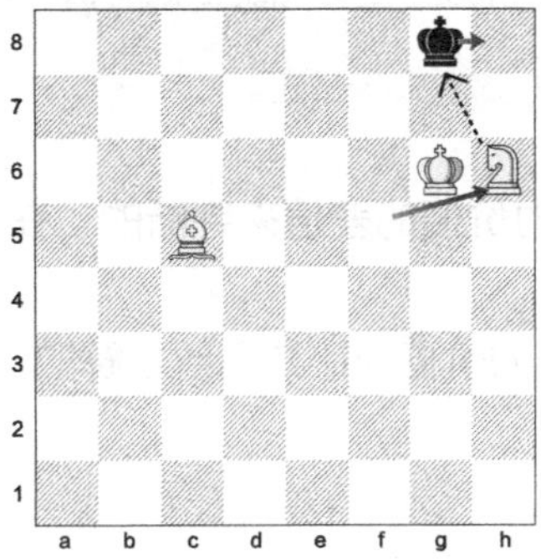

31.Nh6+ Kh8

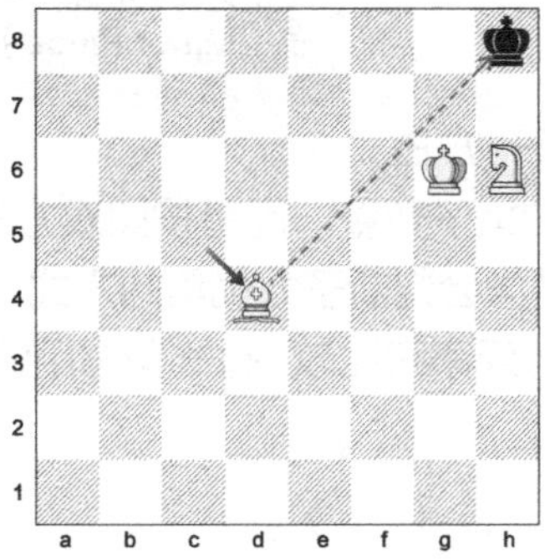

32.Bd4# 将杀！

结语

正如你在这些杀王方法中看到的，驱赶对方的王始终是最终杀王的关键。

在此你也可以明白一个重要的思想：能够控制住对方棋子移动的棋盘格或线路也是一种有效的进攻手段。在实战中，我们也可以运用这种思想控制对方的棋子，来限制它们的威力。

攻防基础知识

吃子与攻击

在国际象棋的对局中，尽管最终目标是将死对方的王，但在通常情况下，将死对方的王都是很难快速实现的目标。从上一节的杀王知识中，或许你已经感受到，如果在对局中棋子能够比对方更多，那么当对局进行到残局时，这些多出的棋子常常可以帮助我们取胜。因此，多子在国际象棋中是一种极为重要的优势，我们把这称为子力优势（Material Advantage）。不过要想获得子力优势，需要时刻注意把握机会，在对局中尽可能吃掉对手更多的棋子。

子力价值 (Material)

在国际象棋中，为了衡量每一个棋子的威力，国际象棋的棋手们经过对不同棋子的比较总结，用数字赋予了除王以外的每一种棋子特定的分值，这个分值便是子力价值。

后（Q）= 9　　马（N）= 3
车（R）= 5　　兵（P）= 1
象（B）= 3

> **根据棋子的分值，我们又将除王和兵之外的棋子称作大子。国际象棋中所谓的得子、丢子、弃子通常也均指的是大子，不包括兵。其中，后和车又被称作重子（Major Piece/Heavy Piece），马和象又被称作轻子（Minor Piece）**

在实际的对局中，判断哪一方占据子力优势，并非按照棋盘上的棋子数量，而是按照双方子力价值的差值来判断的。在了解得取子力的方法之前，先要学会判断子力优势的方式。

为了方便在实际对弈时进行观察和比较，有一些常用的子力价值对比是需要了解的:

♘ = ♗　　♖ + ♙ = ♘ + ♗
♘ + ♗ = ♘ + ♘ = ♗ + ♗ > ♖
♖ = ♗（♘）+ ♙ + ♙
♕ + ♙ = ♖ + ♖
♗（♘）= ♙ + ♙ + ♙

判断哪一方具有子力优势，是棋手判断对局局势的一个重要的方面。初学者可以暂时将此作为判断局势的主要方法。然而对于有经验的棋手来说，他们知道，这些等式并不能完全代表棋盘上的局势，它们时常可能因为其他某些因素的差异而产生一些改变，使得等式的左右并不相等，但尽管如此，我们仍要记好这些基本的等价关系。

如果你觉得自己已经很好地掌握了基础知识，想更详细地了解这方面的内容，可以阅读后面的第 5 章，去了解还有哪些因素在影响着棋盘上的局势。

现在，让我们一起来练习判断子力优势的方法。

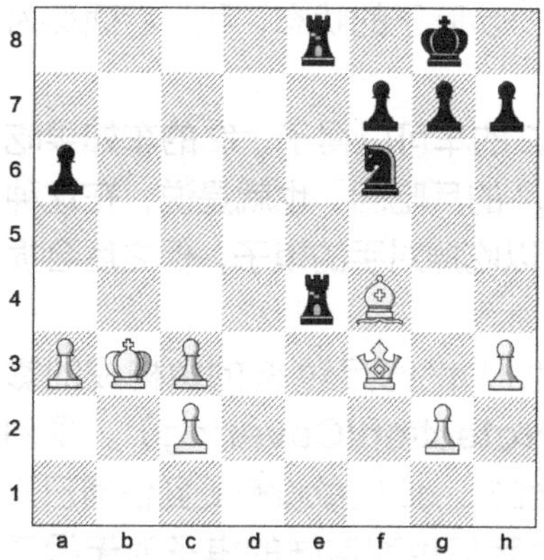

通过双方拥有子力种类和数量的差别来判断哪一方子力占优

在这一局面中，首先通过仔细观察找出双方不同子力的数量差异。

白方：多 1 个后、多 1 个象、多 1 个兵。
黑方：多 2 个车、多 1 个马。

结合上面我们所给出的一些基本的数量公式：

♘ = ♗

♕ + ♙ = ♖ + ♖

你便可以快速得知：这一局面中双方在子力价值上大致相等。

习题：判断以下局面，哪一方占据子力优势。

1.

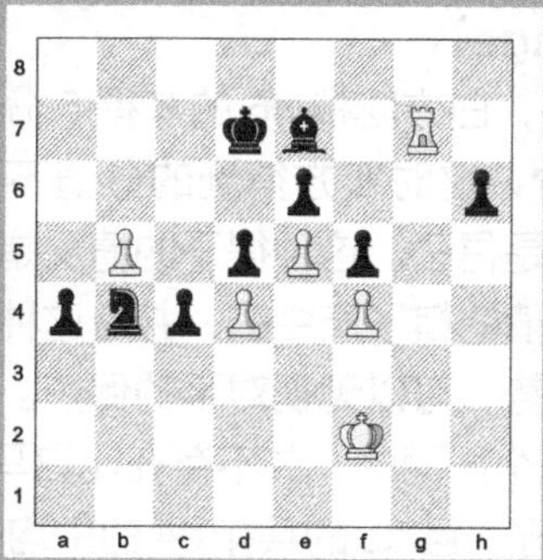

2.

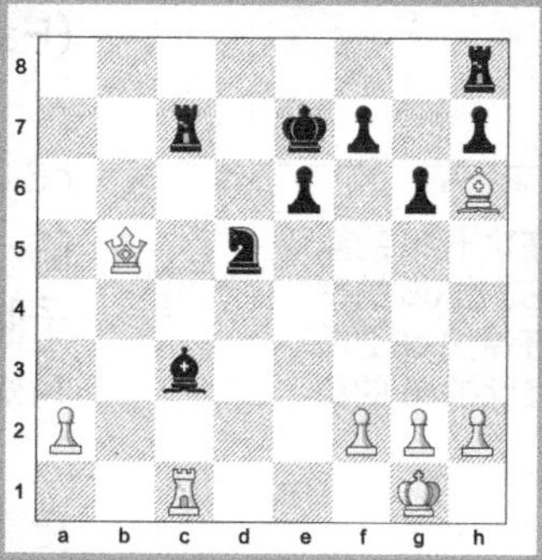

3.

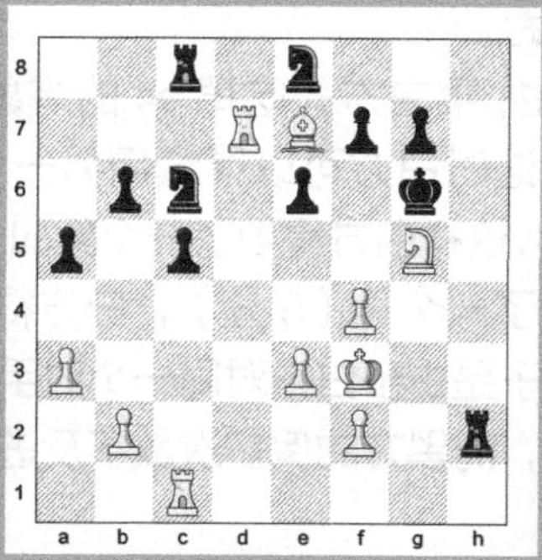

4.

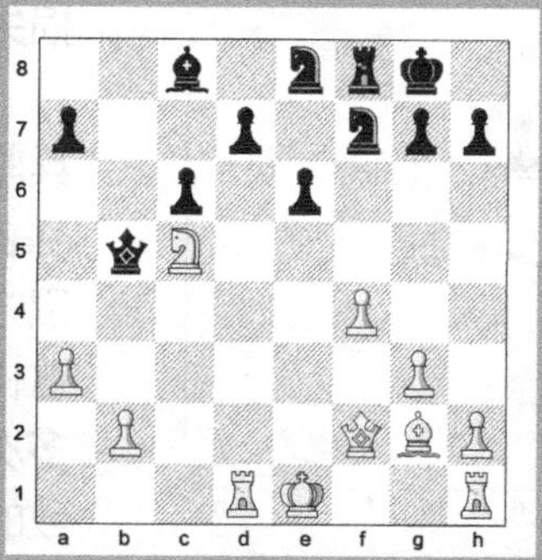

1. 吃无根子

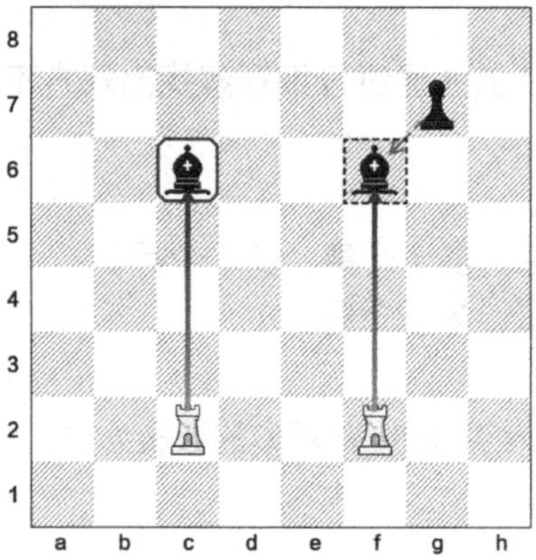

c2 的车在攻击 c6 的象
f2 的车在攻击 f6 的象
g7 的兵在保护 f6 的象

2. 有利交换

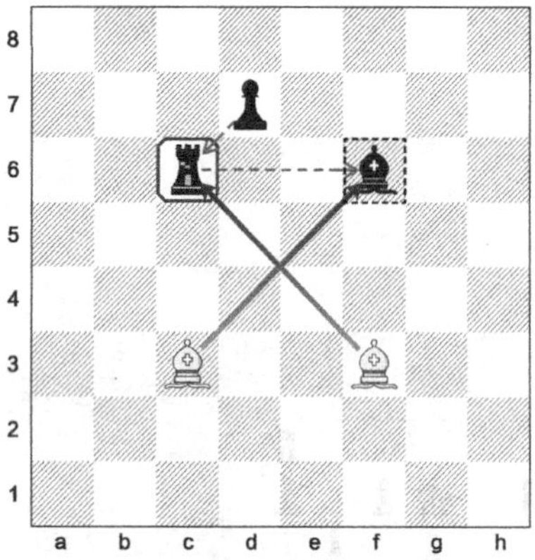

c3 的象在攻击 f6 的象
f3 的象在攻击 c6 的车
d7 的兵在保护 c6 的车
c6 的车在保护 f6 的象

3. 多子攻击

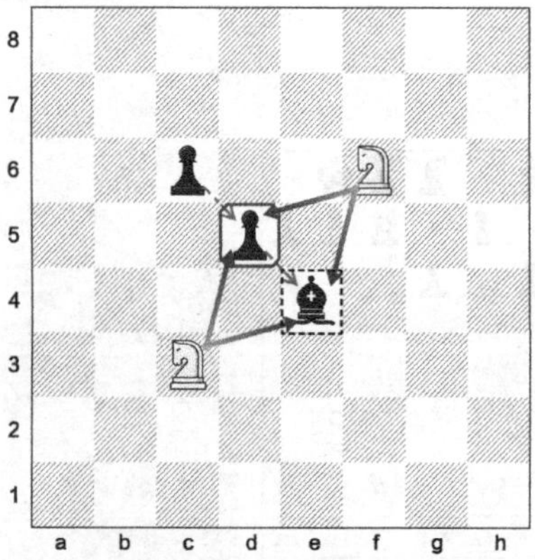

c3 和 f6 的马都在攻击 e4 的象
e4 的象只有一个兵保护

得子的吃子方式

左图中，白方的车分别在吃黑方的两个象，对于这样的准备下一步吃子的状态，我们后面称为**攻击（Attack）**。

此刻，只有 c2 的车可以得子，f2 的车如果吃掉 f6 的象，会被 g7 的兵吃回。也就是说，在这种情况下白方虽然可以吃掉对手的棋子，但之后会损失自己的棋子。

因此，我们也把 g7 的兵对 f6 的象构成的影响，叫作**保护（Protection/Covering）**。受到保护的 f6 象是安全的。c6 的象没有受到任何己方棋子的保护，所以我们也称这样的棋子为**无根子(Unprotected Piece)**。

但是，是不是受到保护的棋子就一定安全呢？

图中的两个白象在分别攻击黑方的 c6 车和 f6 象。而黑方 d7 的兵在保护 c6 的车，c6 的车又在保护 f6 的象。这里的两个棋子都是安全的吗？并非如此。

上一节我们讲到，每一种棋子都有自己的价值。白方吃掉 f6 的象得 3 分，黑方车吃回得 3 分，同样分值的棋子被吃掉，对此我们称作**交换(Exchange)**。

但是，白方吃掉 c6 的车得 5 分，黑方兵吃回 c6 得 3 分，这时双方得到的分值不同，得分更多的一方便是得子。这种得子的情况是由低分值的棋子吃高分值的棋子产生的，并且这种吃法具备一种特殊的优势，**可以无视对手的保护。**

在这个局面中，并不存在比白马（3 分）分值更高的棋子，且 d5 的兵和 e4 的象均有保护。不过，白方的两个马在同时攻击它们。如果白方吃掉 d5 的兵，黑方用 c6 的兵吃回，这样白方 3 分换得 1 分，损失了子力。

但是如果白方先吃掉 e4 的黑象，黑方用 d5 兵吃回，这时白方可以继续用另一个马吃掉到达 e4 的黑兵，这样白方得到了一个象加一个兵（4 分），黑方得到了一个马（3 分），白方得子（1 分）。这样的得子是由于白方对同一个对手的棋子施加了多次攻击，而黑方的保护次数不及进攻子的数量导致的。

要注意的是，这种情况下我们往往要计算一下双方获得的子力分值，来判断吃子的合理性。

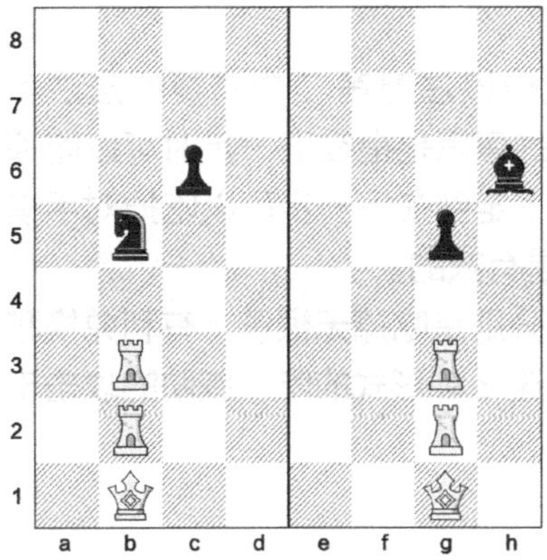

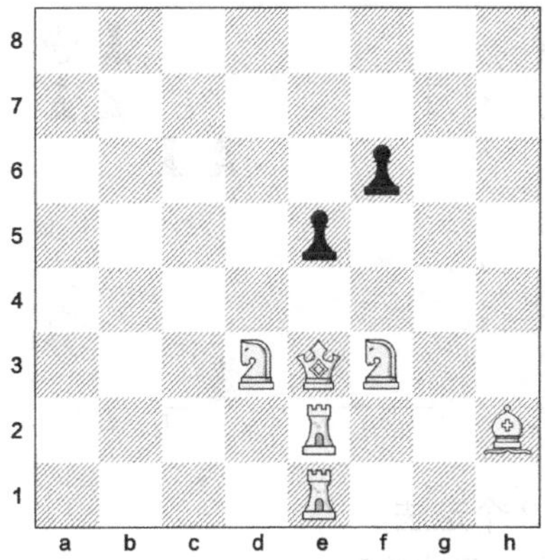

白方在这里是否能吃掉黑子？

在兵保护马或象的情况，或用马或象保护兵时，这时是可以应对对手车和后的多重攻击的，因为车和后的子力价值均大于一个马和兵或一个象和兵。

在这一局面中，白方有 6 个棋子在集中攻击黑方的 e5 兵，那么白方是否可以轻松吃掉 e5 兵并得子呢？

事实上，白方无论用哪一个子吃掉 e5 兵，当这个棋子被黑方吃回时，他都将至少损失 3 分的子力价值（马或象的分值）。而即便白方继续吃掉黑方第二个兵，他也仅仅得到 2 分（两个兵的分值）。因此，这里的白方并不能吃掉黑兵。

在第 1 章中曾提到，这样的兵形被称作兵链，此处我们可以得知兵链能够成为一种强大的防御阵型的真正原因。

由此我们也可得知，攻击兵链前方的兵（e5）时，通常需要有己方兵的参与（如在 d4 放一个兵，则白方的进攻就是强大而有效的）。

低分子作为保护子往往更坚固，兵链是最坚固的一种保护形式

在实际的对弈中，你需要在任何时刻都密切观察，局面中是否存在以上的某种得子方式，这是能够帮助你获得优势进而争取胜利最重要的手段之一。

习题：在以下局面中，白方分别可以怎样得到黑方的子力？

5.

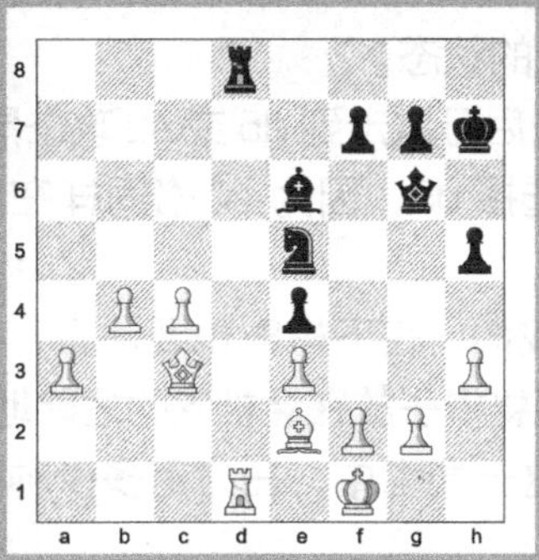

6.

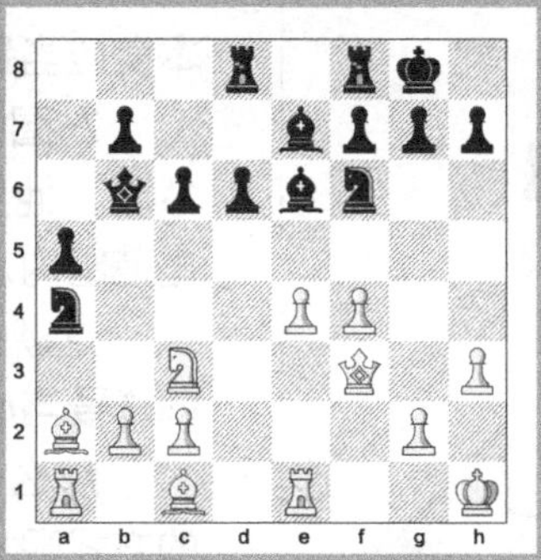

！下棋时需要我们具备良好的全局观察力，仔细观察每一个棋子的攻击方向

7.

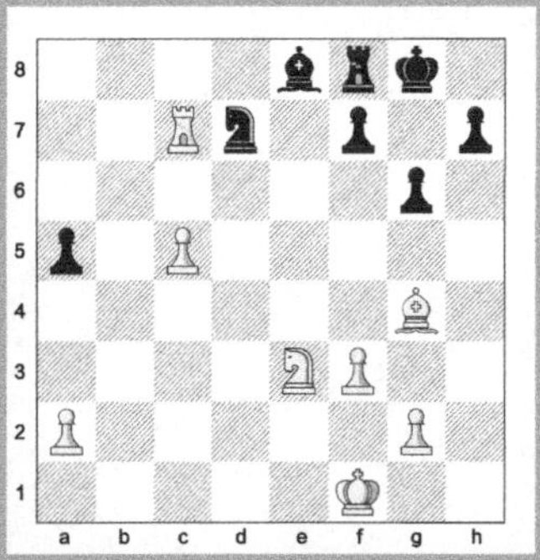

8.

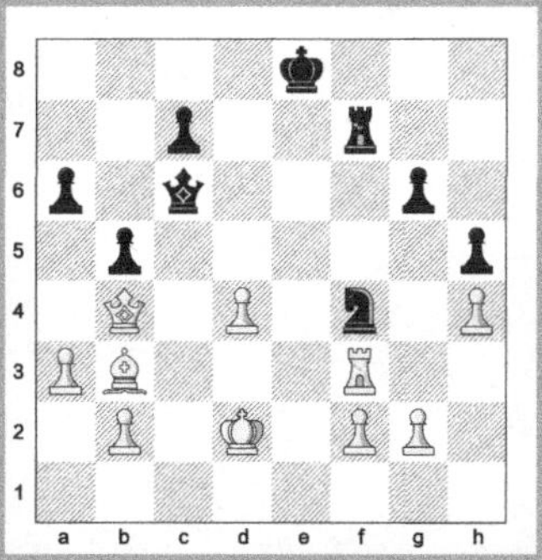

攻击的走法

当学会了如何抓住棋盘上的吃子机会之后，你就应该注意第二个重要的走法类型——制造攻击。在上一小节中，我们已经提到，攻击的意思是指在下一步时可以吃掉对手的棋子。那么，制造攻击的意思就是：将自己的棋子走到在下一步可以吃掉对手棋子的位置上。不过，我们需要注意，并非所有的攻击都是有效的。

在上一小节中，我们讲解了 3 种得子的可能方式，分别是吃掉无根子、有利兑换和吃掉己方多个子力集中攻击的子。 因此，也只有造成了这 3 种形式的吃子威胁的攻击走法，才是真正有效的。

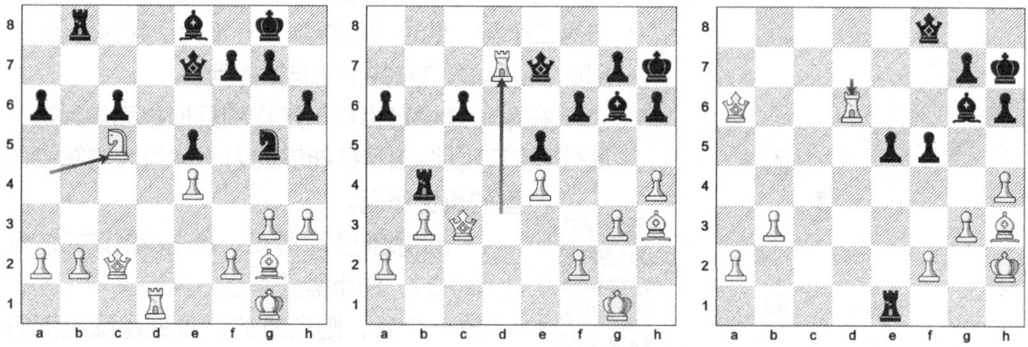

在上面 3 幅图中，分别展示了白方制造有效攻击的 3 个走法。

攻击无根子：在第一幅图中，白方的马攻击了 a6 没有保护的兵。

攻击分更高的棋子：在第二幅图中，白方的车攻击了 e7 分值更高的后。

多子攻击：在第三幅图，白方的车和后攻击了 g6 只有王保护的象。

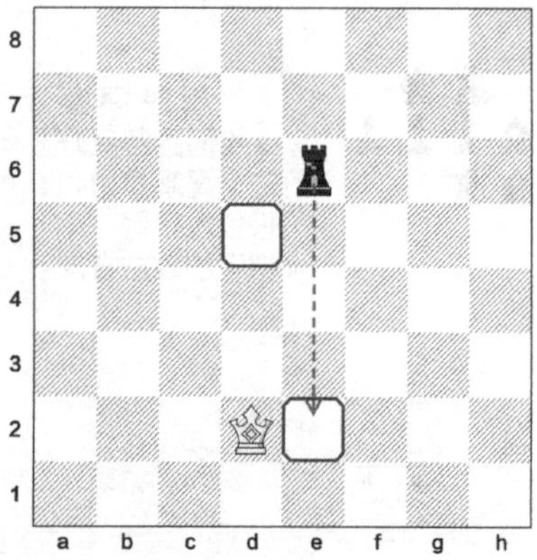

另一方面，我们需要注意的是，攻击方的棋子本身应当是安全的状态。

左图中，白后可以走到 d5 或 e2 攻击黑方的车，然而，他只能选择 d5，因为 e2 格同样在黑车的攻击范围内。

这就提醒我们，在下棋时也要注意，**在进攻时同样要当心不要将棋子放在会被吃的危险地带。**

那么，在这一局面中，白方有多少种有效攻击的方式呢？

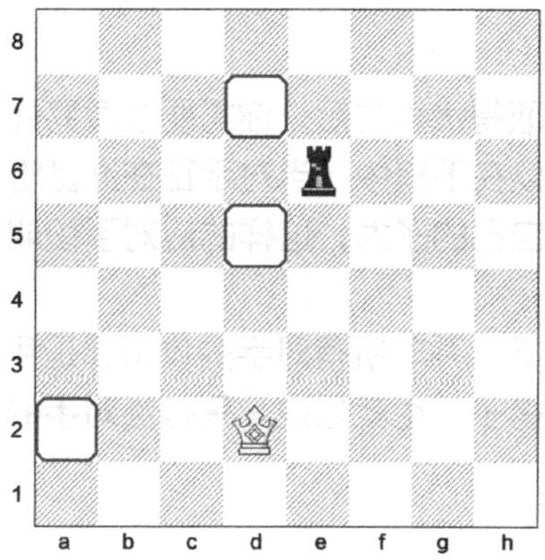

由于我们知道了后并不能走到黑车的攻击范围去攻击它，因此，后只能在斜线攻击黑车。事实上，大多数情况下，我们都只能以这种方式来进攻。例如对于对手的象，我们只能用后从直线攻击，无法用后在斜线攻击。

在这一局面下，白方有 3 种走法可以有效且安全地攻击黑车，分别为 a2、d5 和 d7。

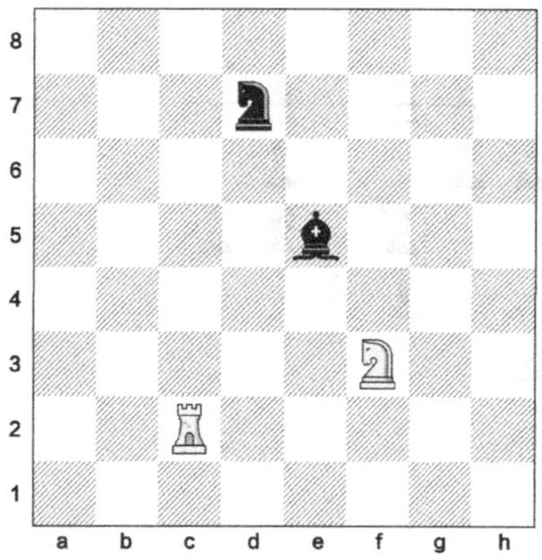

左图中，白方一共有多少种有效的攻击方式呢？这里的黑马是无根子，所以我们可以从 d2 和 c7 用车攻击，然而，我们需要注意 c7 格在黑象的攻击范围内。所以只有通过 d2 格攻击黑马才是可行的。

另一方面，这里的黑象受到了马的保护，但是我们已经有一个马正在攻击它了。因此我们可以再运用车继续攻击黑象，这样的格子有 c5 和 e2。然而，c5 格又受到了黑马的攻击。

因此，在这一局面中，白方共存在两种可能的有效攻击方式，分别是 Rd2 攻击黑马和 Re2 攻击黑象，你答对了吗？

制造有效的攻击的走法可以逼迫你的对手防御，同时拖延他的进攻

习题：学会攻击对手可以让你在对局中更加具有侵略性，不加小心的对手也更容易被你抓住机会取得子力优势。现在，来练习一下。在下面两个局面中，各有几种有效的攻击方式？

9.

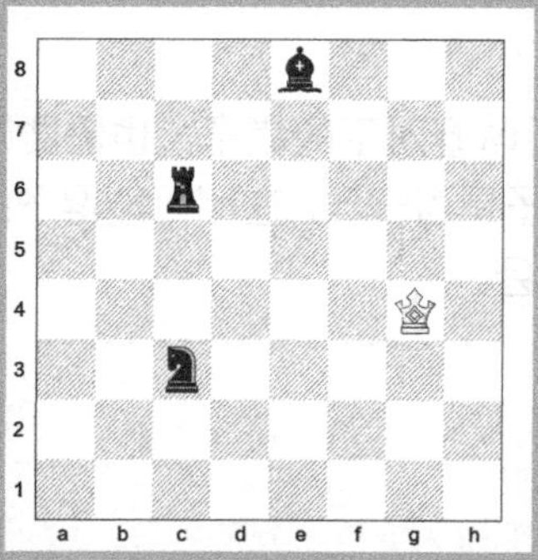

10.

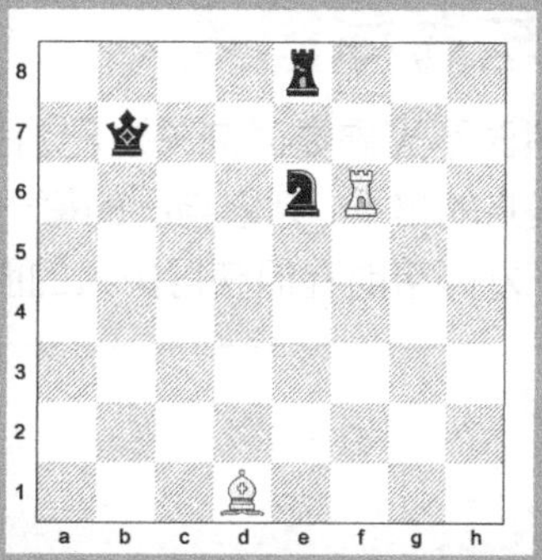

安全性与防守

当你知道了——在许多情况下你都可以通过吃子来取得优势之后，你需要注意另外一个重要的问题，你的对手也可能对你做同一件事！所以在下棋中，当对手正在准备吃掉我方的棋子时，我们应当马上做出应对，来避免损失自己的子力，这样的应对手段叫作防守（Defend）。

但在学习具体的防守方式之前，还是要先提醒你一下，并非所有对手的攻击都是我们需要防守的。因为我们知道了，并非所有的吃子都是得子，也就是说：**只有当对手的吃子是一种得子的威胁时，才是我们需要防守的时候。**

何时需要防守对手的吃子

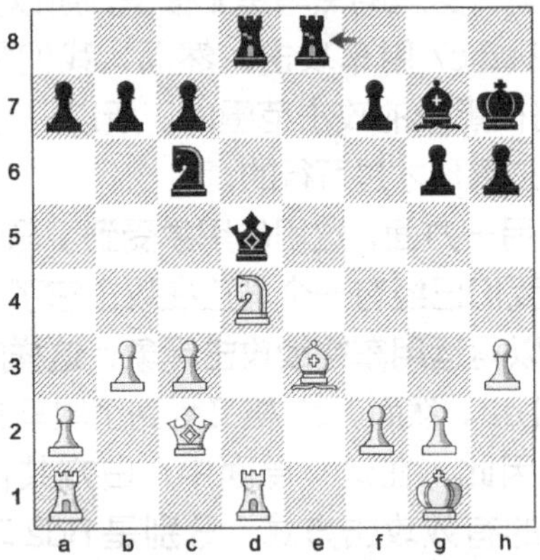

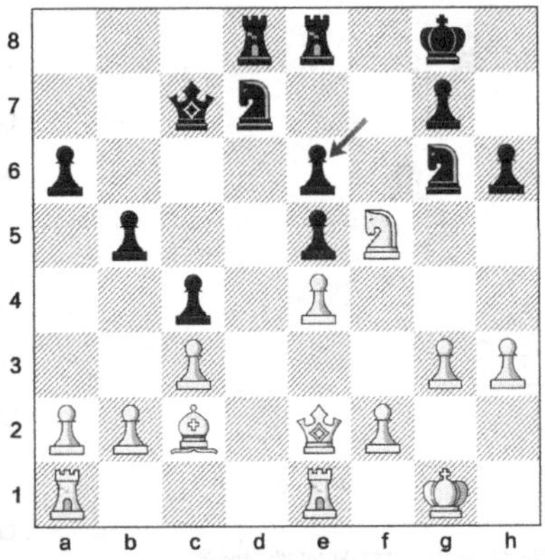

左图中，尽管黑方攻击了白方 e3 的象，但是此时的象由于有 f2 兵的保护，因此它仍是安全的。

右图中，白方的 f5 马受到了黑方 e6 兵的攻击，而 e6 兵是比白马分值低的棋子，这就说明，即使白马有兵在保护，此时的白马仍处于被威胁的状态，此时我们必须对黑兵的攻击做出应对。

攻击防守与对局思维

我们在下棋时不光需要时刻关注己方是否可以吃对手的棋子，也需要同时注意对手是否能吃我方的棋子，判断自己的每一个棋子是否安全。在尽可能得子的同时，还要避免丢子，才能帮助我们获得更大的胜利机会。

防守的基本方式

一旦在下棋时注意到对手正在对己方的棋子制造有效的吃子威胁，就要针对性地进行防守，来让对手的进攻失效。

在实际的对局中，你可能会有 5 种基本的防守方式。

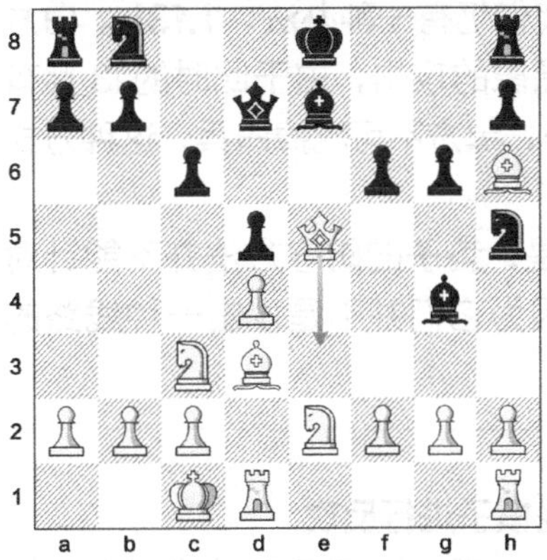

躲避对方的攻击

在这一局面中，白方的后此时正在被黑方 f6 的兵攻击。由于后相对兵而言自然是一个更高分值的棋子，即使有 d4 兵的保护也无济于事。

所以，此时我们需要移开后，将它放在一个不被对方攻击的位置。

在此，我们只能走 **1.Qe3**。因为后走的其他位置，仍会受到黑方其他棋子的攻击。

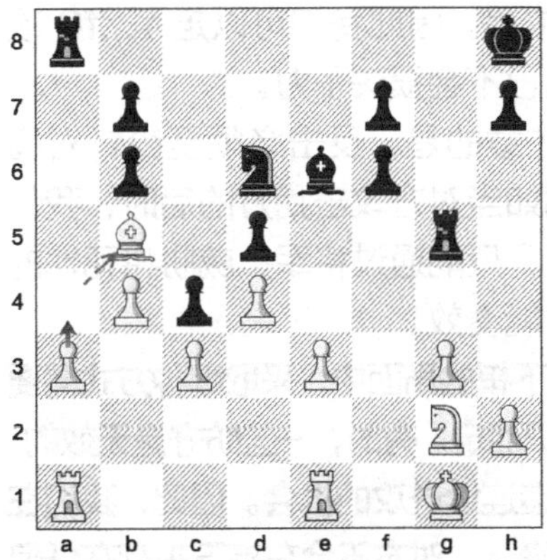

保护受攻击的棋子

在此，黑方的 d6 马正在攻击白方的 b5 象，那么我们是否可以把象躲开呢？

仔细观察可以发现，此时白象能走动的所有格子，均在黑方棋子的攻击范围内，那么我们应该怎么办呢？

1.a4! 由于马和象是相同分值的棋子，我们可以用兵保护白象。若黑方选择马吃象，我们便可用兵吃回。

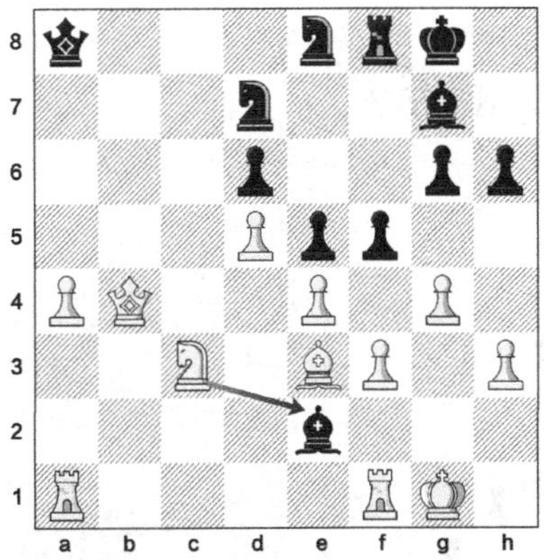

吃掉攻击的棋子

这里的黑象在攻击白方 f1 的车，而车是比象分值更高的棋子，我们是否要逃跑呢？

等一下，这里的 c3 马不是在攻击黑象吗？

因此，这里我们可以直接走 **1.Nxe2** 将黑象吃掉，这样我们不光没有丢子，反而还得到了子力。

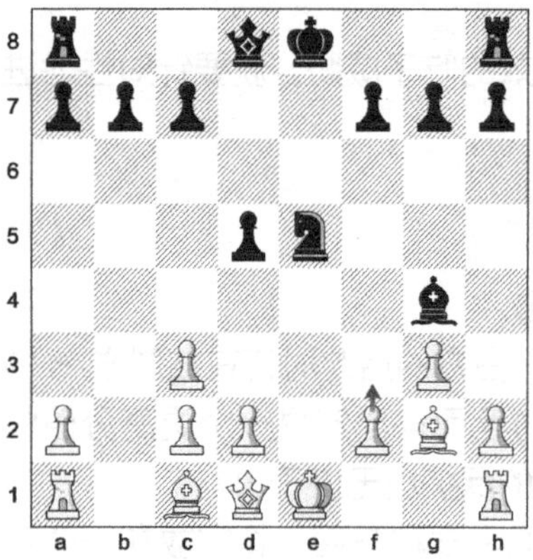

阻挡对方的攻击

在这一局面中，黑方的g4象在攻击d1的白后，我们如何防守？

此时的白后无法逃脱黑象的攻击，也不能吃掉黑象，因为黑象有马在保护。

尽管如此，我们仍有一种办法：**1.f3!** 。白方通过冲兵阻挡住黑象的攻击，由于此时的 f3 兵有象和后两个子保护，黑方不可吃掉白兵，这种方式又叫垫子。

需要注意的是，垫子的防守方法并不能针对马和兵的攻击，因为它们并不是攻击一种线路的棋子。

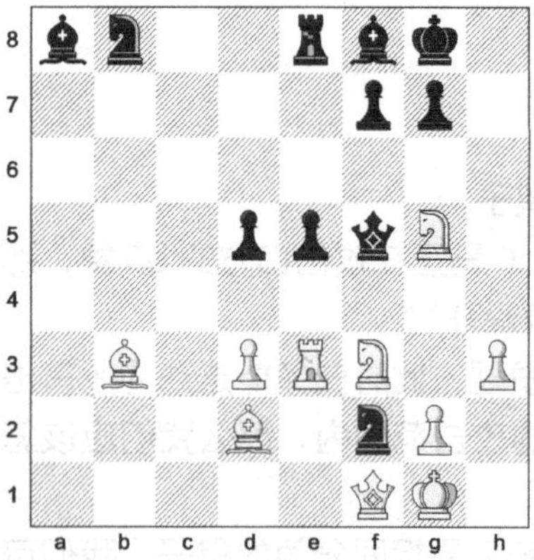

向对手的其他棋子进行反攻

在这一局面中，黑方的 f2 马无法逃避白方的攻击。不过，仔细观察，我们可以发现，白方的 g5 马也没有逃跑位置。因此我们可以走 **1...f6** 攻击白马，来保证自己不会损失子力。

然而你需要注意的是，反击必须至少针对同等价值的棋子。例如当对方攻击我方的后时，我们若要采用反击手段，只能通过将军、威胁将死他的王或反击他的后才能奏效。

总的来说，在下棋的局面中，采取哪种方式需要根据对局的实际情况而定。有时，一些防守是无效的，甚至还会给对方创造连续进攻的机会。因此，我们在防守时务必要仔细确认，对方不会在接下来存在任何有效的进攻手段，方能保证自己局面的安全。

习题：在以下两个局面中，你应当分别运用什么方式防守？

11.

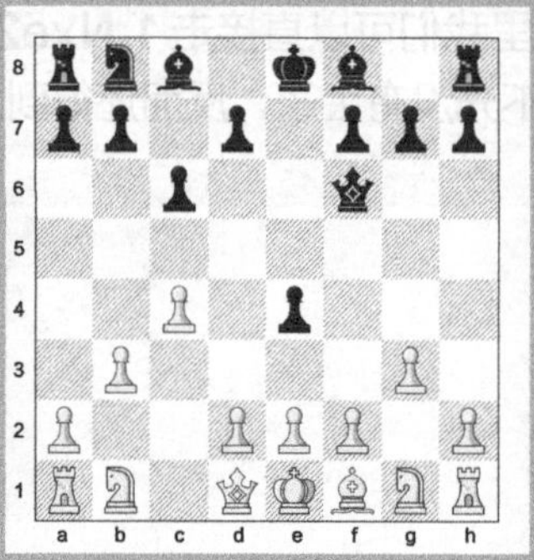

12.

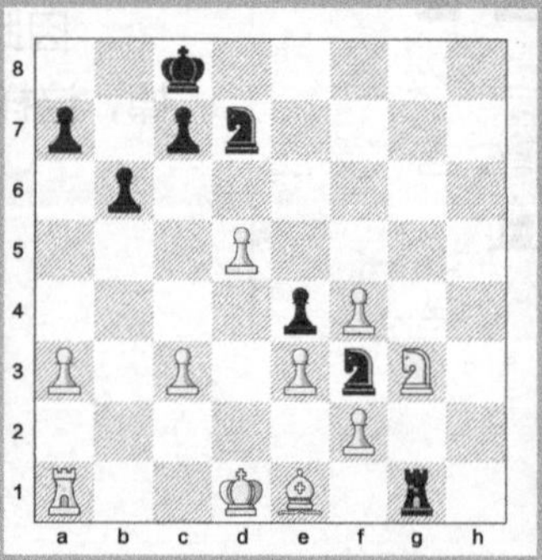

杀王与实战

学会了上面讲解的攻防知识和基本杀法后，相信你已经有信心取得一盘对局的胜利了。在本节中，我们将教给你一些更加有效的杀王方法，让你不光在残局中能制造杀王，在中局中也同样可以做到这一点。学会这些杀王技巧，会让你的实战水平有更进一步的提升。

实战中的基本杀法

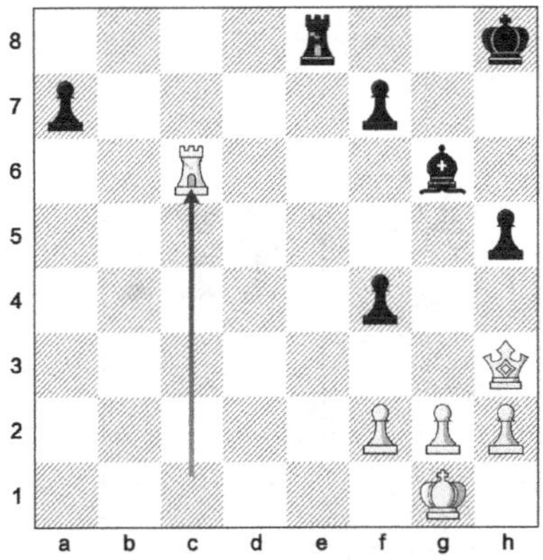

在这一局面中，白方刚刚用 c1 的车吃掉了黑方 c6 的后，此时他很开心，相信自己已经胜券在握了。

下棋时务必小心底线杀王

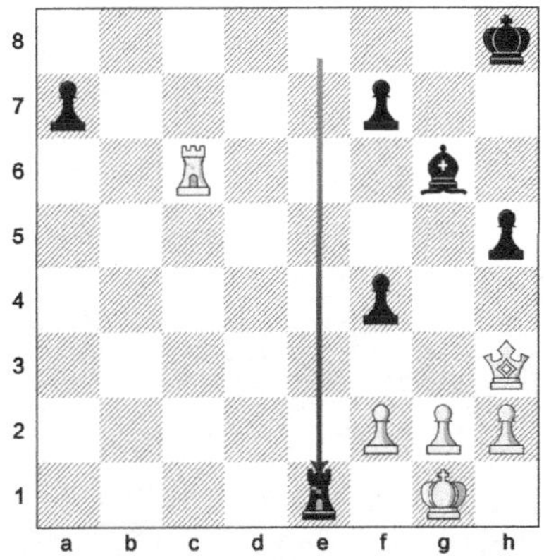

然而，他此时没有想到，黑方直接走了 **1...Re1#**，黑方突然将车走到他的底线，直接将死了他的王！

这一杀法是初学者在实际下棋中最容易忽视的杀法。

在实战中，由于我们经常需要王车易位，正如左图所示的局面。白王处在王车易位之后的位置上，虽然它前方有兵为它提供掩护，然而这样的位置存在一个严重的问题，前方的兵可能挡住王的逃跑路线。于是，当他的底线失去棋子的保护时，黑车便可直接造成杀王。

这种杀法也被称为底线杀王（Back-rank Mate）。

在国际象棋中，有许许多多诸如此类的基本杀法模式，记住这些杀法模式对于我们提升杀王能力是极为重要的，因为在遇到更加复杂的情况时，这些基本的杀法模式可以给我们提供灵感，帮助我们找到正确的策略。

运用底线杀王

现在，让我们一起来试着运用这种杀王技巧吧。

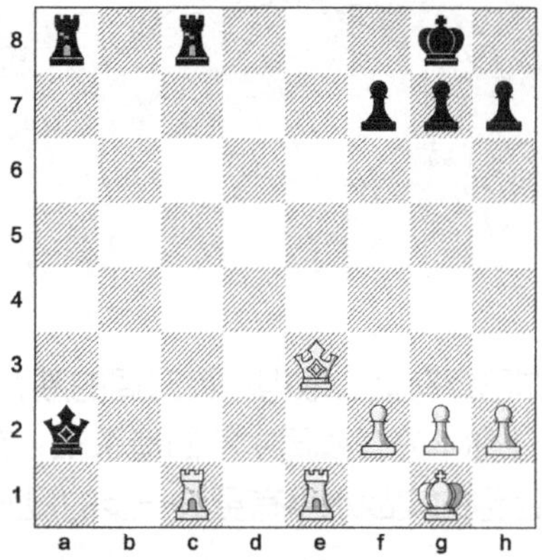

在这一局面中，黑方的底线有两个车在把守，白方如何制造底线杀王呢？

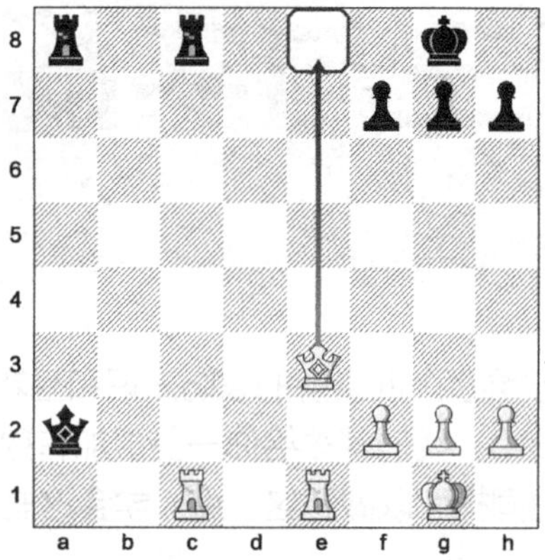

我们可以发现，白方的后和车在集中攻击 e8 格，想象一下，是不是如果黑方只有一个车，就是底线杀王了？

当对手的底线有多个棋子防守时，我们可以先消除他的防守棋子，再制造底线杀王

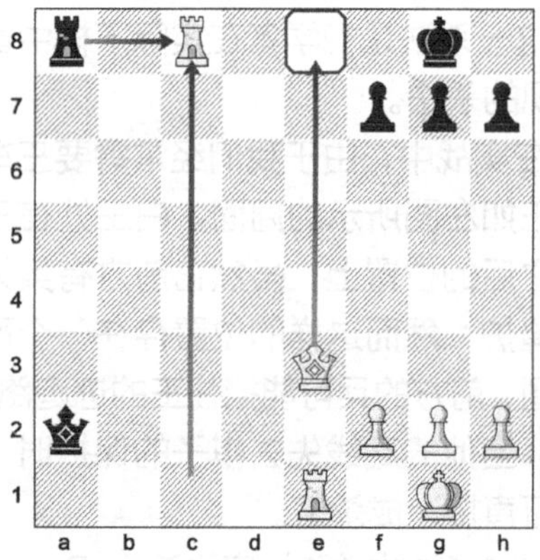

1.Rxc8+ 用 c1 的车换掉 c8 的车，此时黑方只能走 **1...Rxc8**。

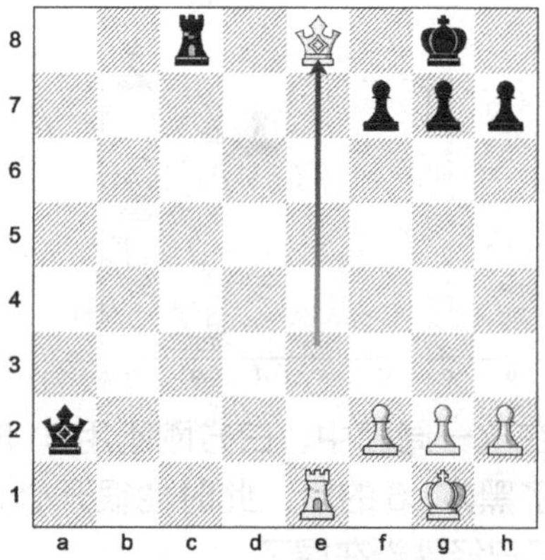

2.Qe8+! 无视黑方的车可以得后的情况，因为白后有车的保护。

2...Rxe8 3.Rxe8# 白胜。

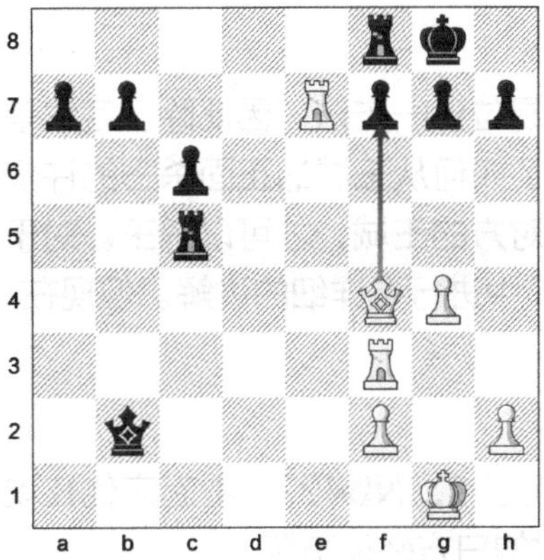

在此，白方可以通过走 **1.Qxf7+!** 制造底线杀王：

1...Rxf7 2.Re8+ Rf8 3.Rxf8# 。

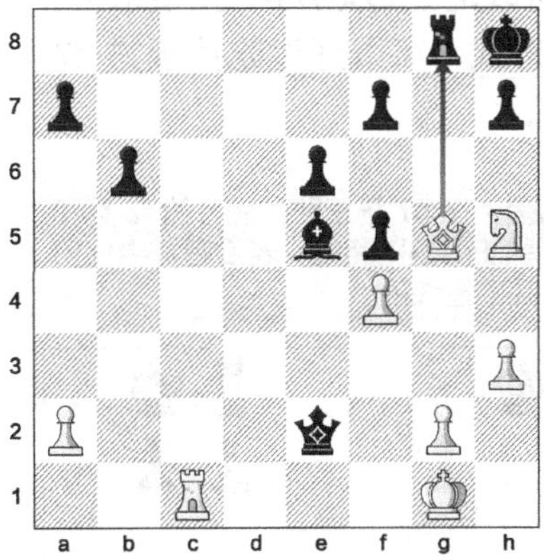

虽然黑王前方失去了 g7 兵，但由于白马控制了 g7，白方仍然可以制造底线杀王：

1.Qxg8+ Kxg8 2.Rc8#。

有时对手的王前兵可能缺失或移动过，倘若我们能控制兵原来的位置，仍然可以底线杀王

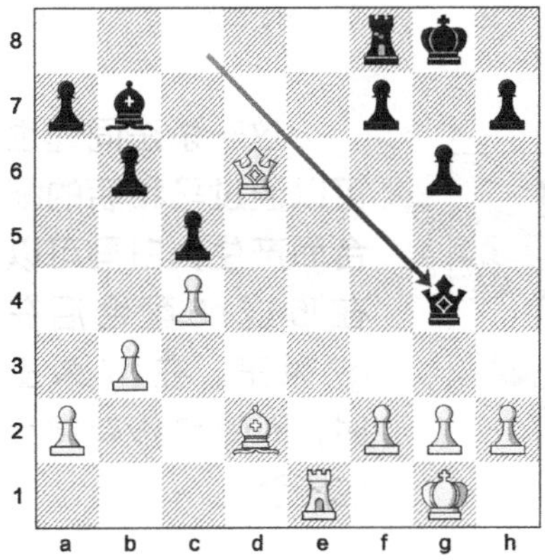

一个经典杀法

黑方刚刚走了 **1...Qg4** 威胁 Qxg2#，但他忽视了白方此时的强大威胁。

2.Qxf8+！ 弃后打开底线，**2...Kxf8 3.Bh6+ Kg8**

4.Re8#

在这几个例子中，你可以看到白方牺牲了自己的后，但他最终将死了黑棋。

这种技巧在国际象棋中称为弃子（Sacrifice），即为了实现更重要的目标，让一些棋子做出牺牲。这表现出了棋盘上的英雄主义和国际象棋的进攻艺术，国际象棋的大师们都精通此道。

在第 3 章我们将带你见识更多弃子杀王的技巧，或许你能从中得到更多的灵感和启发，在下棋时也能像大师一样用出精彩的杀法。

王城与杀王

由于我们和我们的对手在对局中通常都会采取王车易位这一走法，因此除了底线杀王之外，历史上的大师们在他们的对局中还为我们展示了如何从王城的正面杀王的许多种方法。不过在这种情况下，通常我们都需要首先攻破对方的王城，才可以杀王。对于如何攻破对方的王城，我们同样将在后面的攻王战术章节中进行更详细的讲解。但现在，先让我们了解有哪些情况可以直接杀王取胜。

攻陷易位后的王城

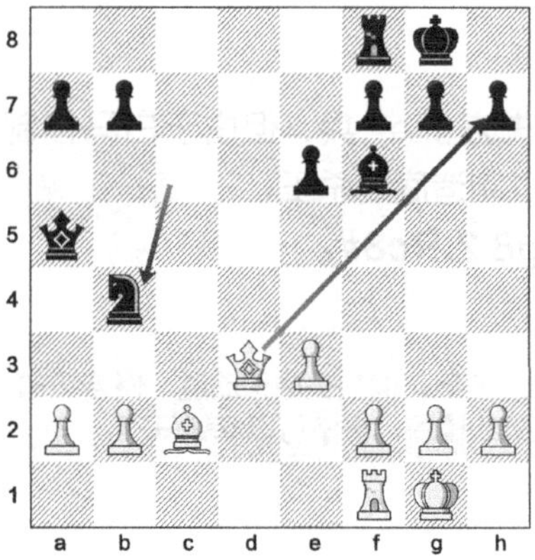

黑方此时刚刚走了 **1...Nb4??**，看起来他在攻击白象和白后，此时的白方必须防御。

然而白方此时可以走 **2.Qxh7#**，直接杀王。

这一后象联合形式，可以通过吃掉黑方 h7 兵或 g7 兵，造成杀王。

需要注意的是，在 h7 杀王时，黑方的 f7 兵和 f8 车阻挡了黑王的逃跑路线，若没有其中任何一个子，就并不是杀王。

这一杀法同理也可以通过马和后的配合而产生，白马可以在 f5 或 h5 配合后在 g7 杀王。在 h7 杀王时，即使 f7 没有黑兵也能杀王。

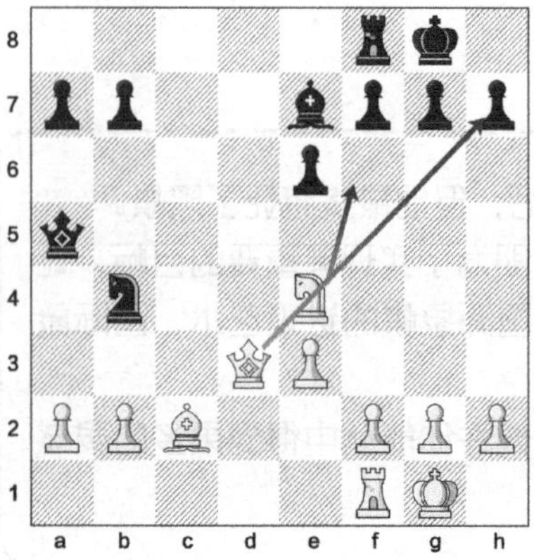

在这一局面中，白方的 e4 马挡住了白后对 h7 的攻击，

不过他可以走：

1.Nf6+! 由于白马的将军，黑方必须应将，无法对 h7 兵采取防御手段。

不论他选择用象吃，还是用兵吃，都无法避免第二步被 Qxh7# 的命运。

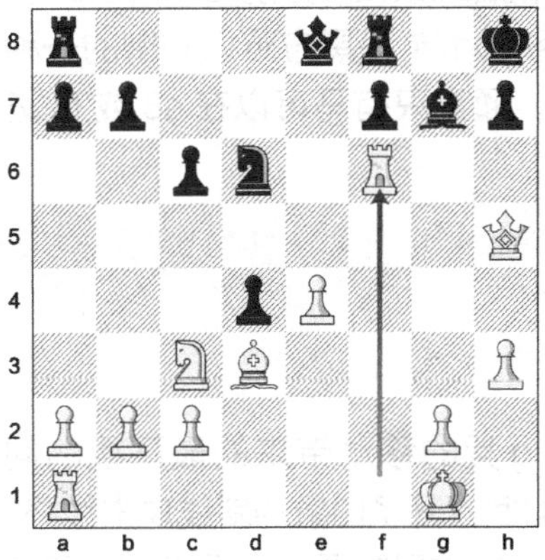

菲舍尔——平科 1963 年全美锦标赛

白方鲍比·菲舍尔（Bobby Fischer）是国际象棋历史上的第 11 位世界棋王，也是一位历史上罕见的国际象棋天才，15 岁即成为男子国际象棋特级大师。自 1957 年起，他便称冠全美锦标赛，在之后几年中取得八连冠。

在 1963 年的这次比赛中，他更是创下 11 轮比赛全胜的不可复制的宏伟战绩，充分证明他当时在美国棋坛的可怕统治力。

在这盘棋中，他在此走出了惊世骇俗的 **1.Rf6!**。看起来他不是送车了吗？

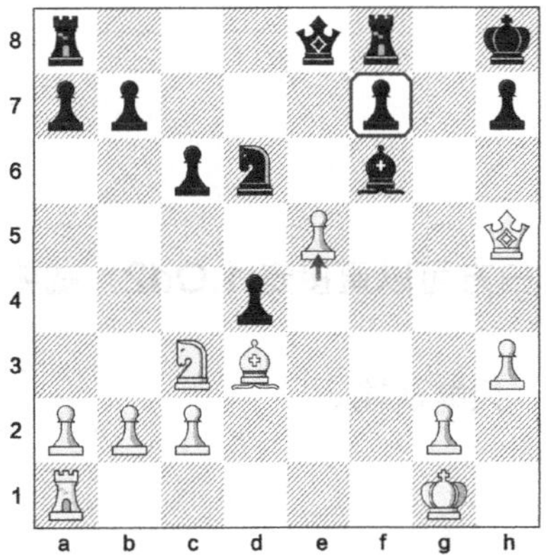

事实上，黑方并不能走 1...Bxf6。

因为在白方 2.e5 之后，他会发现他无法防守下一步的 Qxh7# 后象配合杀王了。

这一步 Rf6 的走法，目的在于阻挡黑方的 f7 兵，消除了黑方可能冲兵 f5 阻挡白象的攻击线路的手段。

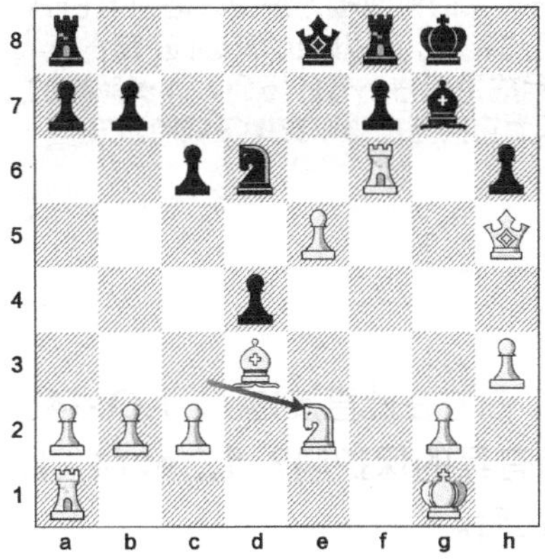

实战中，双方在 1.Rf6 之后继续走了：

1...h6 2.e5 Kg8 3.Ne2

此时黑方发现，他若用象吃车 Bxf6，在白方后吃兵 Qxh6 之后，他仍然无法防御 Qh7 杀王。

而他的马此时也不能逃跑，因为之后白方将走 Qf5，从斜线继续准备杀王。黑方发现自己必然丢子，直接在此认输。

攻陷 f7-g6-h7 王城（g 兵移动后）

这一形态在实战中也是黑方王城常见的一种状态，在这种状态中，我们存在以下几种常见的杀王形式。

当兵和后或象和后分别在 f6 和 h6 时，这时的威胁 Qg7# 是黑方难以防御的一种进攻手段，通常只有马可以在 e8 或 f5 进行防守。

黑方 g 兵的移动带来的最严重的问题，就是彻底打开了白象的斜线攻击线路。

此时，白方只需要一个马将军，即可造成杀王。

杀法的实际运用

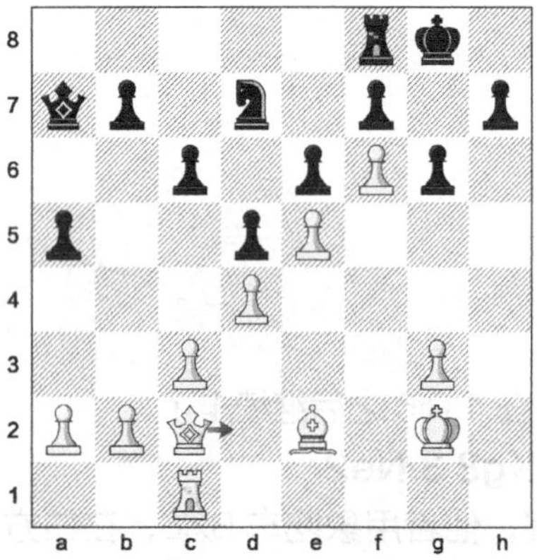

这一局面里，白方可以直接走 **1.Qd2**，威胁 Qh6 再 Qg7#。

黑方无法防御，只能认输。

f6 格在白方攻王时时常极为重要，因为当白方有棋子占据 f6 格时，可以阻止黑棋冲起 f7 的兵，这使得 f7 兵成为黑方防守的障碍，许多黑方的棋子都会因为它的阻挡难以支援王城的防守

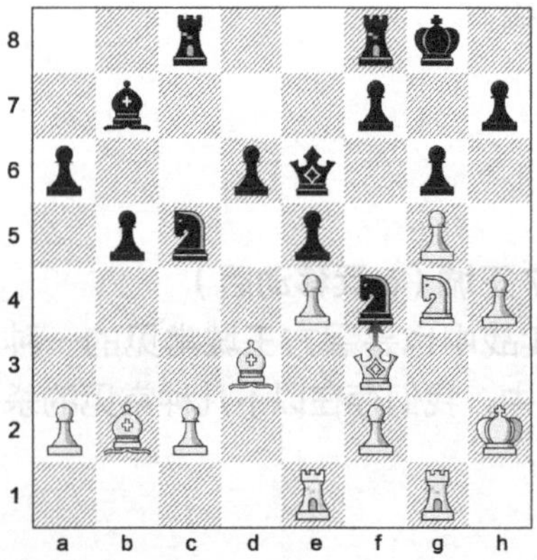

在这一局面中，白方在此直接走了：**1.Qxf4!**。等一等，黑马不是有兵的保护吗？**1...exf4，**黑方毫无顾忌地吃掉白后。

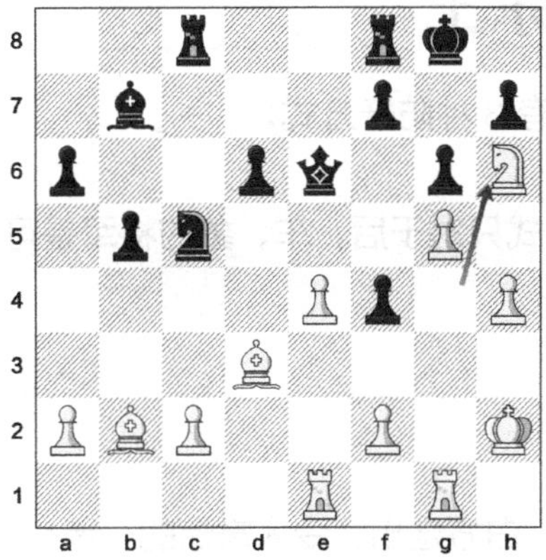

然而，他忽略了 **2.Nh6#**，白方的弃后打开了 b2 象的攻击线路，马象配合制造了杀王。

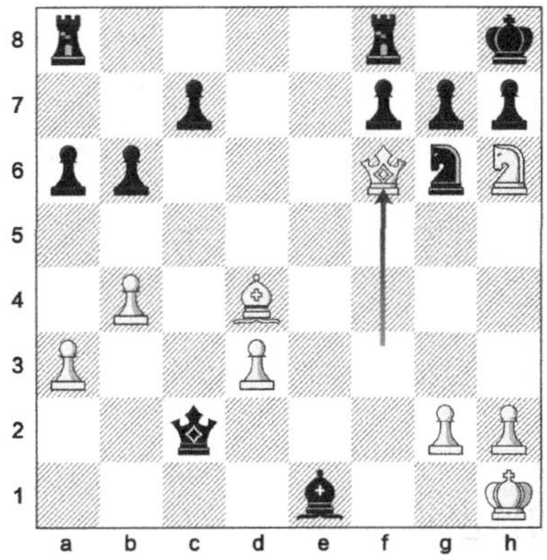

在此，白方直接走出 **1.Qf6!！**，残忍的一着棋，黑方直接认输，白方准备 2.Qxg7#，黑方若走 1...gxf6 则白方 2.Bxf6#。

若他走 1...Rg8 防守 g7 兵，白方有 2.Nxf7# 杀王。

这一单马杀王形式，又称为马的闷杀（Smothered Mate）。

在本小节中，我们介绍了一些基础的常见杀王方式，但在实际的对局中，要注意任何将杀的成功施展，都要首先考虑对手的防御手段。

有经验的对手可能能够轻松地防住你单一的将杀威胁，因此在创造进攻之前，我们必须提前预料到对手可能的应对，在确认对手无论如何都不能有效应对之后，进攻才能够成功。

特殊的杀王形式——运用双将杀王

我们现在已经知道，在制造将军时，通常对方可能有 3 种防守方式：

1. 对方的王躲避将军；

2. 对方用一个棋子挡在将军棋子和王之间（这种方式只对于后、车、象的将军是可行的）；

3. 吃掉正在将军的棋子。

一种特殊的将军形式——双将（Double Check）

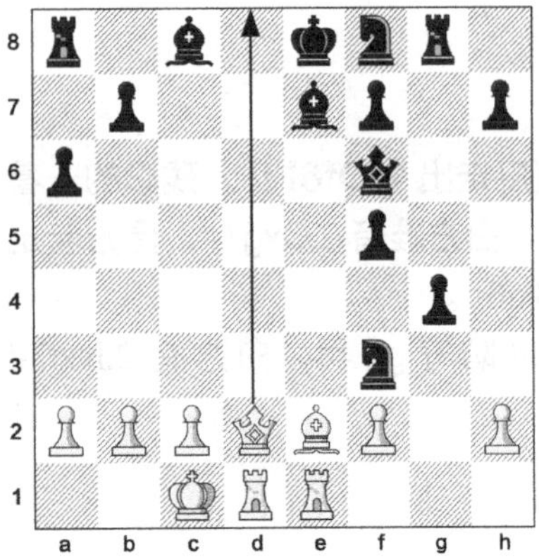

在这一局面中，白方走出了令人震惊的一步：

1.Qd8+!! 由于后有车的保护，此时黑方只能用象吃。

1...Bxd8

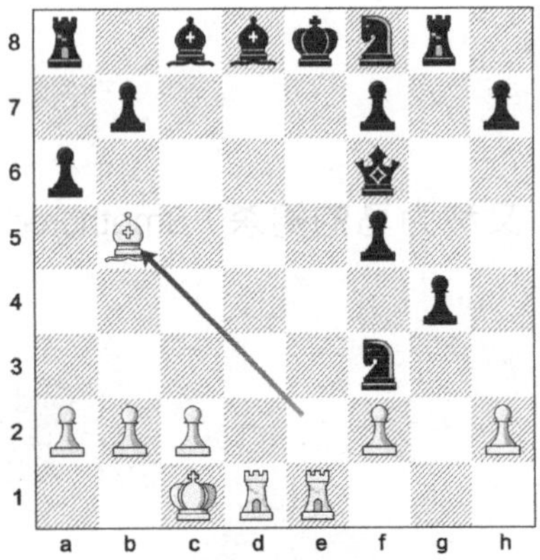

双将必动王

这时，白方直接走出：

2.Bb5# 这步棋直接构成将杀！尽管我们从第一眼看上去感觉黑方似乎有防守，但那只是我们的错觉，因为白方的车也正在将军！

当两个棋子同时将军时，对方无法吃掉任何一个棋子，也无法运用垫子的方式同时防御两个将军。所以，对于双将只可能存在躲避将军的方式，若不能躲避将军，则直接被将死。因此，双将是一种极为强大的将军形式。

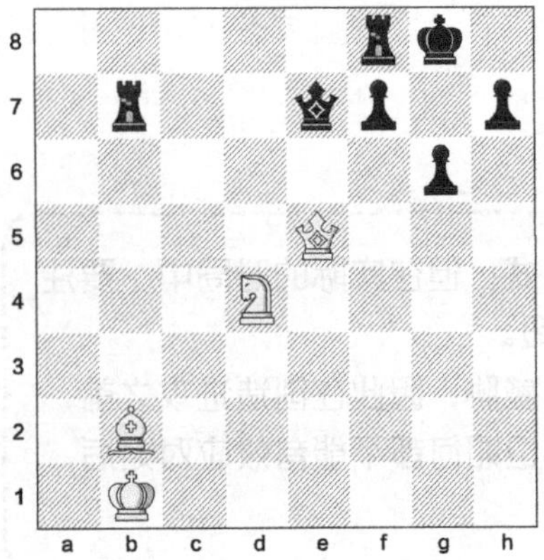

之前我们介绍了马象配合的一种杀法，现在我们来看这种杀法与双将的结合运用。

在这一局面中，白方可以走 **1.Qg7+!!**，直接弃后，黑方不得不吃。**1...Kxg7**。

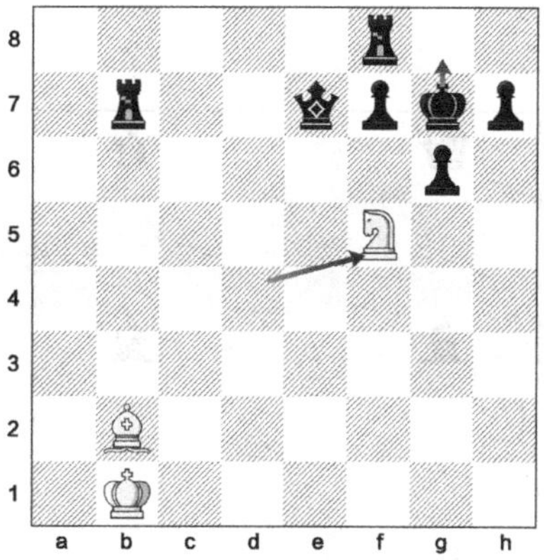

接下来白方走 **2.Nf5+**，由于白方的象也在将军，构成双将，黑方只能走 **2...Kg8**。

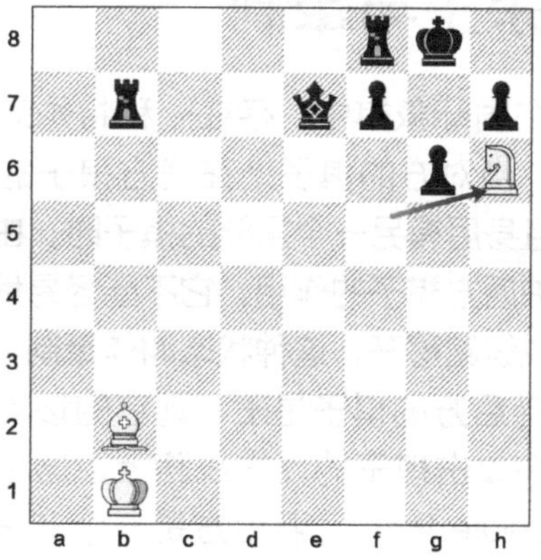

3.Nh6# 白方杀王。

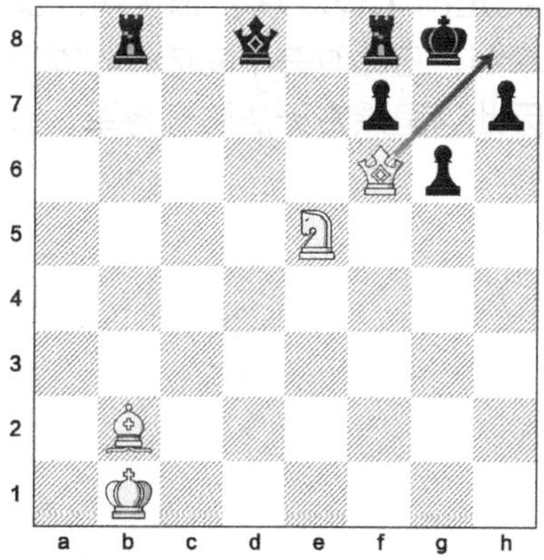

这里的白马在 e5 格，在此白方同样走 **1.Qh8+!!** 弃后。

黑方只能 **1...Kxh8**。

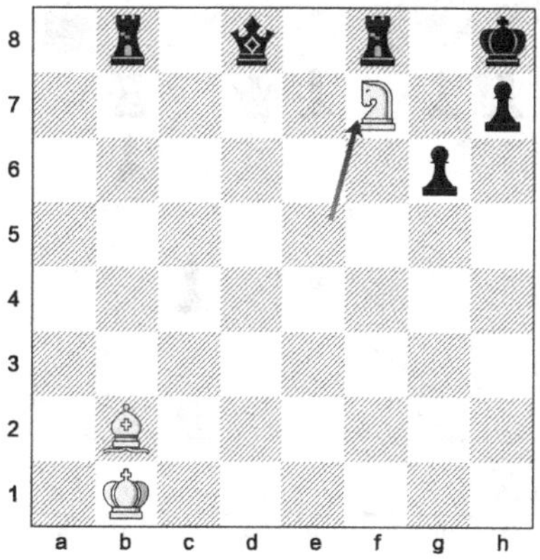

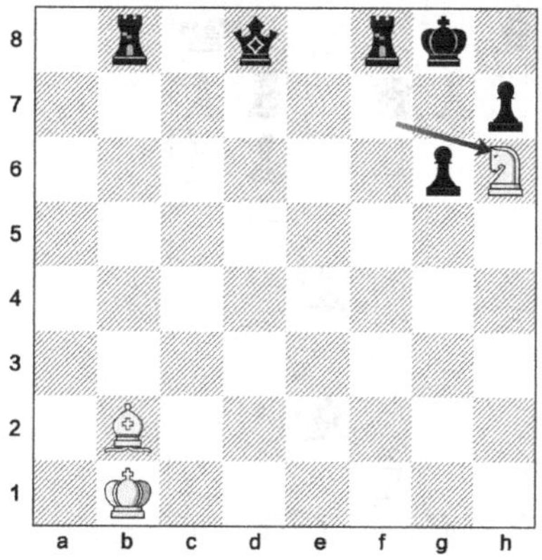

2.Nxf7 Kg8 3.Nh6#

同样，白方通过制造双将，最终将马调动到 h6 杀王。

杀王与牵制

在国际象棋中，存在一种特殊的子力位置关系，当对方的棋子处在我方棋子的攻击线路上，且身后有另一个重要的棋子时，由于需要发挥掩护后方棋子的作用，它不能轻易地从所在的位置或线路移开，这种状态叫作**牵制**（Pin）。

若后方的棋子是王，则它的移动能力会被限定在攻击棋子的攻击线路上，这也叫全牵制（Absolute Pin）。若后方是一个非王的棋子，则称为半牵制（Relative Pin）。在某些情况下，牵制的效果可能会帮助我们杀王。

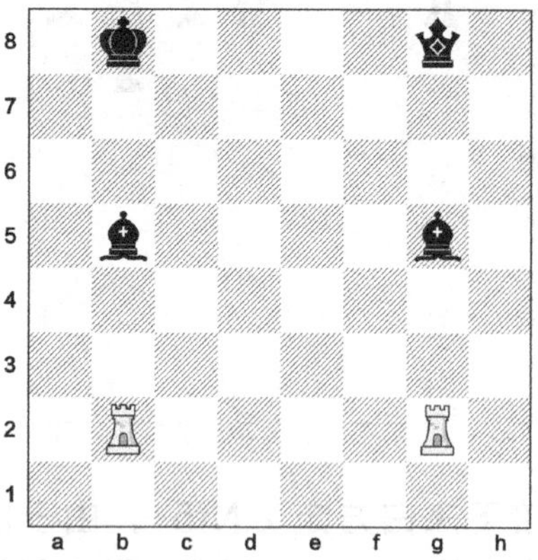

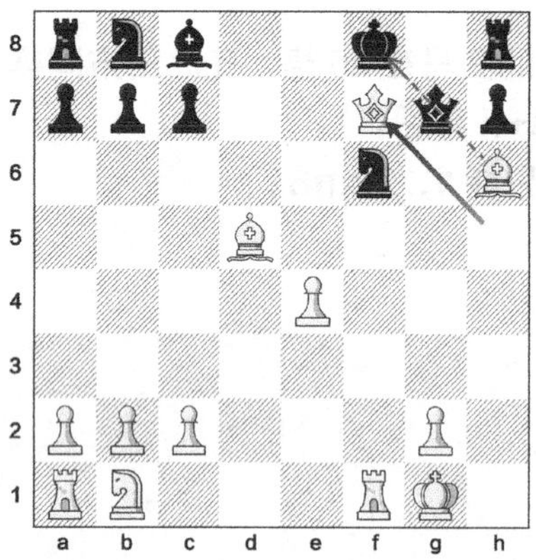

白方在此走出 **1.Qxf7#**，由于黑后受到了白象的牵制，它此时并不能选择吃掉白后来应将，因此这里黑方无法防守将军，被白方将杀。

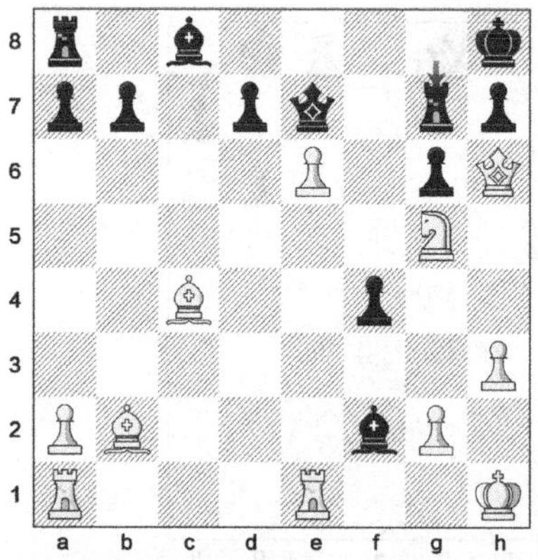

白方冲兵 **1.e6+**，黑方在此选择垫车来应将，**1...Rg7**。

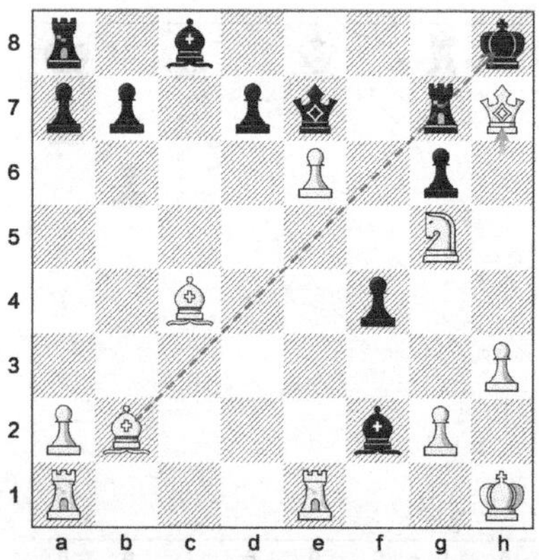

2.Qxh7# 杀王，由于黑车被牵制，黑方无法采取任何应将手段。

神奇的两步杀

在这一复杂局面中，白先可以两步将死黑王，他如何能做到这一点呢？

正确的走法是：**1.Qe3!。**

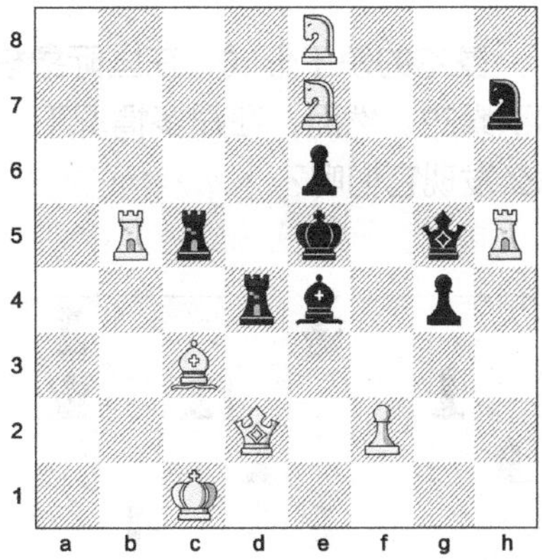

数一数，棋盘上有几个牵制？

b5 的车牵制了 c5 的车，使 c5 的车不能吃 c3 的象。

c3 的象牵制了 d4 的车，使车不能移动。

e3 的后牵制了 e4 的象，使象不能移动。

h5 的车牵制了 g5 的后，使后不能吃 e3 的白后。

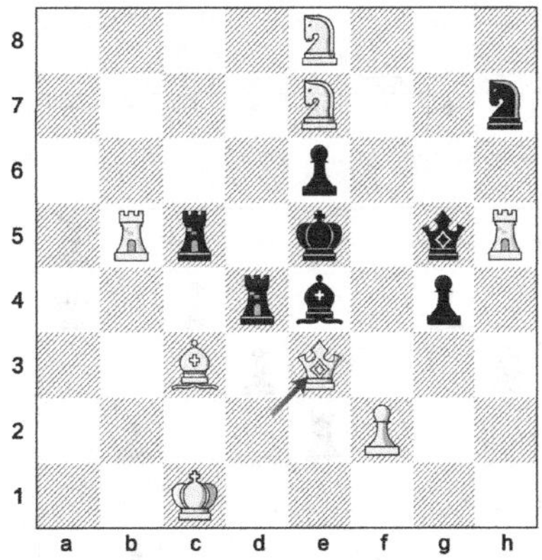

之后，无论黑方如何走棋，白方均可一步杀：

1...g3 由于黑后被牵制 2.f4#

1...Nf6 黑后失去了保护 2.Rxg5#（①）

1...Nf8 黑后失去了保护 2.Rxg5#

1...Qxh5 解除了对白后的牵制 2.Qg3#

1...Qf5 解除了对白后的牵制 2.Qg3#（②）

1...Rcd5 解除了对 c3 象的牵制 2.Bxd4#

1...Rxb5 解除了对 c3 象的牵制 2.Bxd4#

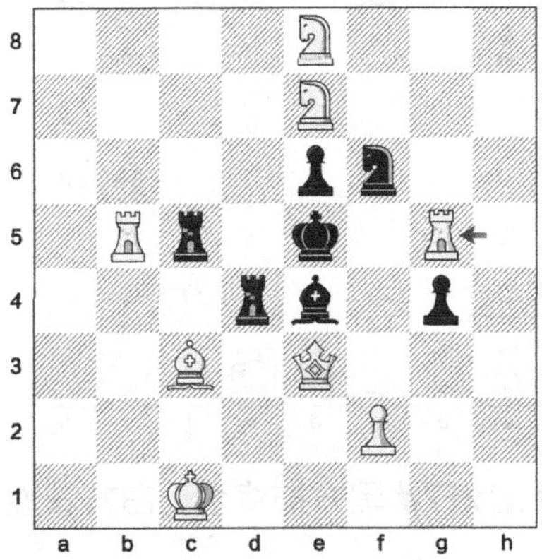

①

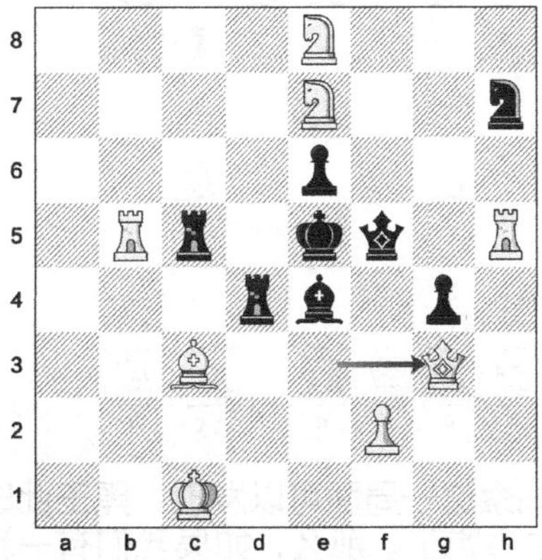

②

寻找一步杀王的方法——控制逃跑格（Escape Square）

基本的杀王形式，在国际象棋中还有许多种，这些杀法都是需要在今后不断地学习和积累的。然而，在很多情况下，我们还会遇到各种不熟悉的杀王形式，这时我们应当怎么发现它们呢?

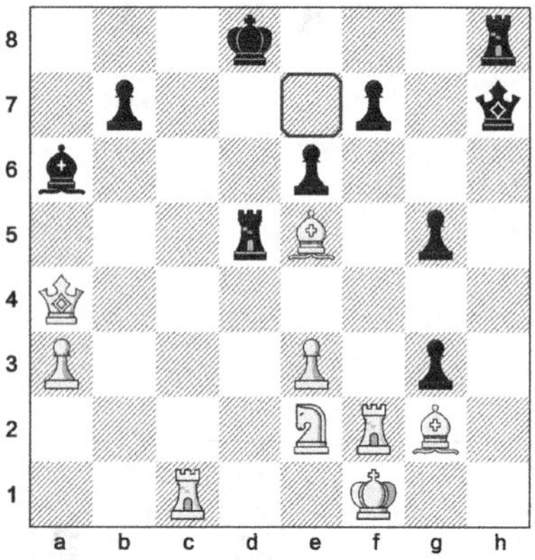

仔细观察这一局面可以发现，黑王身边的许多格，此时已经被白方的各个棋子所控制。换句话说，黑王此时能够逃跑的格子已经很少了。在这种情况下，我们时常就可以去尝试寻找，是否存在杀王的走法。

这里黑王唯一能够逃跑的便是 e7 格。

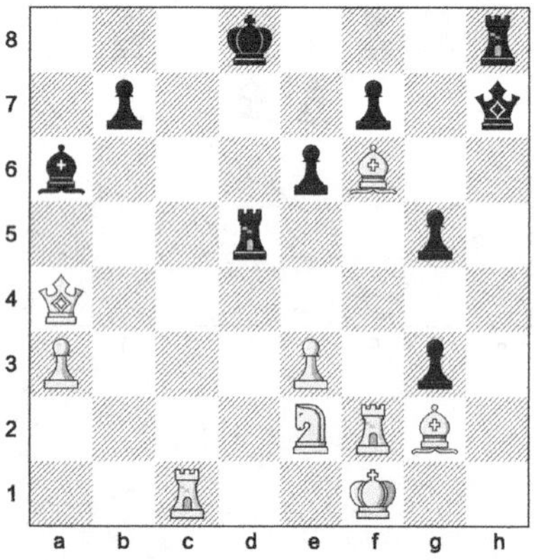

因此，在下一步寻找将军的走法时，我们不光要注意哪一个棋子能够将军，还要注意将军的同时也能控制王逃跑格的棋子，只有这种将军才可能制造一步杀。

这里，白方可以走 **1.Bf6#**。由于黑方不存在吃象或垫子的应将手段，此时的黑王就被将杀了。

> 通过观察对手王逃跑格的数量和方位，可以帮助我们寻找可能制造杀王的将军。逃跑格越少，王的位置就越危险

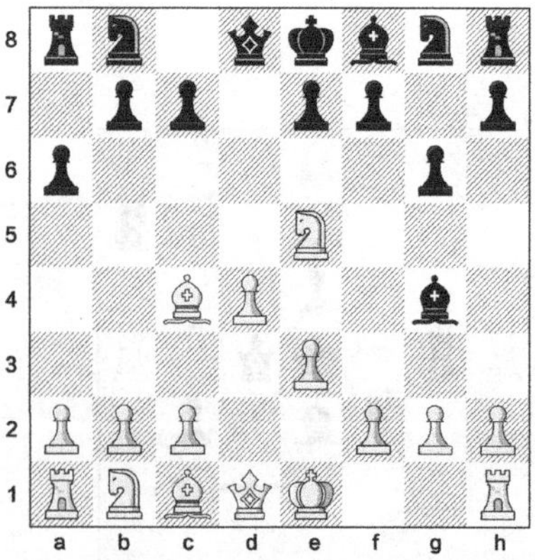

观察这一局面可以发现，黑王此时已经无法逃跑了。那么，如果我们有一种将军存在，就可能造成杀王。

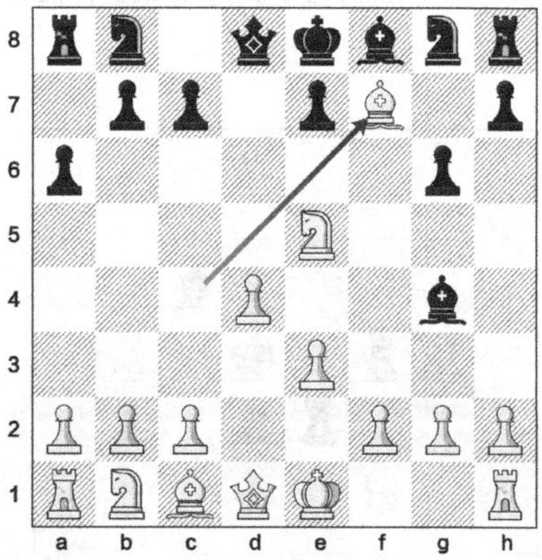

1.Bxf7# 黑方被将杀，白方获胜。

本节为你讲解了关于杀王的所有基础知识，然而实战中的杀王方式变化万千，你需要不断地练习自己杀王的技巧，要经常做一步杀王的练习，来增加自己对于杀王方式的知识积累。在第 4 章攻王中，我们会继续针对这一问题做更加详细的讲解。

习题：白方一步杀

13.

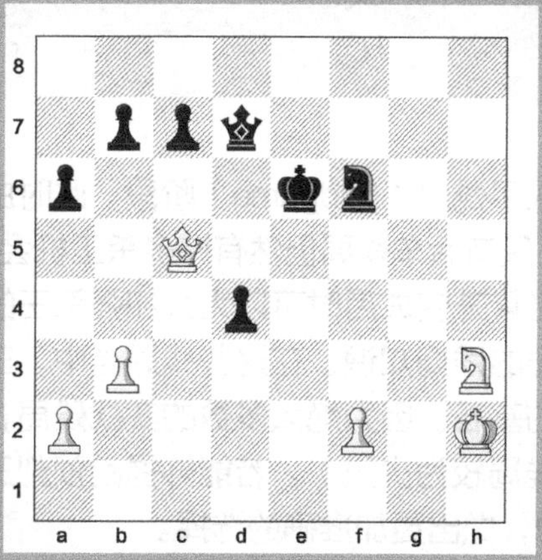

14.

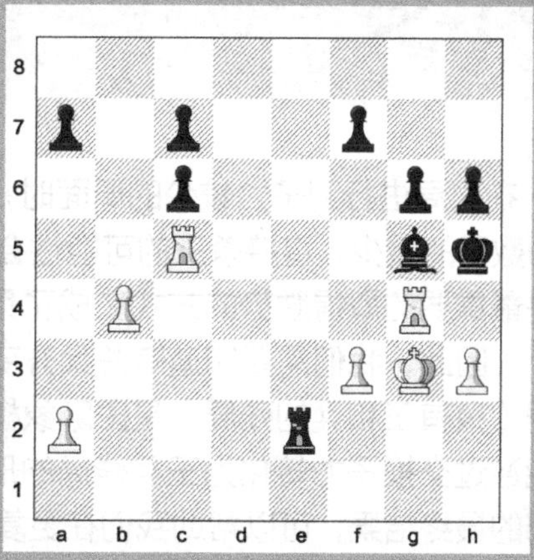

15.

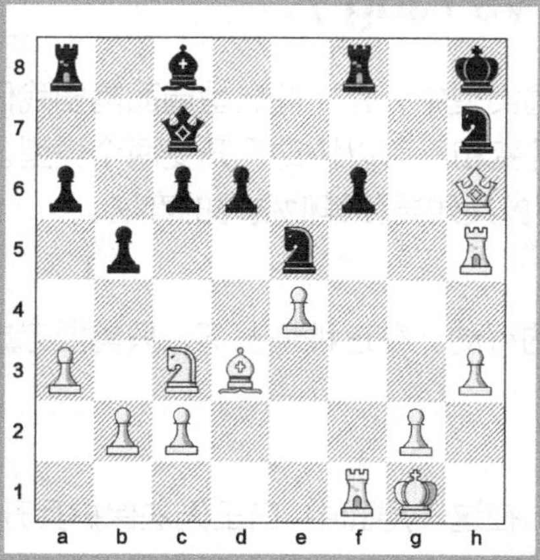

16.

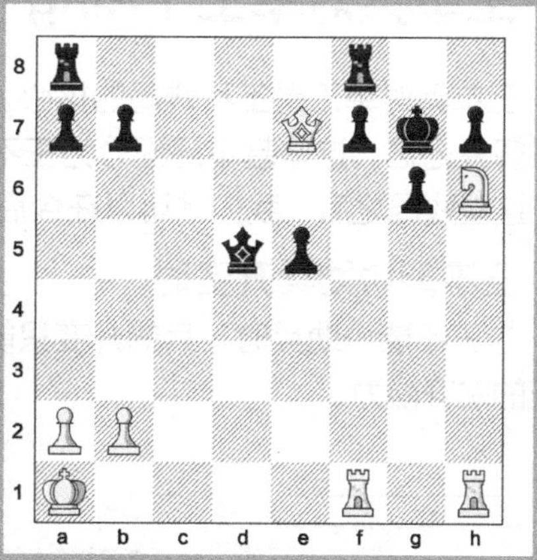

17.

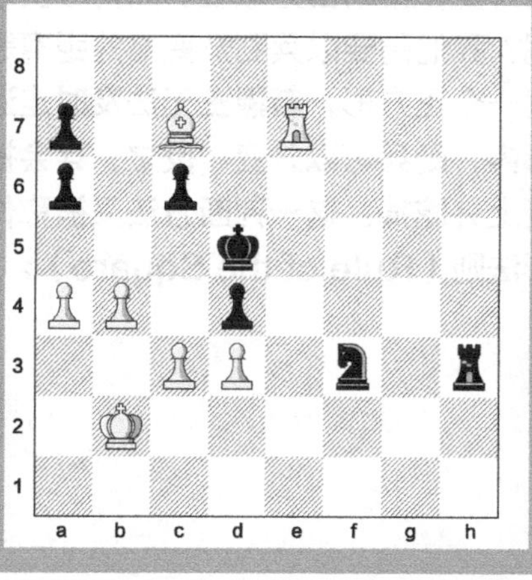

18.

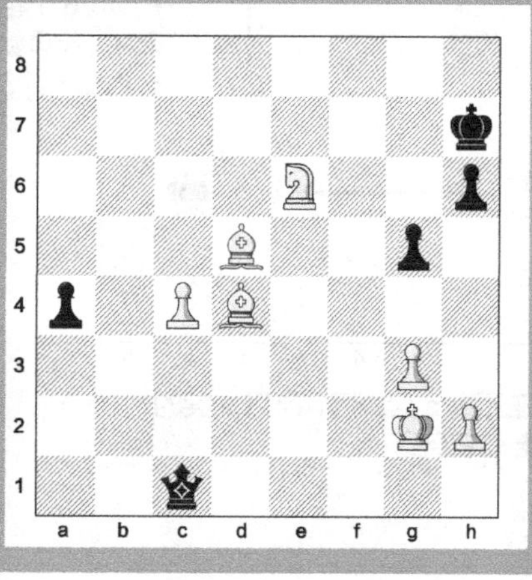

王兵残局基础知识与兵的升变

在对局进行到子力较少的局面时，对局就进入了残局（Endgame）阶段。此时由于子力数量的减少，直接杀王的可能性会显著降低（只有后车残局仍然有许多杀王机会），于是最重要的取得胜势的方式变成了兵的升变（当兵升变成后时可以大大加强杀王的能力）。因此，我们需要知道有关兵升变的一些重要的残局知识。在这些残局当中，王兵残局（只有王和兵的残局）是国际象棋一切残局的基石。因为绝大多数的实战残局，都可能通过交换子力转化为王兵残局的形式（无兵残局较为少见）。若能够提前预判王兵残局的最终结果，可以帮助我们在更复杂的残局中，做出更加准确的选择。

王单兵对单王（King + Pawn vs King）

王单兵对单王是王兵残局的核心。在这一残局类型中，有一些典型局面需要我们深入了解并记忆。这些基本局面分为王不能协助兵升变和王可以协助兵升变两个类型。了解了这些残局之后，我们才可以在今后更好地掌握多兵残局和其他残局的弈法。

王不能协助兵升变时

当王不能协助兵时，兵的升变只能靠其自身的行动。在这种情况下，只需要考虑对方王的防守能力。

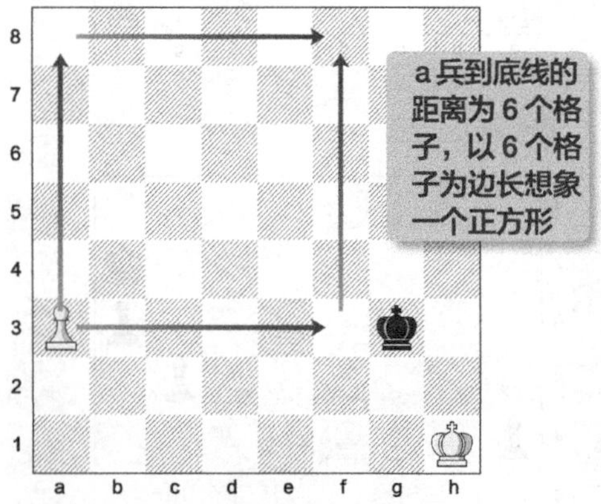
a兵到底线的距离为6个格子，以6个格子为边长想象一个正方形
8
7
6
5
4
3
2
1
a b c d e f g h

白王距离a兵较远，所以a兵的升变要靠它自己

在这一局面中，白王无法保护兵升变，因此需要判断白兵是否能在黑王追来之前及时升变，帮助白方取胜。如何最快地判断呢？我们需要以兵到升变格的距离等长构建一个正方形，**若黑王无法及时走进正方形内，则兵可以升变，反之，兵会被黑王赶上并吃掉。这一判断方法又被称作正方形法则（Rule of the Square）。**

白方先走时

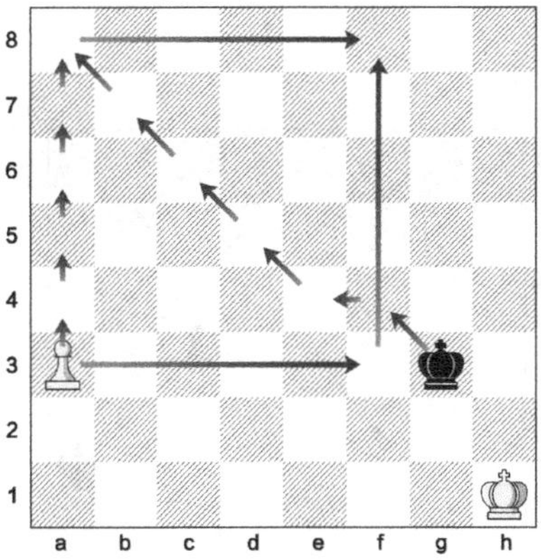

由上图我们得知，黑王在兵的正方形之外，因此当白方先走时，它无法追上白兵。但若是黑方先走，则王可以进入兵的正方形内，并最终将其吃掉。

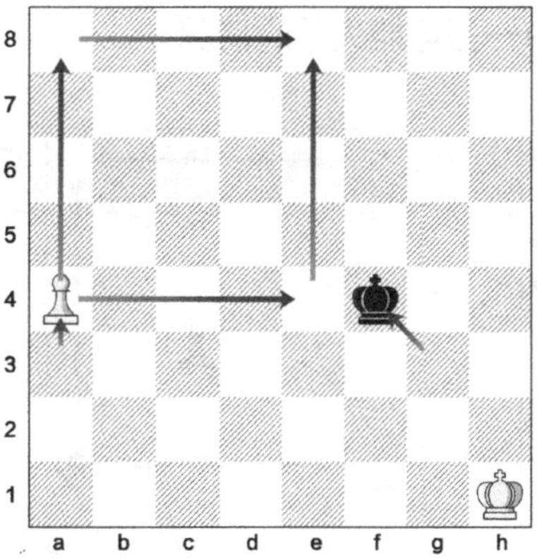

当白兵向前行进时，它的正方形会缩小，因此当白先走时，黑王始终无法进入兵的正方形内。

白方先走的升变前局面

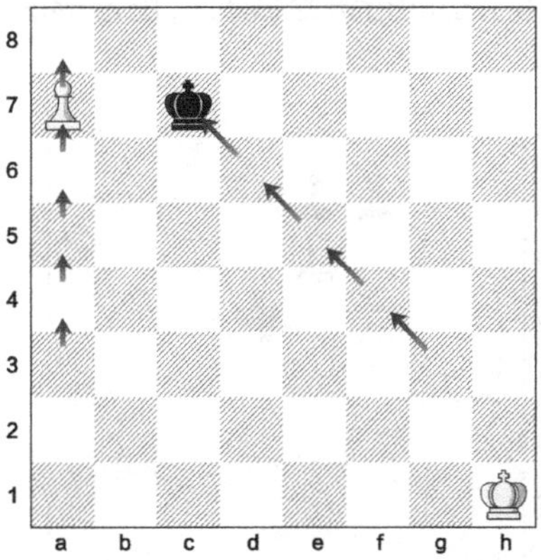

白胜

白方先走时，黑王离阻止兵升变仅差一步，白方升后即可用单后杀王的方法轻松取胜。

黑方先走的升变前局面

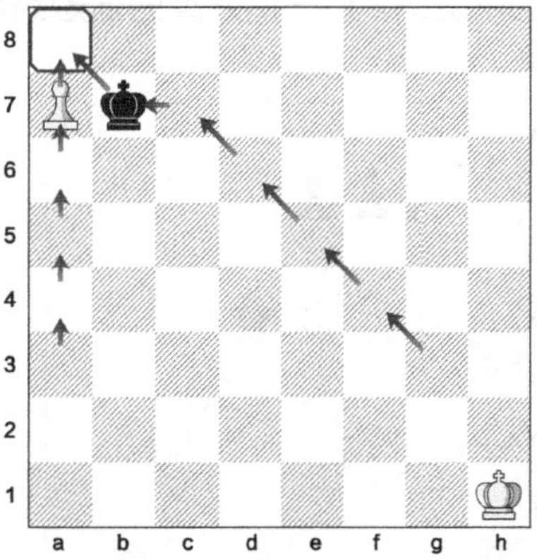

和棋

黑方先走时，则当白兵冲到 a7 时，黑王正好可以到达 b7，守住 a8 格，阻止白方安全升变。

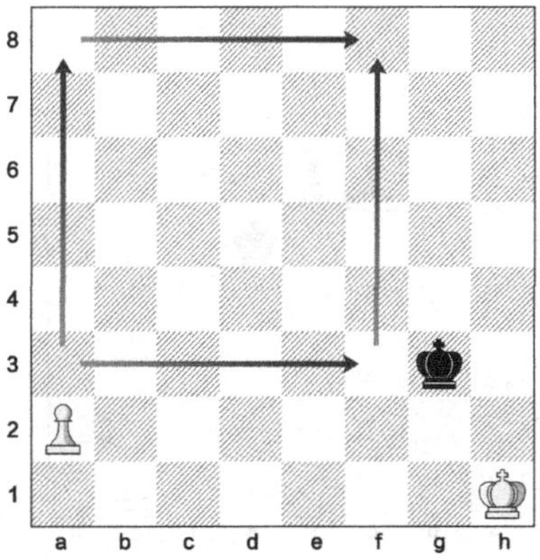

! 需要注意的是，当兵在初始位置上时，由于兵第一步可以走两格，**第二条横线上的兵的正方形应从第三条横线计算，**即 a2 兵的正方形与上图中 a3 兵的正方形应是一致的。如果将上图 a3 兵放置在 a2，白先或黑先走的结论均不变。

第二条横线上的兵，与第三条横线上的兵的正方形一致，因为兵第一步可以走两格

正方形法则的注意事项

虽然正方形法则可以帮助我们快速判断王能否防守对手的兵，但需要注意，正方形法则有一些可能失效的情况。

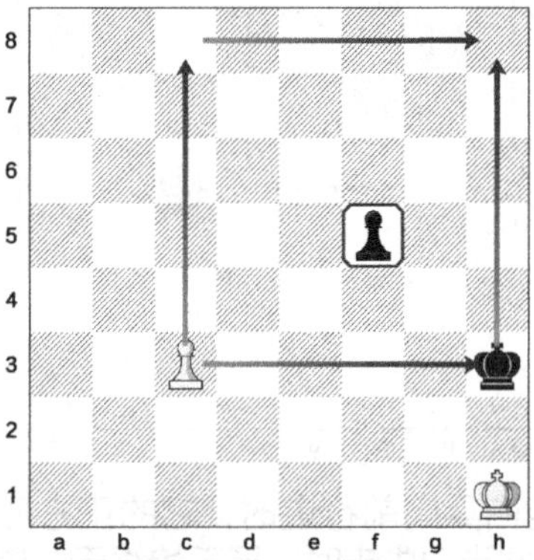

上图的局面中，黑王在白兵的正方形中，若是白方先走，黑方能够挡住白兵吗？

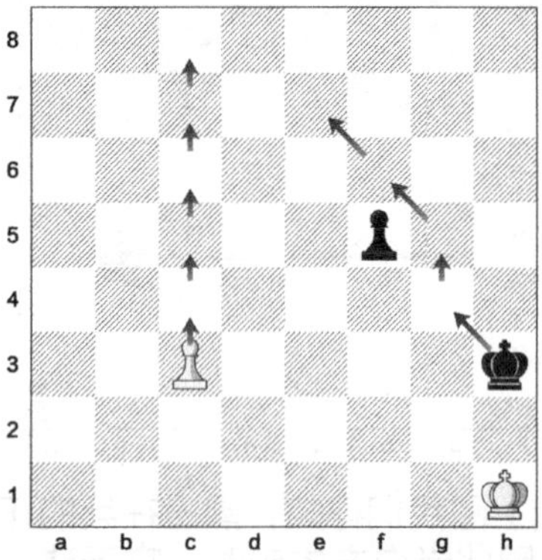

由于黑王与白兵升变格相连的斜线上存在一个自己的兵，这个兵会对黑王的追赶造成阻挡，使得白兵可以安全升变。

尽管黑王在正方形内，仍无法追上白兵。

也就是说，当王追赶兵的最短路线上有棋子阻挡了王的行进路线时，正方形法则可能失效。

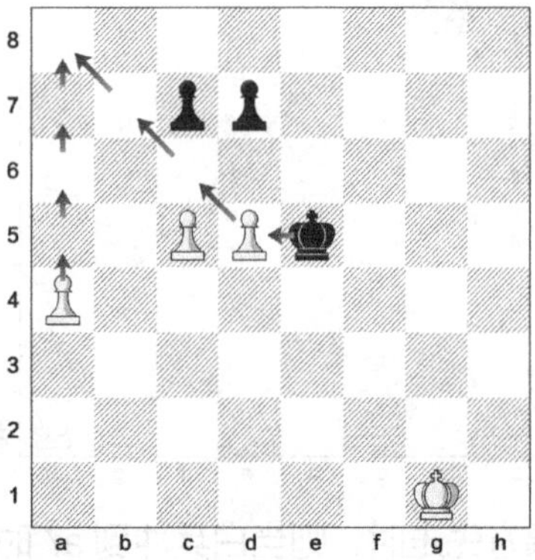

在这一局面中，白方若走 a5，则局面会成为和棋，因为黑方可以吃掉 d5 兵进入正方形。

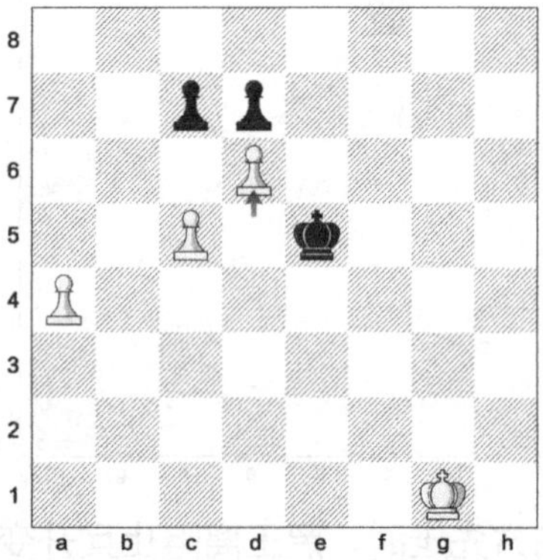

所以白方正确的赢棋走法是 1.d6! 威胁吃 c7 兵，黑方必须 cxd6 回应。

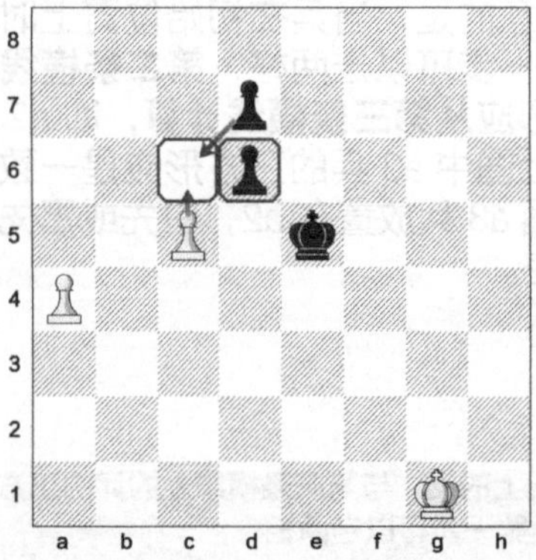

2.c6! 黑方仍然必须吃掉（威胁下一步走 c7 之后升变）。

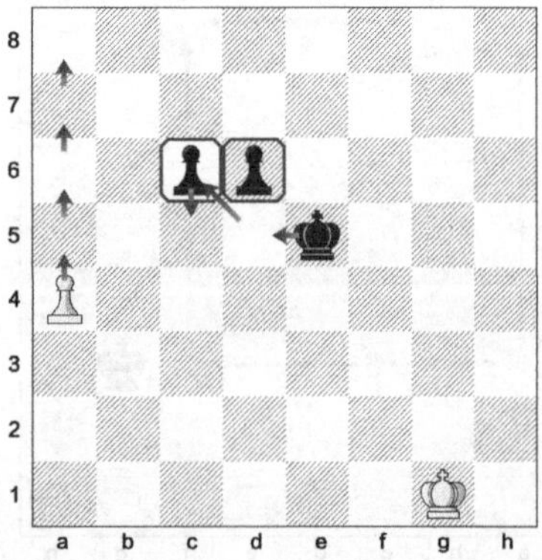

由于自己的兵阻挡，黑方来不及防守 a 兵。

经典的列蒂局面

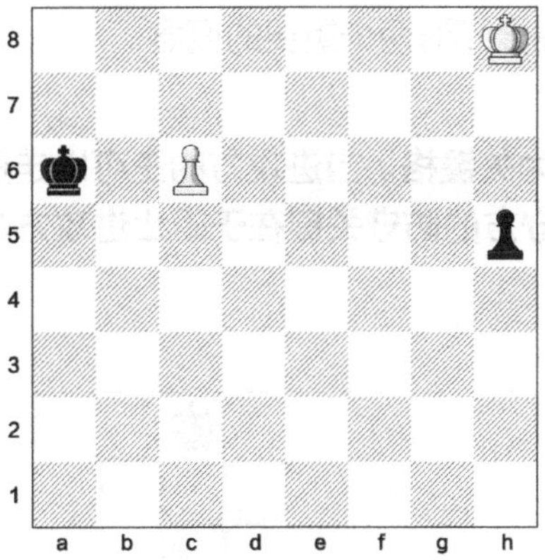

白方先走，思考一下这一局面中白方有可能不输吗？

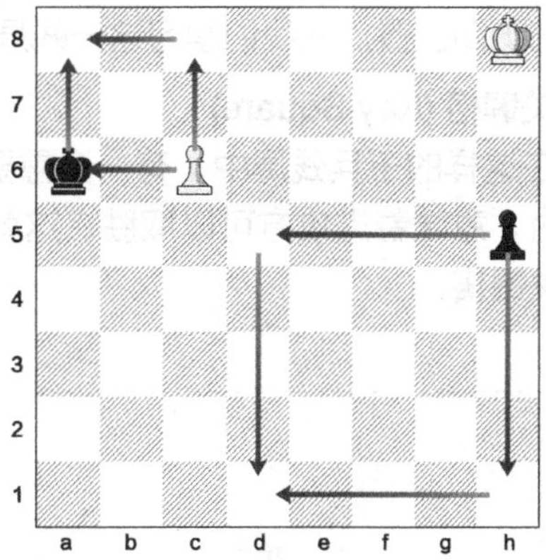

按照正方形法则的原理，白王远远追不上黑兵，而白兵在黑王的正方形内，想必白方必输无疑了。然而这一局面白先走的最佳结果是和棋，也就是说，白方并不会输掉，是不是觉得不可思议？

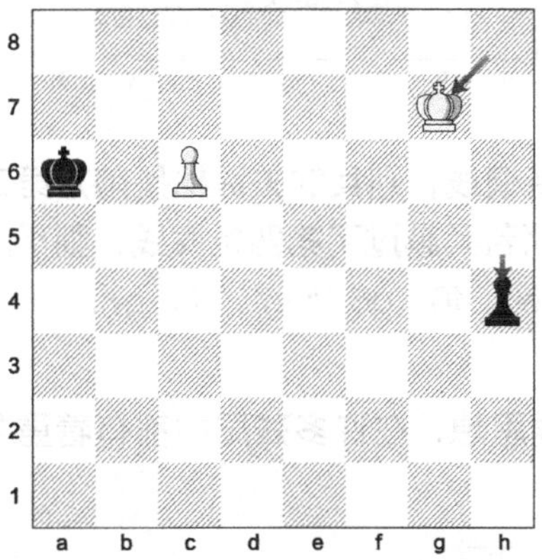

现在让我们来看看原因。白方第一步必须走 1.Kg7 ，黑方必然冲兵 h4。

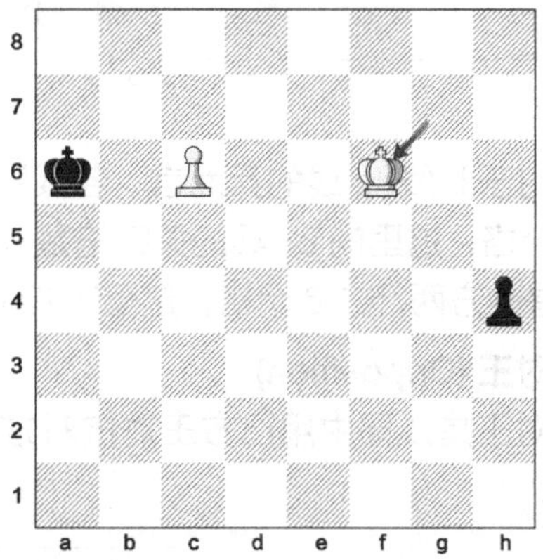

这时白方走 2.Kf6，此时出现了一个奇妙的状态。

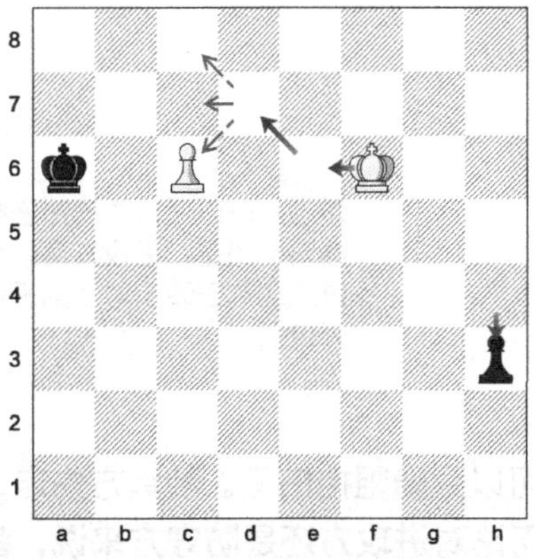

情况①：若黑方选择冲兵，则白方走 Ke6 准备保护自己的兵，这样会使得双方同时变后和棋。

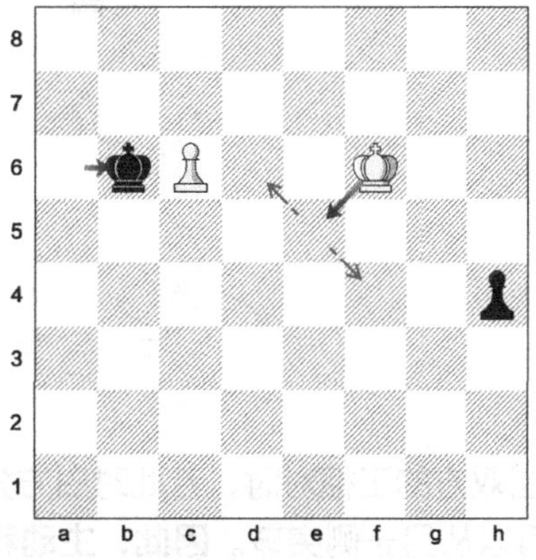

情况②：若黑王捉白兵，则白方走 Ke5 准备 Kd6 保护自己的兵或 Kf4 捉黑兵，一石二鸟的走法！借此白方可以成功守和。

王可以协助兵升变时

当王可以协助兵升变时，这时兵升变的可能性要更大，防守方的王必须想办法占据有利的防御位置。在我们学习这一残局之前，首先需要知道两个重要的概念。

关键格 (Key Square)

在这样的王兵残局中，有一个重要的概念，称为**关键格**。当进攻方的王可以走进关键格时，意味着进攻方可以取胜。这就意味着，**防守方的防守关键在于阻止进攻方的王进入关键格。**

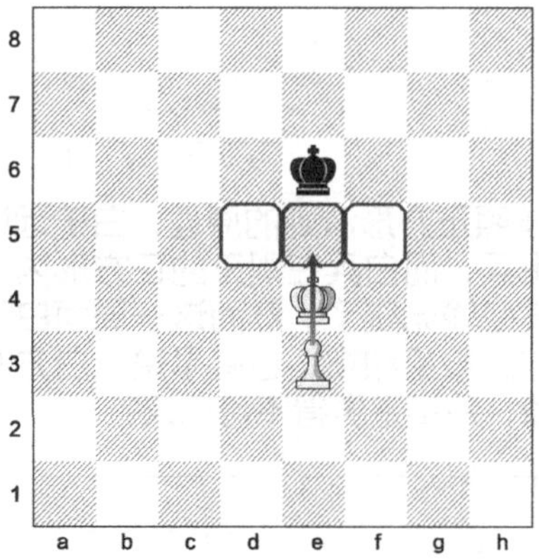
8
7
6
5
4
3
2
1
a b c d e f g h

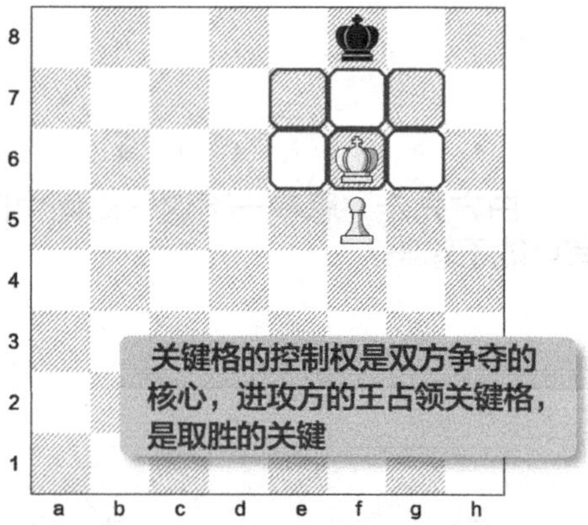
8
7
6
5
4
3
2
1
a b c d e f g h
关键格的控制权是双方争夺的核心，进攻方的王占领关键格，是取胜的关键

对于 b 线 -g 线的兵而言，若兵没有越过第四条横线，则兵的关键格是前方第二行的 3 个格，这里的 e3 兵的关键格是 d6、e6、f6。而若兵越过了第四条横线，则兵的关键格是前方两行的 6 个格，这里的 f5 兵的关键格为 e6、f6、g6 及 e7、f7、g7。

对王 (Opposition)

对王是残局中用己方王对抗对方王的一个重要思想，在许多残局中都有着重要的意义。

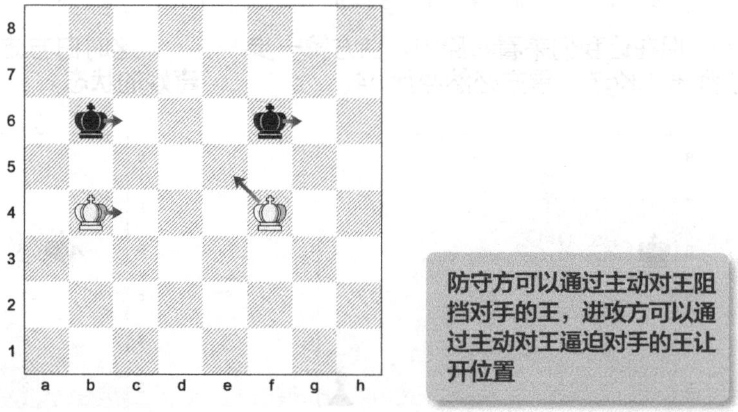
8
7
6
5
4
3
2
1
a b c d e f g h
防守方可以通过主动对王阻挡对手的王，进攻方可以通过主动对王逼迫对手的王让开位置

当双方的王相对时，若此时白方先走，则黑王可以跟随阻挡白王。若黑方先走，则白王可以从另一侧突破。**因此，主动和对方对王，无论对进攻方还是防守方来说，都是至关重要的手段。**

了解了以上两个重要概念以后，我们来看如下局面。在这一局面中，白兵未越过第四条横线，所以白兵的关键格为 d5、e5 和 f5。

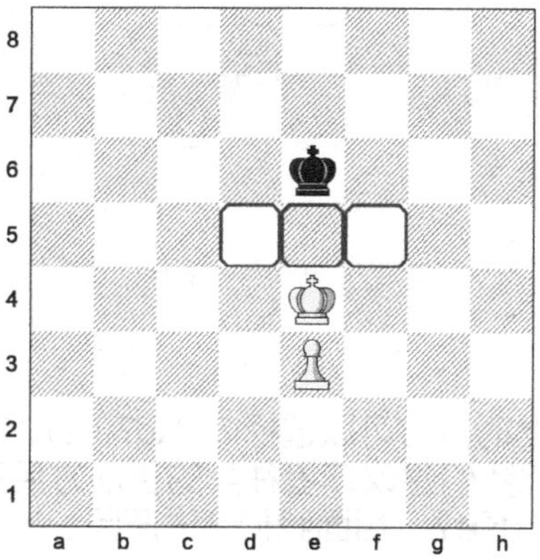

在这一局面中，双方已经构成了对王的状态。

因此，谁先走棋是决定对局结果的关键。

白先走棋时

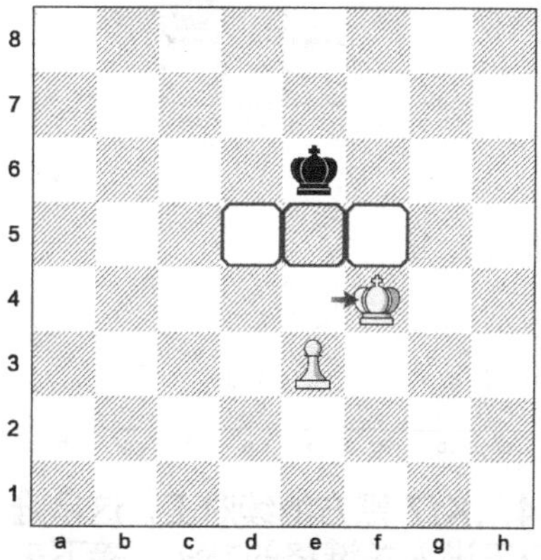

1.Kf4 白王无法前进，所以只得给兵让开路线。

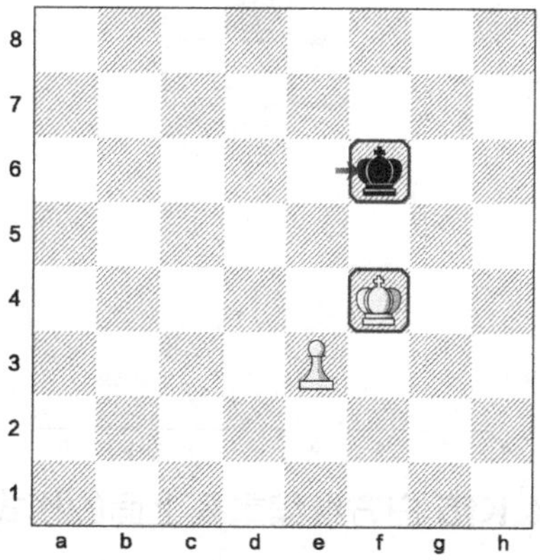

1...Kf6! 黑方制造对王，阻止白王的前进路线。

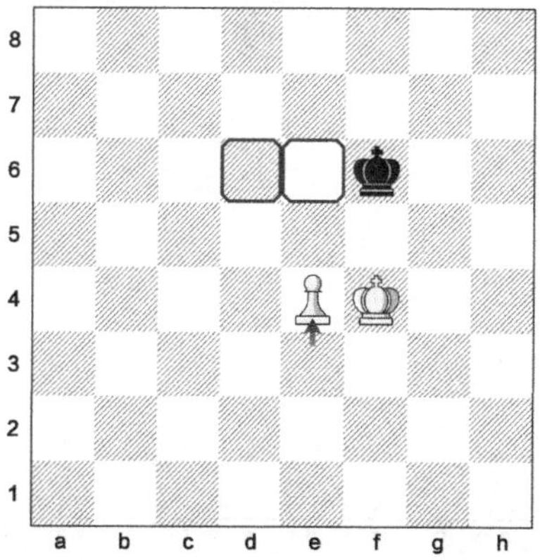

如此反复对白方没有任何意义，因此白方只能选择冲兵尝试。**2.e4** 但这时兵的关键格也向前移动了一行。

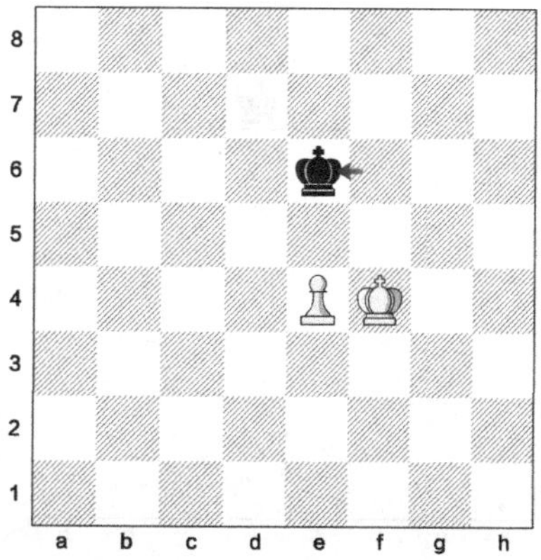

2...Ke6 黑王继续挡在兵前，这样白棋拿黑王没有任何办法。

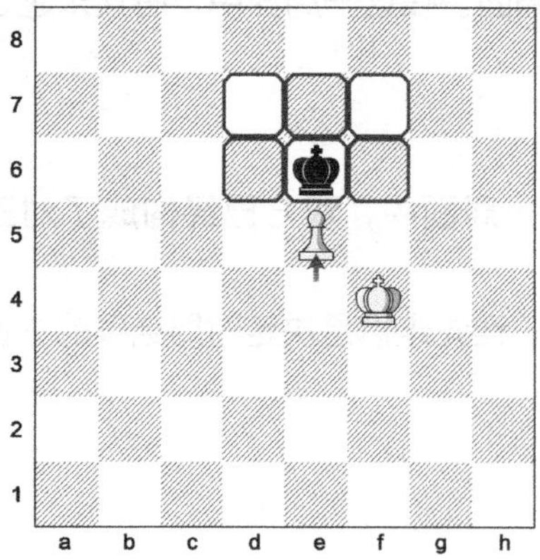

3.e5 白方只能继续冲兵，这时兵越过了第四条横线，关键格变成了兵前方的 6 个格。

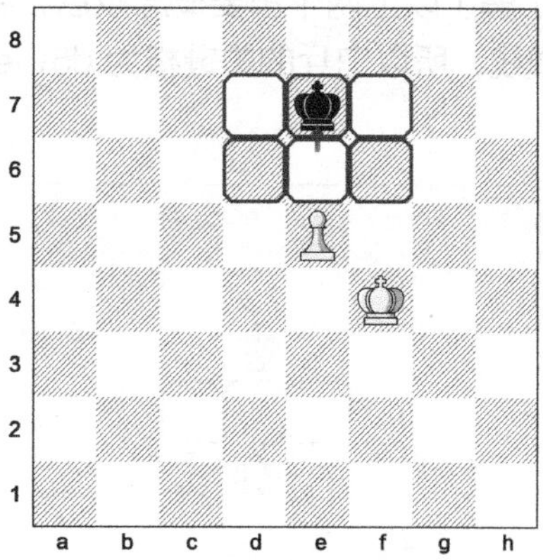

此时黑方可以选择 3...Kd7,Ke7,Kf7，但在此我们建议读者往兵的正前方后退，也就是 **Ke7**，后面我们会讲原因。

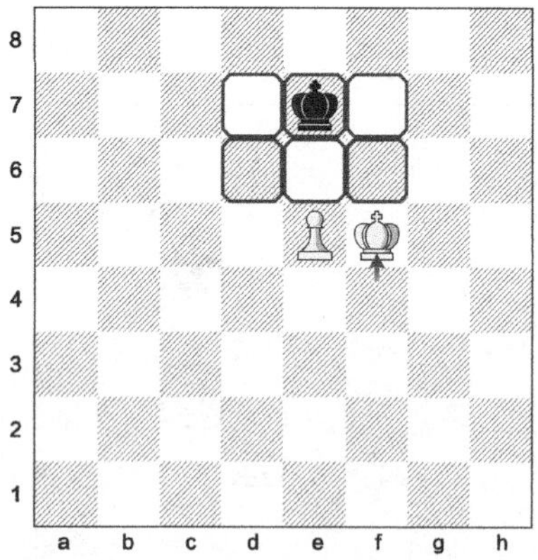

4.Kf5 白方继续重复上面的模式。

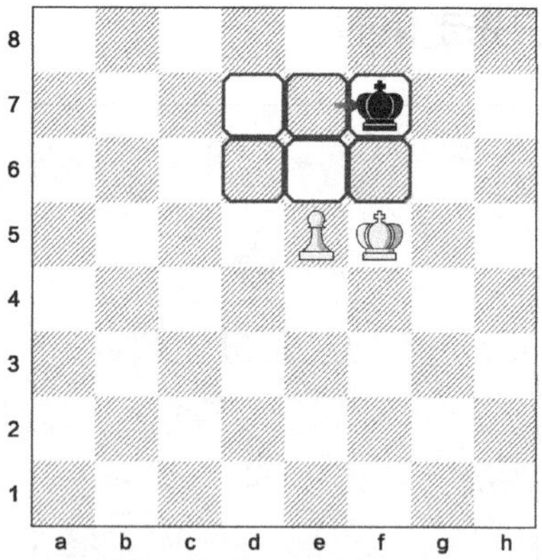

4...Kf7 黑方继续对王，这是唯一能阻止白王进入关键格的办法。接下来，这一模式仍会重复一次。**5.e6+ Ke7 6.Ke5**

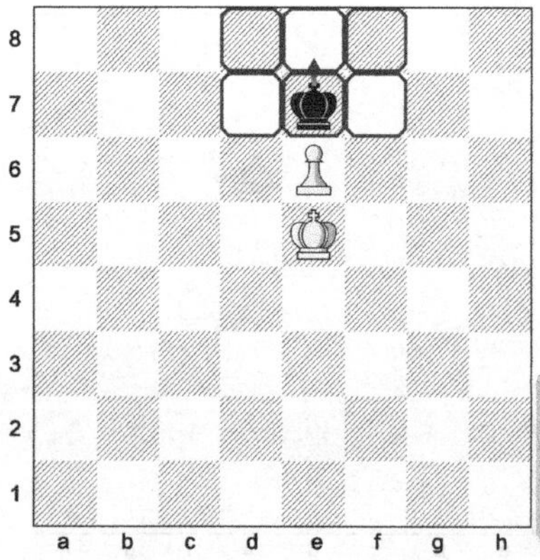

关键的局面，当你防守对方的兵时必须要注意

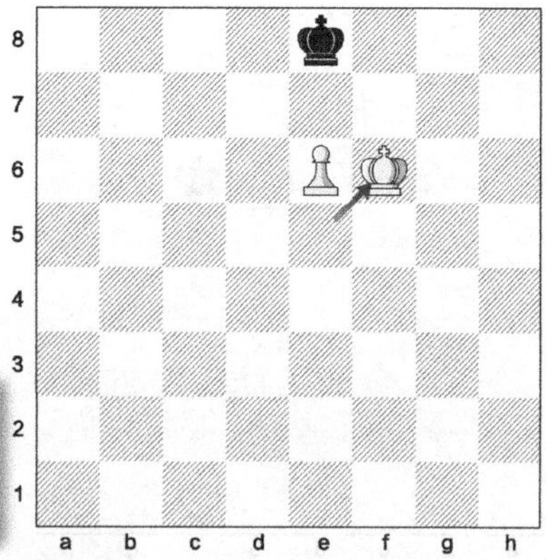

在这一局面中，黑方只有 **6...Ke8!** 守和（这便是之前我们说向兵的正前方后退的原因）。

白方可以选择 Kd6 或 Kf6，在此我们选择 **7.Kf6** 作为示范。

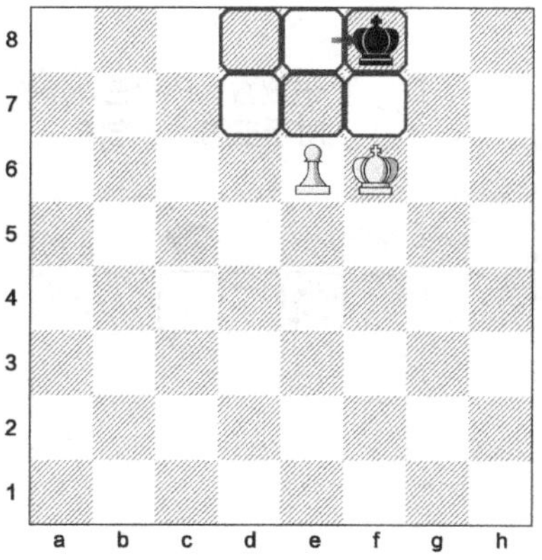

7...Kf8! 最后一次对王。

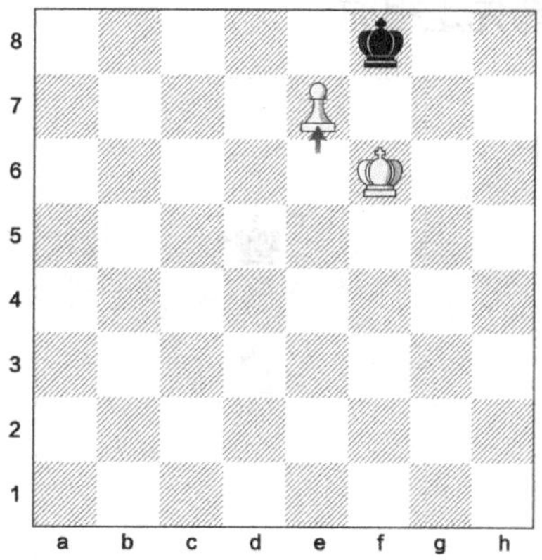

8.e7 白方若要求胜，只能冲兵将军。

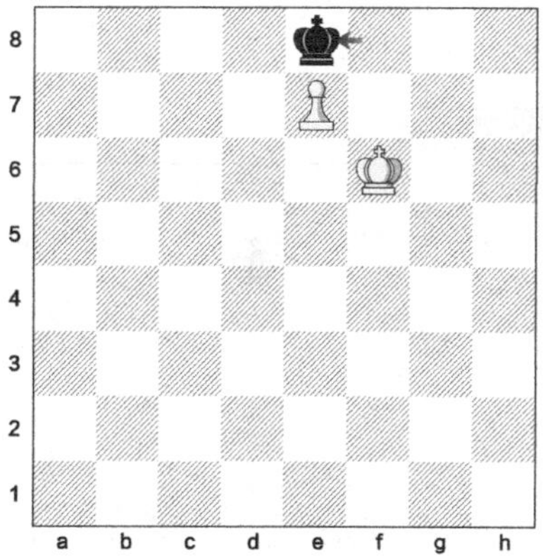

8...Ke8 黑王牢牢掌控升变格的防御。

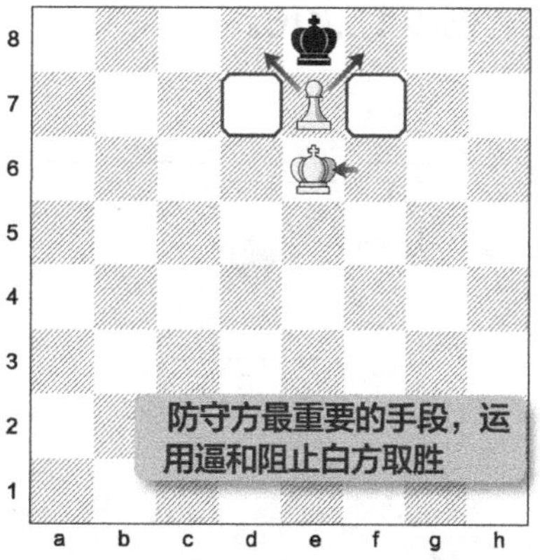
防守方最重要的手段，运用逼和阻止白方取胜

白方只能走 **9.Ke6**，其他走法均会导致丢兵，然而这会造成黑方无子可动，形成逼和。

× 错误示范——若黑方第 6 回合走 Kd8 或 Kf8 时（以 Kd8 为例）

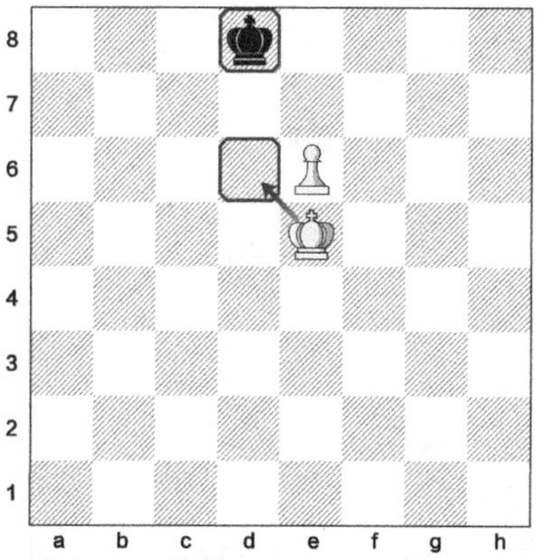

此时白方直接走 7.Kd6!(或 Kf6)，黑方只能走 7...Ke8。

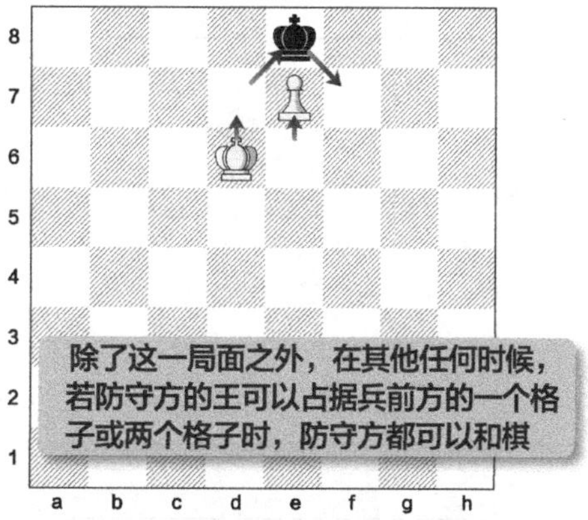
除了这一局面之外，在其他任何时候，若防守方的王可以占据兵前方的一个格子或两个格子时，防守方都可以和棋

这时，白方走 8.e7 冲兵，我们会发现，黑王在此被白王挤到了 f7 格，这将导致白王乘虚而入占据 d7 格，使白兵安全升变。

黑先走棋时

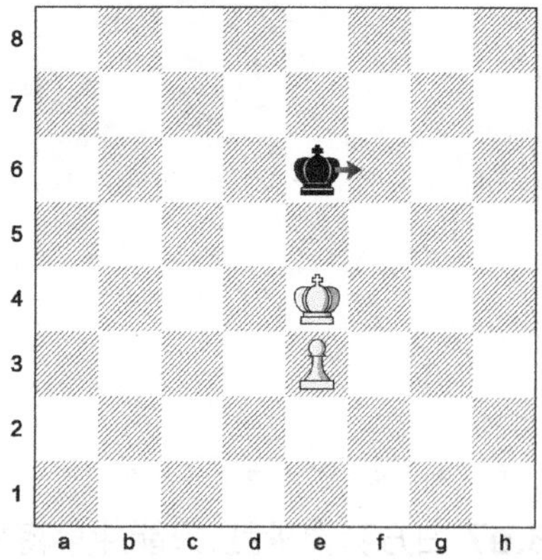

若这一局面黑方先走，则黑方必须放弃对王，例如 **1...Kf6**。

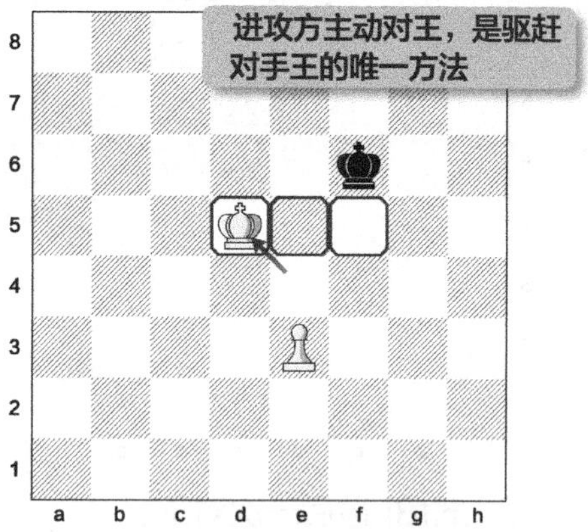

进攻方主动对王，是驱赶对手王的唯一方法

2.Kd5！ 白王进入关键格。

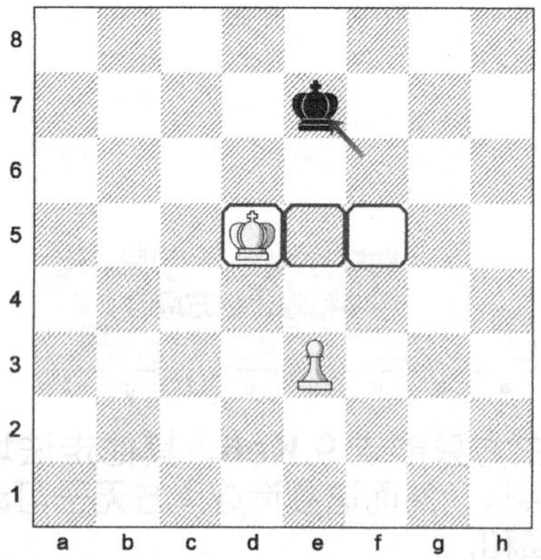

2...Ke7 黑王只得后退，来防守冲兵后新的关键格。

× 错误示范

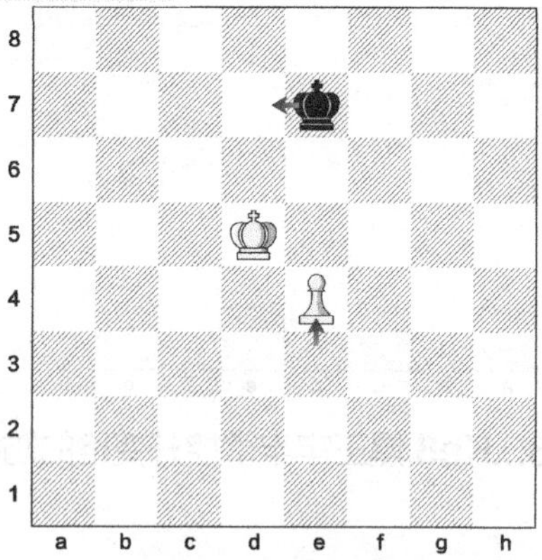

小心！如果此时白方走 3.e4，黑方可以 3...Kd7! 重新制造对王守和。

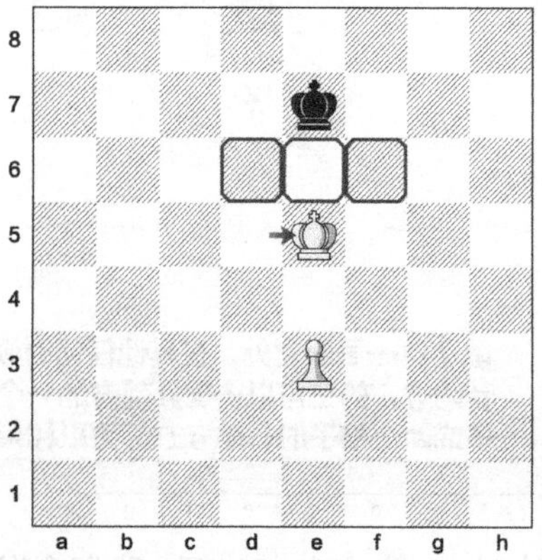

3.Ke5! 正确的走法，白方继续制造对王，逼迫黑方提前让出冲兵后的新关键格。

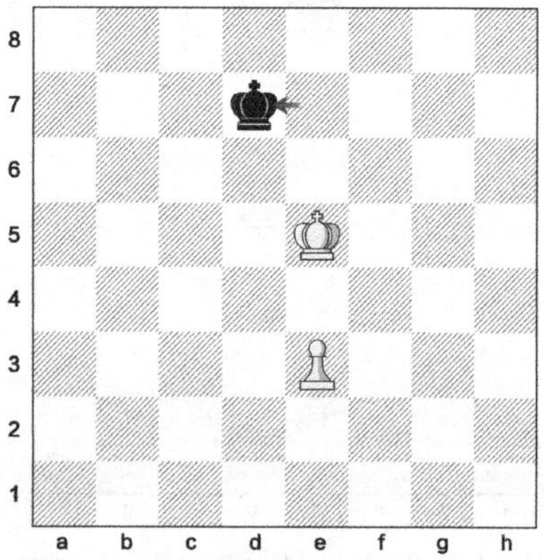

3...Kd7 黑王只能后退。

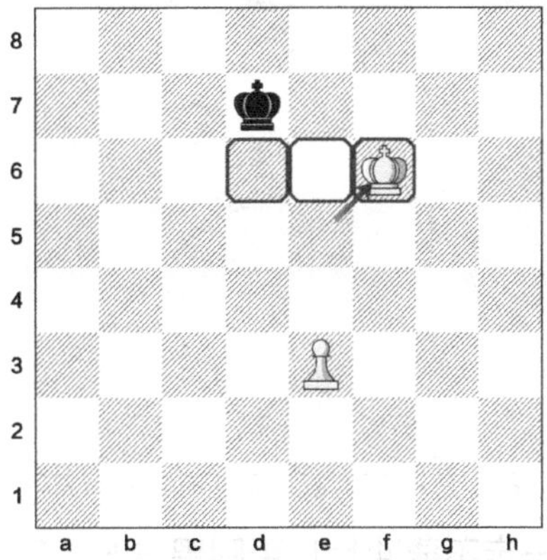

4.Kf6! 此时白王占据兵到 e4 后的关键格，进一步为兵的升变铺开平坦的道路。

情况①

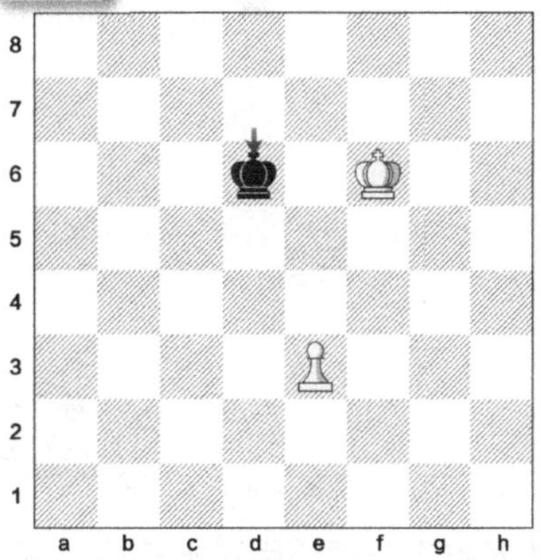

4...Kd6 黑王想趁机捉兵，但为时已晚。

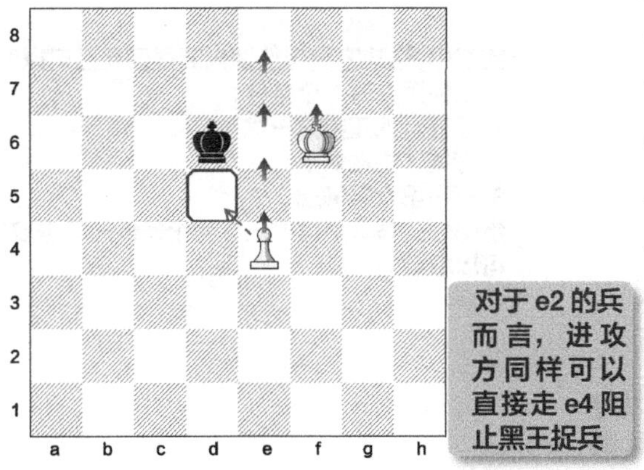

对于 e2 的兵而言，进攻方同样可以直接走 e4 阻止黑王捉兵

5.e4 白方冲兵守住了黑王反击的路线，同时另一侧有白王时刻的保护，黑方无法阻止升变。

情况②

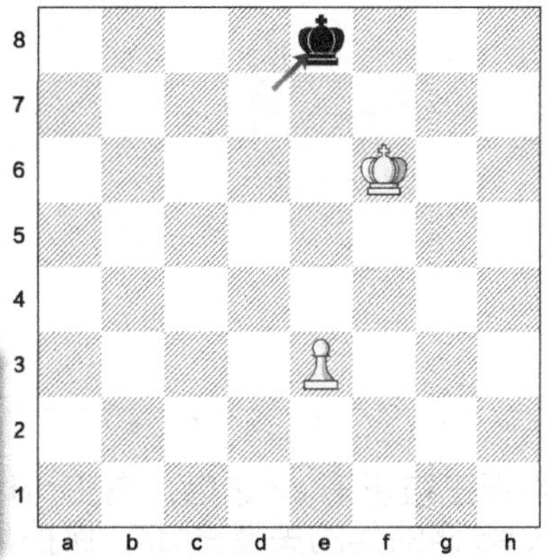

若前一局面黑方退到 e8(4...Ke8) 呢?

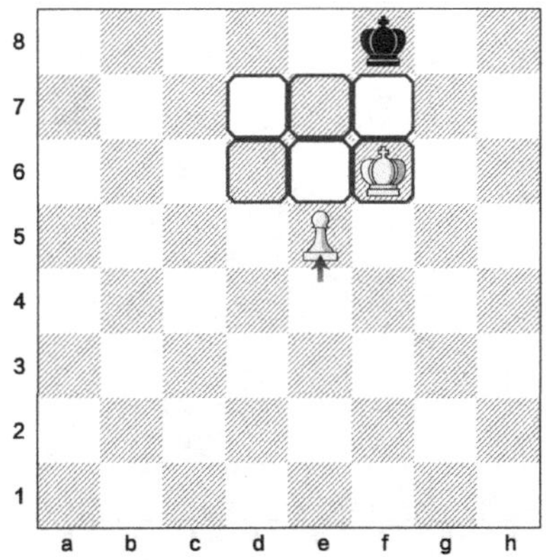

白方可以连续冲兵 **5.e4 Kf8 6.e5** 这时白兵已经越过第四条横线，且白王在关键格内。

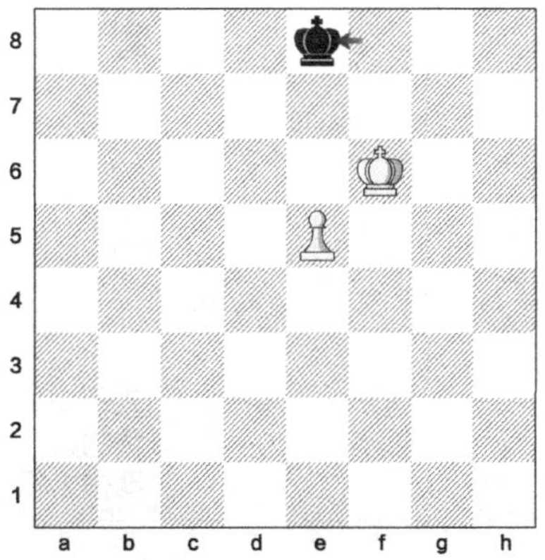

6...Ke8 黑方誓死守卫 e8 格，白方应该怎么办呢?

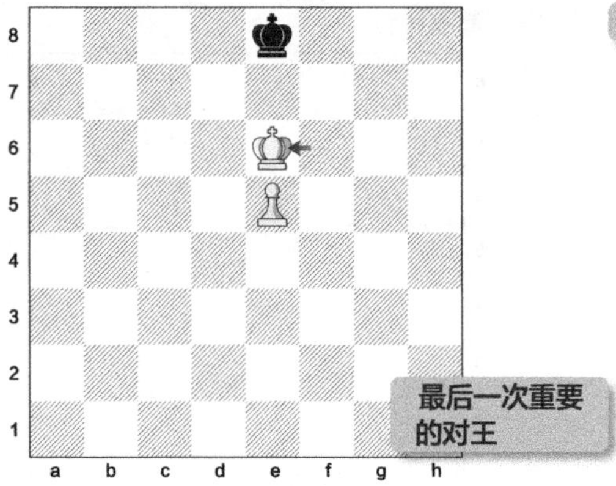

7.Ke6! 继续巧用对王技巧，将黑王驱离 e8 格。

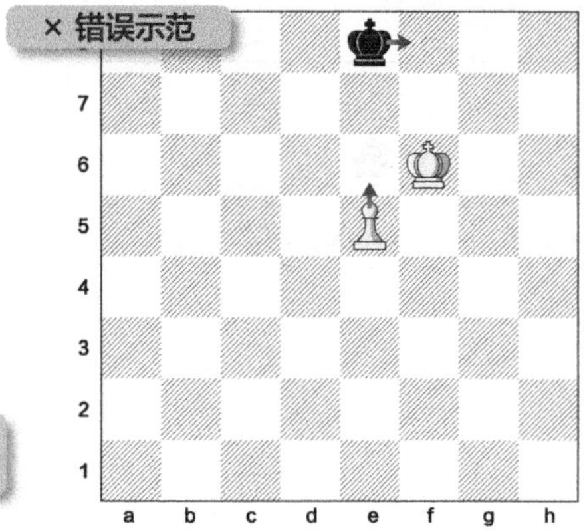

一定不要冲兵！否则黑方 Kf8 又回到了前面的逼和局面。

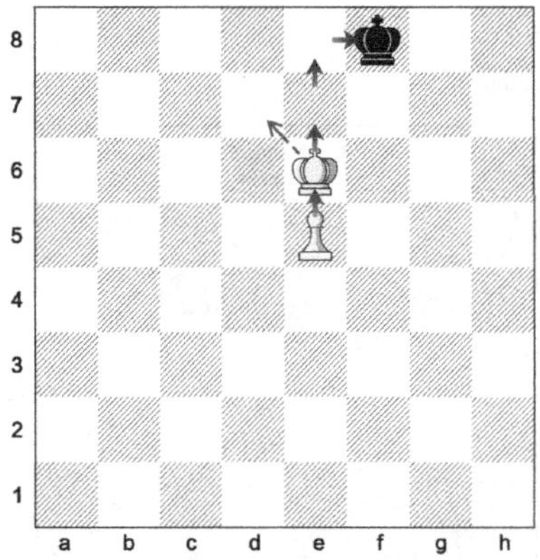

当黑王被驱离 e8 之后，白王可以继续进入 e6 格的兵的关键格 d7，保护兵顺利升变。

实战中，进攻方要想快速判断局面是否可以取胜，可以根据以下 3 个条件：

1. 王在兵的正前方一格；
2. 形成了主动对王；
3. 王在第六条横线。

当局面能够满足其中任意两个条件时，进攻方便可以取胜。

额外需要注意的点

对于 b，g 两条直线的兵，只有一种赢棋手段

当我们面对一个 b 线或 g 线的兵时，**白王一定走到边线，这样才可以挤开黑王。** 1.Kh6 Kh8 2.g6 Kg8 3.g7 Kf7 4.Kh7+-

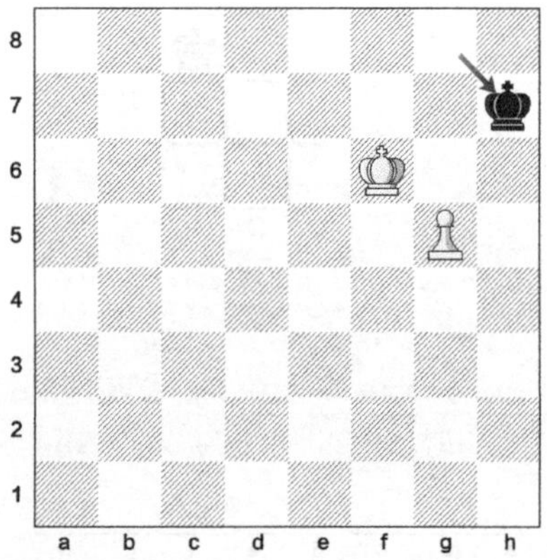

若走了 1.Kf6，则黑方可以 1...Kh7，此时白方若冲兵 2.g6??，则黑方走 Kh8! 3.Kf7 将形成逼和。

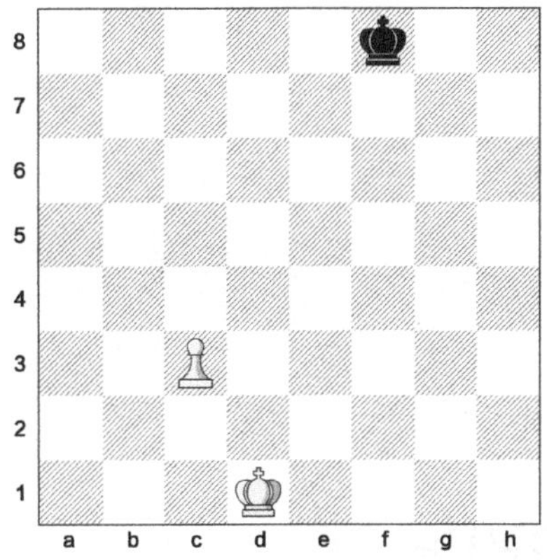

争取关键格

在这一局面中，白方应该如何求胜呢?

此时的白方可以保护白兵，但第一步的走法很重要。

1.Kc2 Ke7 白方必须走王到 c2，之后将来到这一排局的关键局面。

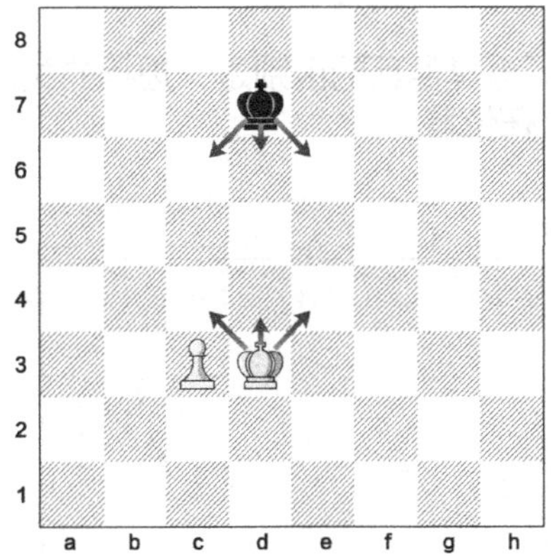

若白方走 2.Kd3 则黑方可以走 Kd7!。这时，黑方提前准备好应对白方的上王，这里形成的对王又叫远距离对王，远距离对王时，若对手上王则可以直接形成对王局面。

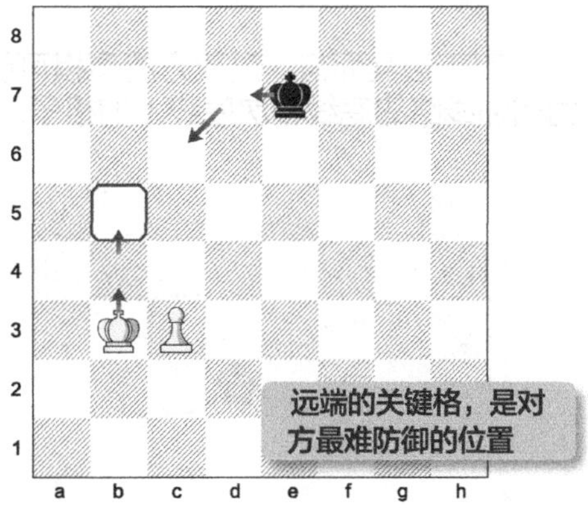

远端的关键格，是对方最难防御的位置

正确的走法是 **2.Kb3!**，准备抢夺距离黑王较远的 b5 关键格。黑方只能 **2...Kd7**（或 Kd6）。

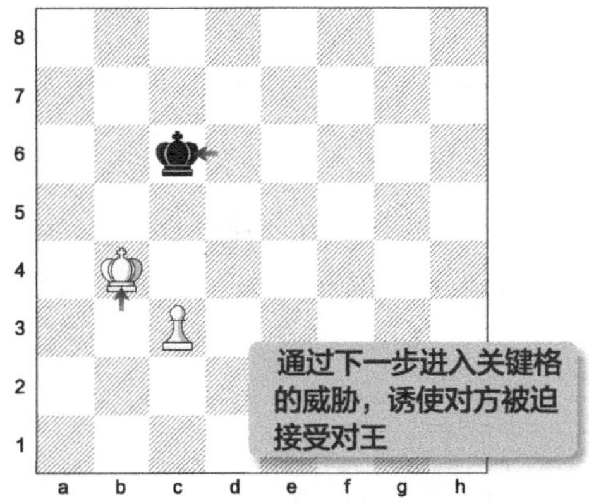

通过下一步进入关键格的威胁，诱使对方被迫接受对王

白方 **3.Kb4**，迫使黑王走到 c6 格防守，**3...Kc6**。

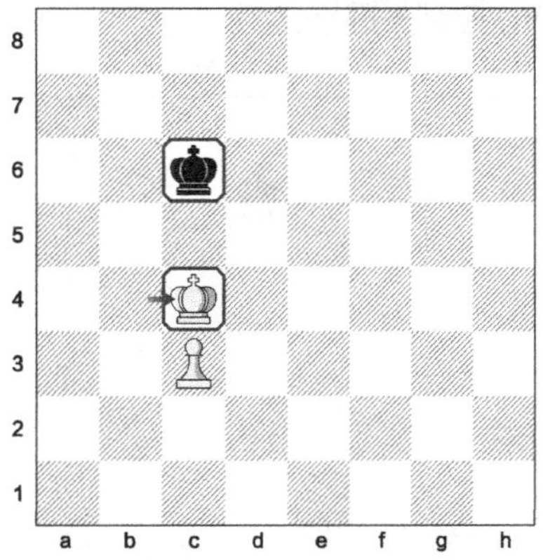

4.Kc4 白方成功制造对王的基本赢棋局面。

边兵的关键格

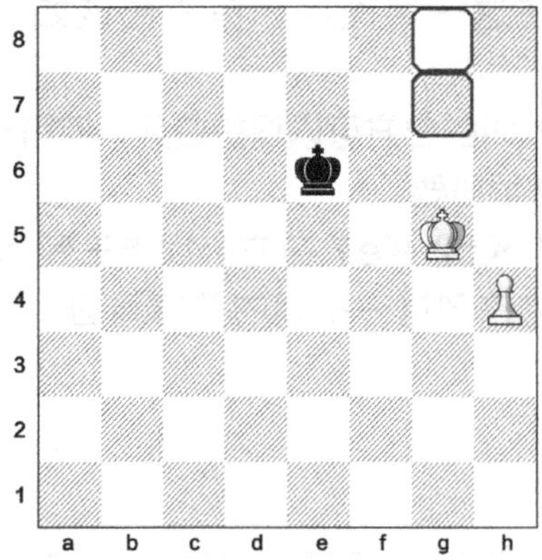

h 兵的关键格为 g7 和 g8，不论 h 兵的所在位置

对于边兵而言，进攻方的赢棋可能则要小很多。与其他兵的区别是，边兵的关键格为相邻线路的底线和次底线上的格子，不论边兵的所在位置。

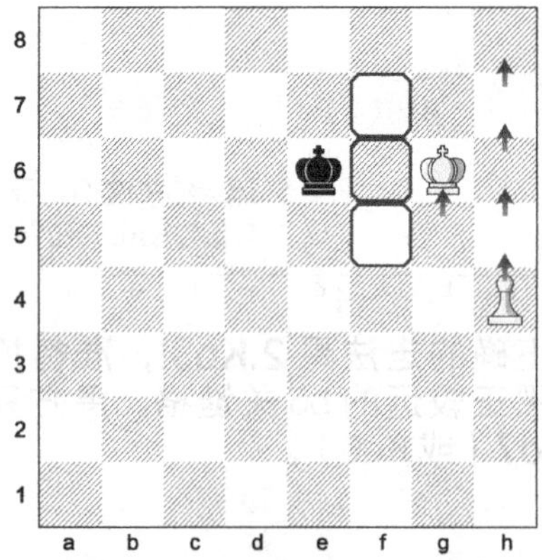

1.Kg6 白方制造对王，阻止黑王进入 f7 和 f8，控制关键格。

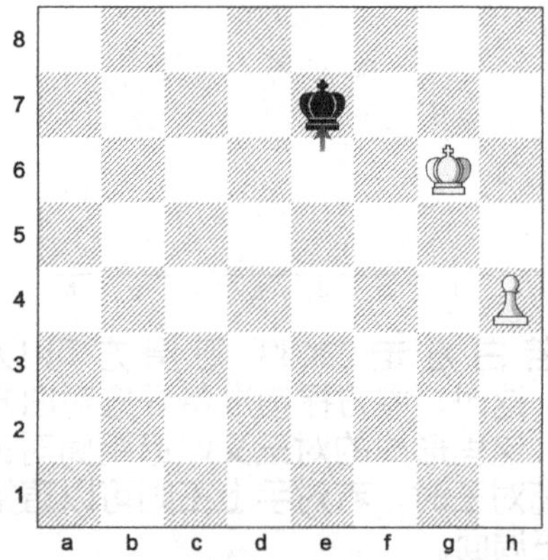

1...Ke7 黑王试图走到 f8。

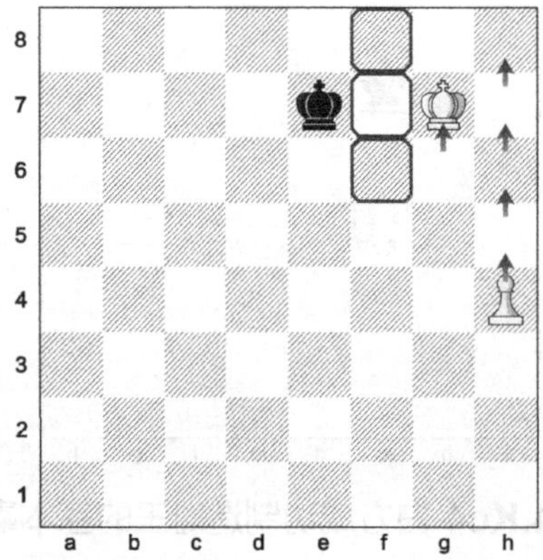

2.Kg7! 继续对王，并占领关键格，黑方无法阻止升变。

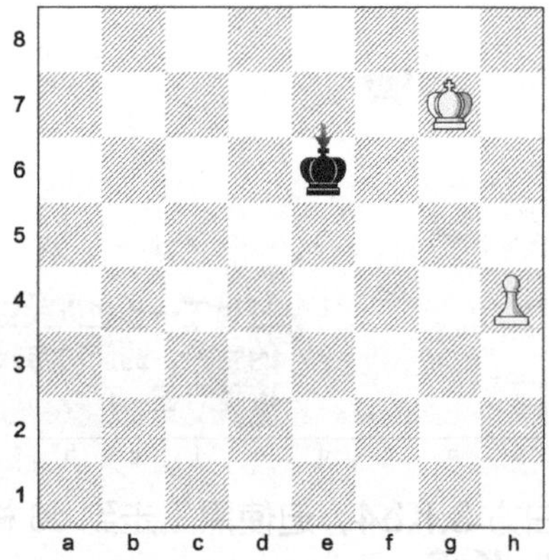

2...Ke6 黑方准备从另一侧尝试。

× 错误示范

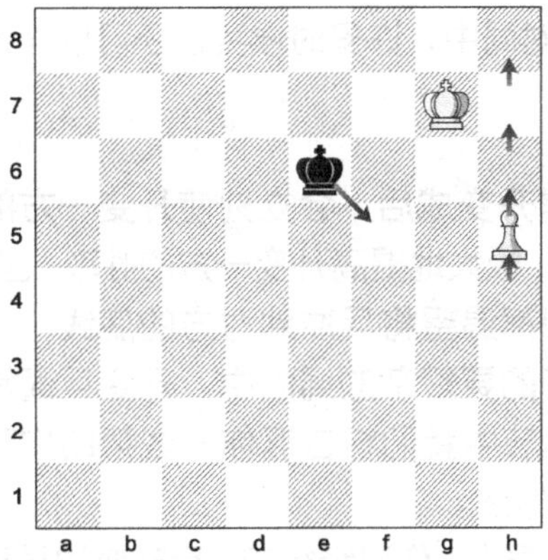

3.h5 Kf5 4.h6+− 黑王无法追上兵，白胜。

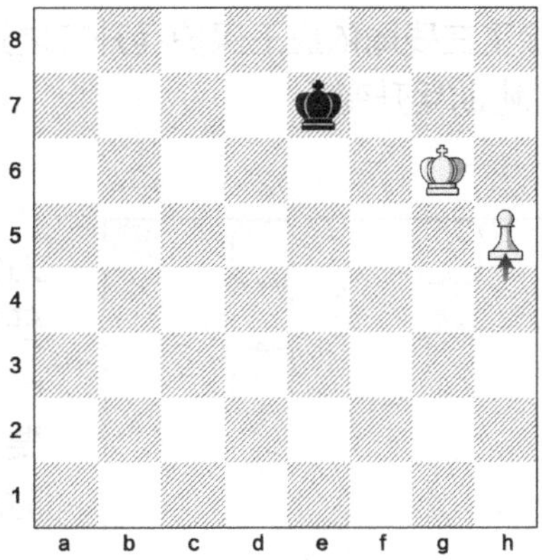

若白方第二步走 2.h5?……

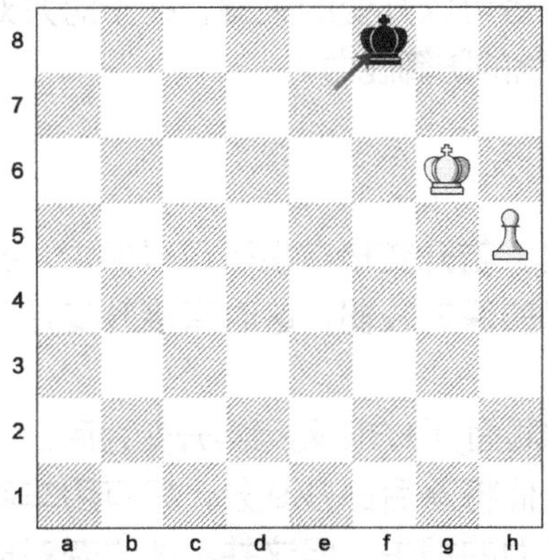

此时黑王 2...Kf8 切入对关键格的防御，白方不能冲兵，因为黑王将向角落里行进，阻挡白方升变。

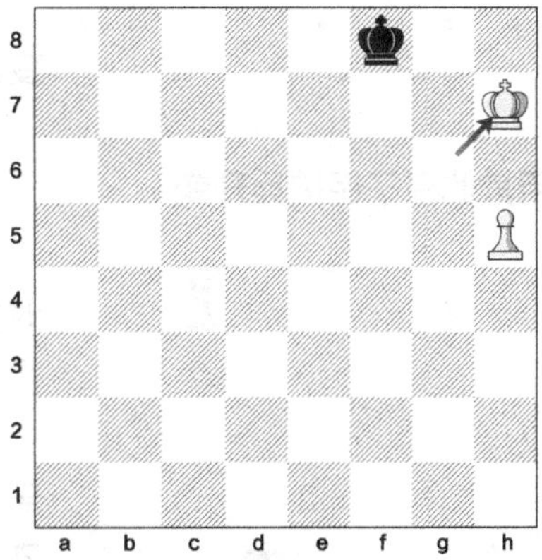

3.Kh7 白方试图用王挤开黑王。

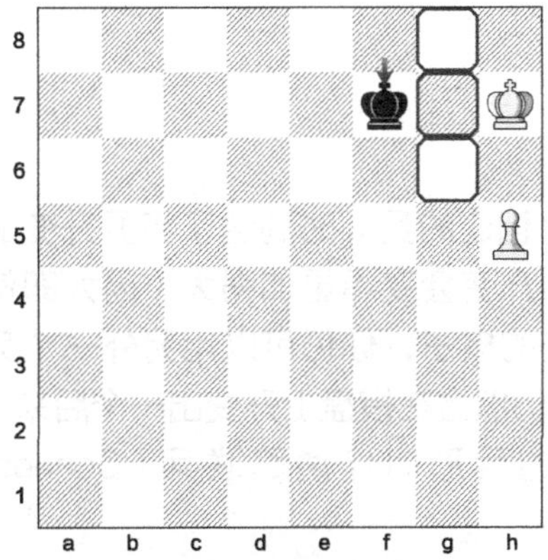

3...Kf7 黑方将白王封堵在h兵前方，白王无法逃出。4.h6 Kf8 5.Kh8 Kf7 6.h7 白方逼和。

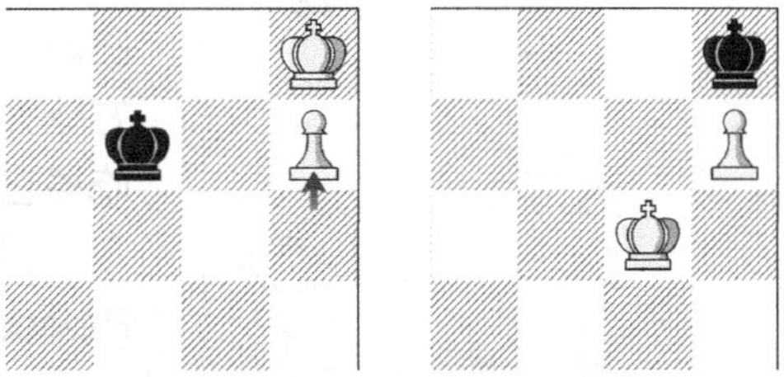

这两个逼和局面是边兵更难取胜的原因。

实战中的升变

除了在残局依靠王保护兵升变之外，在实际的对局中，许多时候我们还可以通过其他方式协助兵升变。

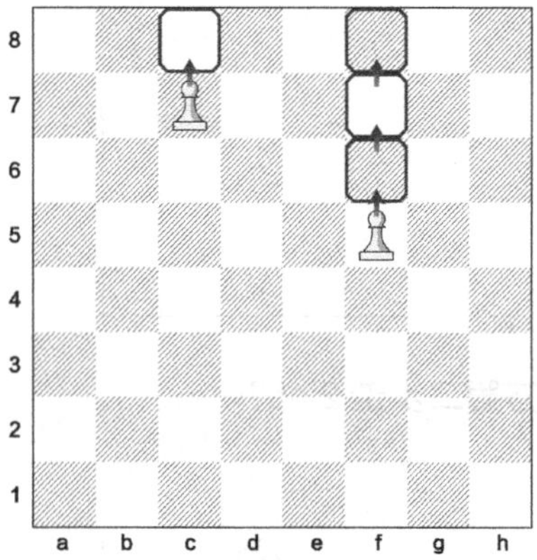

兵由于通常升变成后，会立刻使升变一方的子力优势变得巨大，极大地提高升变一方的胜率。因此，任何时候，我们都渴望将兵冲到对方的底线，但在一个有更多棋子的更复杂的局面中，升变兵通常需要一些技巧，本节中我们将告诉你一些帮助你下棋时顺利升变兵的方法。

从王单兵残局中，你已经得知，兵升变的基础，在于兵前方的格子必须是安全的，我们当然不希望兵未升变或刚刚升变成后就被对手白白吃掉。

所以，兵是否可以升变的关键，在于对方对升变格或兵前方线路的防御能力。

用其他棋子保护兵升变

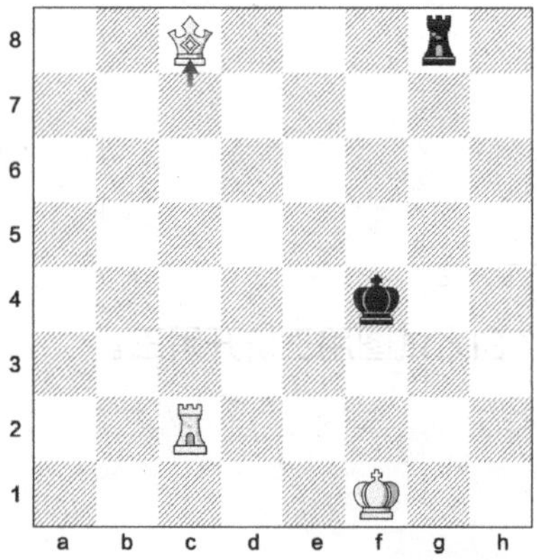

兵在升变时，若升变格有棋子可以保护，并且对方对于升变格的保护较弱，这时直接升变是可以得子的。

正如左图的局面，白方刚刚用兵升变为后。在此，黑方若不吃后，他将落后白方 9 分，只有用车吃后才能减少一点子力的损失，但这并不能改变对局的结果。

将车放在兵的后面是很好的保护兵的方法

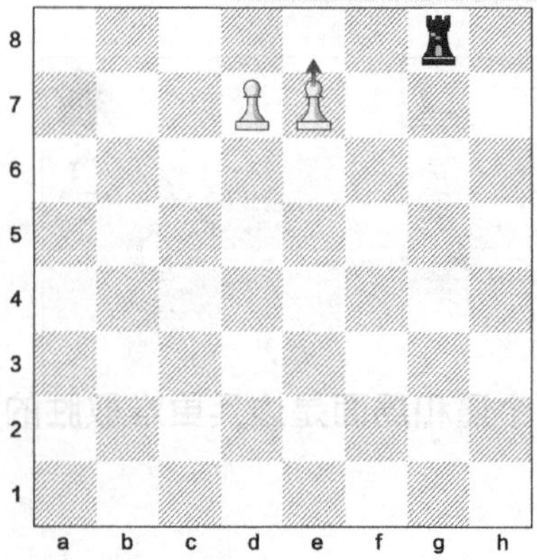

当你有两个相连的兵同时到达了将要升变的线路时，这时你的升变会变得更加强大，因为即使对方吃掉你刚升变的棋子，你仍可以用另外一个兵反吃掉它，这样你仍然会在棋盘上升变出一个后来。

这种强大的兵形叫作通路联兵（Connected Passed Pawn）。

阻挡对方的防守棋子

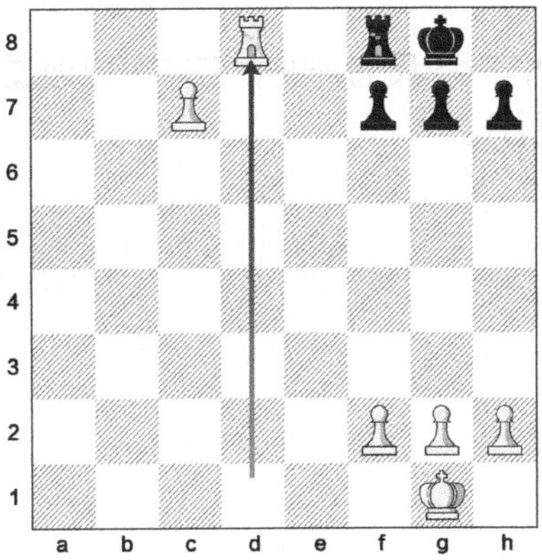

尽管黑车在防守底线，此时的白车走到的位置阻挡黑车对升变格的保护，准备下一步升变。

问题在于这时的黑方也不能吃白车，因为白兵吃回可以同样升变，这是实战中非常常用的一种升变技巧，进攻方可以运用任何一种棋子，为兵提供掩护。

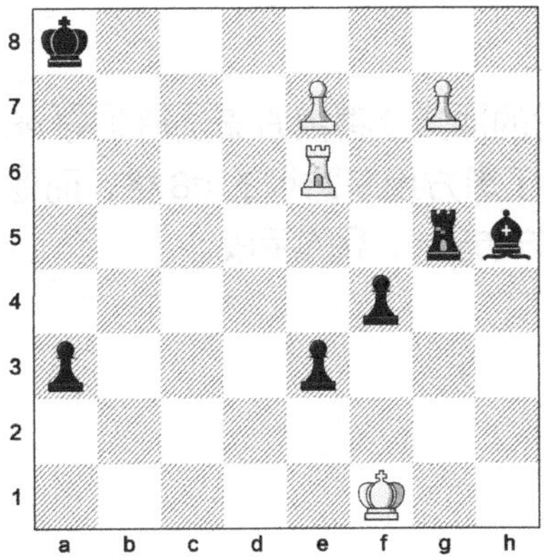

对防守棋子的阻挡并非一定会发生在底线上。在这个例子中，此时的白方比黑方少一个象和一个兵，直接升变 e 兵会直接被黑象交换掉，而他的 g 兵有黑车在防守。

白方如何才能让他的兵安全升变呢？

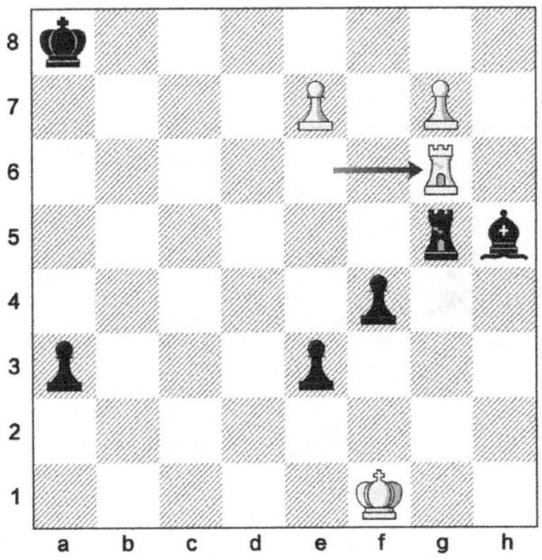

1.Rg6! 这是奇妙的一着！这时如果黑方用车吃车，则会挡住象对 e8 的保护，使白方可以升变 e 线的兵。但他若用象吃车，则又会阻挡车对 g8 格的保护，使白方可以冲 g 兵升变。

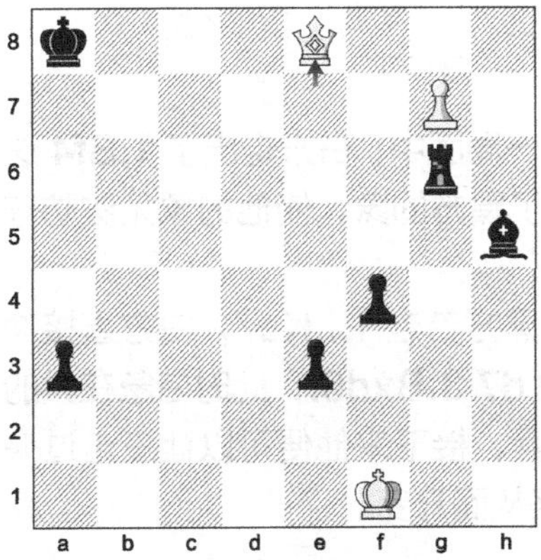

1...Rxg6 时，2.e8Q+ 升变；

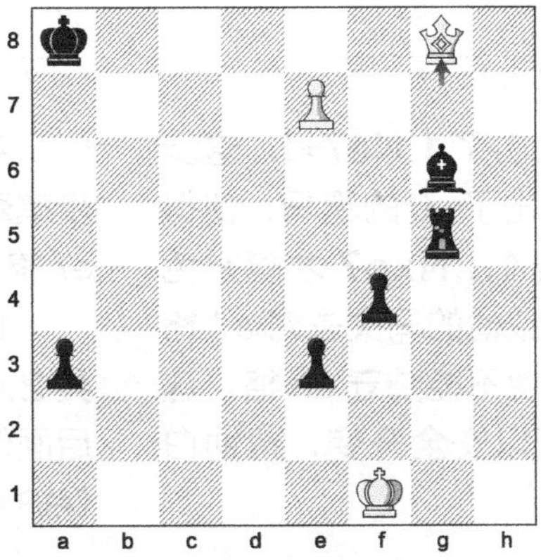

1...Bxg6 时，2.g8Q+ 升变。

消除对方棋子对升变格或升变线路的防御

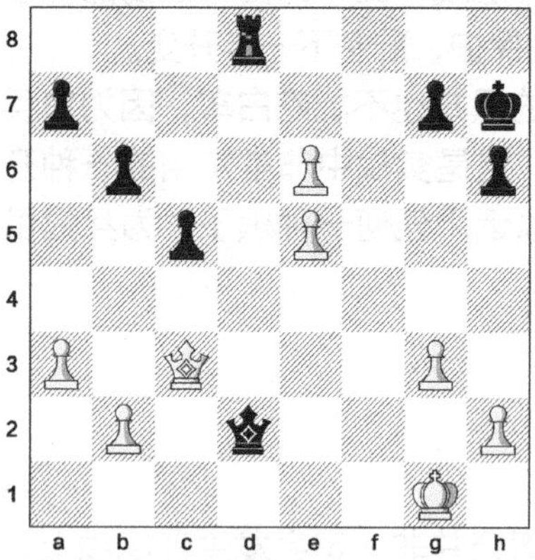

此时的黑车在防守 e6 兵的升变，白方可以通过走 **1.Qxd2** 将黑车引开。

1...Rxd2

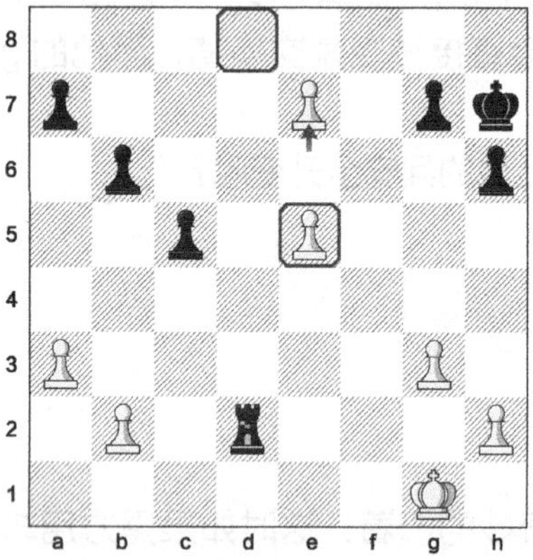

2.e7 白方此时的冲兵使得黑方无法再防守 e8 格，他的 e7 兵攻击了黑方用来防御的 d8 格，而他的 e5 兵则挡住了后方防守 e7 兵的手段。

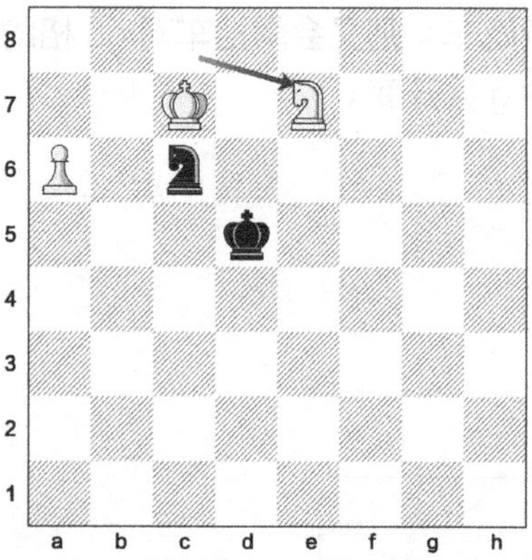

此时的白方走出了 **1.Ne7+!**，这步棋在将军的同时攻击了 c6 的黑马，使得黑方不得不选择走 **1...Nxe7** 才能避免丢马，然而这将导致他的马失去对 a7 格的防御。由于黑方也不能防守 a8 格，这终将使白方的兵可以安全升变，帮助白方取胜。

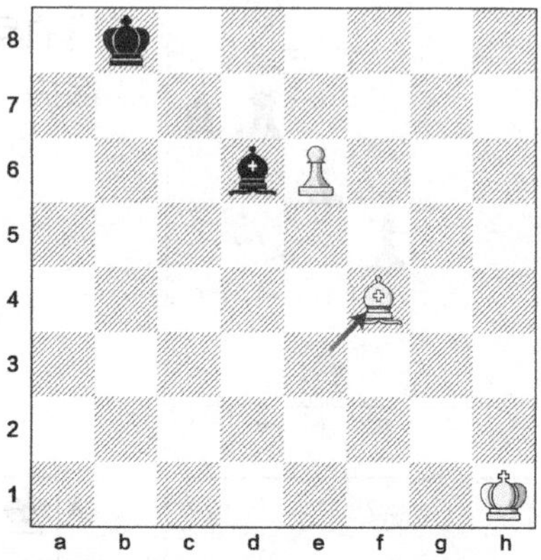

在这一局面中，白方走出了 **1.Bf4** 这步棋牵制了黑方的象，使他的象无法防守 e7 格。

此时黑方若走 **1...Kc7**，白方直接冲兵 **2.e7 Kd7 3.Bxd6!**，此时白象在兵的后面保护兵，接下来他便可以让王走过来保护 e8 格从而升变。

以上这些方法便是实战中帮助兵升变的基本手段，现在我们来欣赏两个大师对局的片段，看看大师们是如何帮助兵升变的。

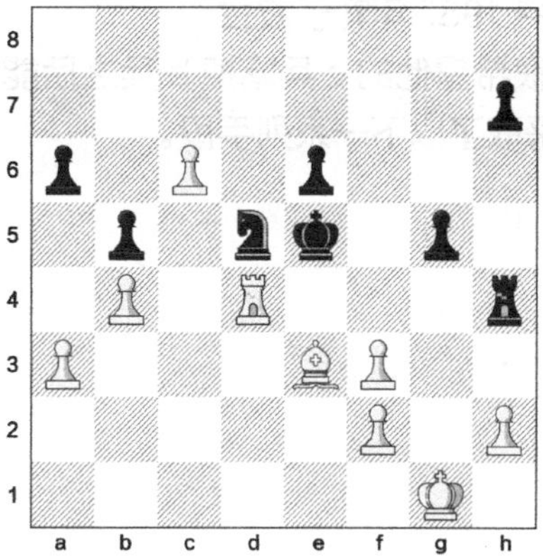

塔尔－皮特尔 1974 年弈于波兰

白方塔尔是国际象棋历史上极负盛名的进攻型棋手，被称为“来自里加的魔术师”，在历史上留下诸多名局。

这里的 c 兵已经逐步靠近黑方的底线了，但是黑方的马正在阻止它前进。

1.Rxd5+！ 白方直接吃掉黑马，**1...Kxd5** 黑王吃回。

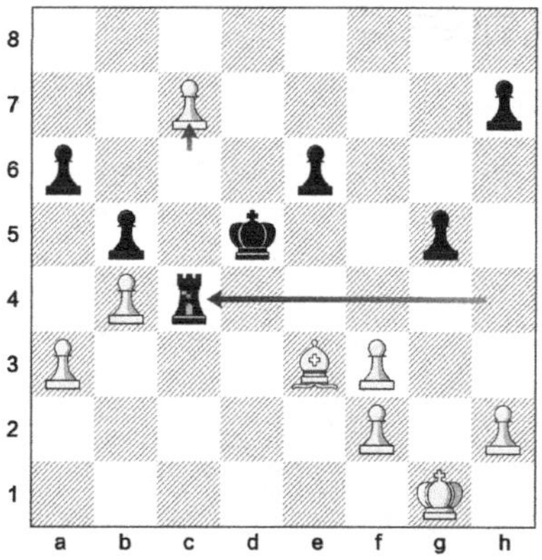

2.c7 Rc4 白方的兵准备升变，却被黑方的车从后方防住了。

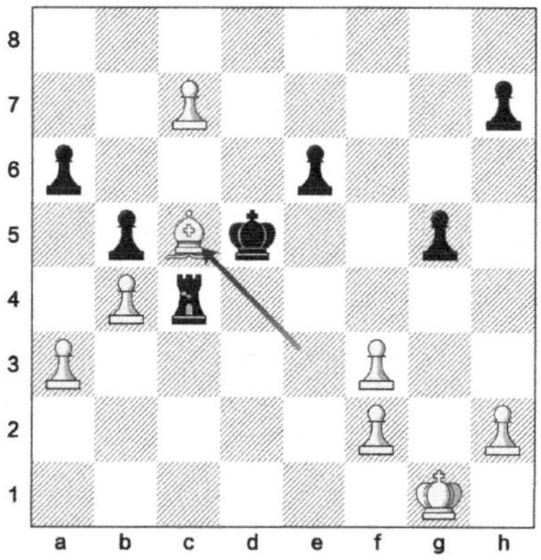

3.Bc5 白方的象挡住了黑车对兵的攻击，而此时的象由于 b4 兵的保护，使得黑方无法将它吃掉，接下来白方便可顺利升变。

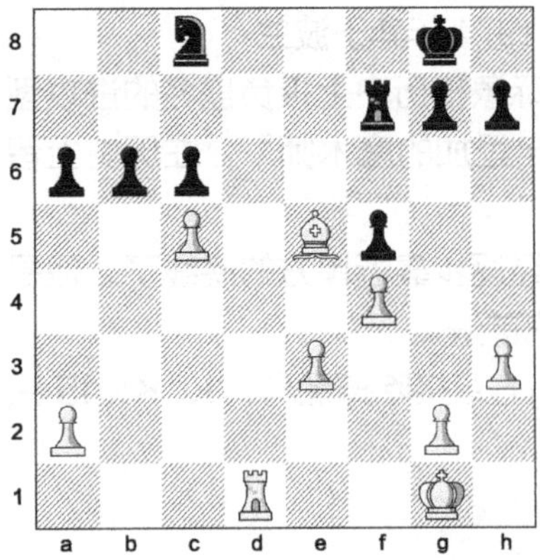

乌尔曼－施密特 1967 年弈于波兰

此时的白方，很希望他的 c 兵吃掉 b 兵之后能够升变，接下来他采取了以下一系列手段。

1.Rd8+ Rf8

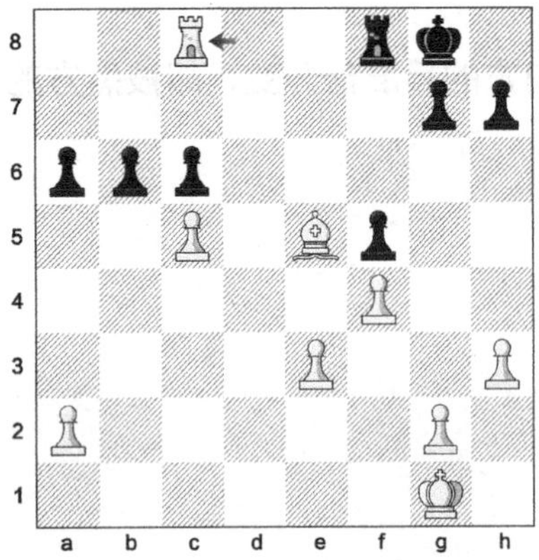

2.Rxc8! Rxc8 白方直接用车吃掉了 c8 的黑马，消除了马对 b 兵的保护。

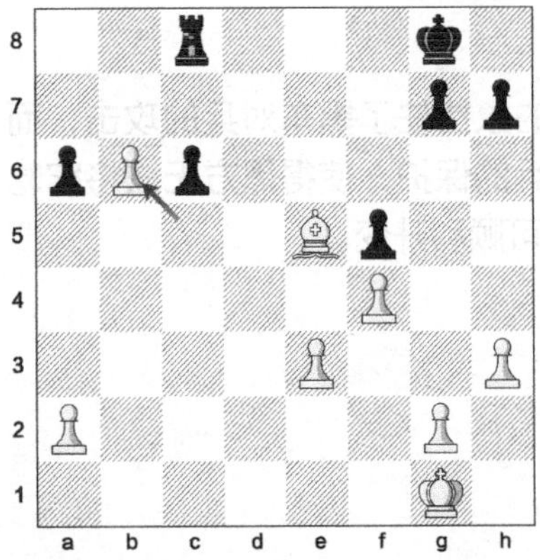

3.cxb6 此时 e5 的白象保护了 b8 升变格，黑方只能用车来交换升变的棋子了，白方多象取胜。

国际象棋开局的原则

好的开始是成功的一半。在一盘国际象棋对局中，开局阶段的行棋质量同样对一盘棋的胜负有着至关重要的影响。特别是在人类经历了计算机革命和正在经历的大数据及人工智能革命的时代大潮中，棋手们通过借助计算机芯片的强大运算能力和神经网络人工智能等全新的计算机学习算法的力量，使今日的国际象棋开局理论与20年前的棋手们相比有了飞速的提升，在任何一场世界级大赛的对局中，都能发现计算机对棋手开局准备贡献出的力量。

然而，人类毕竟不是计算机，我们仍然需要以正确的方式来理解开局，通过开局背后蕴含的思想，来帮助我们下好开局阶段，争取在开局阶段取得优势，进而获得一盘对局的胜利。

开局的核心任务

国际象棋的开局正如一场古代战争的战前布阵一样，双方都要尽快部署好自己的棋子，为接下来的对抗做好准备。基于这一原因，在国际象棋的开局中，有三大基础原则需要遵守：

1. 尽可能快速地出动己方的轻子（马和象）到灵活、主动的位置上，在确保安全的情况下出动自己的重子（后和车）；
2. 争取中心格的控制权；
3. 及时王车易位，保障王的安全。

接下来，我们来看一些对局，来理解这三大原则的意义。

快速出子的重要性

塔尔－特林戈夫

1964年弈于荷兰阿姆斯特丹

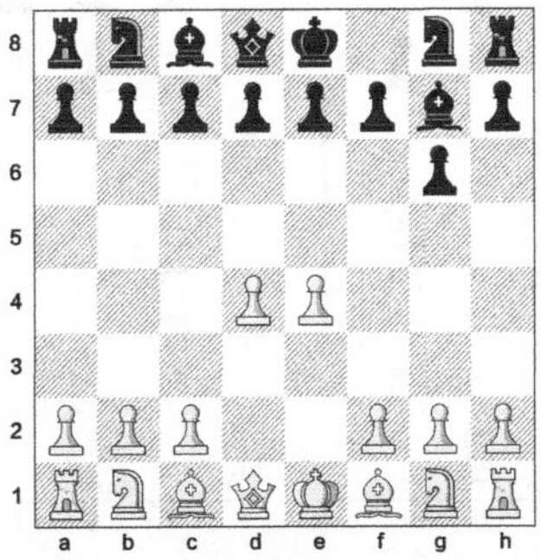

1.e4 g6 2.d4 Bg7 这一开局名叫现代防御。黑方选择的这一开局比较稳健，但是他需要在接下来的局面尽快出子。

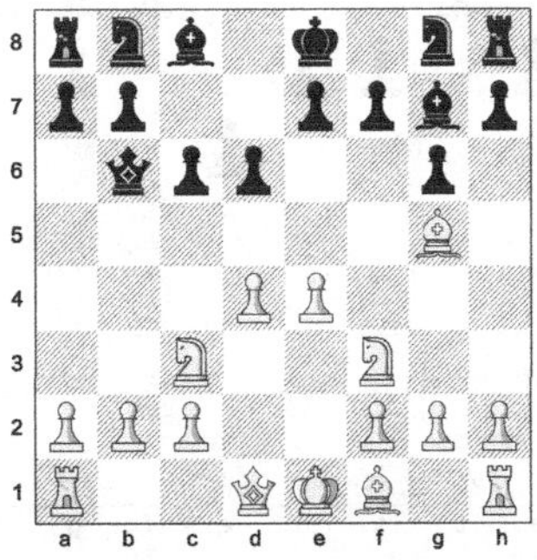

3.Nc3 d6 4.Nf3 c6 5.Bg5 Qb6?! 黑方未继续出动他的轻子，快速出后攻击b2兵。

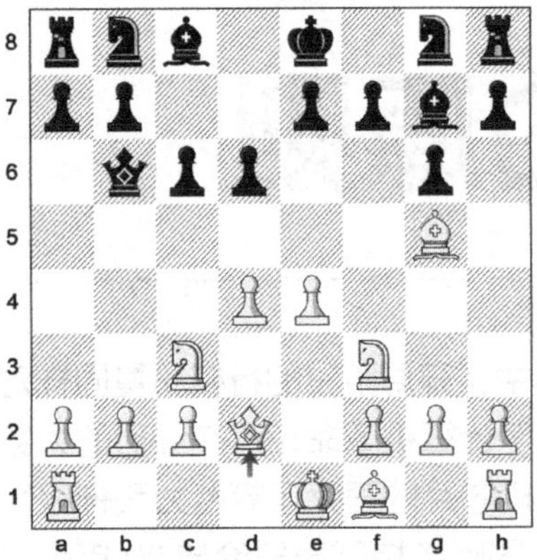

6.Qd2! 塔尔无视黑方攻击，继续出子。

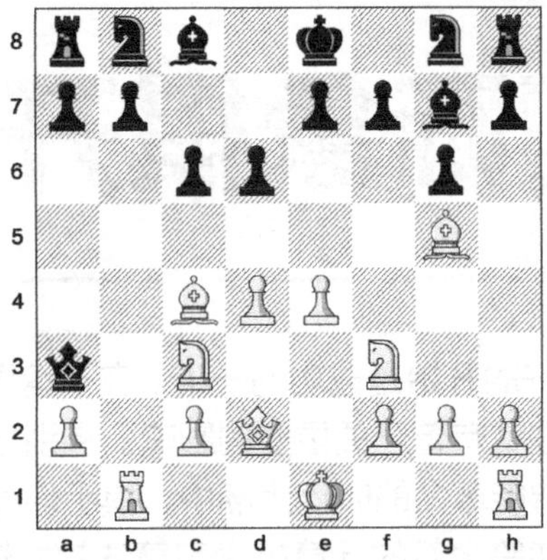

6...Qxb2 7.Rb1 Qa3 8.Bc4 黑方吃兵的同时，白方又继续出动了两个棋子。

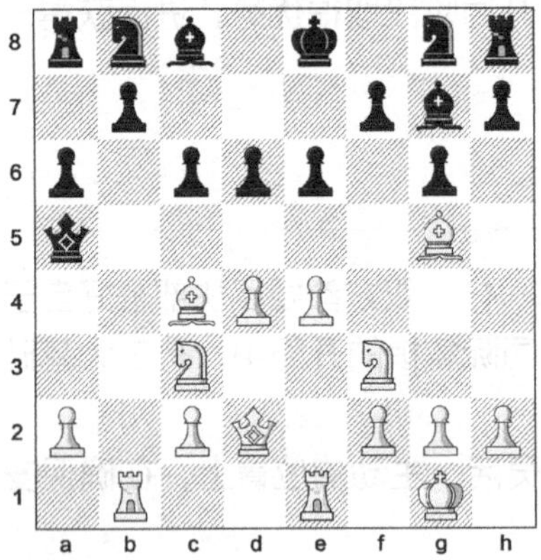

8...Qa5?! 黑方仍然没有继续出子，**9.0-0 e6 10.Rfe1 a6** 至此，白方所有棋子都已经出动完毕。

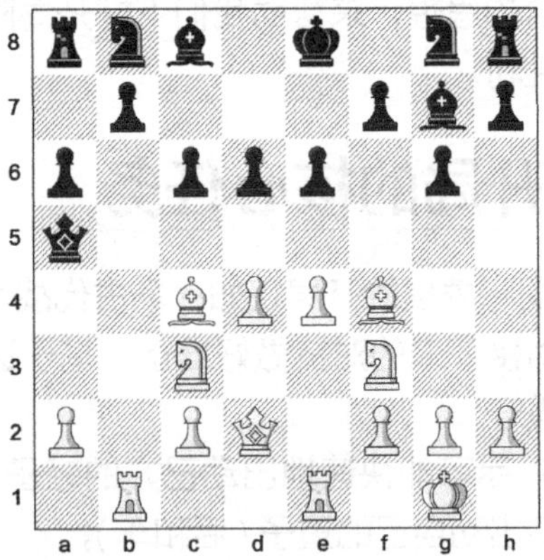

11.Bf4! 攻击黑方 d6 兵，此时由于白方的攻击，又使得黑方无法继续出子了。

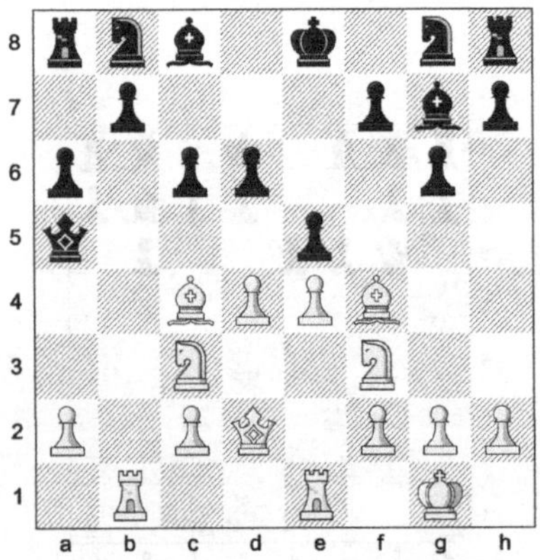

11...e5? 这是一个很糟糕的走法，帮助白方打开局面。

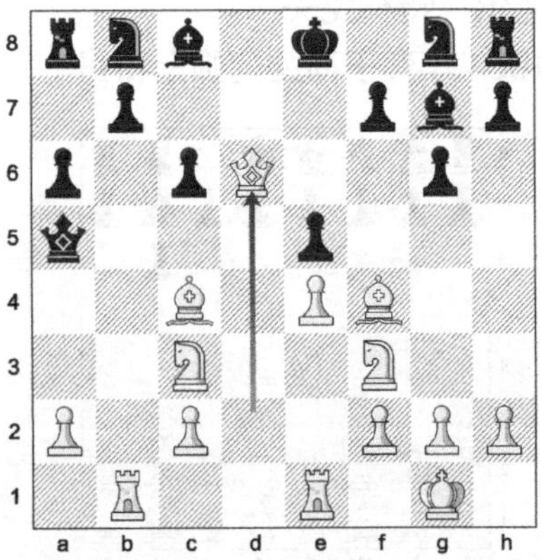

12.dxe5 dxe5 13.Qd6! 白后乘虚而入，目标直指黑王。无视黑后吃 c3 马的威胁。

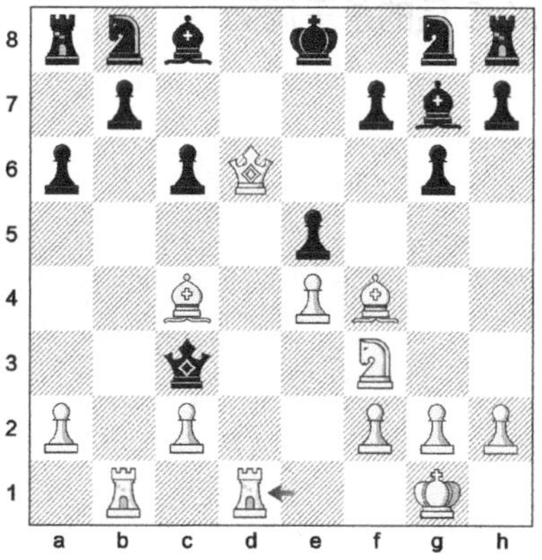

13...Qxc3 14.Red1! 黑方虽然得马，但此时白方已经对黑王发起猛攻。

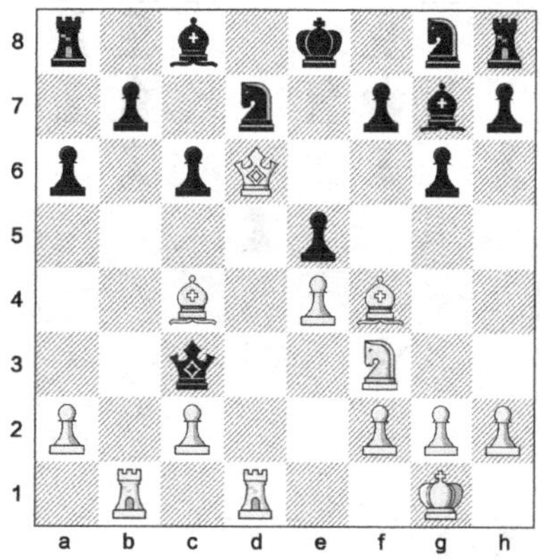

14...Nd7 阻止了 Qd8 杀王，但却挡住了自己的象。

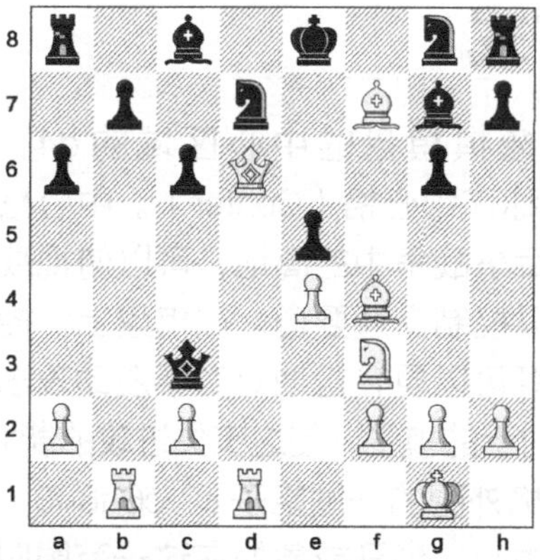

15.Bxf7+! 白方弃象，消除兵对 e6 格的控制。

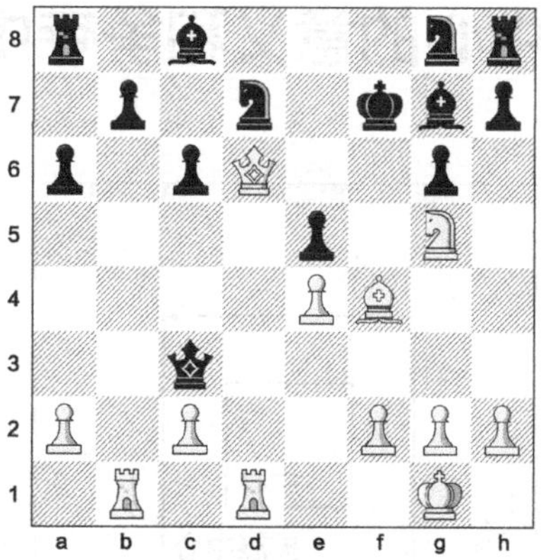

15...Kxf7 16.Ng5+ 由于把王引到 f7，白马通过将军快速加入战斗。

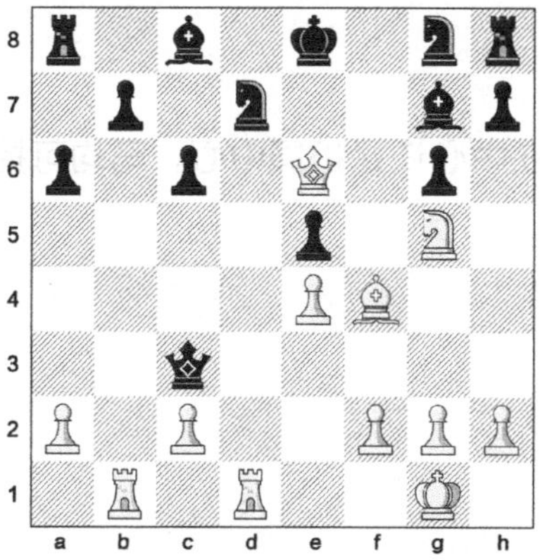

16...Ke8 17.Qe6+ 黑方意识到接下来如果 17...Kf8 则 18.Qf7#，如果 17...Kd8，则 18.Nf7+ Kc7 19.Qd6#。因此即刻认输。

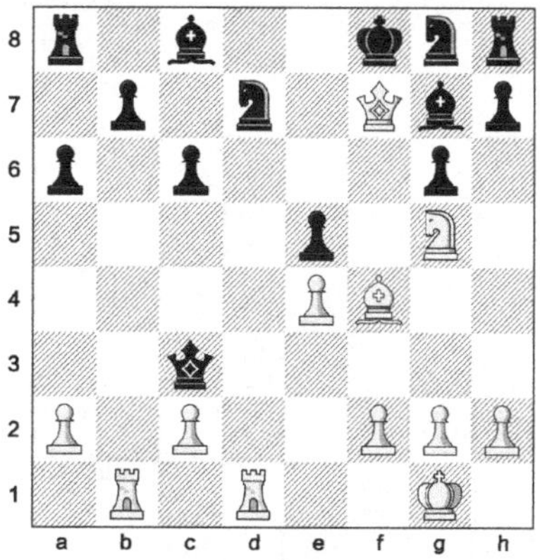

17...Kf8 后的杀王局面。

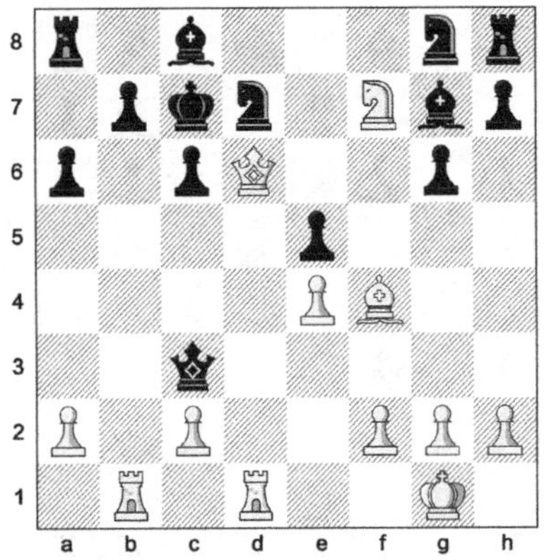

17...Kd8 后的杀王局面

这盘棋给我们的启示是：过早地进攻时常并非是好的，快速地出动更多的棋子，并且在王车易位之后再行进攻，才是更加有效的进攻方式。

中心的意义和争夺中心的方式

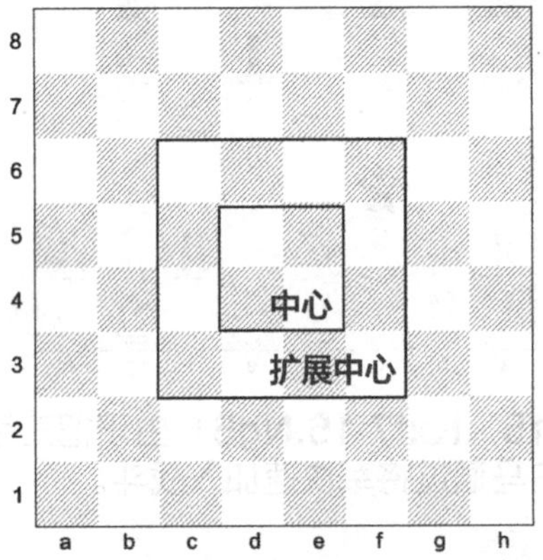

国际象棋棋盘的中心区域的 d4、d5、e4、e5 被称作中心格（Center）。中心格的价值就像是军事战争中的高地，可以俯视战场全貌，也可以控制交通要道。在棋盘上，控制中心的一方既可以更轻松地对对手发动攻击，又可以遏制对手的棋子，使之丧失进攻的能力。

中心格外围的一圈格子 c3-c6-f6-f3，也被称作扩展中心。当马或象处在这一范围时，能够对中心格造成有效的控制，并且有着更多的走法选择，这通常意味着棋子有着更强的攻击能力。

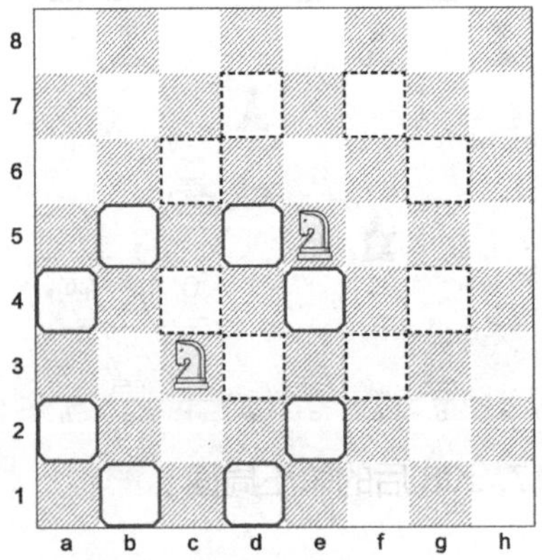

无论在中心还是扩展中心，马均可控制 8 个格。

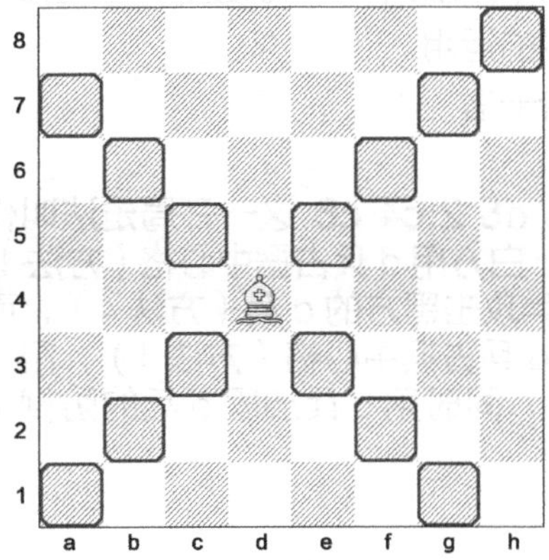

在中心的象可控制 13 个格。

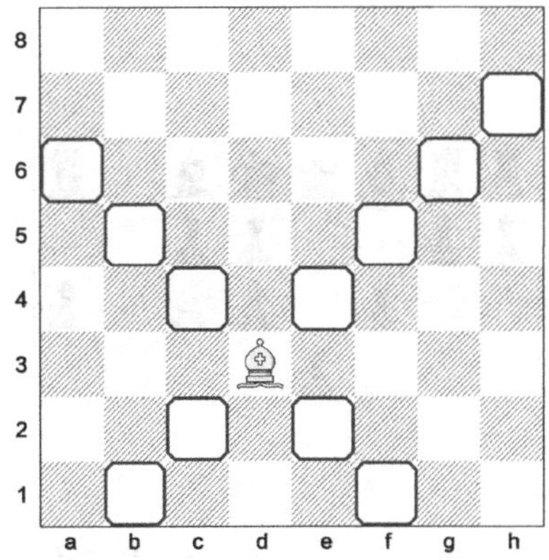

在扩展中心的象可控制 11 个格。

争夺中心的具体手段

在实际的对弈中，争夺中心通常有以下几种方法。

方法 1：用兵占据中心格

将兵放置在中心格上，可以控制兵所占的格子本身及兵的攻击点。

方法 2：用棋子攻击更多的中心格

棋子可以控制格子，或者保护自己的中心兵和攻击对手的中心兵。

方法 3：驱赶或交换对手控制中心格的棋子

这是我们对于对方攻击中心格的棋子采取的手段。

方法 4：用 c 兵或 f 兵攻击并试图交换中心兵

用不是中心的兵去交换对方的中心兵，意图形成中心多兵或消除对手一定的中心控制。

方法 5：用其他的兵保护中心格的兵，当对方对中心兵进行交换时，可以补上成为新的中心兵。

在后面的开局讲解中，我们会看到这些方式在不同开局中的实际运用，但现在先让我们来通过一个开局片段来体会这几种方法在实战中的运用。

尼科利茨－克拉姆尼克 1996 年弈于摩纳哥蒙特卡洛

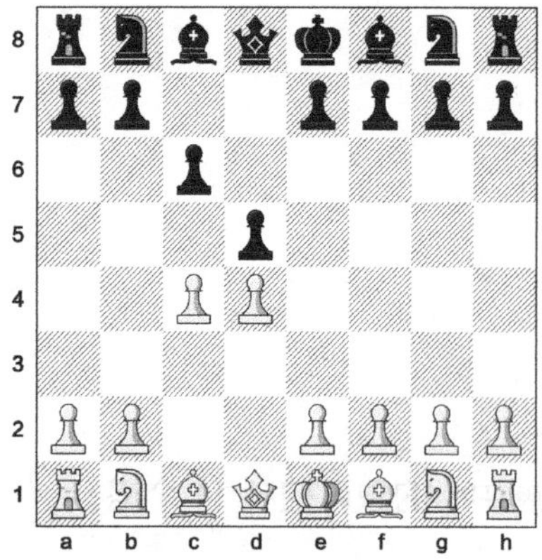

1.d4 d5 2.c4 c6 这一开局走法叫作斯拉夫防御，白方用 d 兵占据中心格（方法 1），同时用 c 兵攻击黑方的 d 兵（方法 4），而黑方同样用 d 兵占据中心格（方法 1），阻止白方冲兵 e4，同时用 c 兵加固 d 兵的防御（方法 5）。

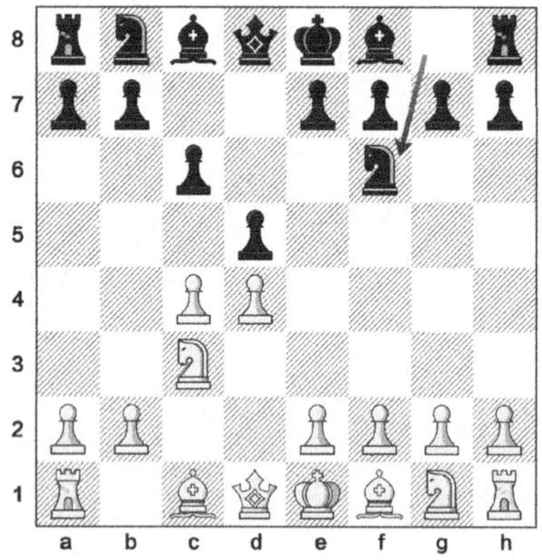

3.Nc3 Nf6 白方和黑方开始出子，他们都将自己的棋子走到可以攻击或保护中心格的位置（方法 2），其中白方继续攻击了 d5 兵，并给 e4 增加了一次保护，而黑方保护了 d5 兵，同时给 e4 格施加了一次攻击。

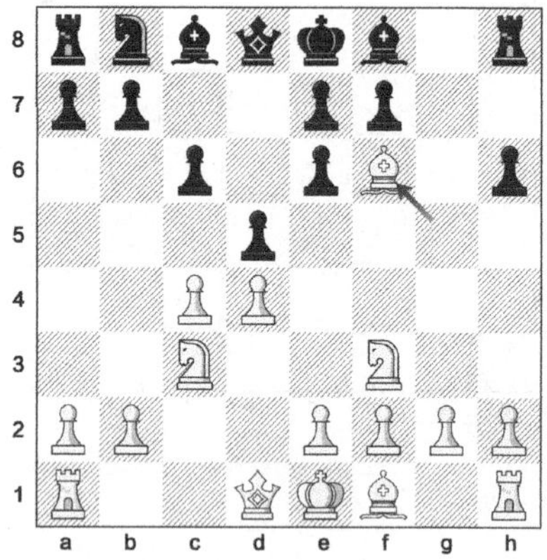

4.Nf3 e6 5.Bg5 h6 6.Bxf6(白方交换了黑方 f6 的马（方法 3），使得黑方对 e4 格的保护减弱了。

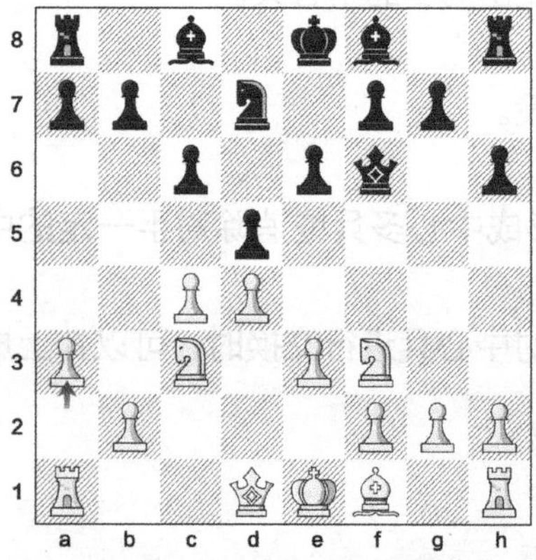

6...Qxf6 7.e3 Nd7 8.a3 白方阻止黑方走 Bb4 将军，同时准备走 e4(方法 1)。

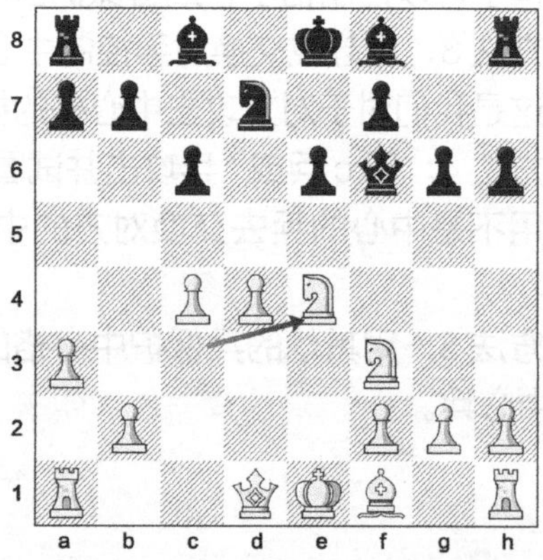

8...g6 9.e4 dxe4 10.Nxe4 白方通过一系列争夺，最终抢到了 e4 格，白方占据主动。

王车易位的意义

王车易位在开局中是一种一举两得的走法，一方面可以出动一个角落里的车，另一方面可以让王躲避到一个安全地带。这一走法在开局中往往是不可或缺的，在中心格的王很容易在对方出子之后受到来自对方的攻击。因此在下棋时，我们要注意在出动了自己的棋子之后，及时走出王车易位的走法。

下面，我们来看一个大师对局的经典战例，展示了没有及时易位酿成的后果。

斯坦尼茨 – 巴德莱本 1895 年弈于英国黑斯廷斯

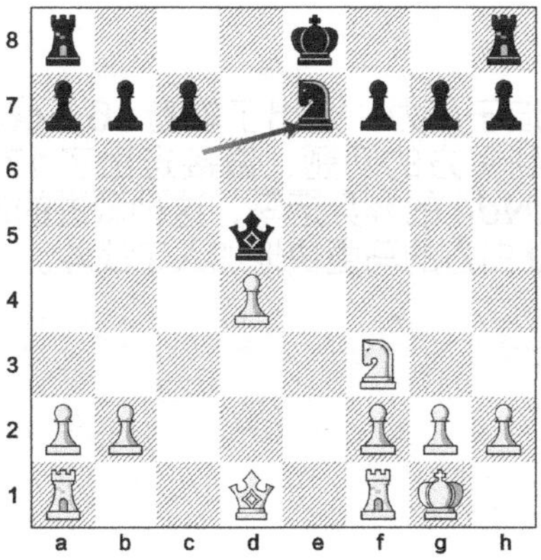

在经过 13 回合的较量后，对局来到了这一局面：

1.e4 e5 2.Nf3 Nc6 3.Bc4 Bc5 4.c3 Nf6 5.d4 exd4 6.cxd4 Bb4+ 7.Nc3 d5 8.exd5 Nxd5 9.0 - 0 Be6 10.Bg5 Be7 11.Bxd5 Bxd5 12.Nxd5 Qxd5 13.Bxe7 Nxe7

今日的棋手们知道，黑方开局的第 7 步应走 7...Nxe4，之后 8.O-O Bxc3 9.bxc3 d5 均势。

若 9.d5?!，则 9...Bf6 10.Re1 Ne7 11.Rxe4 d6 黑略优。

初看上去，这一局面黑方兵形占优且准备易位，局势尚好，但此时，斯坦尼茨走出了：

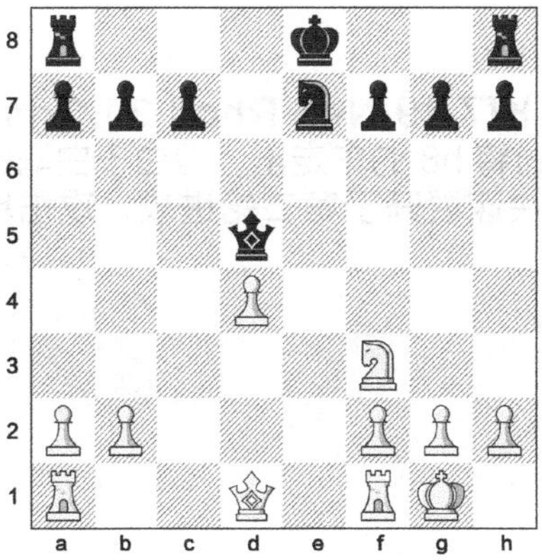

14.Re1！ 白方通过攻击黑马，阻止了黑方易位。

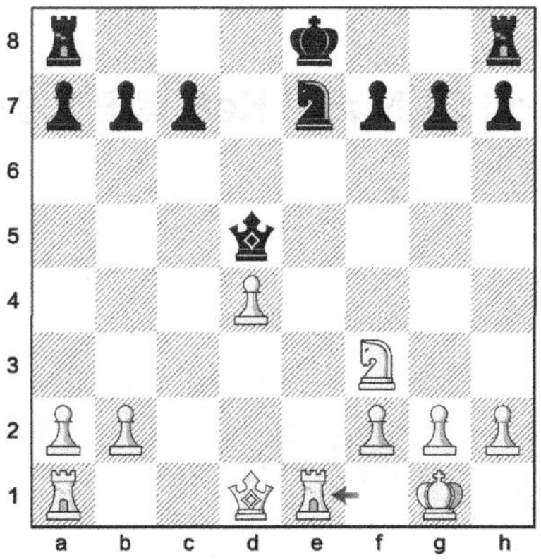

黑方见易位不能，同时白方存在 Qa4+ 再 Qb4 捉马和 b7 的击双威胁，只好选择 **14...f6，** 准备 Kf7。

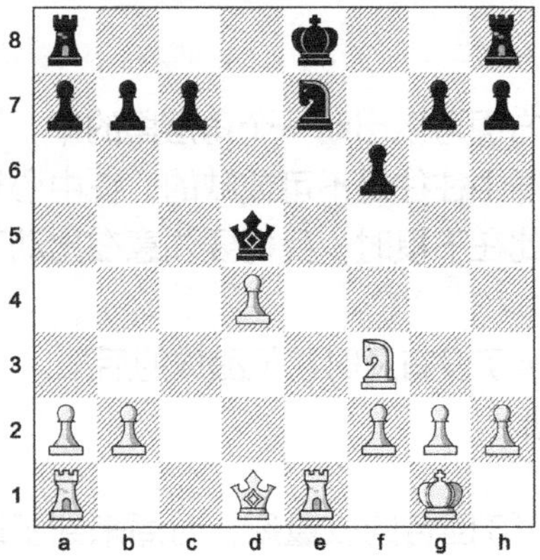

白方**15.Qe2**威胁杀王，逼迫黑方**15...Qd7**回撤，之后出动了最后一个棋子16.Rac1。从今天的角度看，**16.Rad1**或许更好，旨在黑方16...Kf7后，白方可以走17.Qc4+，若黑方Nd5，则18.Ne5+! fxe5 19.dxe5 Qc6 20.e6+白方多兵，大优。

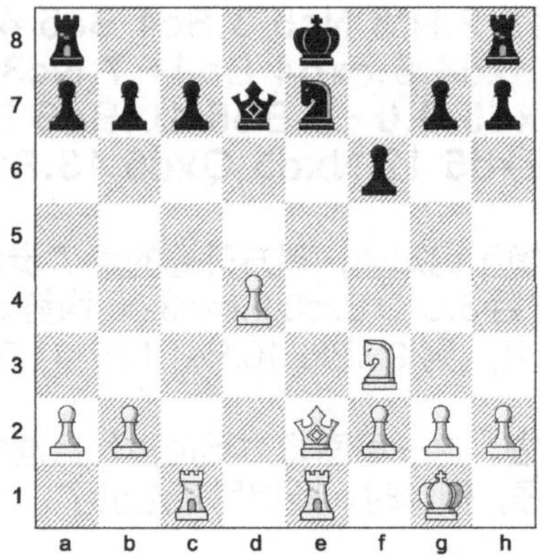

黑方迫于压力，走出了软着**16...c6?**，白方意识到黑方的问题，直接走出了**17.d5 cxd5 18.Nd4**的弃兵运马，这种激进的调动子力方式让白方的马更快地加入了战斗。

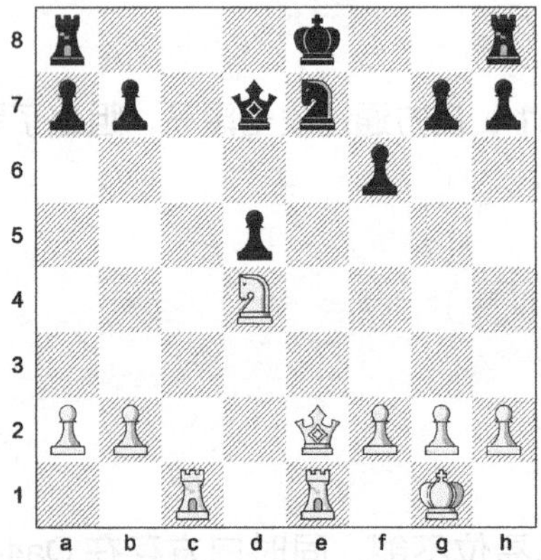

18...Kf7 19.Ne6 Rhc8 20.Qg4尽管黑方此时将h8的车走出，但由于白马的协助，白方快速展开了第二轮进攻，攻击黑方的g7兵。

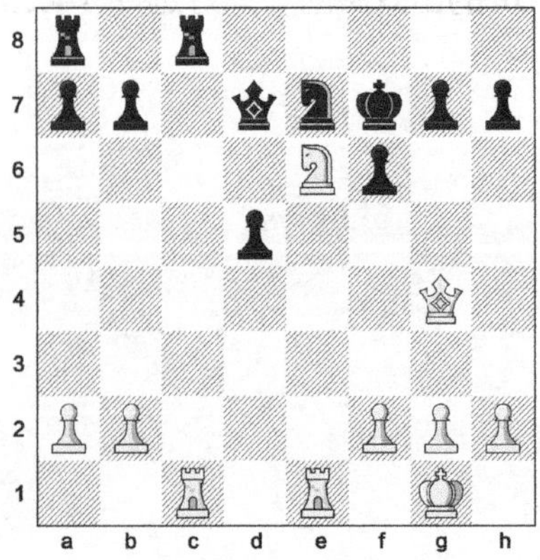

20...g6 21.Ng5+! Ke8黑王不得不回到e8保护后。

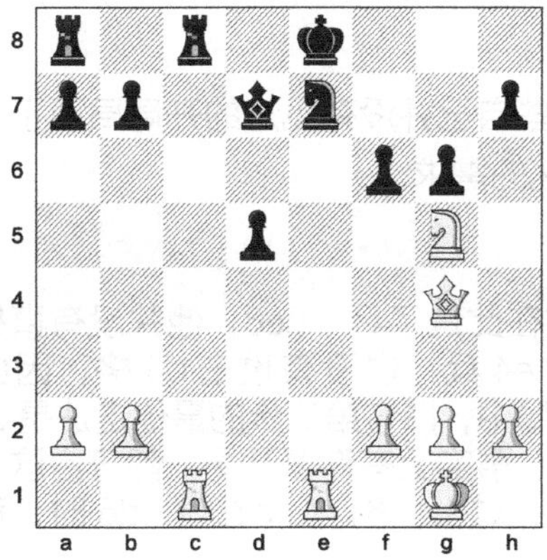

22.Rxe7! Kf8 黑方因为 c8 车的安全无法用后吃，而用王吃 22...Kxe7 则白方 23.Re1+ Kd6 24.Qb4+ Rc5 25.Re6+ 得子。

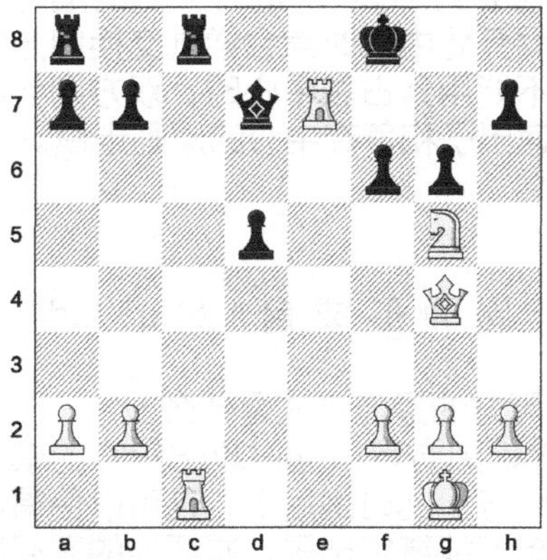

23.Rf7+ 黑方依然无法用后吃车。**23...Kg8 24.Rg7+ Kh8 25.Rxh7+** 黑方发现若 25...Kg8 则 26.Rg7+ Kh8 27.Qh4+ Kxg7 28.Qh7+，白方最终可以杀王，于是在此认输，**1–0**。

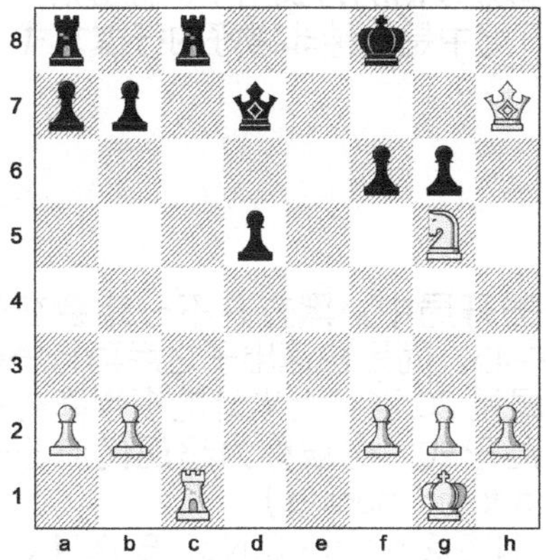

白方的杀王方式为 29.Qh8+ Ke7。

30.Qg7+ Ke8 31.Qg8+ Ke7 32.Qf7+ Kd8 33.Qf8+ Qe8 34.Nf7+ Kd7 35.Qd6#。

开局原则的实际运用

在领悟了开局原则之后，你便可以学会应对一些自己并没有见过的开局局面了，这可以帮助你在今后开局的学习中，减少许多强行记忆的需求。

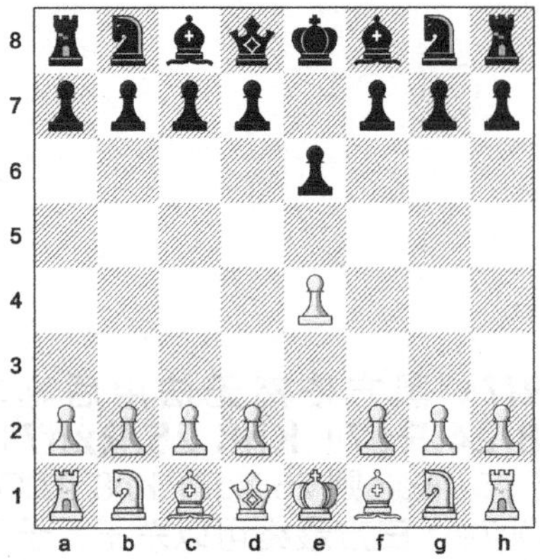

黑方在此走了兵 1...e6，他并没有直接对抗白方的 e4 兵，也没有攻击 d4 格，因此在这样的开局中，白方第二步的最佳走法是 2.d4 占领中心。事实上有许多开局，都符合这一情况，例如针对 1...g6，1...c6，1...d6 时，都是如此。

即使在许多并不能直接 2.d4 的 1.e4 开局中，白方也会对冲兵 d4 进行一定的准备，而黑方在不同开局中都时常会尝试交换白方的中心兵。在不能用兵占领中心时，双方则会尽可能依照快速出子和争夺中心的原则走棋。

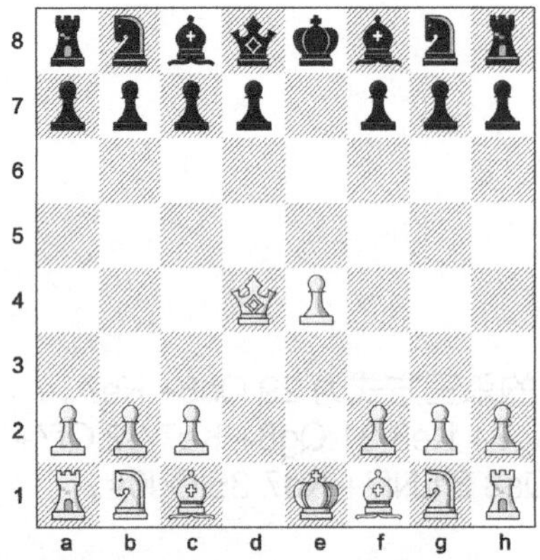

这一局面形成自 1.e4 e5 2.d4 exd4 3.Qxd4。

此时黑方的最佳走法是什么？

3...Nc6 黑方可以通过攻击白方的棋子，强迫白方防守（此时跑后），这可以使得白方的下一步棋不能继续出子，减缓他的开局出子速度。

通过有效攻击的方式出子，减缓对方的出子，这在开局中是一种非常好的行棋方式。

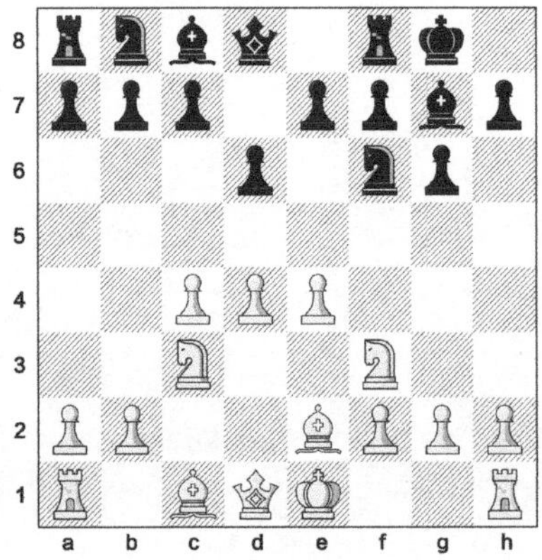

在一些开局中，黑方并不一定会在开局直接争夺中心，而是快速出子之后再行争夺，这一类开局是 20 世纪上半叶的棋手率先推崇的一种开局形式，也被称为超现代流派开局（Hypermodern Opening）。

1.d4 Nf6 2.c4 g6 3.Nc3 Bg7 4.e4 d6 5.Nf3 0–0 6.Be2

在这一局面中，黑方已经准备充分，可以开始走 ...e5 争夺中心。

开局陷阱

开局陷阱是国际象棋由某些开局走法形成的一类特殊局面，这些局面中时常隐藏着一些极为强大的威胁，例如杀王或得后，而同时它们又经常带有一定的迷惑性，导致对手很容易走出败着。

学习这些开局陷阱，并不是为了帮助我们用一些诡计来争取快速取胜（这对你提升自己的棋艺甚至可能是有害的），而是为了在遇到相同的情况时，我们知道如何才能做出正确的应对，避免自己因为一个严重的失误快速地输掉对局。

开局四步杀

开局四步杀是几乎每一个开始学棋的人都会遇到的陷阱，所以也经常称作“**新手杀法**”（Scholar’s Mate）。你在今后执黑对弈时也可能会遇到，务必要小心应对。

在实战中，开局四步杀可能以两种不同的顺序走出：

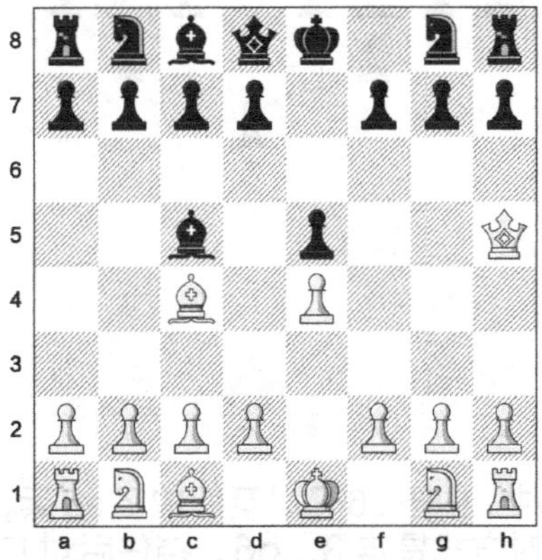

① 1.e4 e5 2.Bc4 Bc5 3.Qh5

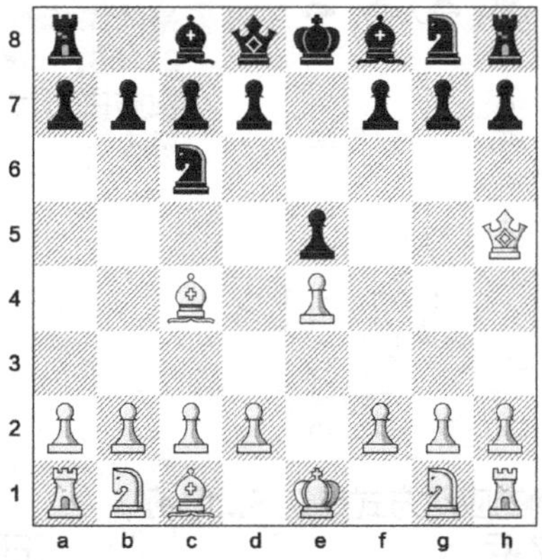

② 1.e4 e5 2.Qh5 Nc6 3.Bc4

在 1.e4 e5 开局中，白方可以先走 Bc4、再走 Qh5，或先走 Qh5、再走 Bc4，制造开局四步杀陷阱

思考一下，这时黑方应该如何走棋呢？

× 错误示范

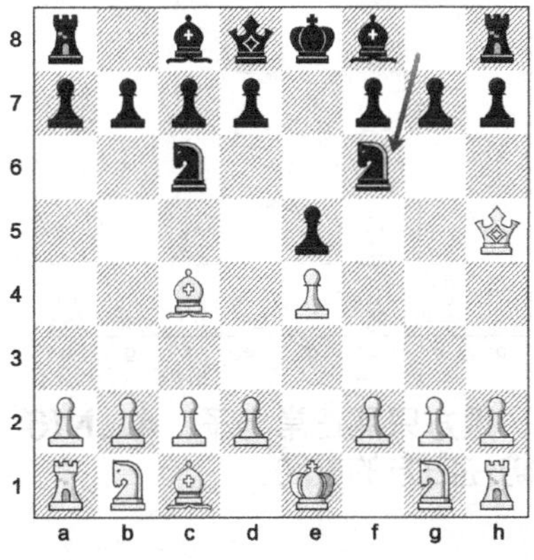

此时，初学者经常容易走出：**3...Nf6??**

四步杀局面

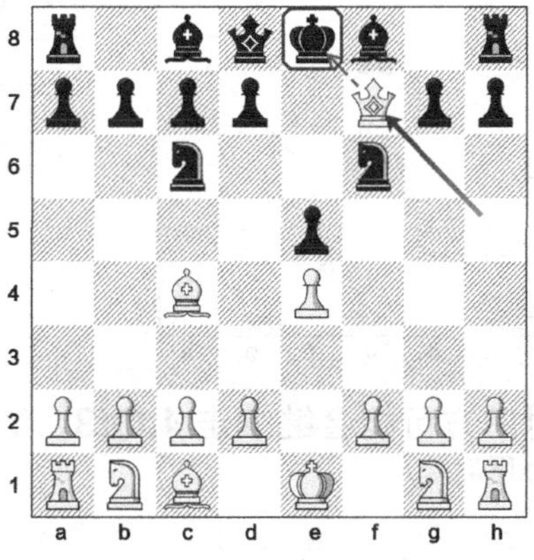

然而他将遭到白方突然的攻击：**4.Qxf7#** 杀王。

× 错误示范

四步杀局面

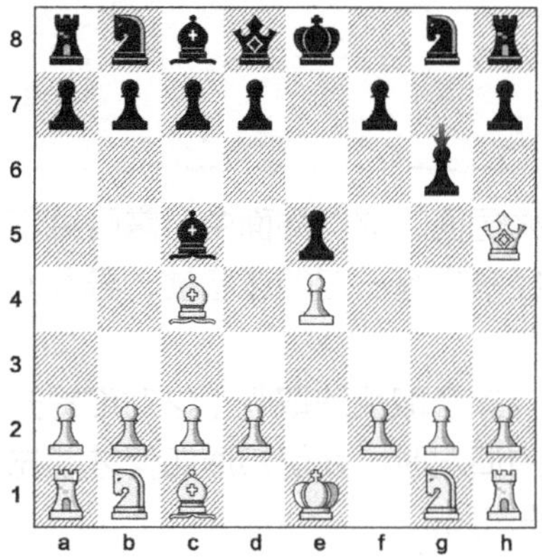

图①的局面中，一些略有经验的新手可能发现了白方杀王的诡计，于是走出了3...g6??。

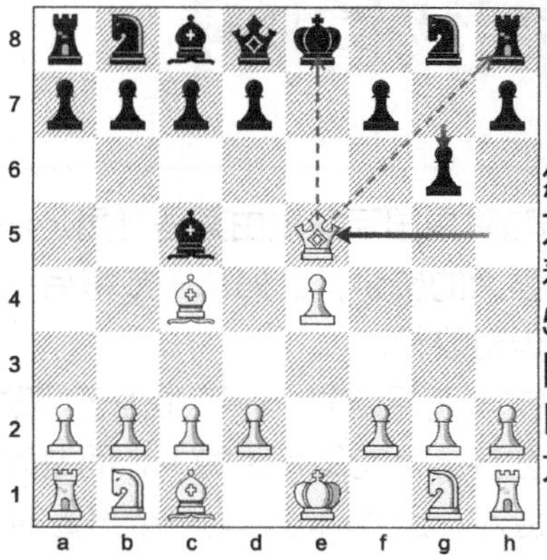

然而，白方仍有一着 4.Qxe5+!，将军同时捉车，白方得子，大优。

√正确走法

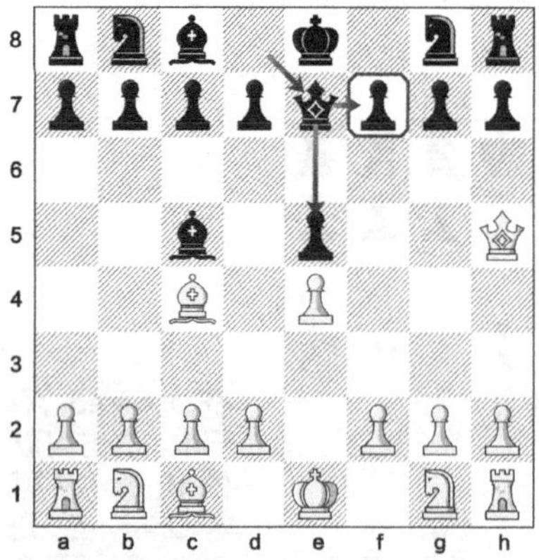

实际上，在 1.e4 e5 2.Bc4 时，黑方的最佳应对是第二步直接走 2...Nf6，可轻松预防白方的这一杀法

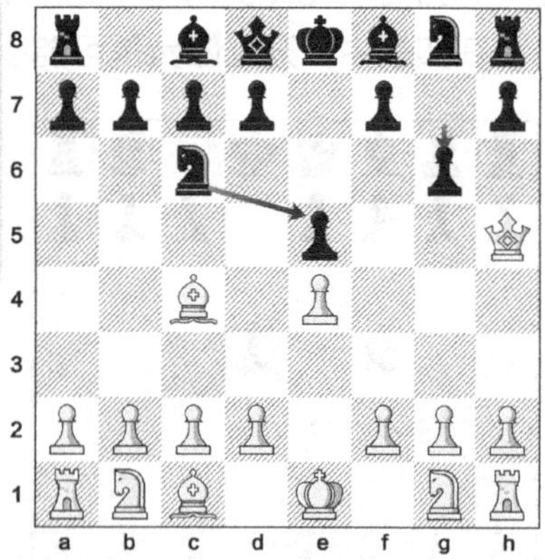

图①中，正确的应对方式是走 **3...Qe7**，同时保护 e5 和 f7 兵。

图②中，由于 c6 马以及保护了 e5 兵，正确的应对方式是走 **3...g6**，挡住后对 f7 的攻击。

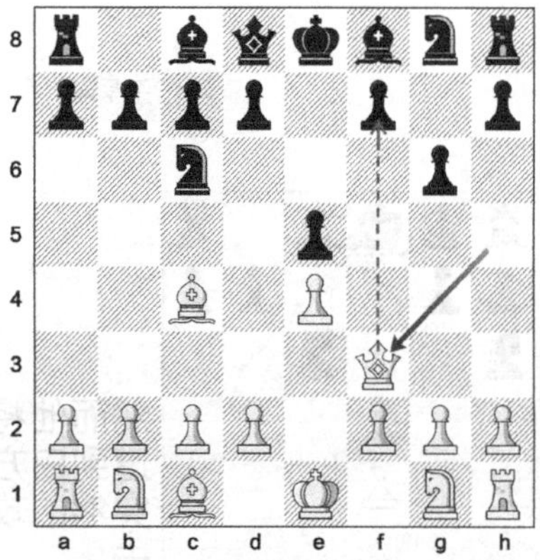

白方这一进攻形式过早地出动后，并且走动多次，在接下来的对局中黑方必然占据一定的开局优势

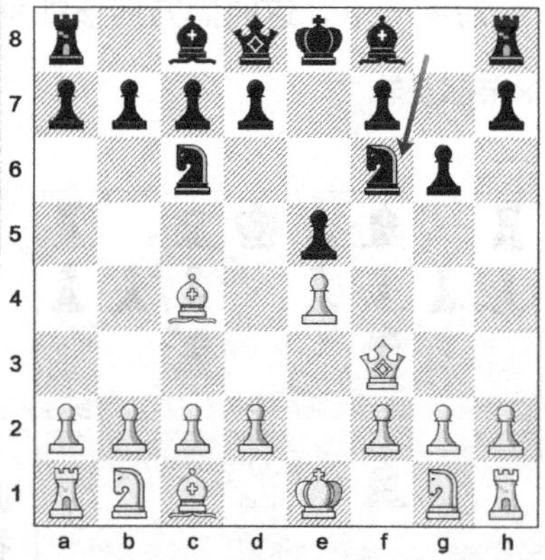

此时白方可能会继续走 **4.Qf3**，继续威胁 Qxf7#。

对此，黑方只需正常出子，**4...Nf6** 即可防住白方的威胁。

雷加尔杀法陷阱（Légal Trap/Mate）

以 18 世纪的一位法国优秀棋手命名。这一杀法极具诱惑性，第一次遇到这一下法的人很容易上当。

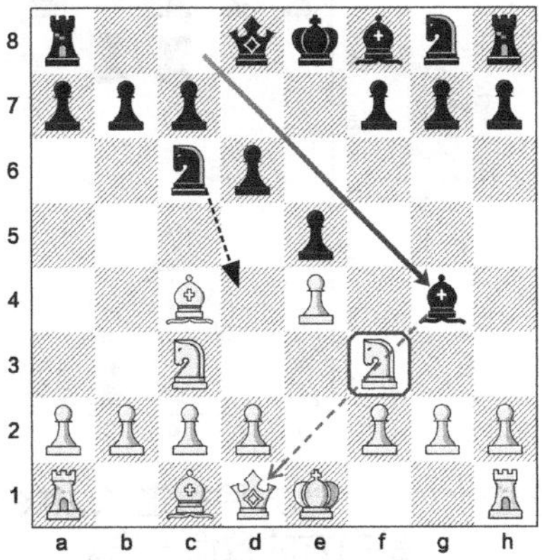

黑方未按照意大利开局的最佳走法选择：3...Nf6 或 3...Bc5，而是先出动后翼的白格象

这一陷阱以 **1.e4 e5 2.Nf3 Nc6 3.Bc4 d6 4.Nc3 Bg4** 的开局走法顺序展开，黑方此时用象牵制白马，准备走 Nd4 继续进攻。

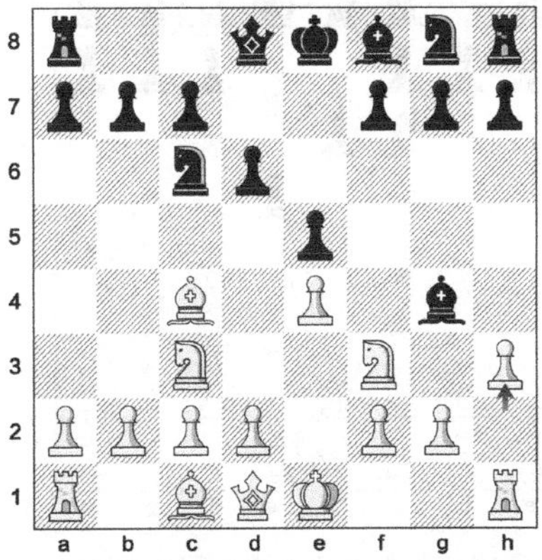

此时白方继续走 **5.h3** 攻击黑象。

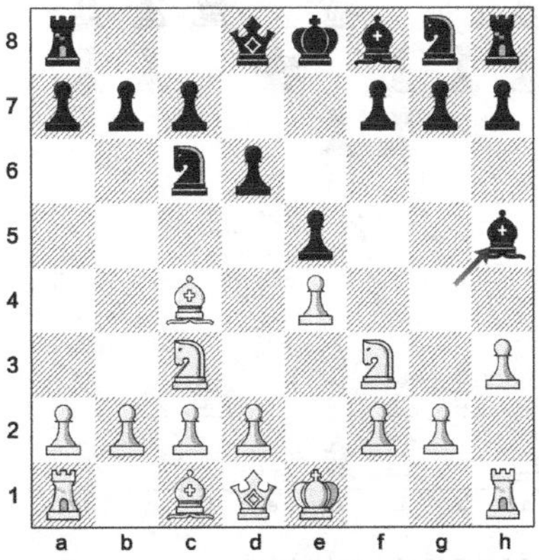

黑方为了继续攻击，选择维持牵制，走出 **5...Bh5?**，却不知这一着落入白方的陷阱。

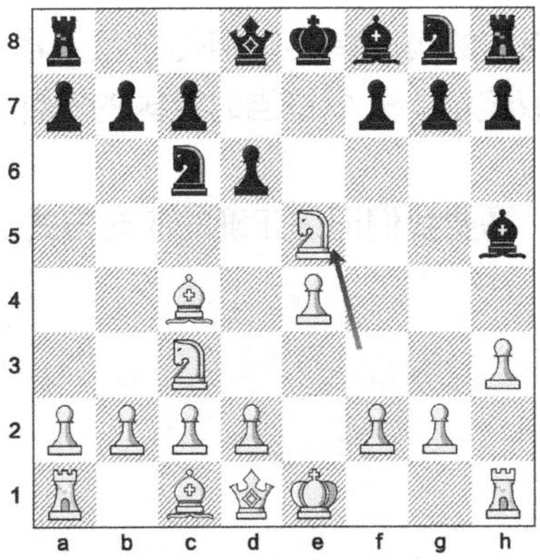

黑方如果走6...Nxe5，则白方可以走7.Qxh5。若黑方继续 7...Nxc4，白方可走 8.Qb5+ 将军捉马，最终白方得兵，局面占优

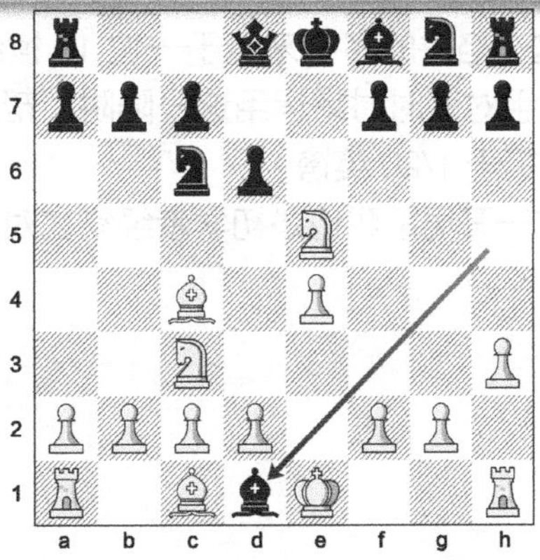

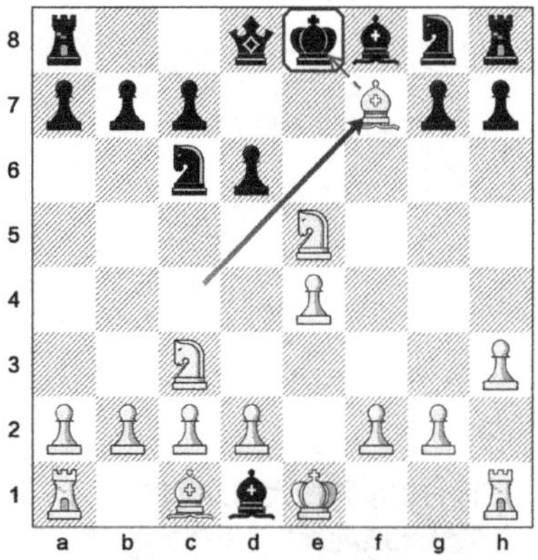

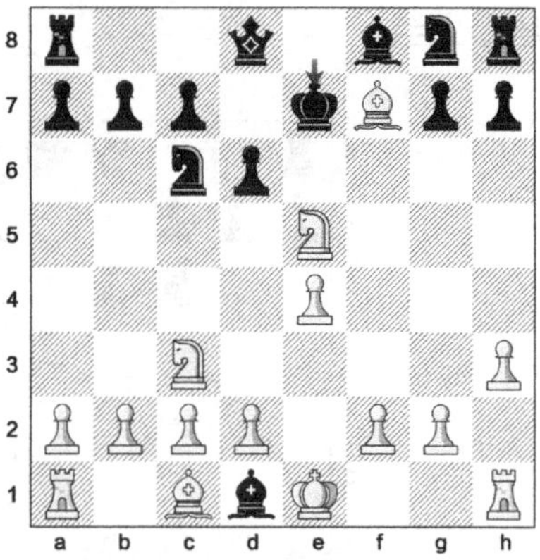

然而就在黑方沾沾自喜之时，白方走出了 **7.Bxf7+**。

黑方只得走 **7...Ke7**，此时等待他的，是白方的致命一击。

8.Nd5# 白方将杀!

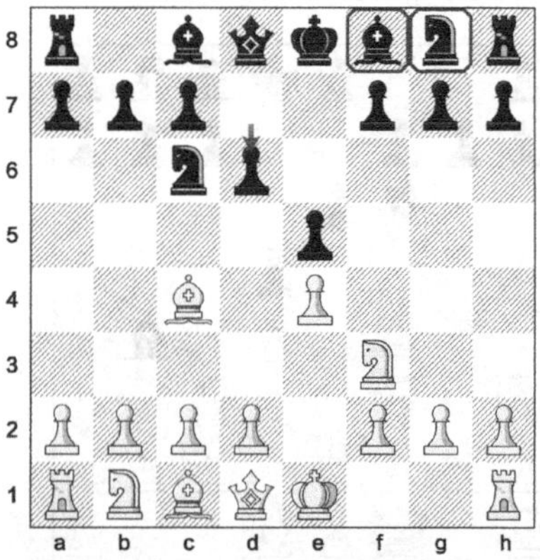

这一陷阱告诉我们，在开局能够出子时，应当尽可能继续出子，让王能够尽快王车易位躲到安全位置。在此，黑方没有及时出动王翼棋子，过早进攻，最终落入了白方的圈套

布莱克本先令弃兵（Blackburne Shilling Gambit）

这一陷阱的名字来自于一位 19 世纪名叫布莱克本的英国棋手，相传布莱克本在与业余棋手对弈时时常运用这一陷阱，帮助他轻松赢取奖金（先令是当时英国的一种货币单位，等于 1/20 英镑）。

这一开局陷阱也是初学者经常在对弈中遇到的，需要我们记住正确的应对方式。

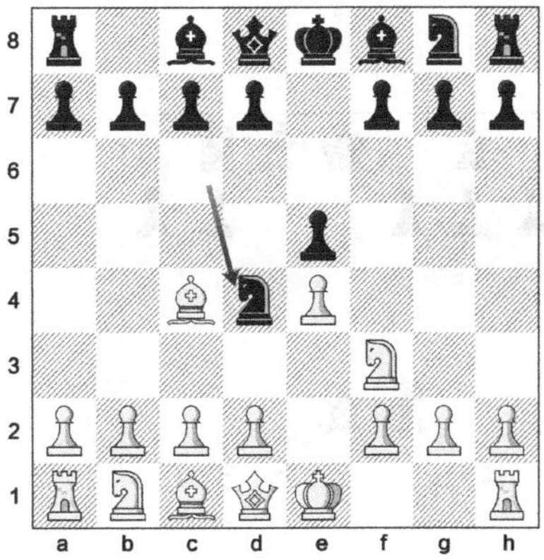

白方按照正常的意大利开局走棋，**1.e4 e5 2.Nf3 Nc6 3.Bc4** 但此时黑方选择了走**3...Nd4**。

看一看，白方现在是否能得子？

——黑方的 e5 兵是无根子，我们应该可以吃掉它吧！

× 错误示范

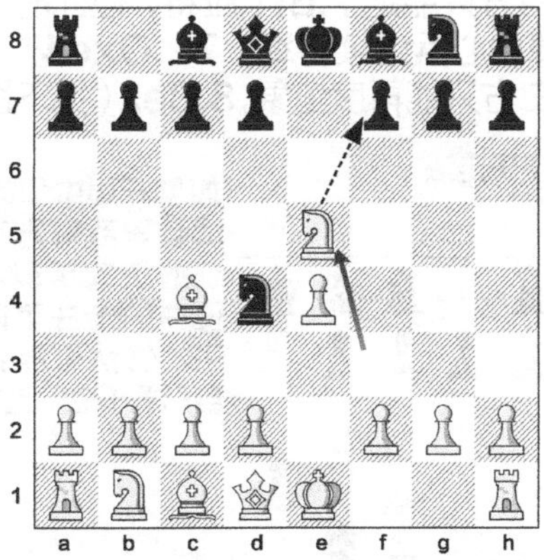

如果你的选择是吃掉 e5 兵——**4.Nxe5**，准备下一步吃 f7 兵，很不幸，你上当了！

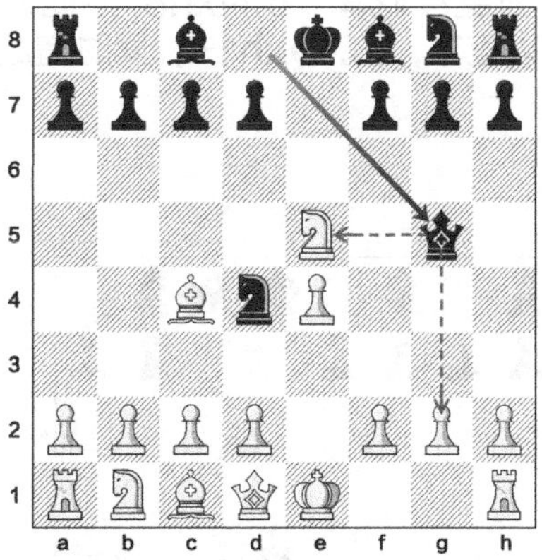

此时，黑方存在强大的反击走法**4...Qg5!**，同时攻击 e5 马和 g2 兵。

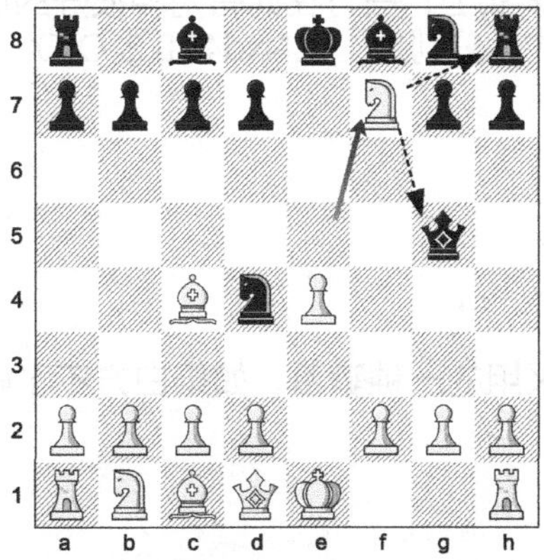

白方至此可能还感到很开心，**5.Nxf7**，用马造成了对后和车的击双。

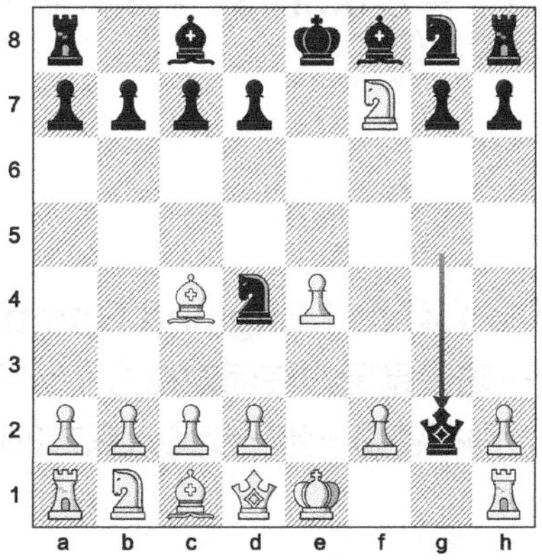

黑方直接无视白方的攻击，走出反击手段：**5...Qxg2**。

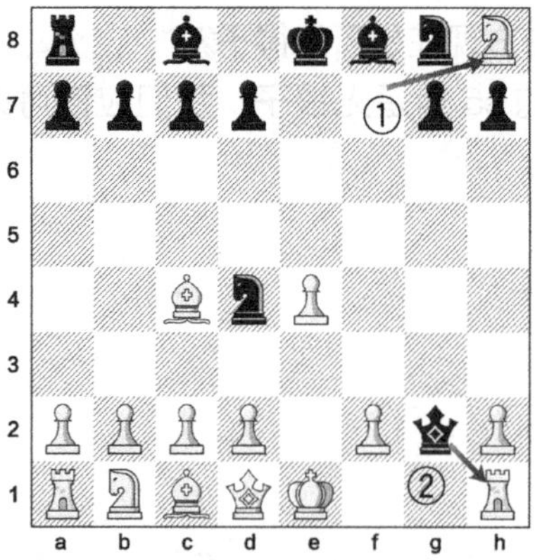

白方继续吃车，**6.Nxh8,** 但此时黑方也可以吃车，**6...Qxh1+**，同时造成了将军。

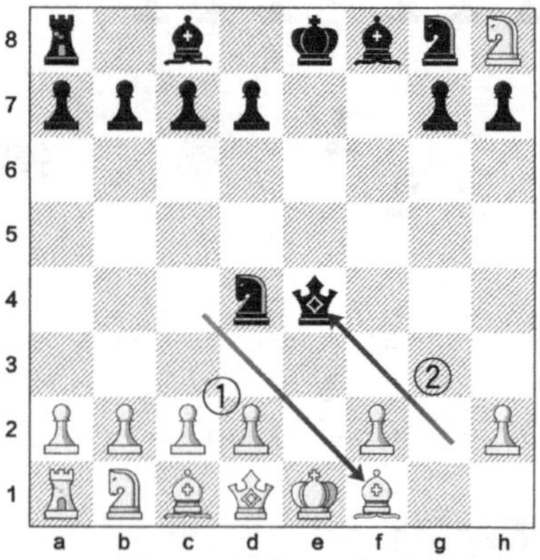

白方只能走 **7.Bf1** 应将，但此时黑方可吃掉中心兵继续将军，**7...Qxe4+**。

白方只能再度垫象，**8.Be2**（见下图）。

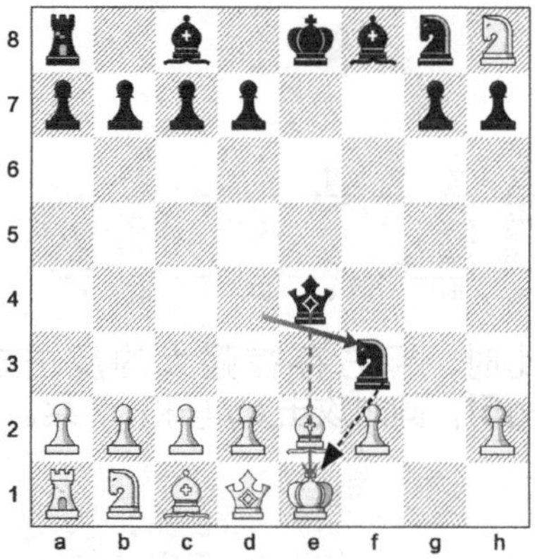

最终，黑方 **8...Nf3#** 闷杀，因为白象被黑后牵制住了。

√正确走法

如果开局中你的走法会导致对方有连续的进攻手段，即使你的走法可以得子，仍然可能会将自己置于危险当中

事实上，白方在此有两种很好的应对的方式，分别是① 3.Nxd4 和② O-O。

英格伦弃兵（Englund Gambit）

这一陷阱是黑方在面对白方 1.d4 开局时可以采用的一种骗着，如果白方不了解这种骗着，则很容易一步一步落入黑方的圈套中。

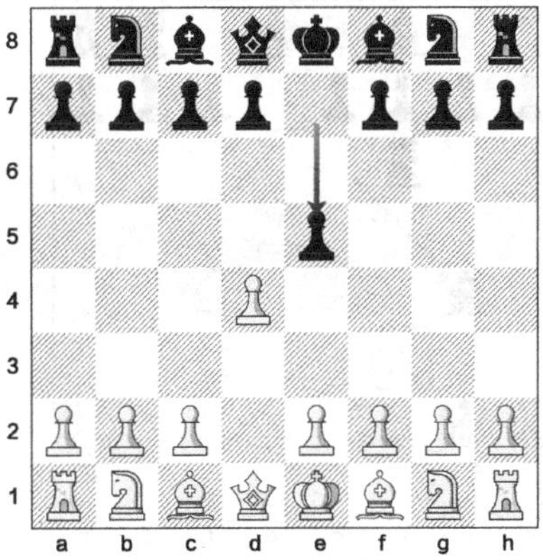

是的，你没有看错，**1.d4 e5?** 黑方第一步上来就送给白方一个兵，这步棋自然是一步坏棋，但是白方后续一定要走出正确的应对。**2.dxe4**（见下图）

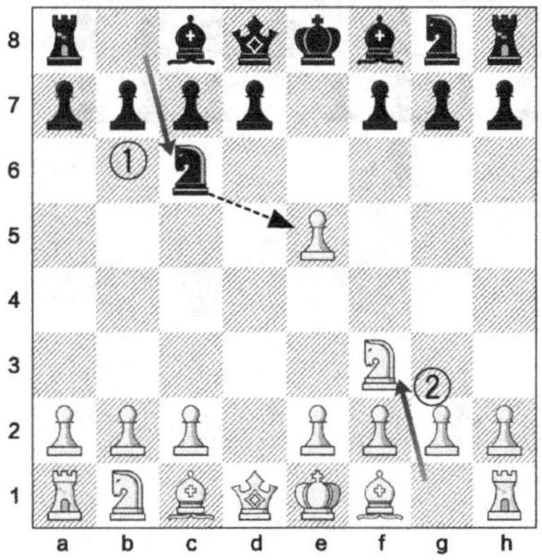

黑方此时继续 **2...Nc6** 攻击白兵，**3.Nf3** 白方保护自己的兵，是很正常的走法。

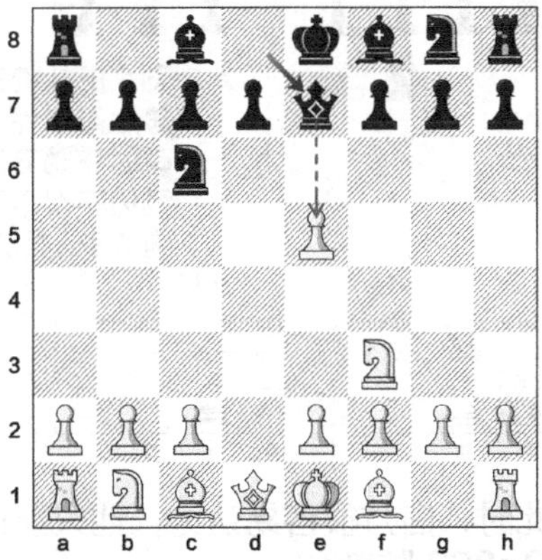

此时，黑方出后继续攻击白兵，**3...Qe7!?**。

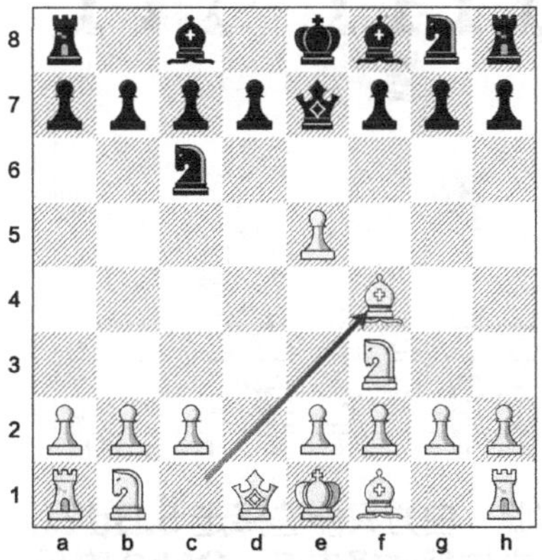

4.Bf4
白方出象保护，依旧是正确的走法。

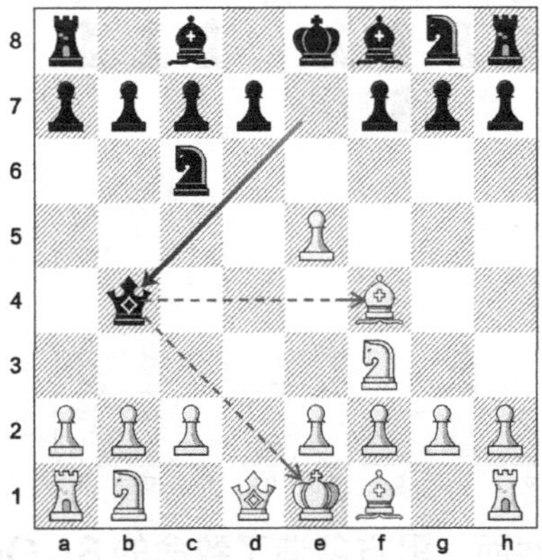

4...Qb4+!? 黑方这一开局的目的之一，是用后将军捉象击双。

× 错误示范①

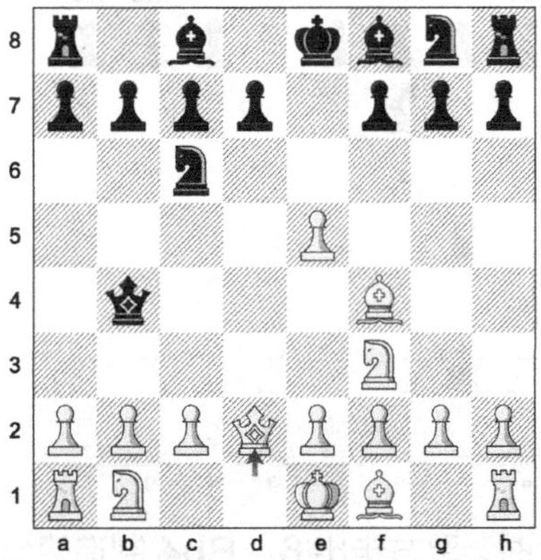

按照开局的一般原则，白方应当继续出子保护 5.Qd2?，但这是一个非常严重的错误。

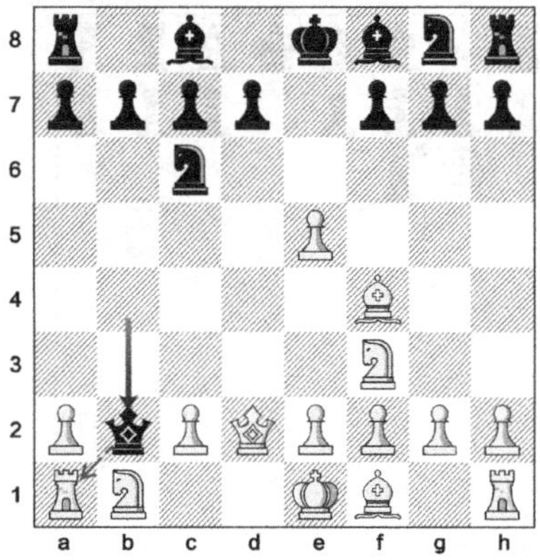

5...Qxb2 黑方威胁得车，白方只能 6.Qc3 防御。

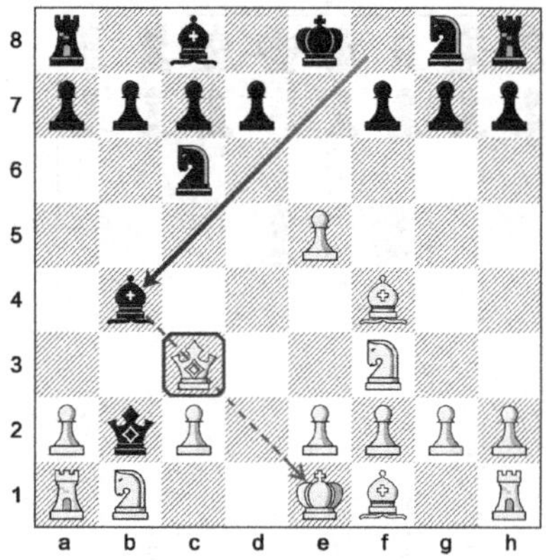

6...Bb4! 黑方牵制白后，得后取胜。

× 错误示范②

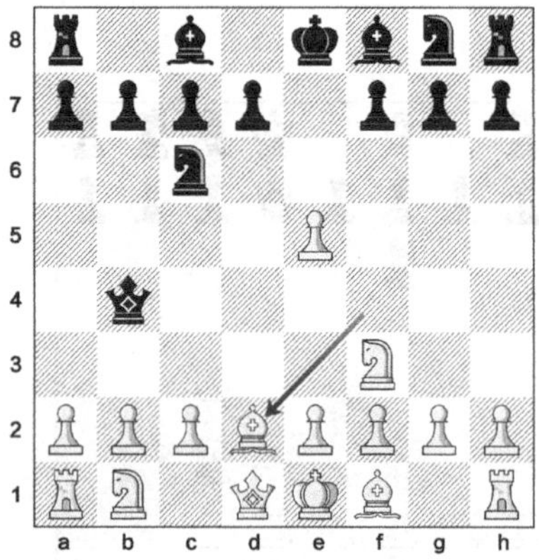

因此，白方只能选择走 **5.Bd2。** 黑方依然选择走 **5...Qxb2** 吃兵。

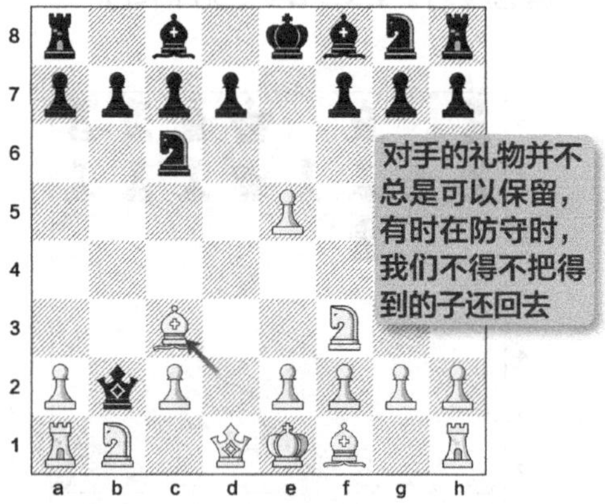

对手的礼物并不总是可以保留，有时在防守时，我们不得不把得到的子还回去

此时，白方很容易认为，他只能通过走 **6.Bc3??** 防御。

正确的走法应当是 6.Nc3!。此时如果黑方 6...Bb4，则 7.Rb1 Qa3 8.Rb3，白方出子遥遥领先，大优。

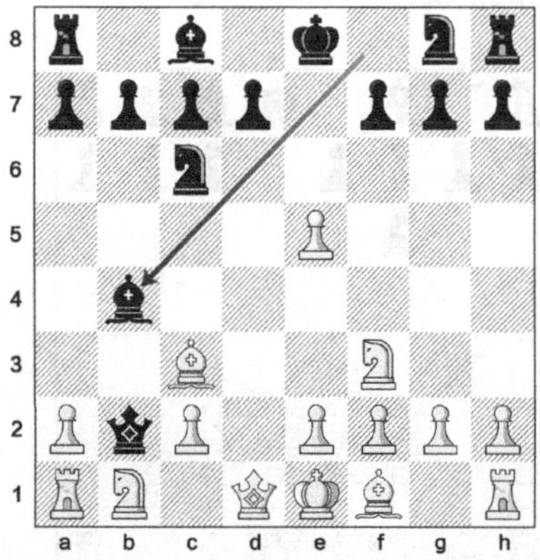

此时，黑方走出 **6...Bb4** 制造牵制，逼迫白方 **7.Qd2** 保护象。然而他仍然可以继续吃子，**7...Bxc3 8.Qxc3，** 看起来白方可以守住 a1 的车了。

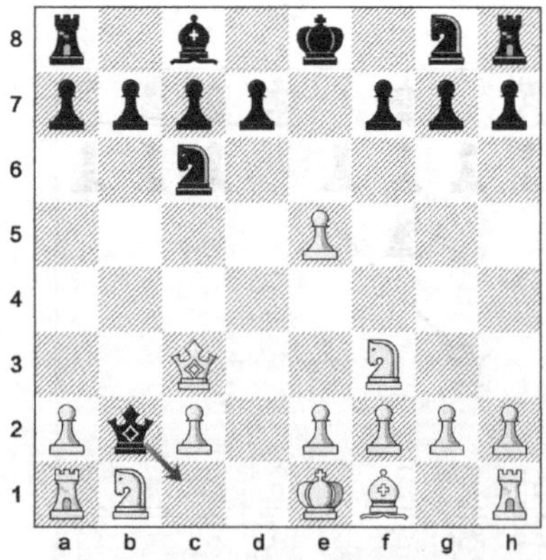

然而，黑方创造了致命的 **8...Qc1#** 杀王。

钓鱼竿陷阱（Fishing Pole Trap）

这是白方在走西班牙开局时，黑方可能给白方设置的一个陷阱，一旦没有禁得起对手的诱惑，白方就会像是一条无知的小鱼，以为自己得到了好处，却最终成了黑方的晚餐。

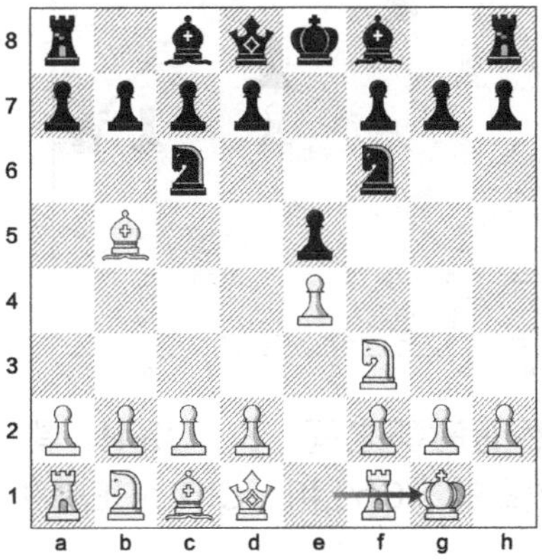

1.e4 e5 2.Nf3 Nc6 3.Bb5 Nf6 4.O−O 这一切都是正常的开局走法，在后面的开局篇章中，我们会更详细地对这一开局进行讲解。

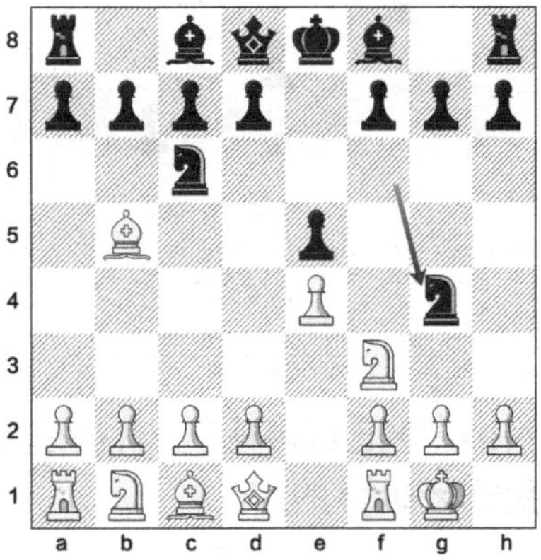

此时，黑方走出了不寻常的一步棋：**4...Ng4!?**。

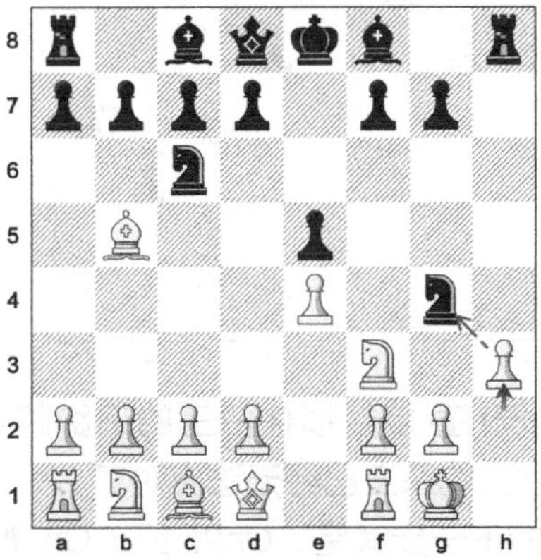

对于这样一只莽撞的马，白方自然可以即刻想办法将他赶走，**5.h3!**。这步棋在捉马同时避免了未来可能的底线问题，在很多局面下都是有用的走法。

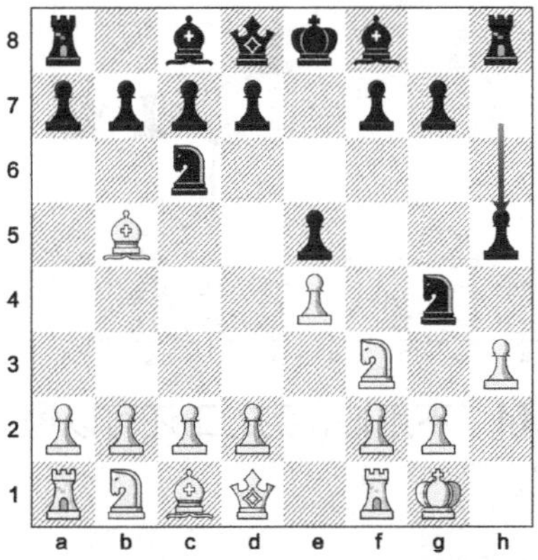

但是，黑方表示，他绝不会退缩，走出了 **5...h5!?**。

× 错误示范

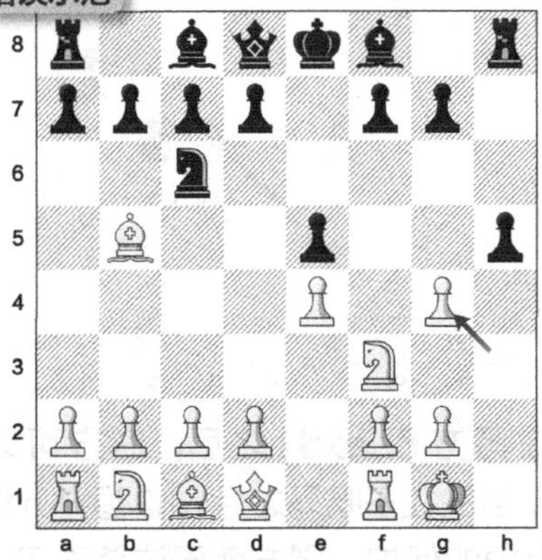

初次遇到这一走法的白方一定会认为，这个对手是个新手吧？**6.hxg4**

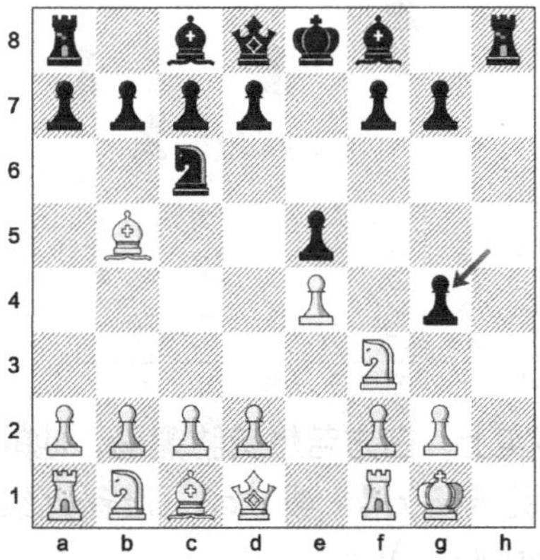

6...hxg4 黑方吃回白兵，同时攻击白马。“逃马就可以了”，白方心想。

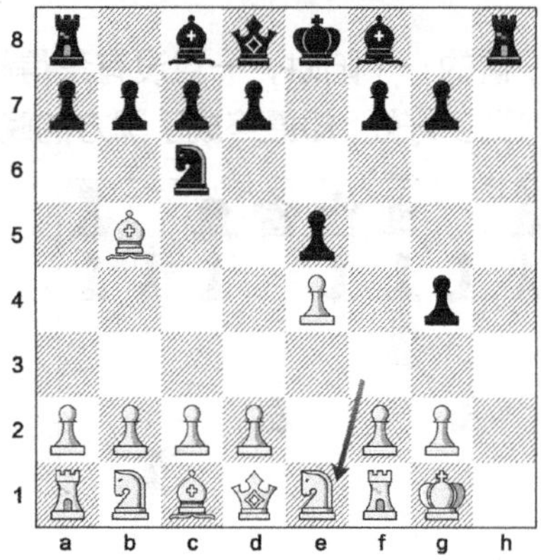

7.Ne1“我已经得马了，优势很大，下一步我要吃掉 g4 的兵。”

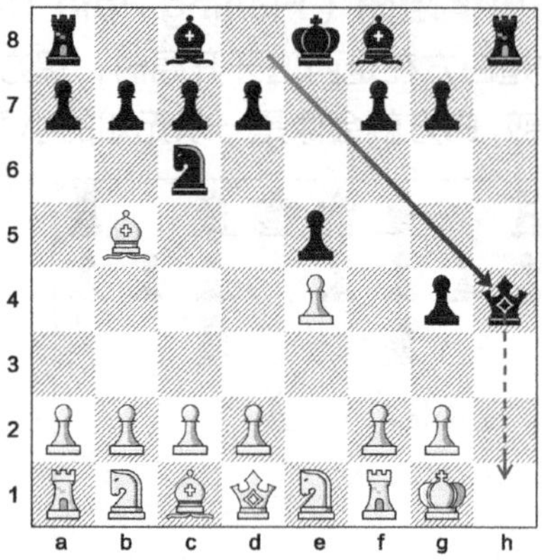

然而刹那之间，**7...Qh4!**，黑方创造了致命的 ...Qh2 和 ...Qh1 杀王威胁。

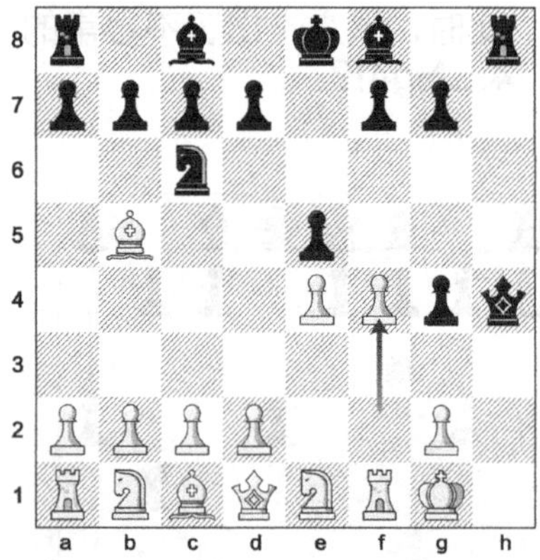

8.f4“不用怕，我的王还可以逃到 f2 格。”

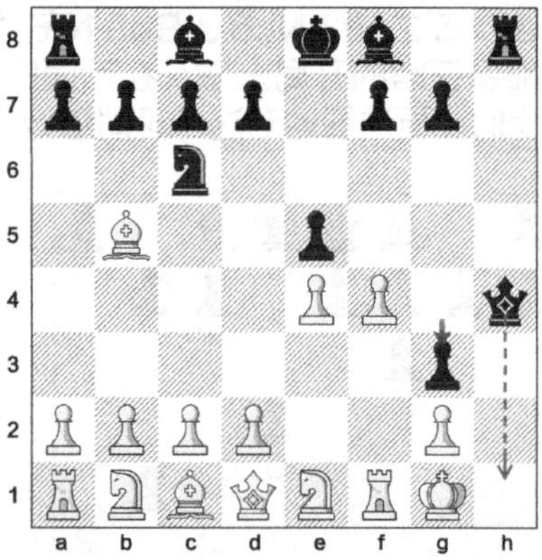

8...g3!! 直接封锁住白王的逃跑路线，白方对于黑方的杀王已经无法应对了。

黑方的下一步就是 ...Qh2# 或 ...Qh1#。

√正确走法

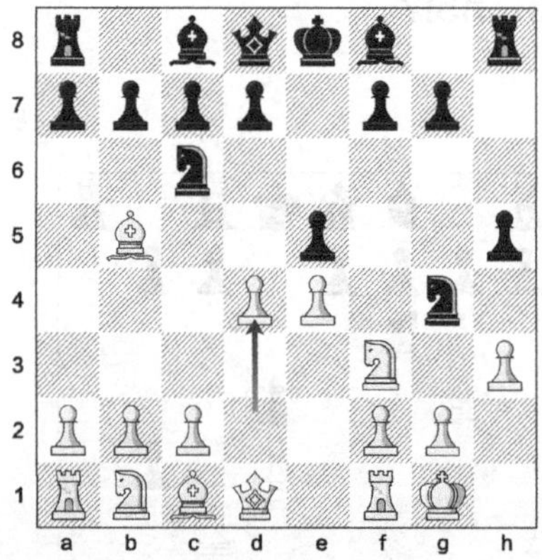

事实上，白方若想威胁黑马，他的正确应对是走 **6.d4**（或 6.c3，准备继续走 d4 争夺中心。）

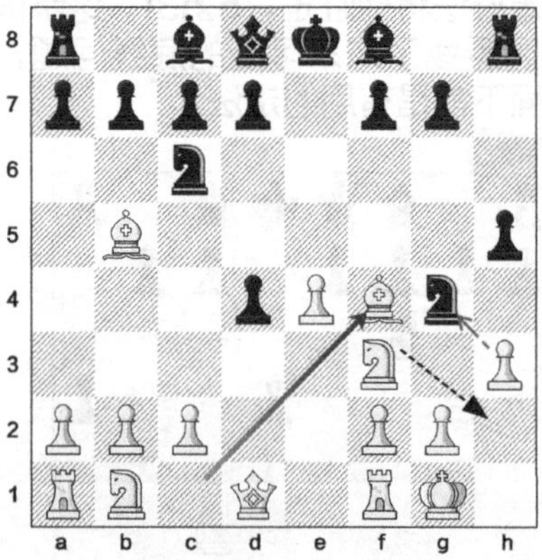

在黑方 **6...exd4** 之后，白方可以走 **7.Bf4**，目的在于吃马之后 Nh2 退守 h 线，由于有象的保护，黑方就无法杀王了。因此，黑方此时应该采取退马的选择，但他将浪费很多开局步数，白方优势。

斯坦福弃兵（Stafford Gambit）

斯坦福弃兵是黑方在俄罗斯防御中的一种极具威胁性的弃兵开局，这一开局走法中包含着诸多陷阱，无数的初学者都曾经不幸掉入这些陷阱中，其中部分正确的走法甚至是非常奇怪的，因此对于这一陷阱我们一定要熟悉并记住正确的应对。

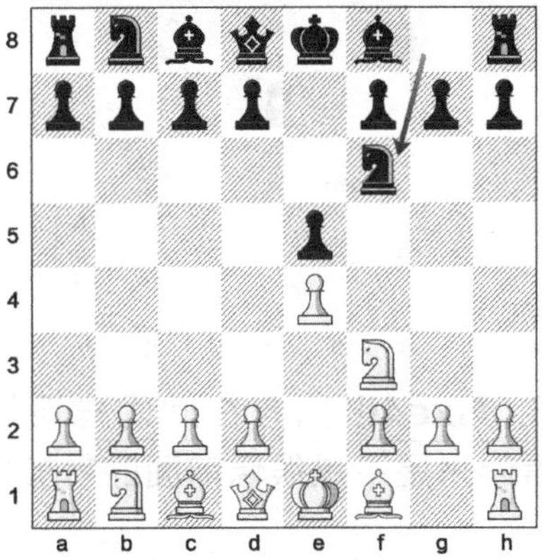

俄罗斯防御是在 **1.e4 e5 2.Nf3** 后展开的，当黑方选择走 **2...Nf6**，双方便进入了俄罗斯防御。

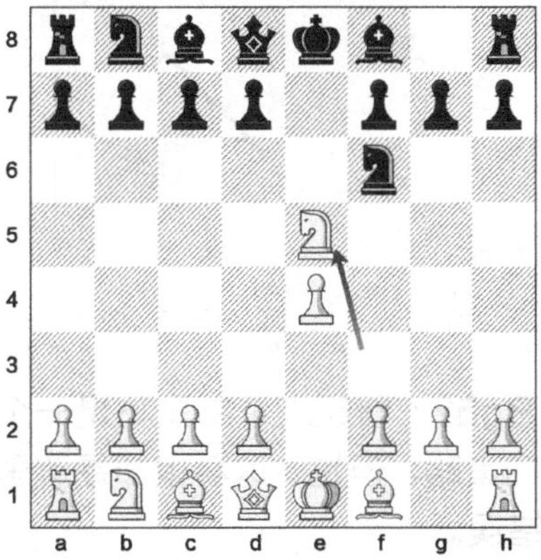

此时，白方继续走 **3.Nxe5**，熟悉这一开局的黑方一定知道，他如果此时走 3...Nxe4，则可能掉入白方的陷阱，4.Qe2 Nf6 5.Nc6+! 白方将军捉后获得巨大优势。

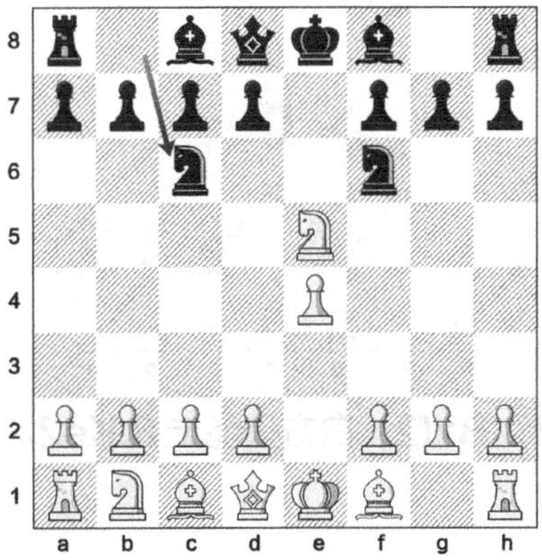

黑方最佳的走法是 3...d6，但他若想使用诡计，则他会走 **3...Nc6**，进入斯坦福弃兵变例。由于黑方在同时攻击白马和白兵，此时白方一般走 **4.Nxc6**。

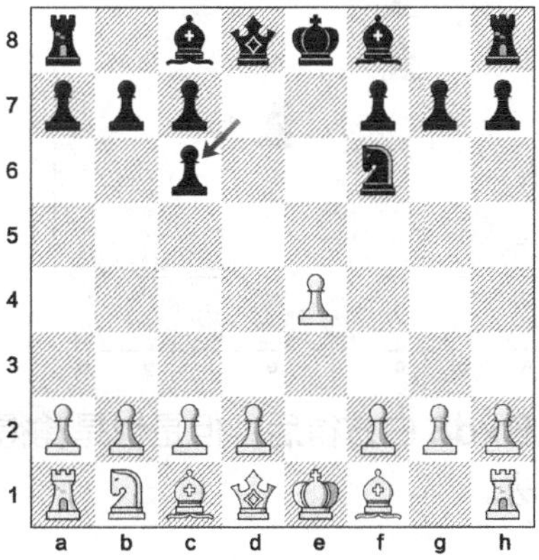

黑方此时会走出 **4...dxc6**，我们可以发现，这时的黑方出子比白方快，并且他的后和象也可以快速出动。在这一局面中，白方的最佳走法是 **5.d3**。

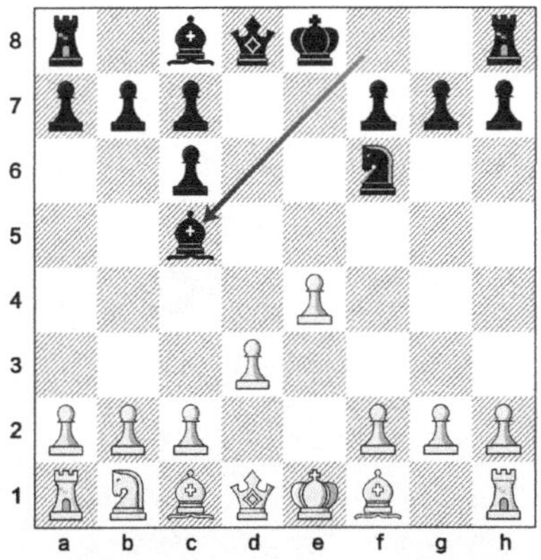

这时，黑方走出 **5...Bc5**，现在你可以试着选择一下，白方这里的最好走法是什么？

A)Bg5 B)Nc3 C）Be2 D)h3

× 错误示范①

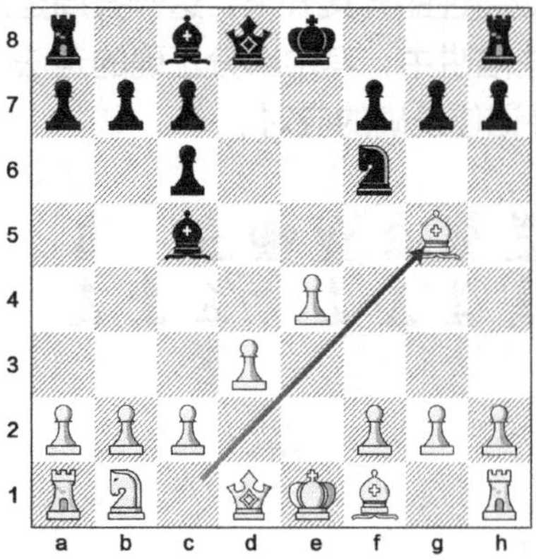

6.Bg5?? 看起来牵制黑马是一个非常有效的策略，但是，这着棋却是这里最严重的错误。

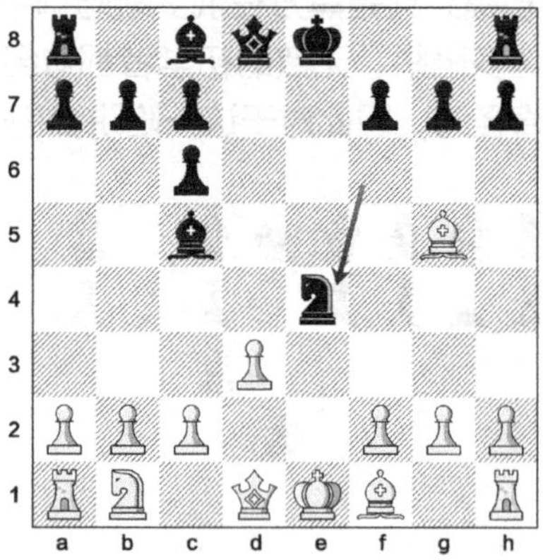

6...Nxe4!! 黑方在此同样可以弃后！看起来是不是很像前面的雷加尔杀法呢？

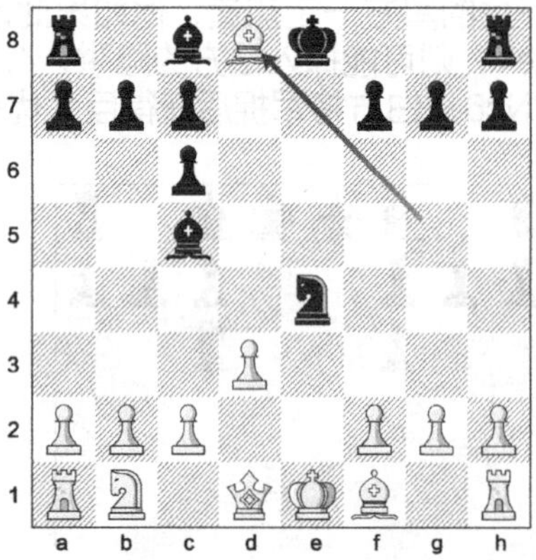

7.Bxd8 白方得后，但是也是输得最快的走法。

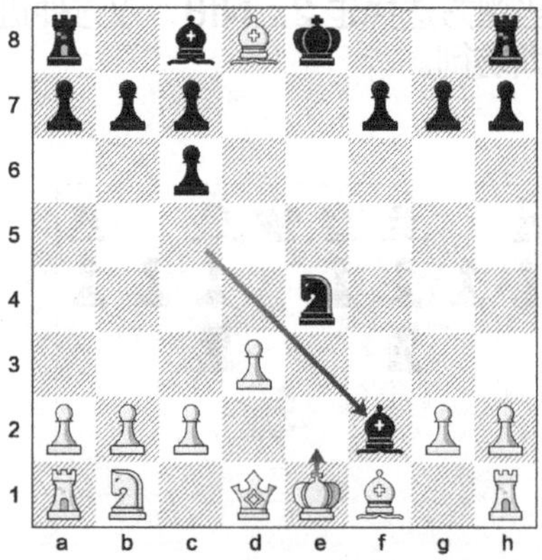

7...Bxf2+ 白方只能走 **8.Ke2**。

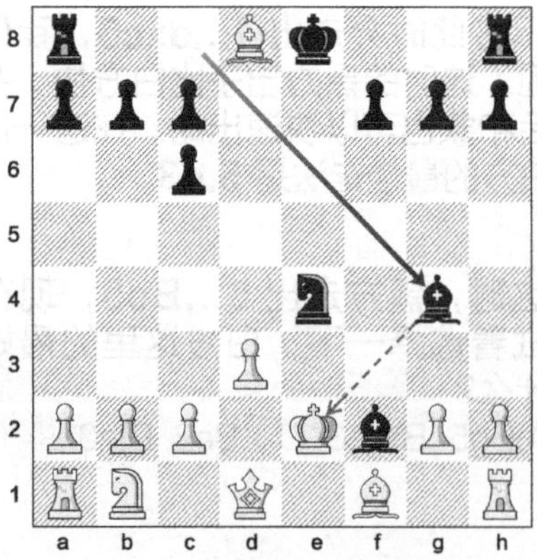

8...Bg4# 精彩的马象配合杀王！

到这里你可能会问：
既然白方吃后会被将死，
那么白方不吃后呢？

不走 7.Bxd8 时

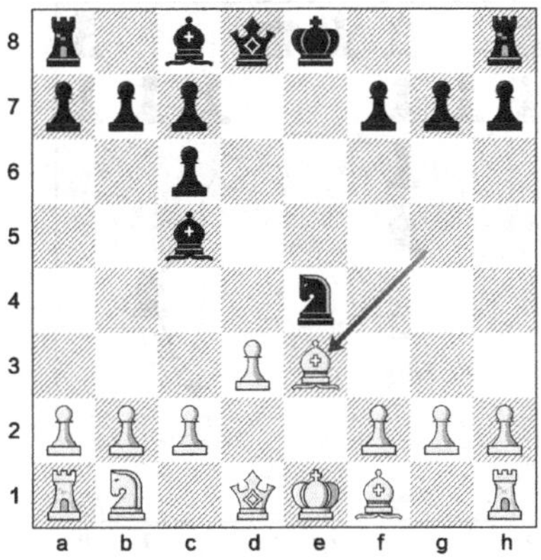

如果白方不吃后，他仍然需要保护 f2 兵，因此他的走法是 **7.Be3**。

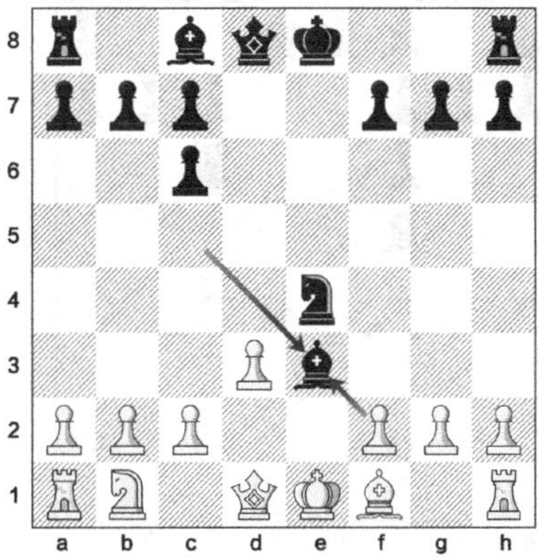

此时，黑方可以走 **7...Bxe3**，白方必须吃回 **8.fxe3**。

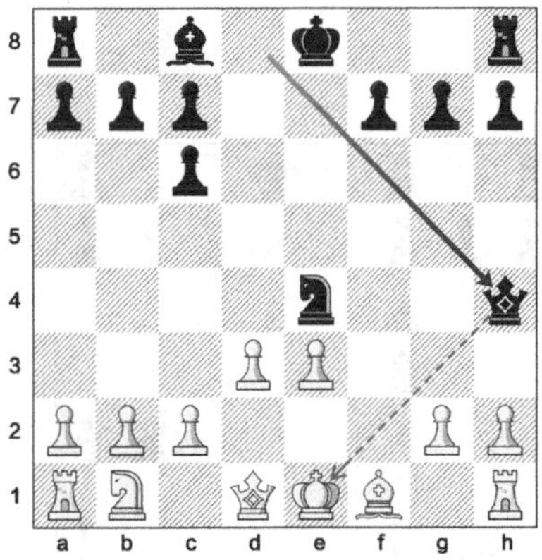

这时，黑方走出 **8...Qh4+** 将军，白方不能走 9.Ke2，因为 9...Qf2# 杀王。因此，他只能选择 **9.g3**。

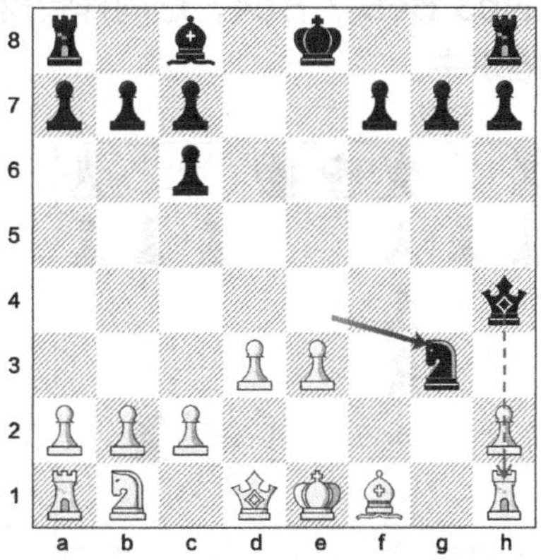

最终，黑方走出了他的最后一击，**9...Nxg3 !** 。由于白方 h 兵被牵制，他不能吃马，只能走出 10.Rg1，但是黑方只需将马退回 10...Ne4+，白方只能通过 11.Rg3 垫车防守将军，黑方此时马吃车，得到巨大优势。

× 错误示范②

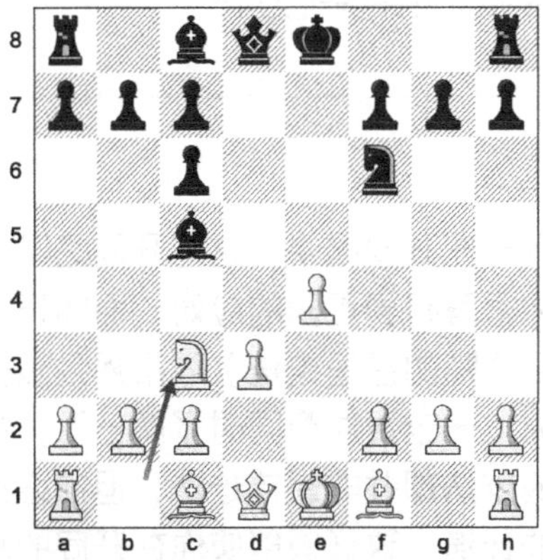

若白方选择走 **6.Nc3 ?**

因此，Bg5 和 Nc3 均是较差的走法，而 Be2 和 h3 均是正确的走法

6...Ng4! 黑方攻击 f2 兵，白方无法有效防御，最好的是 7.Be3。但 7...Nxe3 8.fxe3 Bxe3 之后，黑方得回丢掉的兵，同时获得双象优势，并且限制白方易位。

× 错误示范③

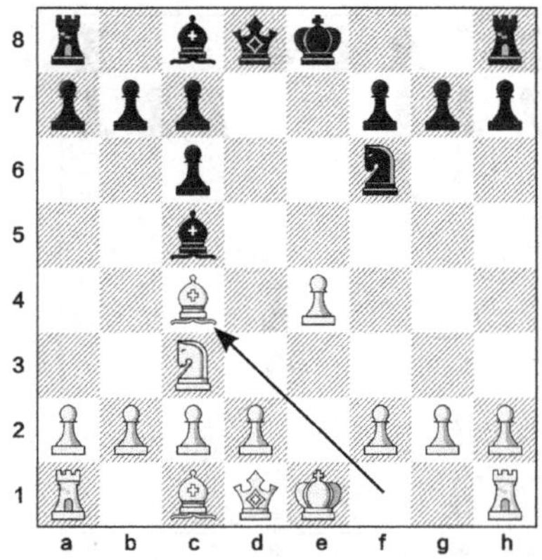

虽然我们已经得知6.d3是最佳走法，但不了解这一开局走法的白方仍有可能选择走 **6.Nc3 Bc5 7.Bc4**，这同样会落入黑方的陷阱中。

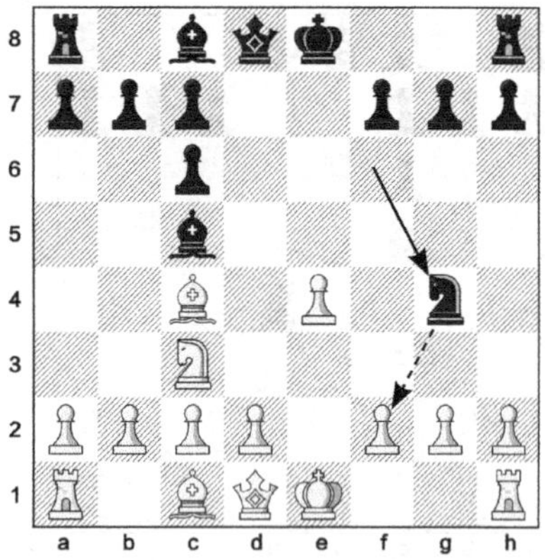

同样，**7...Ng4** 攻击 f2 兵。

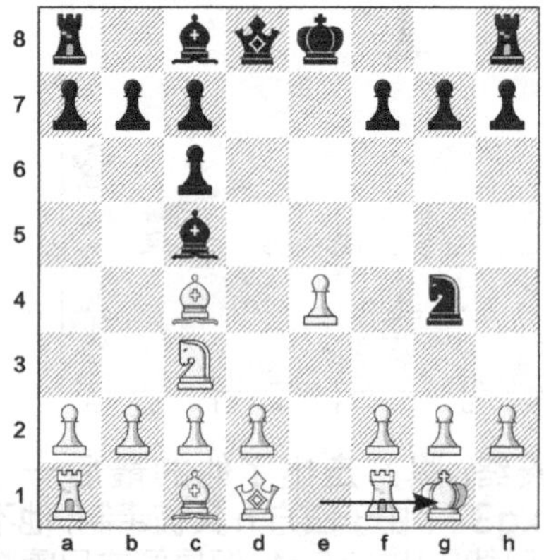

白方只能选择走 **8.0–0** 防御。

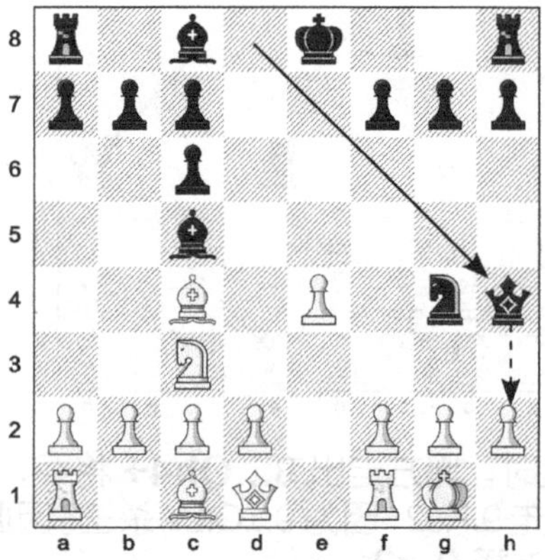

8...Qh4!，同时攻击 f2 和 h2 兵。白方只能走 9.h3 防守将杀，但是 9...Nxf2 之后，他将损失许多子力。

学习建议

事实上，几乎每一种国际象棋开局中，都会有一些开局陷阱。这些开局陷阱之所以容易让人吃亏，都是因为在不了解它们时，你很难找到正确的应对，而错误的应对（可能是得子，或是一种看起来非常符合开局原则的合理走法）经常还会吸引你的注意力。因此，当你今后学习某种新的开局时，一定要注意同时了解一下，在那个开局中都有些什么陷阱。绝大多数制造陷阱的走法都并非最佳走法，但你必须要能够躲避这些陷阱，并用最好的走法破坏对手的计谋，这样便能使你在开局的战斗中占据优势，进而帮助你获得一盘对局的胜利。

大师们的对局都是如何取胜的

国际象棋是一个复杂却又简单的游戏。在其他的运动中，运动员和普通人有着明显的速度、力量等身体素质的差别，但在国际象棋中，无论是世界级的高手，还是刚刚入门的新手，我们在对局的一开始都拥有相同数量的棋子。事实上，这些国际象棋高手们的大脑与我们也没有什么两样。在本书后半部分的内容中，我们将从更深入的角度引导你了解国际象棋的更深层次的内涵和奥秘，但现在，先让我们了解一下实际的对局是如何取胜的。

虽然杀王是对局胜利的唯一方法，但在实际的对局中很少有人会真的等到被对方将死才缴械投降。对局的一方时常是被将死之前就已经处于无法挽回的劣势了，这时通常他就会直接认输。当然，这并不绝对，认输与否全在一个人的个人想法。所以，在此我们要让你了解的是，在高手的对局中，什么样的优势可能是无法挽回的，这样的优势是如何实现的。

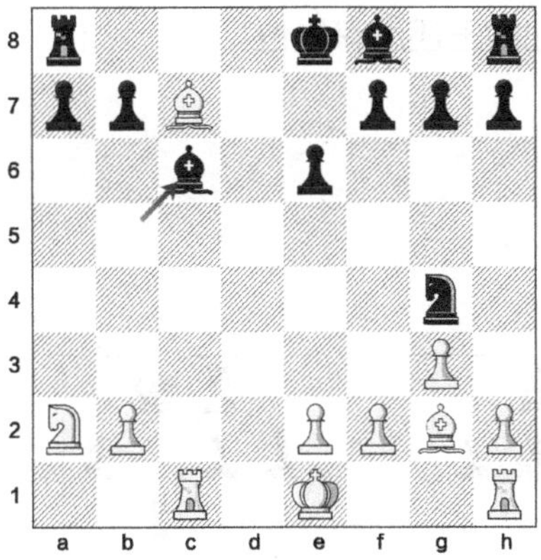

格里高利茨 – 格里泽罗夫 2015 年弈于德累斯顿

首先你需要知道，大师同样会犯一些低级失误，在这一局面中黑方走出了**1...Bc6??**，他的目标是交换白方的象，但他却不知自己犯下了严重的错误。

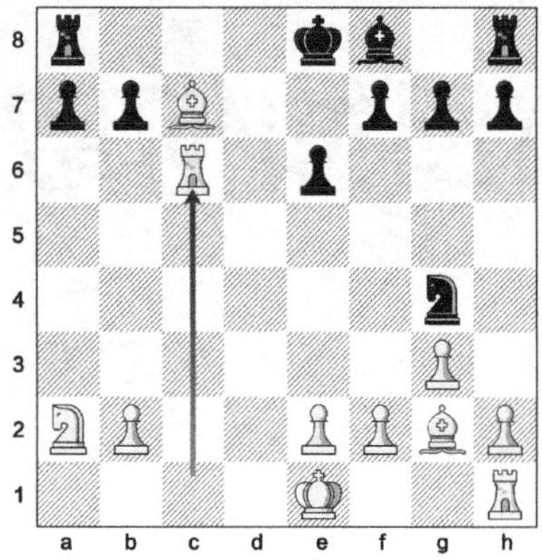

白方直接用车吃象！

2.Rxc6 这时黑方的大师发现他犯下了严重的错误，直接就认输了，为什么呢？

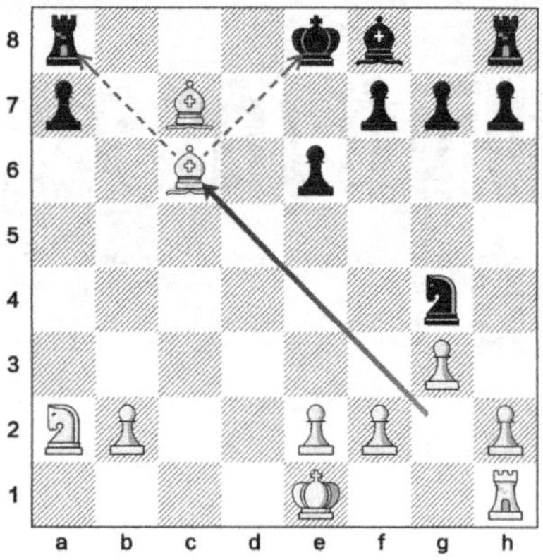

因为黑方若用兵吃回白车 2...bxc6，白方可以走 3.Bxc6+ 将军捉车，这时黑方将无法避免被白方把 a8 的车吃掉。最终他将比白方少一个象，这在大师的对局中已经是无法翻盘的劣势了，所以他就认输了。

在上一局面中，白方的大师运用了一种得子的小技巧——弃车吃象，然后再用象又得到了一个黑车。这种得子的技巧在国际象棋中叫作战术（Tactic），在后面一章中我们就将教给你一些这样的得子小技巧。

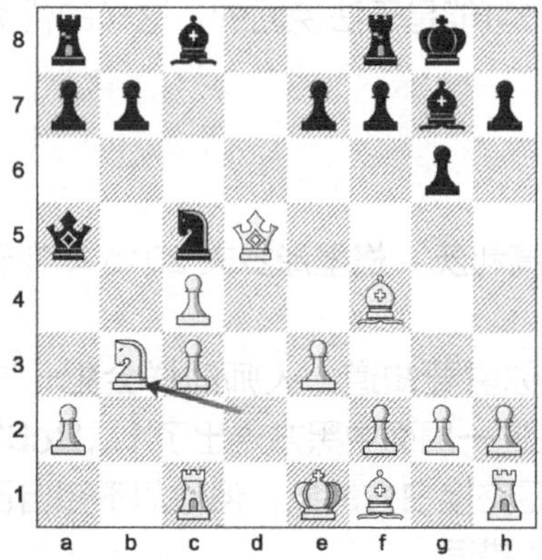

贡达瓦 – 韦奕 2013 年 弈于菲律宾

这一局面看起来白方多一兵，并且他现在通过 1.Nb3 同时攻击黑方的后和马，准备与黑方的马进行交换。然而他此时存在一个严重的问题，他的王还没有易位！

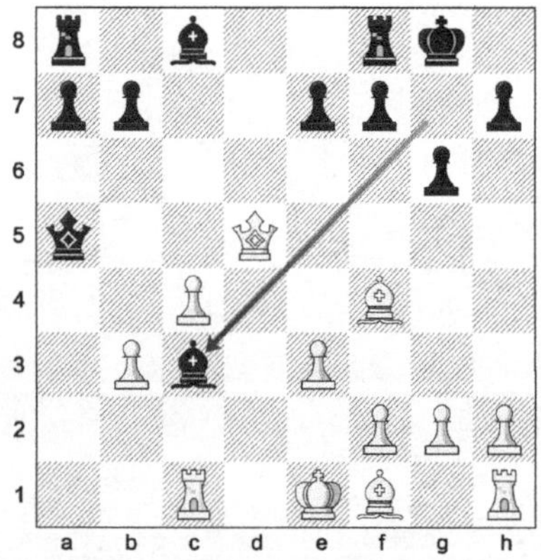

黑方在换马之后，直接走了 **1...Bxc3+,** 这时，白方若不想丢子，只能走 **2.Ke2**。

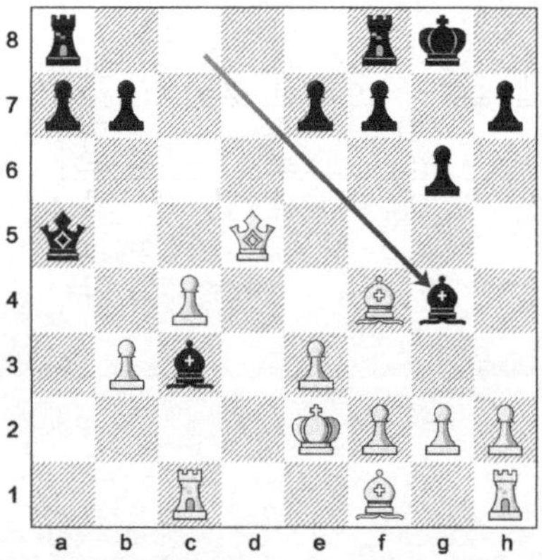

然而此时，他又遭到了黑方 **2...Bg4+**。这时，他只有两种看似可行的应将：3.f3 和 Kd3。

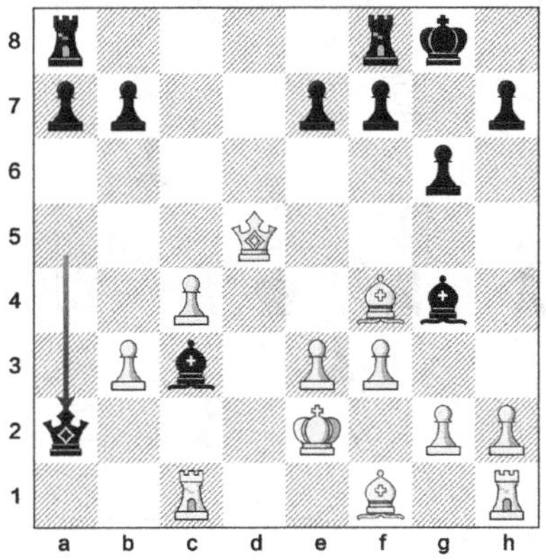

但是，他若走 3.f3，黑方可以继续走 3...Qa2+。白方若走 4.Kd3，黑方可以 4...Qd2+ 5.Ke4 Bf5，白方只能用后吃象，严重丢子。

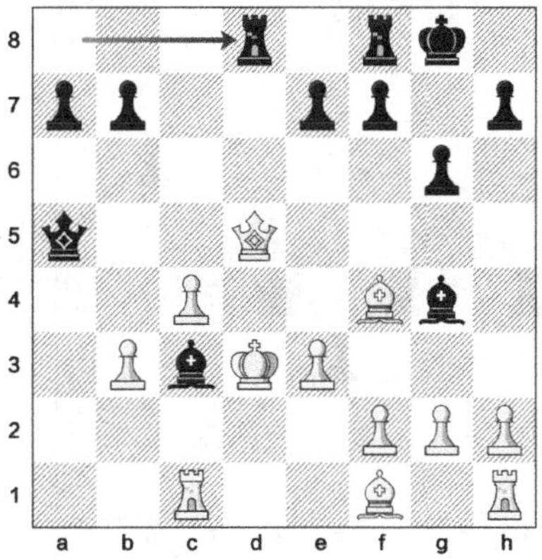

实战中他走了 **3.Kd3**，但黑方走出 **3...Rd8**，下一步吃掉白后，白方坚持了几步就认输了。这一盘棋黑方通过猛烈的攻王而得子取胜。

得子和攻王，是国际象棋中立竿见影的获取巨大优势而取胜的方法：一方面可能是因为对手犯错而突然送掉棋子，另一方面也可能是我们在对局的关键时刻自己走出了精彩的进攻着法争取到的胜利。

但并非每一盘棋我们都可以这样轻松取得胜利，有时我们会和对手进行更激烈的战斗。

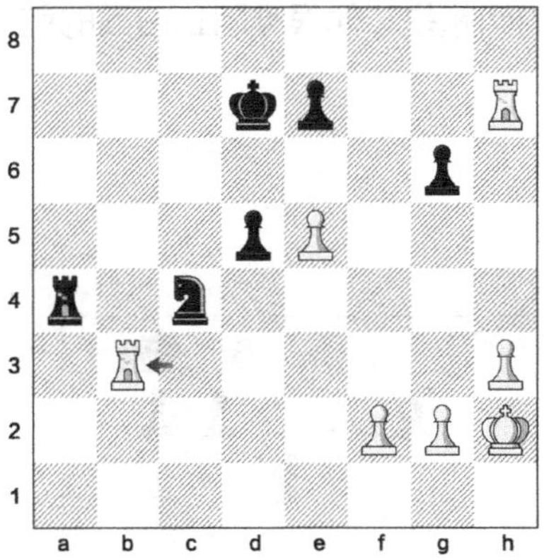

季莫费耶夫 – 斯茹吉罗夫 2015 年弈于阿布扎比

双方弈至第 43 回合，此时白方比黑方多一定数量的子力，但黑方仍然可以顽强抵抗。

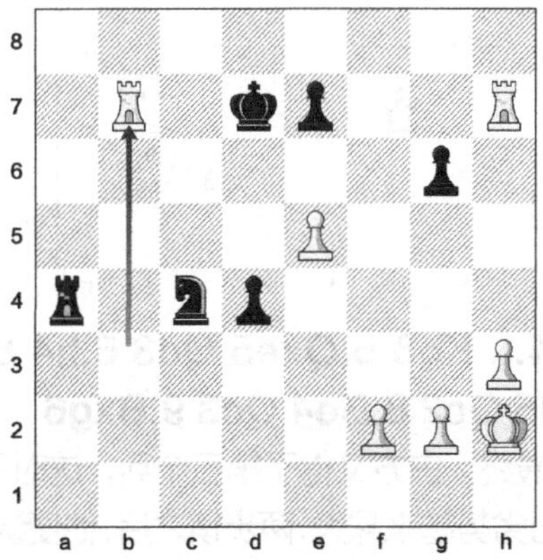

43...d4 44.Rb7+ 白方通过在 b7 的将军，成功吃掉 e7 的黑兵。

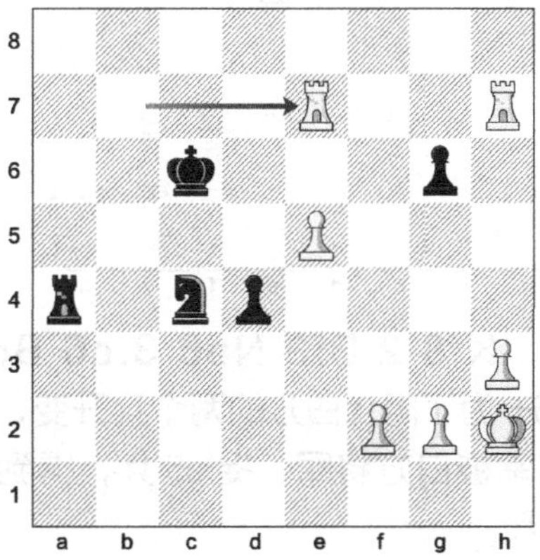

44...Kc6 45.Rxe7

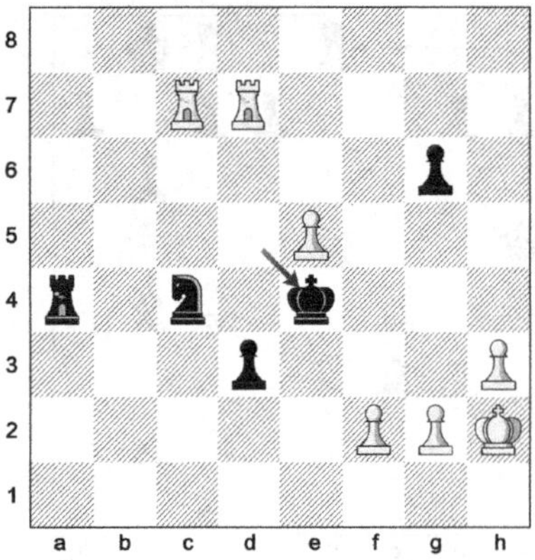

45...d3 46.Rc7+ Kd5 47.Rd7 Ke4 黑王只能被迫逃向中心。

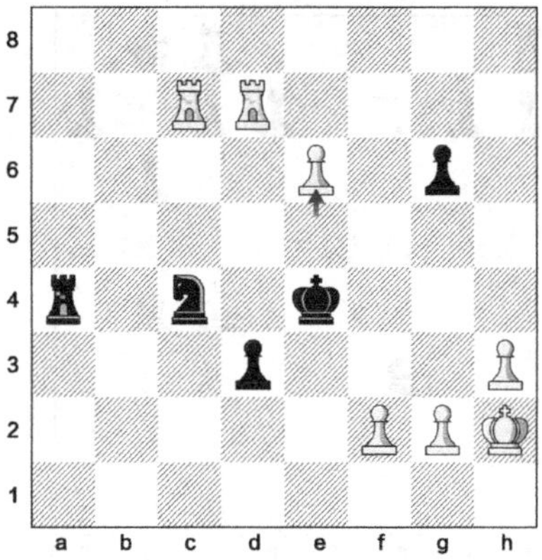

48.e6 黑方此时已经无法阻止白兵的升变，而他自己的 d 兵却可能被白车吃掉，因此黑方认输。

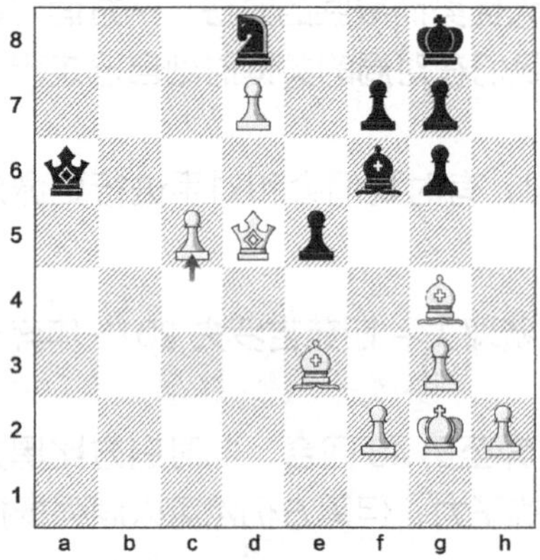

格里斯丘克 – 博特尼克 2017 年弈于利雅得

在这一对局中，白方虽然没有得到很大的子力优势，仅仅比黑方多一个兵，但他的两个兵已经气势汹汹地要冲到黑方的底线了。

黑方的问题是，他很难阻止白兵的前进。

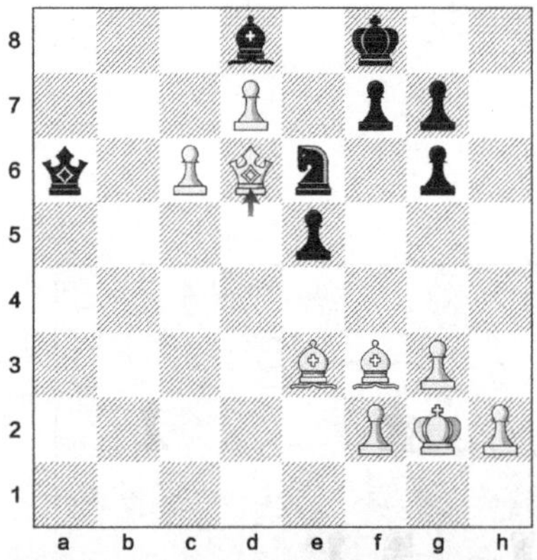

1...Kf8 2.Bf3 Ne6 3.c6 Bd8 4.Qd6+ 为了阻止白方的两个兵升变，他此时不幸被白方将军、捉 e5 兵，得到了第二个兵。

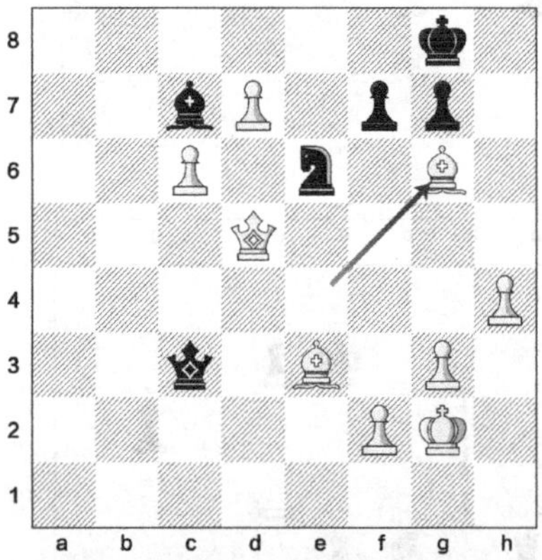

4... Kg8 5.Qxe5 Qd3 6.h4 Bc7 7.Qd5 Qc2 8.Be4 Qc3 9.Bxg6

最终，白方又得了第三个兵，这时黑方的子力劣势越来越大，两步棋之后，他便认输。

从以上两个例子，我们可以得知，兵的升变在国际象棋中是一种取胜的强有力的武器。如果对手没有成功地防止兵升变，则兵升变为后之后会使我们直接占据巨大的子力优势，通常能使我们快速取胜。而如果对手对我们的兵进行防御，则他仍然有可能在棋盘的其他地方遭受沉重的打击。

有时，对局会进行到双方几乎拼掉所有的棋子，这时决定胜负的唯一手段，就是看谁能升变了。

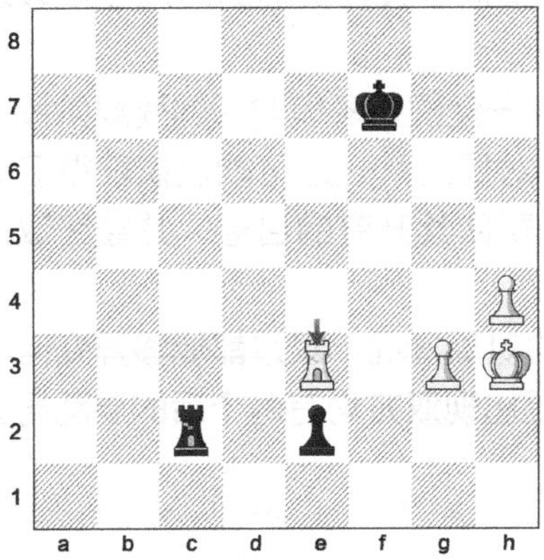

波尔蒂施－乌尔曼 1968 年弈于蒙特卡洛

白方刚刚走了 **48.Re3**，黑方此时就认输了，这是因为白方可以在接下来走王到 g4 再到 f3 来协助白车吃掉黑兵，而白方多两兵在此是必胜的。

48.Re3 的原因是如果白方直接走 48.Kg4??，黑方可以走 48...Rc4! 牵制住白车，这样白方就无法阻止黑兵升变，黑方就直接翻盘了。

这样的残局局面，在国际象棋中通常其胜负都是可以直接判断出来的，这是因为大师们在多少年的对抗中总结出了许多基本的残局知识和理论。学习过这些理论的棋手可以很容易地判断一个棋子很少的残局的胜负结果，就像我们在本章所学的残局基本杀法和王兵残局一样。你现在也知道单后对单王的残局是必胜的，对吗？

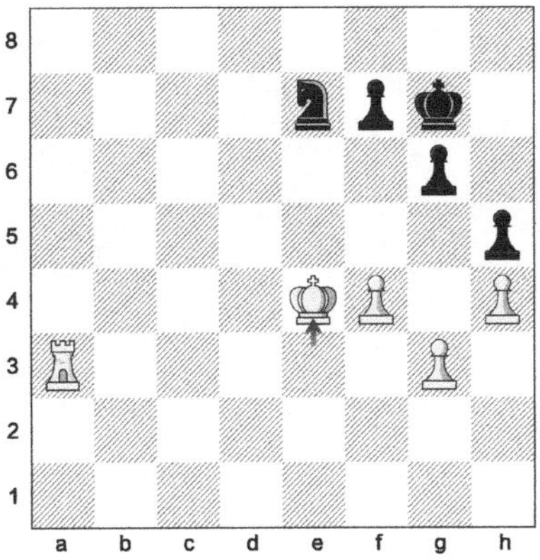

修德顺－戈梅 2013 年弈于吉隆坡

然而，即使有些残局的结果是容易知道的，但实现最终的胜利可能并不简单。双方的这盘对局至此已经下到第 92 回合了。

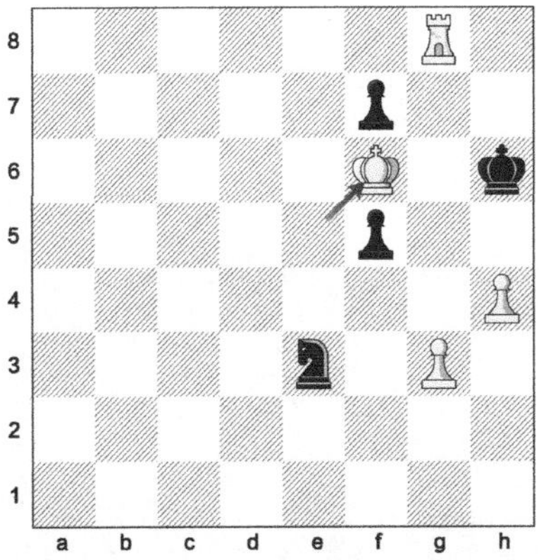

虽然看起来白方有子力优势，但单车对单马的无兵残局在通常情况下都是和棋，因此白方仍然需要让某一个兵升变。

最终，**132.Kf6**。白方艰苦鏖战至第 132 回合，终于得兵，黑方至此才不得不认输。

现在，你已经见识了一盘国际象棋对局通常情况下能够分出胜负的方式。

1．某一方得到了很大的子力优势，使另一方丧失了继续对抗的信心，这是对局最普遍的分出胜负的方式。在得子的过程中，我们时常会运用到战术技巧。有时，对手仍然会负隅顽抗，这需要我们学会如何将优势变成赢棋（例如你在前面学到的残局杀法）。

2．一方通过对对方的王发动猛烈的进攻，将死了对方的王，或是通过攻击对方的王得到了巨大的子力优势。这种赢棋的方式，需要我们学会在实际的对局中攻破对方的王城。

3．升变同样是获得子力优势的重要手段，而在一盘国际象棋对局的残局阶段，这几乎是唯一能帮助一方取得巨大优势的方法。此时对局的某一方可能仅仅获得了微弱的子力优势，甚至没有子力优势，但他最终实现了帮助兵升变的目标，并最终取得了胜利。

4．尽管在例局中没有提及，但还有一种特殊的对局情况，双方都能够升变自己的一个兵。这时对局又将进入一个全新的阶段，而若是出现双方均有两个后的混乱局面的话，恐怕就要看谁能先将死对方的王了。

第3章

3

国际象棋战术

CHESS TACTICS

现在你应该已经明白，在一盘对局中，双方并非从一开始就准备杀王，而是往往首先争取子力的优势。不过，当两名有经验的棋手对弈时，双方几乎不会因疏忽大意而直接将棋子送给对手吃掉——那么在这种情况下，是不是我们只能通过其他方式取胜呢？并非如此。事实上，在一盘对局可能出现的着法中，有一些特殊的走法形式可以帮助我们巧妙地达到夺取对手子力的目的，它们在实际的对局中频繁出现，在无数的对局中起到了决定胜负的作用，这些得子的技巧就是国际象棋中的战术（Tactic）。

在国际象棋中，战术的意思是，某种使走棋方能够获得实际利益而采取的具体着法。而除了得子之外，还有一些杀王的技巧，甚至还有一些能够帮助败势方谋取和棋的巧妙手段，这些均属于国际象棋的战术。

后续章节的学习建议

在之前的章节中，我们尽可能将每一个实例中的每一个局面展现给读者，以求让初学者可以更好地学习国际象棋的基础知识。

在本章和后续章节中，我们将尽可能为读者展示更多的国际象棋知识，对每一实例的阐释并不扩展太多的内容。我们推荐读者在阅读后续章节的内容时使用一副真实的国际象棋，摆出书中的实例，这对于更深刻地理解书中的内容是颇有助益的。

另外，请读者尽量不要尝试过快地阅读后续的内容，一次阅读半小时即可。因为后续的实例时常不光展示一个单独局面的知识，可能包含的是一类局面中蕴含的思想，读者应当认真体会，提炼总结。当觉得自己已经充分理解了之后，可以尝试举一反三，自己创造一些类似局面，或者更好的是，在实际的对局中运用所学的知识，这会让你的棋力更快地提升。

孔子曰：“学而时习之，不亦说乎？”任何知识的学习只有经过实践才能成为自己的认知和能力。因此无论如何，读者都应当尝试与他人进行对弈，可以和朋友、亲人或是在网络对弈平台上和陌生人对弈。无论对局输赢，我们皆可在对弈中逐步加深对所学知识的运用能力和对棋理的领悟。

你在阅读后面章节时的最主要的目标应该是，学会利用这些知识来帮助你理解和处理下棋时遇到的局面，并且，不断地进一步整合、完善自己对国际象棋的理解，以致形成属于自己的完整的思维模式。

基本战术

本节中，我们将首先带你了解国际象棋中最常见的一些巧着得子的形式——这些最常见的得子形式又被称作国际象棋中的基本战术，它们也是成为国际象棋高手的最重要的基石。掌握这些战术形式，可以使你很快地提升自己的进攻能力和对国际象棋中棋子的运用能力，进而提升国际象棋水平。

击双战术（Double Attack/Fork）

击双战术，又叫捉双战术，是国际象棋中最重要的战术类型之一，在实战对局中的运用非常普遍。在国际象棋中，由于大子的移动较为灵活，单一的攻击时常可以被防守住，这样的攻击在有经验的对手面前也难以奏效。但如果进攻方能够同时对两个目标进行攻击，则防守难度会明显加大，经常可以导致防守方不得不损失子力。

击双战术的产生是由于局面中存在多个可以被攻击的目标，且恰好进攻方存在一个可以同时威胁其中的两个或更多目标的走法所导致的。通常，这样的目标可以是无根子、王、被保护次数较少的子或是分值较高的子。

在所有击双类型中，在实战中较易出现的是马的击双和兵的击双。

马的击双

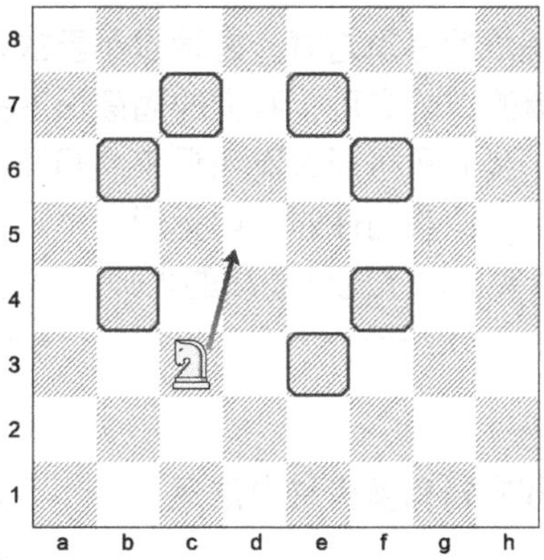

马在走棋时最多可以同时攻击 7 个新的棋盘格（除去自身原先的位置），这一特性使得马是一个时常能制造击双战术的棋子。并且，由于马是一个轻子（3 分），这使得车和后在受到马的攻击时，纵使它们可能受到其他子的保护，但这通常是无效的。因此在实际的对弈中，我们要时刻留意马的走法。

马的击双根据受到攻击的两个棋子的位置关系，有 5 种基本的表现方式，这些方式在实战中也会以旋转方向的形式出现：

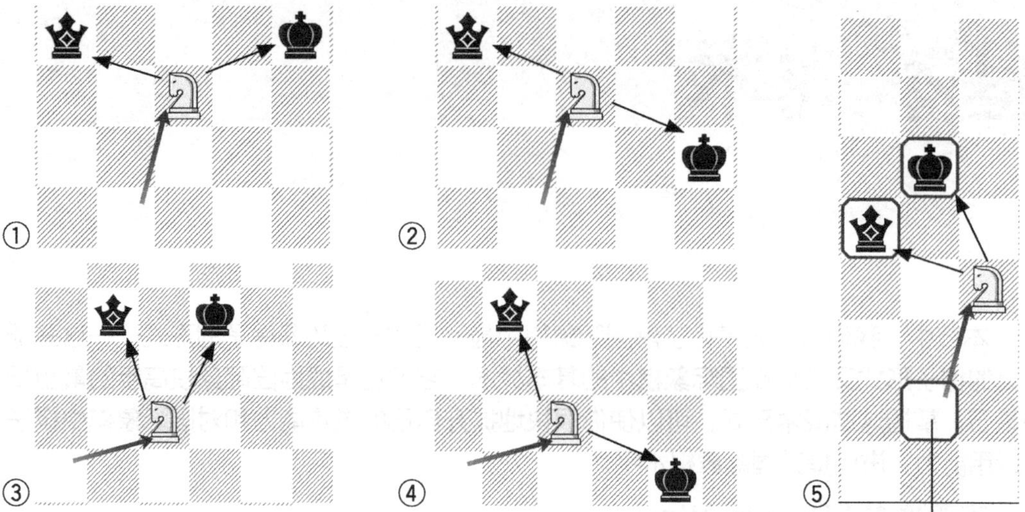

! 马的起始格的颜色与被攻击棋子所在格子的颜色一定相同

注意这里受到将军的王和后的位置关系，这些特殊的位置关系是实战中帮助我们更敏锐地发现马的击双的方法。需要注意的是，马的起始格的颜色是与受到攻击的两个棋子所在格子的颜色相同的。

模式识别（Pattern Recognition）——学习战术的重要方法

国际象棋的棋手掌握战术的基本方式，是通过不断的对于相同形式的战术进行训练形成的。在进行一定量的训练之后，我们的潜意识便会对特定的子力排布方式形成一种直觉。在对局时，我们即可通过潜意识来感知局面中是否出现了练习中遇到过的模式，用这种方式来帮助我们在对局中运用战术。发现战术的能力是国际象棋的一项重要的基本功，即使成为了国际象棋的大师，也仍然要时常练习战术。

找一找，在这个局面中双方各有多少种办法运用马的击双战术？

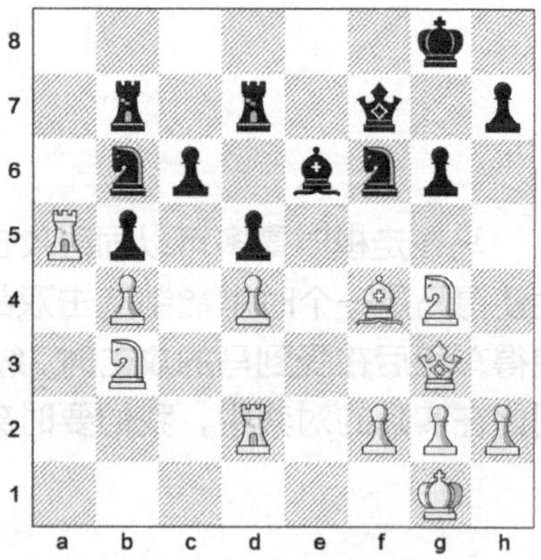

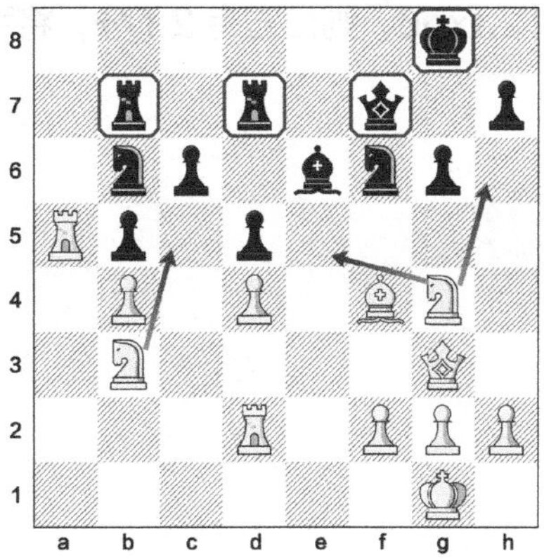

白方在此可以走：

1）1.Nc5——攻击 b7 和 d7 的黑车；

2）1.Ne5——攻击 d7 的黑车和 f7 的黑后；

3）1.Nh6+——将军的同时攻击 f7 的黑后，即 3 种击双方式。

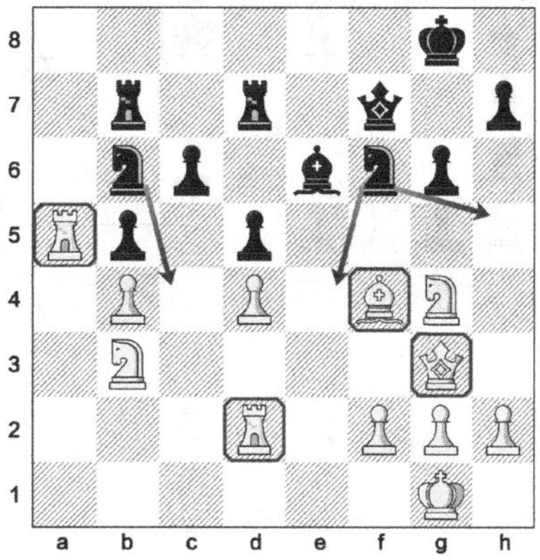

而黑方在此可以走：

1）1...Nc4——攻击 a5 和 d2 的白车；

2）1...Ne4——攻击 d2 的白车和 g3 的白后；

3）1...Nh5——攻击 f4 的白象和 g3 的白后。

同样是 3 种方式。

兵的击双

尽管兵是国际象棋中最弱小的棋子，但也正因为它的弱小才会让所有大子都要忌惮它（因为任何与兵的交换都是损失子力的），兵的击双模式较为简单，在实战中较易发现。

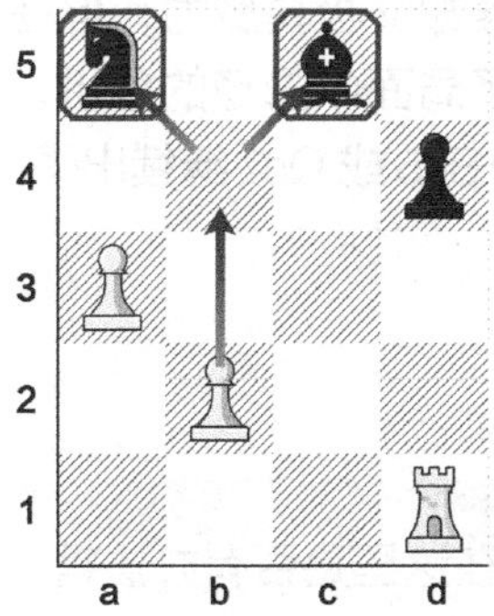

黑方刚刚走了 ...Bc5 保护 d4 兵，却没注意到此时白兵可以走两步 **1.b4**，直接造成击双。由于白方 b 兵同时攻击黑马和黑象，且有 a3 兵的保护，黑方丢子。

观察兵的击双，我们需要注意一条横线上的大子位置，如果他们中间间隔只有一个格，则可能被兵击双

制造兵的击双

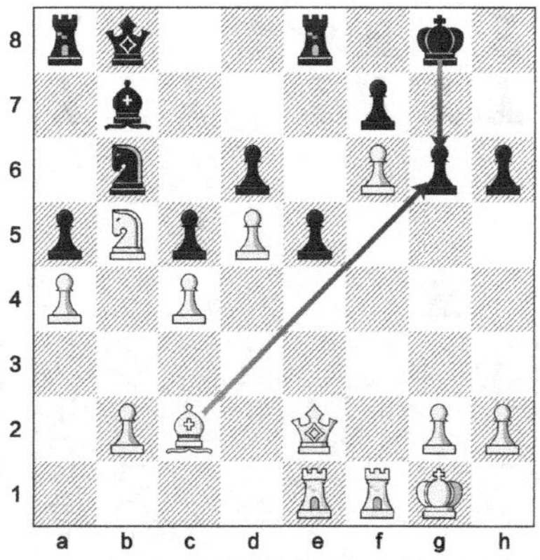

黑方冲兵 g6，想阻止白方攻破王城，却未想到白方可以走 **1.Bxg6!**。

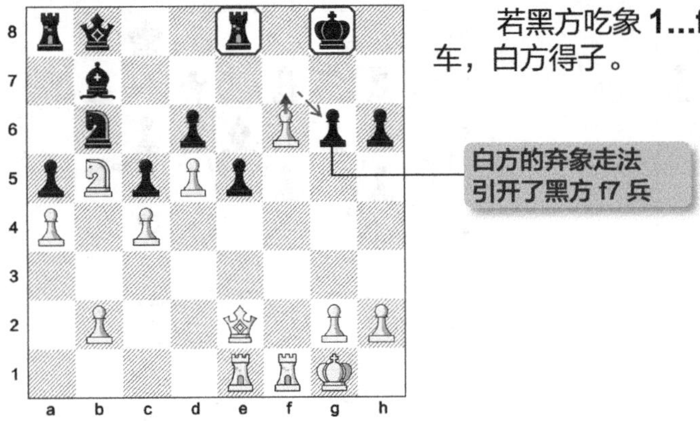

若黑方吃象 **1...fxg6**，则白方有 **2.f7+**，将军捉车，白方得子。

后的击双

后由于有着极其灵活的走法特性——可以同时攻击多个不同方向的棋子，而且距离不限，所以在实战中，后的击双时常可以非常隐蔽，让对手措手不及。车和象的击双也有类似的特点。

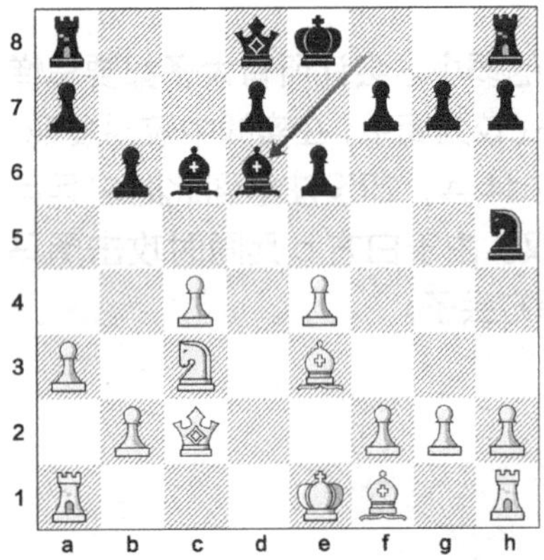

克里斯滕森 – 卡尔波夫 1993 年弈于维克安泽

黑方棋手卡尔波夫，是国际象棋历史上颇具盛名的战略型棋手，他时常可以在对局中构建巧妙而深邃的计划，让对手无法看穿却又极具威力，但在这盘对局中，此时的他低估了局面中隐藏的危机，随意地走出了 **11...Bd6**，准备 Be5 或 Qc7 继续出子。

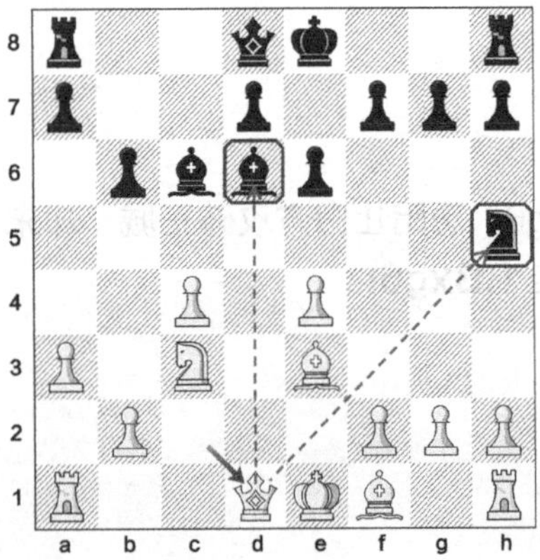

但是此时白方走出 **12.Qd1 !**，同时攻击了 d6 象和 h5 马，卡尔波夫无法防守，直接认输。

习题：白方在这里是否有办法得子呢？

1.

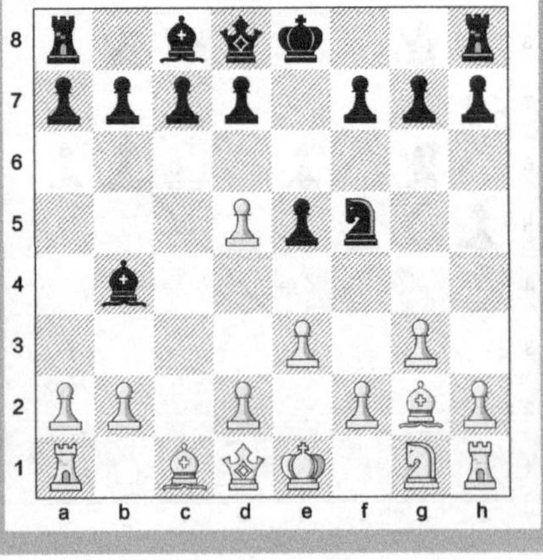

牵制战术（Pin）

牵制战术是一种由特殊的子力位置关系导致的战术形式。在实战中，这同样是一种极为常见的战术形式，时常对整盘对局的局势有巨大的影响。牵制是一种利用棋子的攻击线路产生的战术，因此只有后、车、象可以制造牵制。

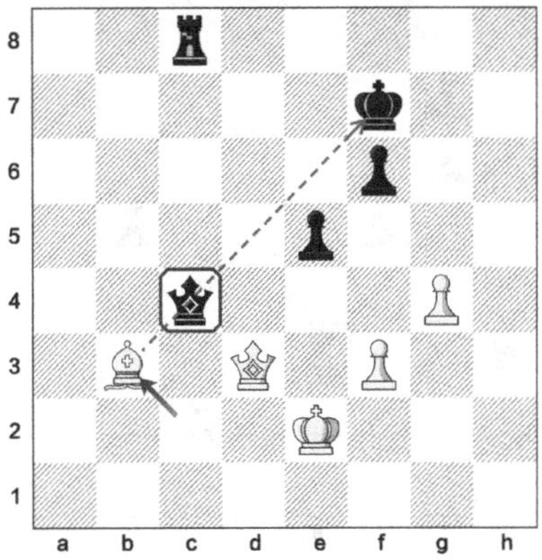

牵制模式的构建由 3 个棋子组成。

如左图，制造攻击的象是进攻棋子，此时远端的黑王恰好在象的攻击线上。在这种情形下，中间的后无法离开，否则白象将军，造成违规行棋，故而黑方只能接受丢后的命运。

因此我们说，中间的后在斜线上受到了白象的牵制。之前我们讲过，由于后方棋子是王，这样的牵制叫作全牵制，若后方棋子不是王，则叫作半牵制。在半牵制中，被牵制的棋子不受移动能力的限制，但如果后面的棋子没有受到足够的保护，或是分值大于进攻方的棋子，都可能会导致子力的损失。

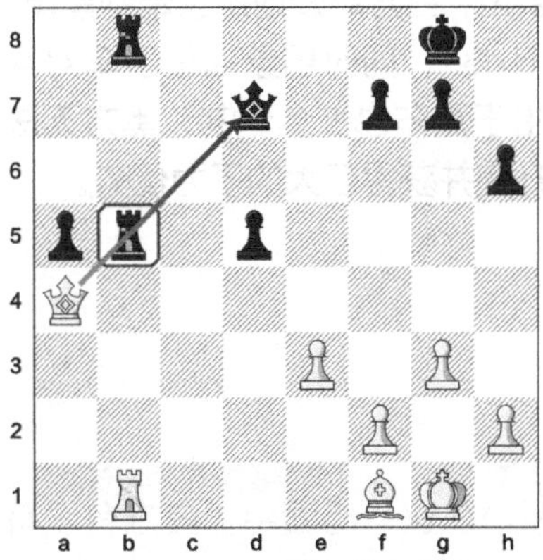

在这一局面中，白方的 3 个棋子在集中攻击黑方的 b5 车，而白后在斜线上对黑车构成了牵制。若是黑车离开这条斜线，则后方的后会被白方吃掉。

黑方在此唯一可能的防守尝试是 **1...R5b7** 保护后，但是在 b 线上同样形成了 b1 车对 b7 车的半牵制。

2.Qxd7 Rxd7 3.Rxb8+，白方得车。

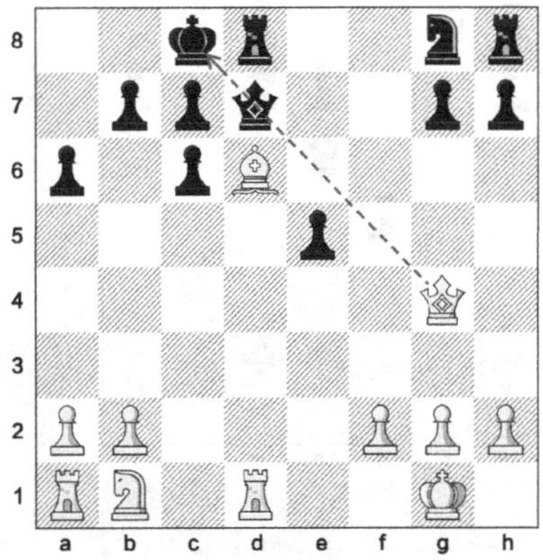

有时，后方棋子的损失可能带有比损失子力更加严重的后果。

沃尔乔克 – 克列斯拉夫斯基 弈于 1970 年

在这一局面中，白方可以走 **1.Be7!**。

此时，在局面中既出现了车对后的半牵制，又有白后对黑后的全牵制。黑方只能选择 **1...Qxg4**，然而在此之后，白方 **2.Rxd8#** 杀王。

牵制效果的运用

以上我们看到的是通过制造牵制得子的方式。不过，还有另外一种方式可以利用牵制得子，即运用牵制对于移动能力的影响，被牵制的棋子往往会丧失对其他位置的攻击和保护能力。

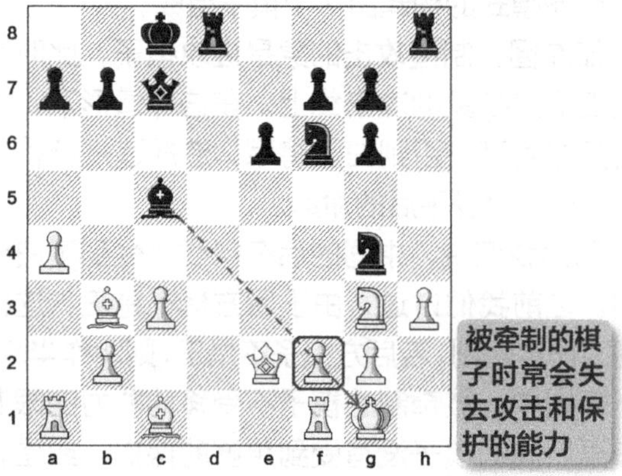

被牵制的棋子时常会失去攻击和保护的能力

在这一局面中，白方为了驱离黑方 g4 的马走出了 **1.h3**，然而他忽略了一个重要的问题。

黑方直接 **1...Qxg3!** 。由于黑象对 f2 兵的牵制，白兵无法吃后，下一步黑方威胁 Qh2 杀王，白方即使吃掉 g4 马也于事无补（因为h8车的支持，黑方仍可杀王）。通过这一局面我们可以认识到一个问题，受到全牵制的棋子，会丧失对其他线路的攻击保护能力。

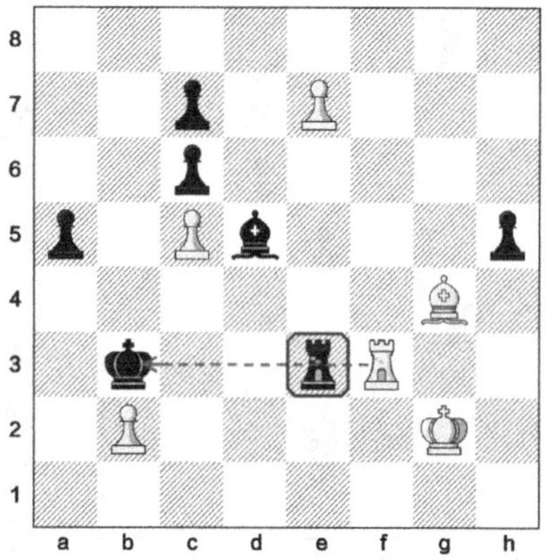

此时如果白方 1.e8=Q 升变，黑方可以 1...Bxf3+，之后再走 Rxe8，白方是不是没有办法了呢？

1.Be6!!，白方巧妙地用象牵制黑象，阻止黑方 Bxf3+，同时用象挡住了车对兵的攻击，由于黑车也被全牵制，黑方无法阻止白方升变并获得巨大的子力优势。

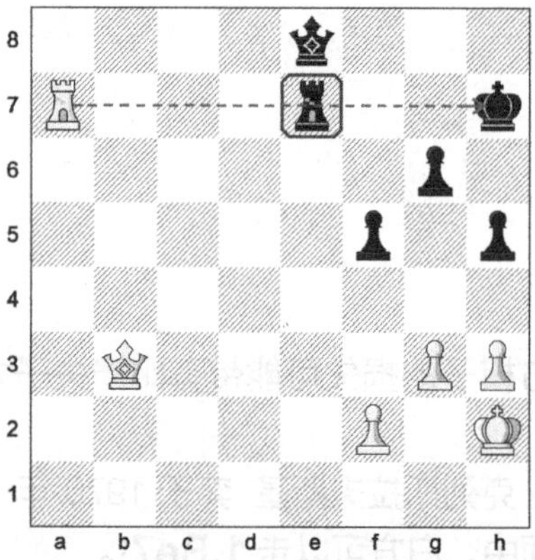

在这一局面中，白方的车牵制了 e7 的车，此时他可以走：**1.Qe6!** 再度攻击黑车，并且从另一个方向上对它构成了牵制，此时它无法吃车，因为那样黑方将丢掉后，因此黑方丢子。

同理，1.Qe3 也可以造成同样的效果。

习题：在这一局面中，白方有没有制造牵制得子的手段呢？

2.

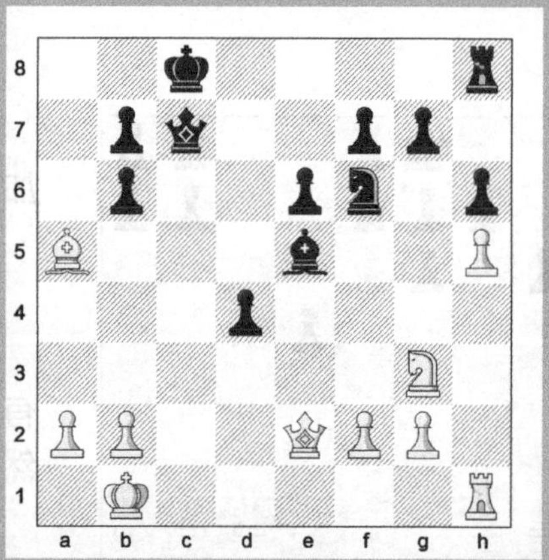

串击战术（Skewer）和穿透战术（X-ray Attack）

串击战术同样是一种发生在一条线路上的战术形式，而与牵制战术不同的是，在串击战术中，前方的棋子较为重要，而后方的棋子相对较弱。在这种情况下，防守方会不得不将前方棋子移开，从而暴露后方棋子而导致丢子。

而穿透战术则是利用穿过对方棋子构成的保护来制造的战术。

串击战术

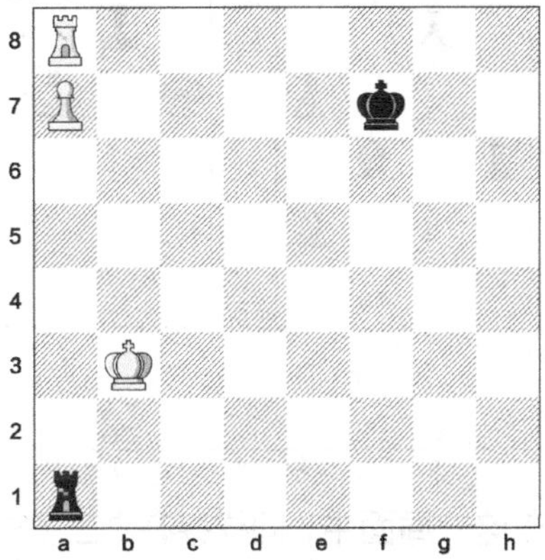

这是一个车兵残局中的重要局面，看起来白车被困在兵的前方，无法离开，但事实上白方可以走：**1.Rh8！**，这时若黑方的车吃兵 **1...Rxa7**，则白方可走 **2.Rh7+**，当黑方躲王时，他的 a7 车将被白方吃掉。白方的第二步便是串击战术的基本形式。

穿透战术

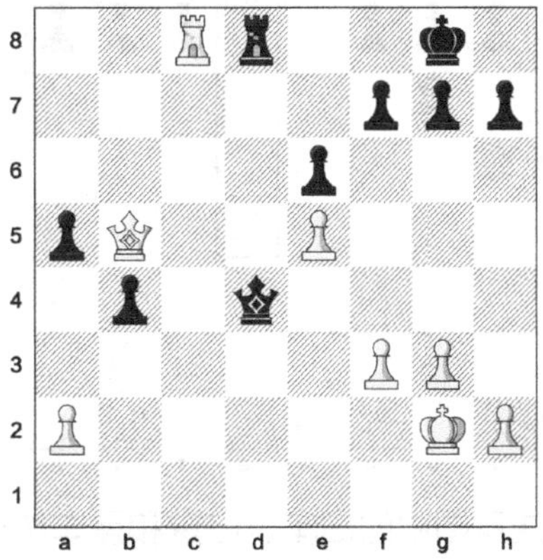

在这一局面中，黑车受到了黑后保护，看似防守了白方的底线杀王，然而白方仍然可以采取另一种方式：**1.Qe8+!**。白方在黑车的身后将军，逼迫黑方不得不吃后，但此时他的车将脱离黑后的保护。

1...Rxe8 2.Rxe8#

习题

3.

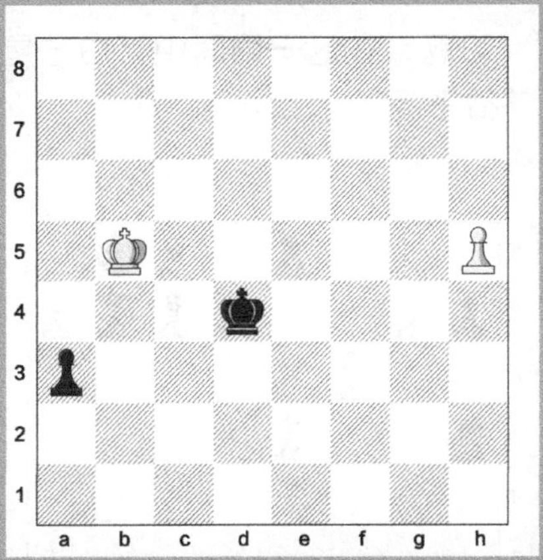

白方和黑方均在准备让兵升变，白方先走，你认为最终的结果会是什么？和棋还是某一方获得胜势？

4.

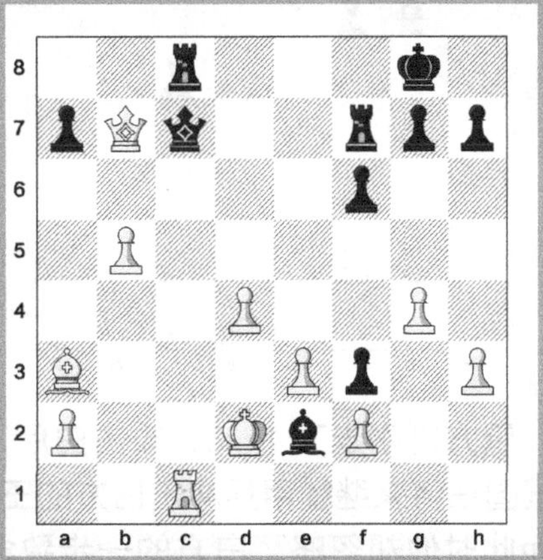

白方少车，用车交换黑后也不能帮助白方获得明显的优势，你有什么更好的办法吗？

闪击战术（Discovered Attack）

闪击战术是与击双战术类似的一种战术。在闪击战术中，进攻方也是通过同时攻击两个目标来创造难以防御的威胁的，不过在闪击战术中，并非由一个棋子同时造成两个攻击，而是用两个不同的棋子在不同的位置制造攻击。

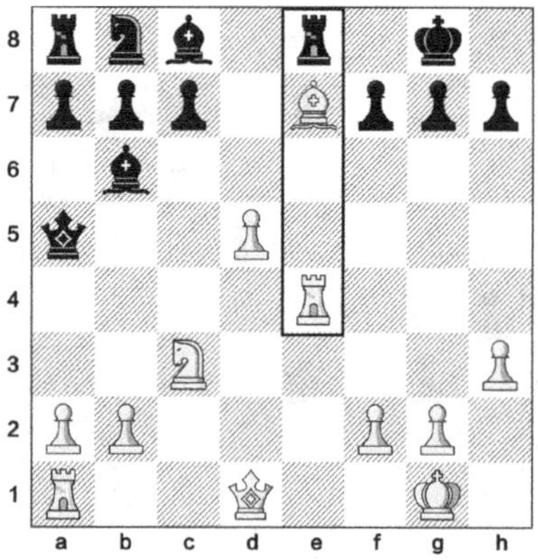

注意图中的白车、白象和黑车构成的一条直线的状态，中间的象闪开时，白方可以攻击 e8 的车，因此 **1.Bb4** 用象攻击黑后的同时，威胁吃车杀王，黑方无法同时对两个进攻进行防御，注定将要丢子。

任何一种闪击战术均离不开这种“三子一线”的模式，而利用吃子、将军或杀王威胁造成的闪击通常都是非常强大的。

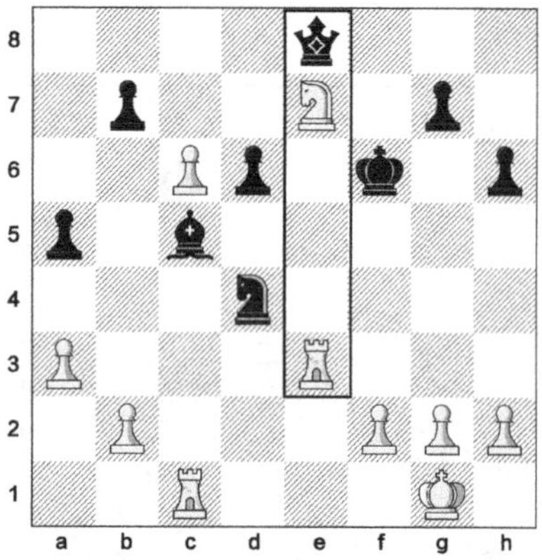

在这一局面中，同样存在“三子一线”的棋子排列形式，由此我们可以得知，白马如果闪开时能够对黑方构成威胁，则白方可能能够得子。将军是最强的攻击形式，所以，白方可以走 **1.Nd5+** 将军，同时白车捉后，黑方只能应将，吞下丢后的苦果。

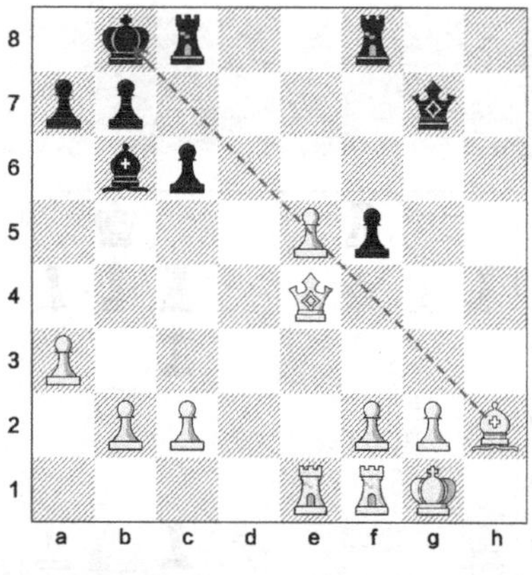

吃过路兵走法也能创造闪击

黑方刚刚走了 1...f5，攻击白后，并且试图在将来继续用兵冲击白方的王城，然而此时他却忽略了白方的一步致命的走法：**2.exf6+！**。白方通过吃过路兵同时将军的方式，闪击黑后，黑方丢子只能认输。

习题：在这一局面中，白方是否能够得子呢？

5.

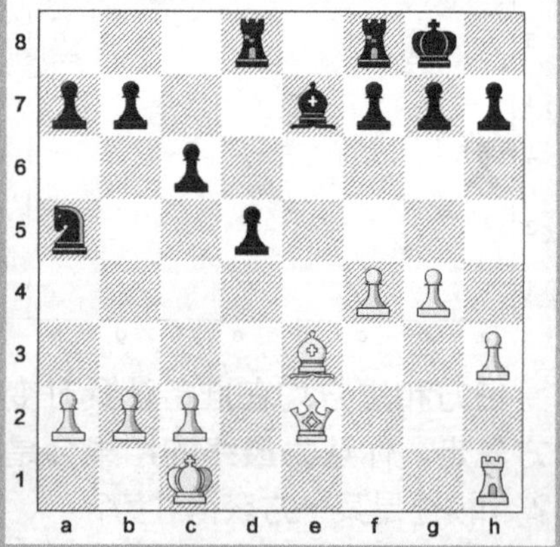

消除防御战术 (Eliminate the Defense)

消除防御战术也叫消除保护战术，当对手的某一个棋子或某几个棋子正在发挥重要的保护作用，例如保护棋子或防守杀王时，倘若我们可以先消除某个棋子的保护状态，便可得到子力优势或杀王。

吃掉保护子

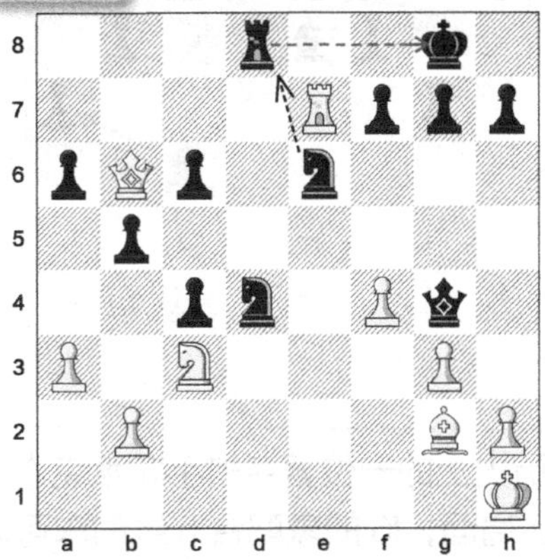

黑方的局面存在被底线杀王的危险，不过此时他的车和马很好地防守了白方底线的将军。但是仔细观察我们可以发现，马是保护车的唯一棋子，于是**1.Qxd8+! Nxd8 2.Re8#**，白方用后吃掉车消除了车的防守，并且将黑马引到 d8 消除了 Nf8 的垫将。在此，白方同时消除了两种黑方的防御手段，一种是通过吃子，另一种则是通过将防守棋子引开，达到消除防御的目的。

驱离保护子

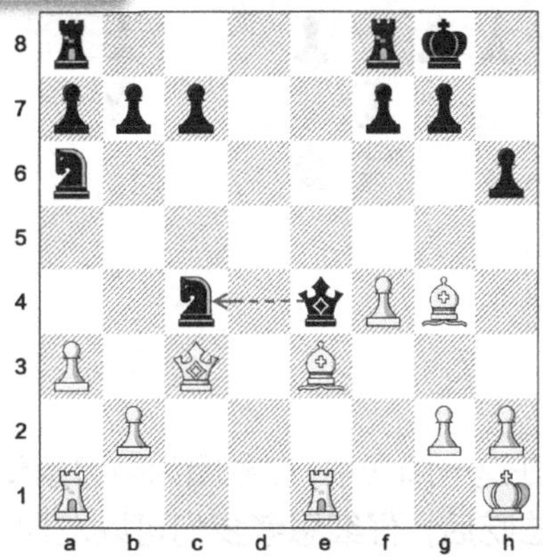

在这一局面中，黑后在保护黑马，然而，它能够保护黑马的位置并不多。因此 **1.Bf3** 驱赶黑后，使之脱离对黑马的保护，**1...Qe6 2.Bd4** 通过白象和白车的驱赶，黑后不再能够保护 c4 的马，因而丢子，在此白方运用的是驱离保护子的手段。

引开保护子

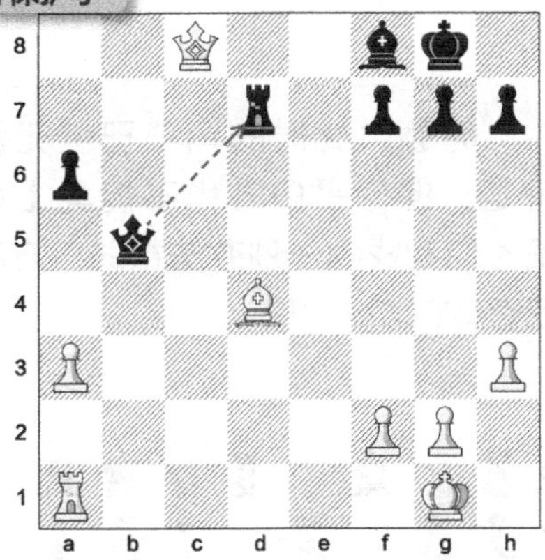

黑车此时在被黑后很好地保护，而 1.a4 并不能起到消除保护的作用，因为黑后仍然可以走到 d5 来对车进行保护，但这时白方有另外一种方式：**1.Bc5!**。白方威胁 Qxf8# 杀王，使得黑方只能走 **1...Qxc5**，但这一着会使黑后不再保护黑车，**2.Qxd7** 白方得子，这里白方运用的是引开保护子的方式，这一技巧也被称为引离。

消除对重要格子的保护

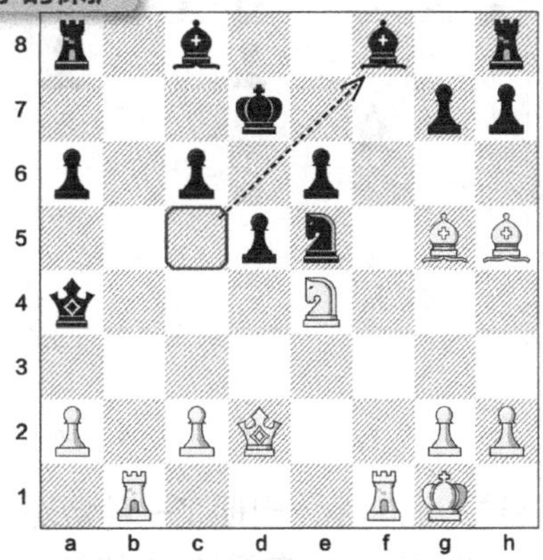

看起来黑方并没有某一个棋子正在被白方攻击，不过如果我们回忆一下之前讲过的击双战术，可以发现，白马在 c5 格存在击双得后的可能。而 c5 格的保护子只有 f8 的黑象，于是：**1.Rxf8**。因为 Nc5 的得后威胁，黑方不能反吃白车，因此白方得象后仍然可以得车，局面大优。

这里我们可以看到，被保护的点并不一定是棋子或杀王格，也可以是施展某种其他战术的棋盘格。

解除由于牵制构成的保护

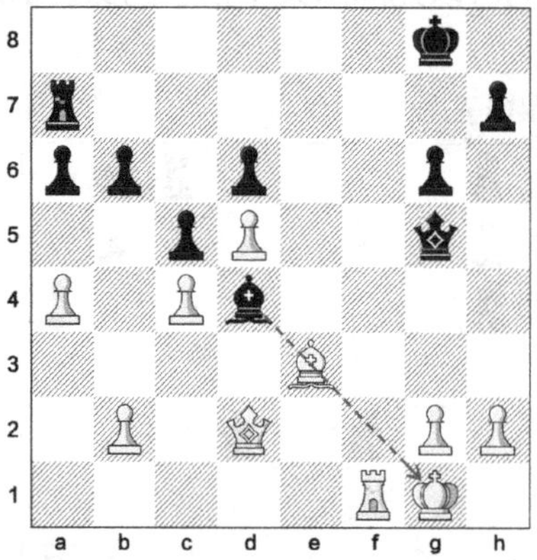

在这一局面中，白象因为被黑象牵制，而无法吃后，仔细思考我们可以发现，其实黑象是黑后的保护子！因此：**1.Qxd4!**，白方解除黑方对象的牵制，下一步威胁吃后，黑方无法在吃后的同时让自己的后躲避，故而黑方丢子。

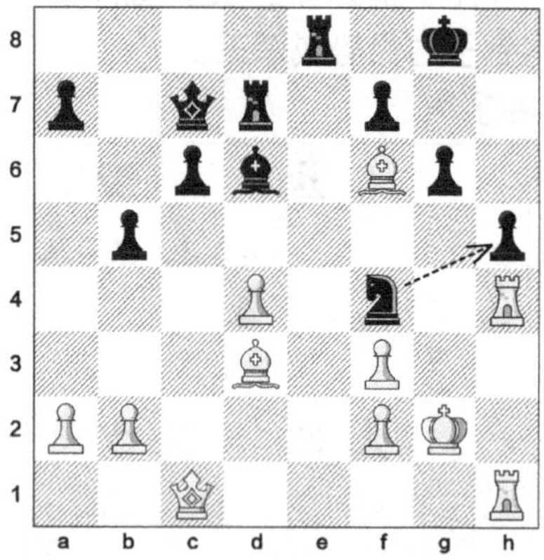

历史上的一位著名棋手布莱克本下出的著名局面，f6 的象配合 h 线的车可以制造强大的杀王威胁。因此，他在此走了：**1.Qxf4！**，消除马对 h5 的保护，**1...Bxf4 2.Rxh5!** 继续弃车打开 h 线，**2...gxh5 3.Rxh5 Bh6 4.Rxh6** 黑方无法防御 Rh8 的杀王威胁，白胜。

保护不同方向的多个棋子时常超出棋子的能力

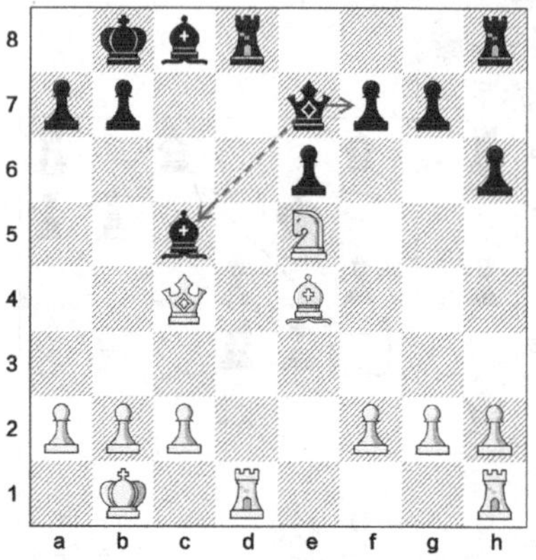

在这一局面中，出现了一种特殊的保护形式，此时的黑后不光在保护 c5 的象，也在保护 f7 的兵（阻止白马吃兵捉双），但事实上他并不能同时发挥这两种保护能力，白方可以走 **1.Nxf7 Qxf7 2.Qxc5** 得兵。这一种一个棋子在两个不同方向上保护的状态，往往是不能有效实现的。在我们吃掉一个棋子时，若该保护子吃回，它便会脱离对另外一个棋子的保护。这种形式在国际象棋中又叫作过载（Overloading）。

习题：此时的黑王已经无路可走，但似乎白方也不能马上杀王，你能找到一种办法帮助白方制造有效的杀王吗？

6.

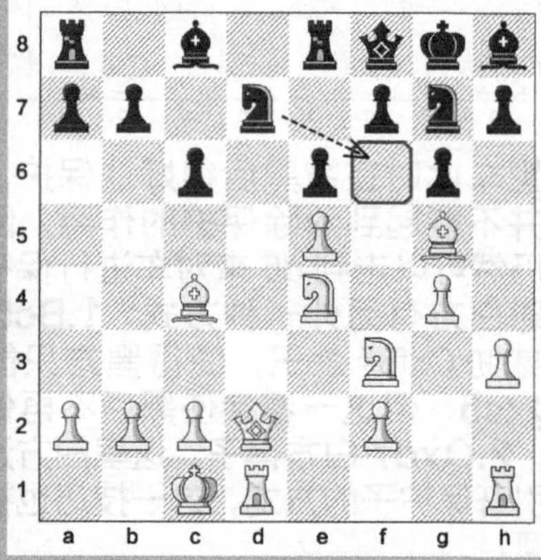

兵的升变战术 (Pawn Promotion)

我们在之前已经了解到一些协助兵升变的基本技巧，不过也有一些战术可以协助兵升变。协助兵升变的战术时常与消除防御有关。

兵的升变战术常与消除防御有关

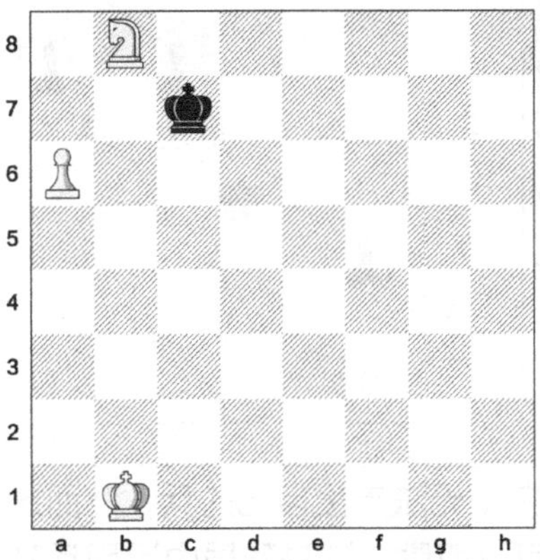

黑方正在威胁吃马，而后防守 a 兵升变，白方有什么办法打消他的计划呢？

1.Nd7! 白马逃到 d7 格，但仍然对 b8 和 b6 格保持控制，使得黑王无法靠近白方的 a 兵，黑王若吃马则白方走兵 a7 之后升变。若黑方不吃马，则白方可接下来将白王一步步走到 b6 格，之后走兵升变，白胜（黑王不可从 c6 走到 b5，因为 a7 将升变）。

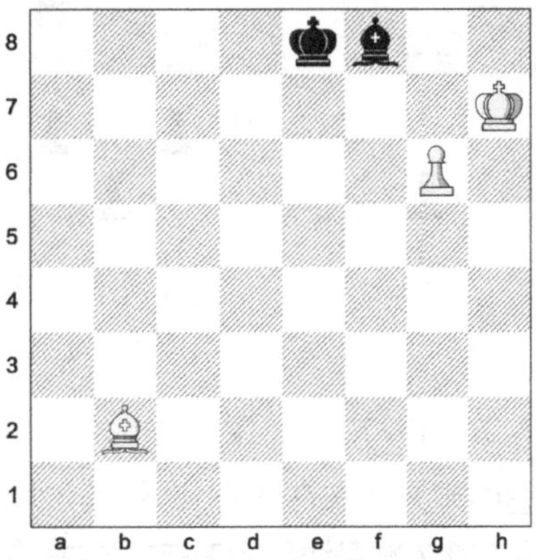

白方多兵，但黑象对于 g7 格的防御使得白方暂时无法升变，他有没有什么别的办法呢？

1.Ba3! 威胁吃掉黑象，然而此时黑方亦不能吃白象，因为 **1...Bxa3 2.g7** 它将失去对 g7 格的防御，因此白方通过引开防守升变的棋子取得了胜利。

利用将军构成连续攻击

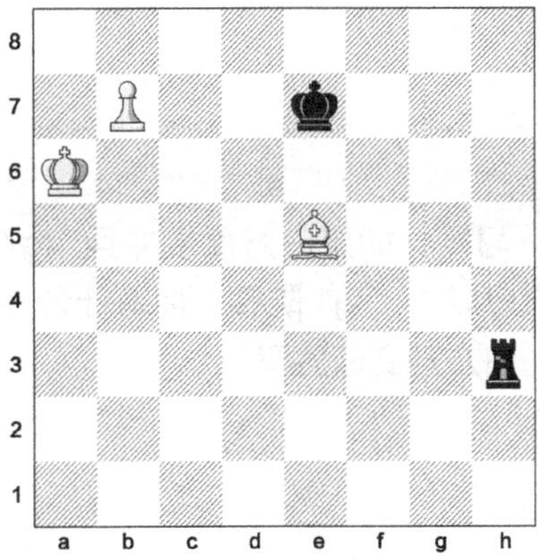

这时看起来白方可以直接走 1.b8 升变，然而黑方有 1...Ra3+ 2.Kb6 Rb3 利用串子吃掉白兵守和，因此白方需要一个小技巧才能取胜：

1.Bd6+！ 白方通过将军的同时控制 a3 格，消除了黑方上面的计划，**1...Kxd6 2.b8=Q+**，此时白方的升变带有将军效果，使得黑方无法走 **2...Ra3+**，白方后对车残局胜势。

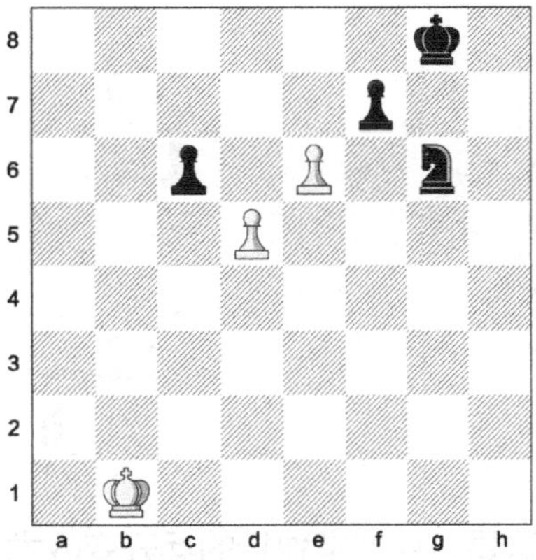

白方比黑方少一马，并且看起来他的两个兵在被黑方攻击，但此时他有一种升变反败为胜的方式：

1.e7! Nxe7 2.d6 这时黑马无论如何行走，都无法阻挡 d 兵升变，因此黑方走 **2...Kf8**，然而白方并不吃马，而是走 **3.d7** 阻挡住了黑王到 e8 格的可能，白方升变取胜。

阻挡攻击

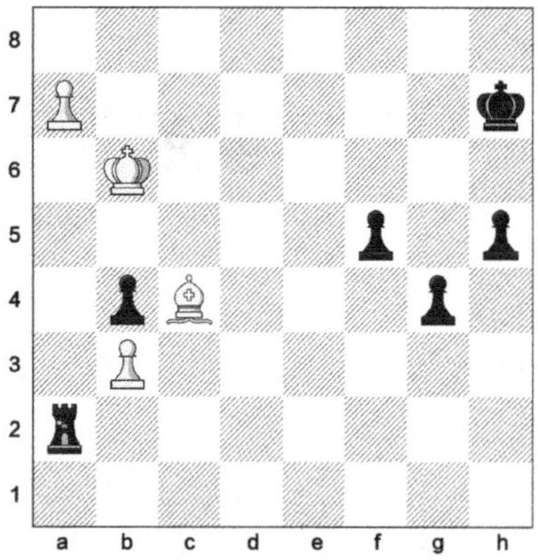

图中黑方的车在防守 a7 的兵，如果白方直接 1.Kb7 准备协助兵升变，黑方将直接用车吃兵，之后他的三个王翼通路联兵是白方难以阻挡的。不过白方可走 **1.Ba6** 利用王对象的保护阻挡黑车的攻击，白方将率先升变取得胜利。

兵的突破

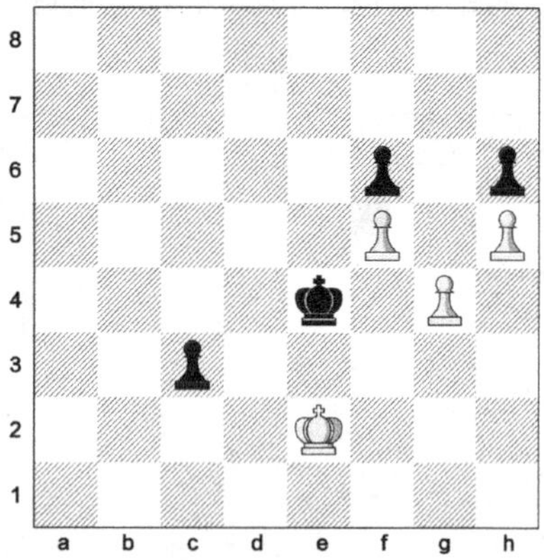

白王无法支援自己的兵，然而这时白方却可以取胜，这是残局中运用兵升变的一种重要方式，又叫兵的突破。**1.g5!** 若黑方走 1...fxg5，则 2.f6 升变，走 1...hxg5，则 2.h6 升变。**1...Kxf5 2.gxh6** 由于 h5 兵对 g6 格的阻挡，黑方无法阻止 h6 兵升变。

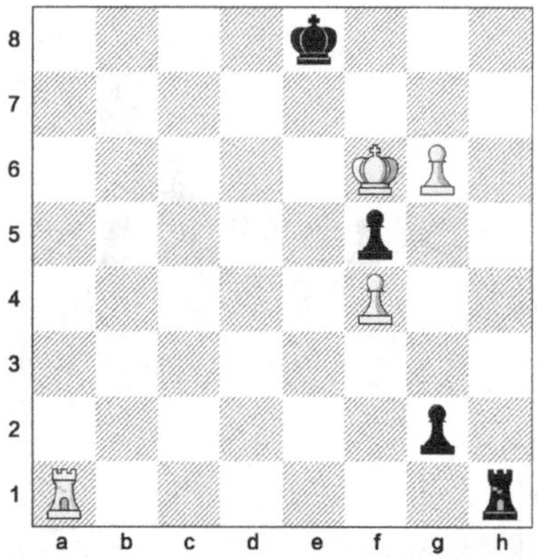

这是一种非常独特的兵升变战术，看起来这时黑方即将升变，不过白方可以走：**1.Rg1!! Rxg1，**白方的弃车使得黑车不得不阻挡自己的兵。**2.g7** 我们可以发现，事实上是白方率先升变，并且由于白方的升变可以同时将军捉 g2 兵，使得黑车也不能让出 g1 升变格（否则将丢兵），故而白方获得胜势。

习题：如果白方直接冲兵 1.g7，黑方可以 1...Rg1 防御。你有什么办法帮助白方升变取胜吗？

7.

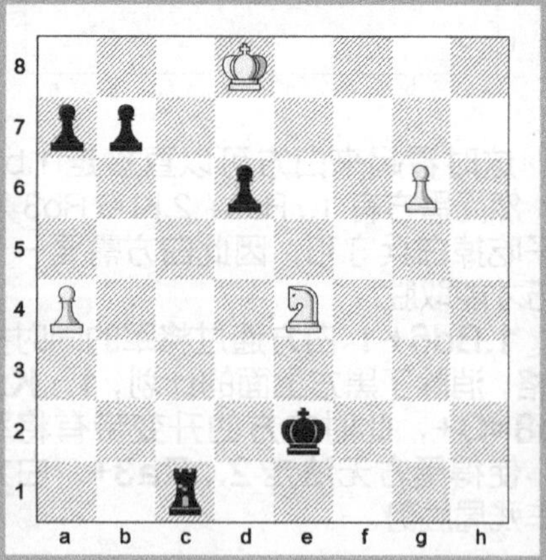

围捉战术（Trapped Piece）

在国际象棋中，一个棋子能走动的格子数量时常很重要：能走动的格子数量越多，它的威力也会随之变大；但反之，如果一个棋子能够移动的格子越少，它越可能被对方捉住。

过早出后
易被围捉

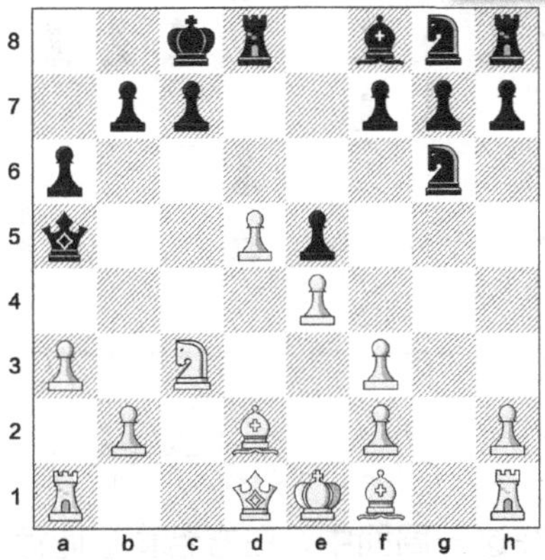

后是国际象棋中最厉害的棋子，但另一方面由于它的分值最高，在遭到对方任意一种更弱小的棋子攻击时，它都只能躲避，这使得它很容易落入围捉战术中。在此，白方可以直接走 **1.Na4** 捉后，黑后无路可逃。

马跳边线
易被围捉

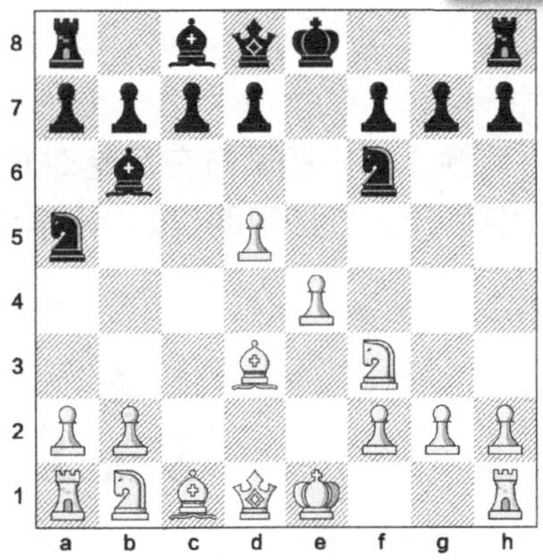

马在边线或底线的移动能力往往较弱，这时的马如果在一个危险的位置很容易被对方捉住：

1.b4 黑方的 a5 马被白方围捉。

完出轻子
避免丢车

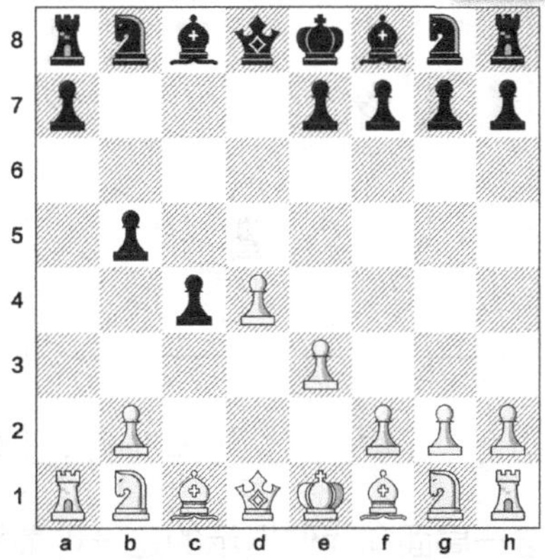

这是一个经典的开局陷阱（接受后翼弃兵变例）1.d4 d5 2.c4 dxc4 3.e3 b5 4.a4 c6 5.axb5 cxb5，黑方为了保护兵采取了如上的行动，然而他的这一走棋方式暴露了 a8 的车：

6.Qf3 黑方无法用任何方式保护 a8 的车，开局便直接丢子。

习题：白方的马在被黑方攻击，但白方在此反而可以得子，你能发现黑方的问题吗？

8.

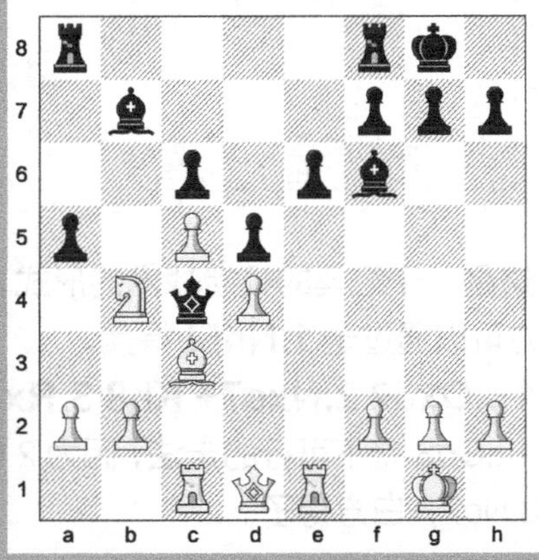

顿挫战术 (Intermediate Move/Zwischenzug)

顿挫战术，也叫过渡着战术，指的是在一个看似理所当然的走法顺序中插入一步在其他地方造成的进攻，并且这一进攻会打乱当前正常的走法顺序，从而使得对手损失子力的情况。这一战术时常是在交换子力的过程中间产生的。

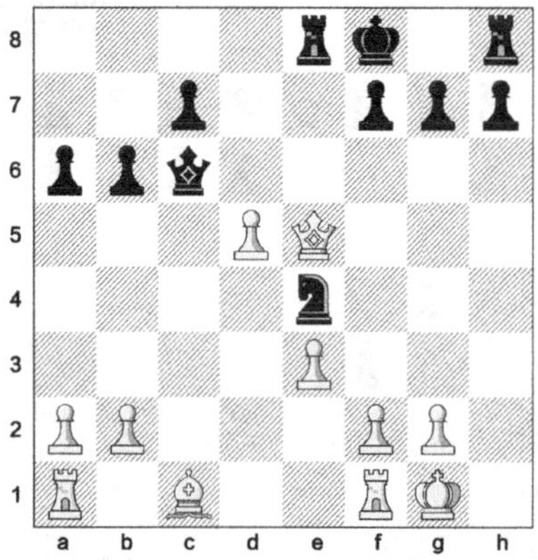

用受攻棋子进行反击是顿挫的关键

这一局面向我们展示的是一种最简单的顿挫战术的形式，此时白方和黑方均在攻击对方的后，但白方可以通过一种走法得子：**1.Qxe4!**。白方在吃后之前用自己的后反吃黑马，这将使得黑方陷入窘境：若是他吃白后，则白方此时再吃黑后，最终得马；而若是他的后逃离白兵的攻击，则白后同样躲避，保持多子优势。

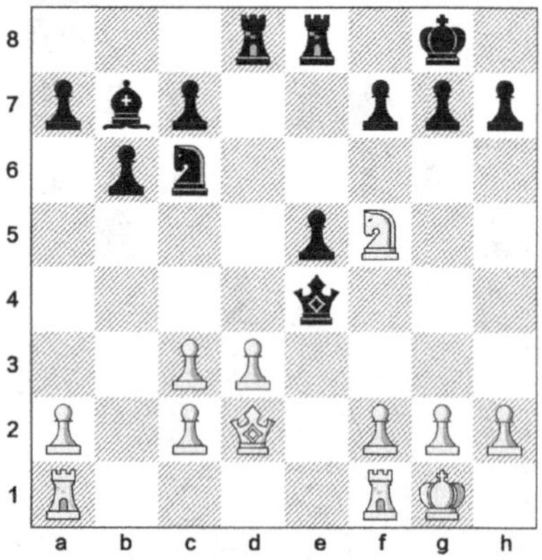

在这一局面中，白方若直接吃后，则他的后同样会暴露在黑车的攻击之下，使双方进行简单的子力交换，不过此时他可以走：**1.Qg5!**。白方躲避了正常的换后走法的过程，同时构成了 Qxg7 的杀王威胁，使得黑方同时面临被杀王和被吃后的两重巨大的威胁中，若他想继续对局，则必然要为防守杀王而损失后。

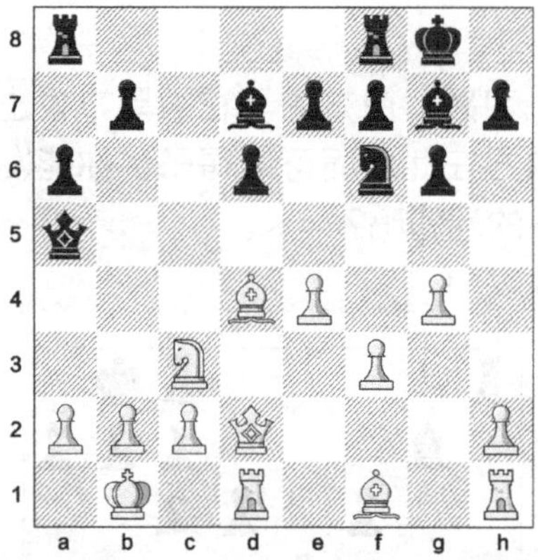

这是一个经典的顿挫战术的形式，此时白方可以通过走 **1.Nd5!** 得兵。

1...Qxd2 2.Nxe7+ Kh8 3.Rxd2

1...Qd8 是不可行的走法，因为 2.Bb6 Qe8 3.Nc7，白方得子。

习题：白方和黑方在互吃对方的车，你有什么办法帮助白方得子吗？

9.

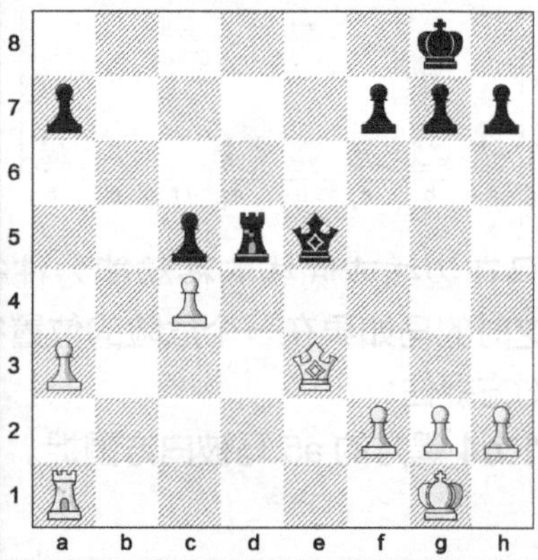

逼走劣着战术 (Zugzwang)

逼走劣着战术在一些书籍中又被叫作迫移或楚茨文克（音译）战术，这一战术在残局出现的概率较大，其原理是利用对手可行走法较少的情况，完全限制所有对手的好棋，在这一情况下轮到对方走棋时，他便只能走出坏棋，导致输掉对局。

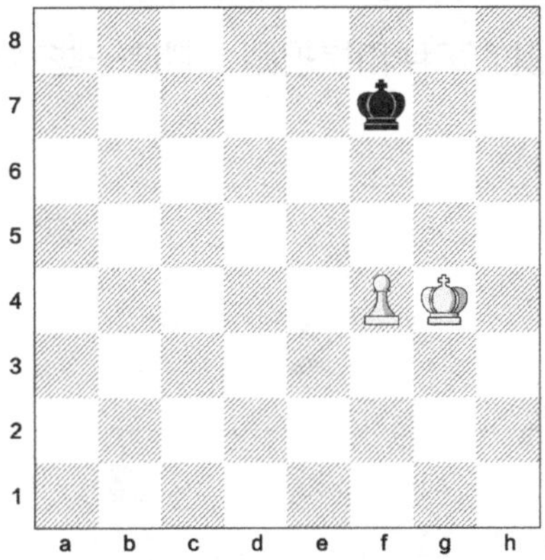

逼走劣着是残局极为重要的战术

这一前文中阐述过的王单兵局面便是一个利用了逼走劣着战术思想来取胜的局面。此时当白王走到 f5 构成对王时，使黑王只能走到更差的位置，让出白王继续入侵的路线，具体的取胜过程，在此不再赘述。（见第 2 章“残局基础知识——王单兵残局”）

摩菲著名的两步杀排局

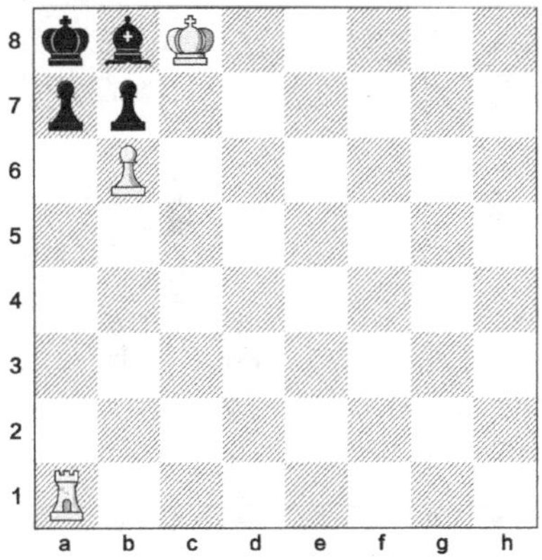

白方此时大优，他运用常规方式也可以赢棋，不过在此他有一种最快的赢棋方式。

1.Ra6!! 消除黑方冲兵 a6 的可能，此时黑象不能移动，因为 Rxa7 是杀王，因此黑方只能走 **1...bxa6，2.b7#** 白方杀王。

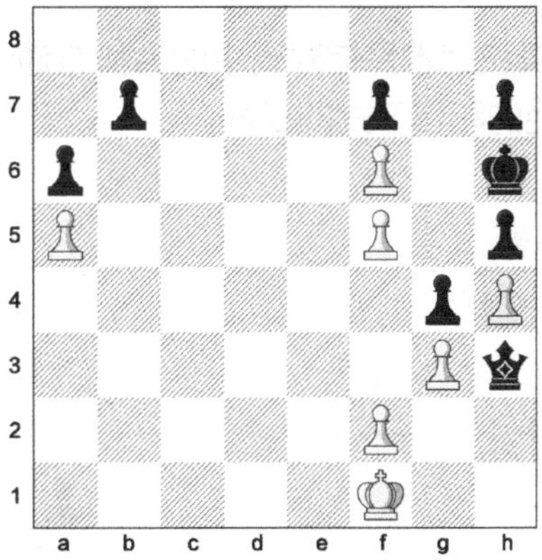

这是一个有趣的局面，虽然在此黑方比白方多后，但此时白方却是可以取胜的！你发现白方的走法了吗?

1.Kg1! 堵住黑后的移动路线，此时黑方只得走 **1...b6** 或 ...b5，此时白方 **2.axb6**。2…a5 3.b7，白兵将升变，之后准备到 f8 格杀王，由于黑王不能移动，黑后也对此无能为力，黑方告负。

习题：这一局面中黑方处于无子可动的局面，而倘若白方象吃兵，则会导致理论和棋（单马对单兵）。发挥想象力，你有什么办法避免和棋甚至帮助白方取胜吗?（提示：将黑王封在 h8 时，单马可以杀王）

10.

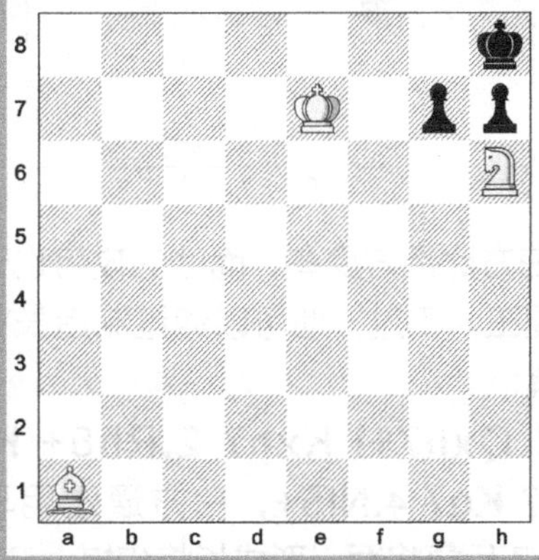

谋和战术

谋和战术是指对局中的劣势方通过利用国际象棋的某种和棋规则，制造一些对方无法拒绝的和棋形式的战术。

制造逼和

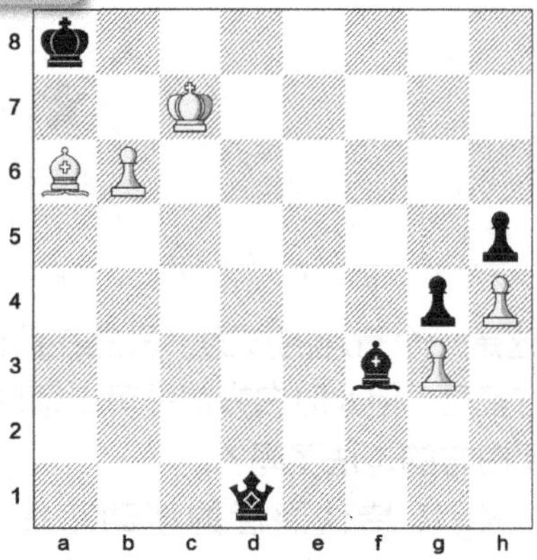

白方此时比黑方少后，处于极大的劣势，但这时他可以走 **1.Bb7+!**，黑方只能 **1...Bxb7** 应将，但这时的局面形成逼和，白方成功守和。

长将作和

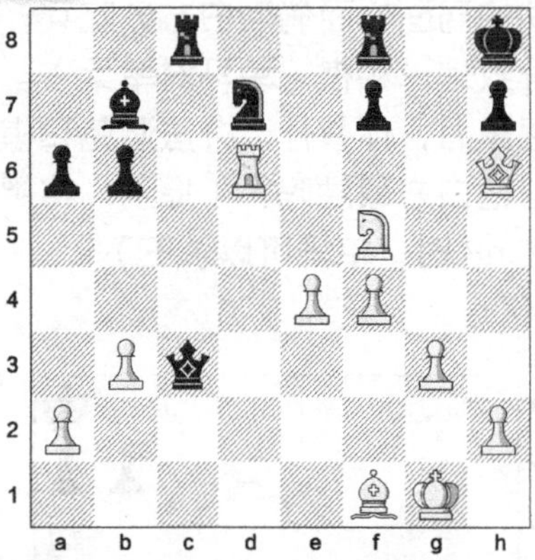

白方比黑方少车，而他的攻势也无法将死黑王。不过，他可以通过制造长将求得和棋：

1.Qxh7+! Kxh7 2.Rh6+ Kg8 3.Ne7 Kg7 4.Nf5+，白方通过用马在 f5 和 e7 反复将军，形成长将和棋。

长捉作和

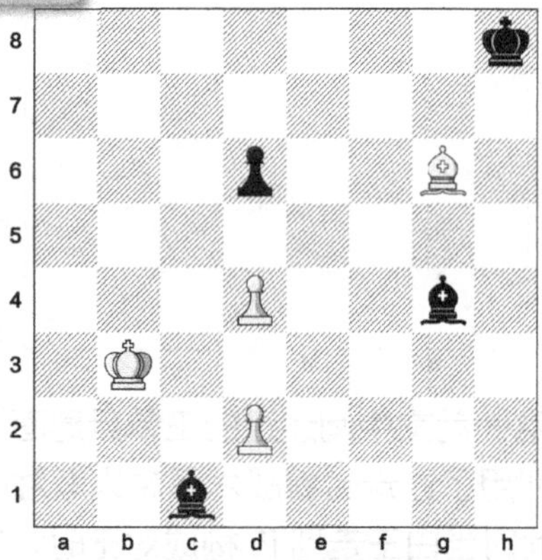

尽管黑方此时比白方多象，但他仍然无法取胜，因为白方可以通过 **1.Kc2 Ba3 2.Kb3 Bc1** 反复捉象，鉴于黑象无法成功解脱白方的连续攻击，若他不希望丢象，局面终将形成三次重复局面和棋。

理论和棋

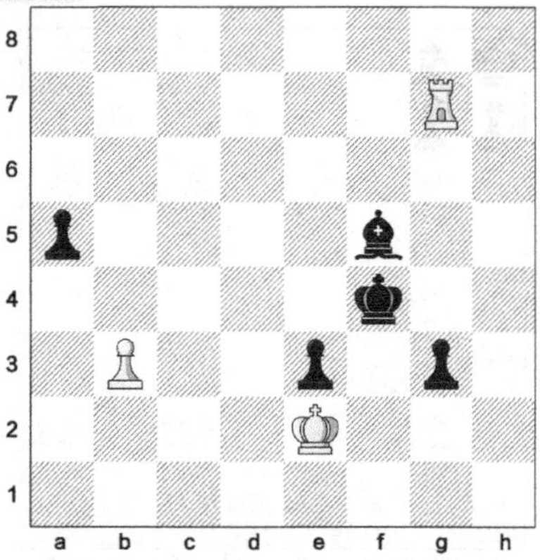

黑方的 g 兵对白方形成了强大的威胁，此时他正准备 Bg4+，之后让 e 兵或 g 兵升变，不过白方还有唯一的一根救命稻草：

1.Rxg3+! 白方弃车，消除黑方的两个通路兵，**1...Kxg3 2.Kxe3**，尽管接下来黑方可以通过 Be6 吃掉白方的 b 兵，但他并不能取胜（原因见下一页）。

堡垒局面 (Fortress)

堡垒局面指的是下棋中的一类进攻方无法突破防守的局面，在此我们对堡垒局面进行一些简单了解即可。堡垒局面在水平一般的棋手的对局中较难遇到，但在高手对局中运用堡垒是一种重要的守和方式。

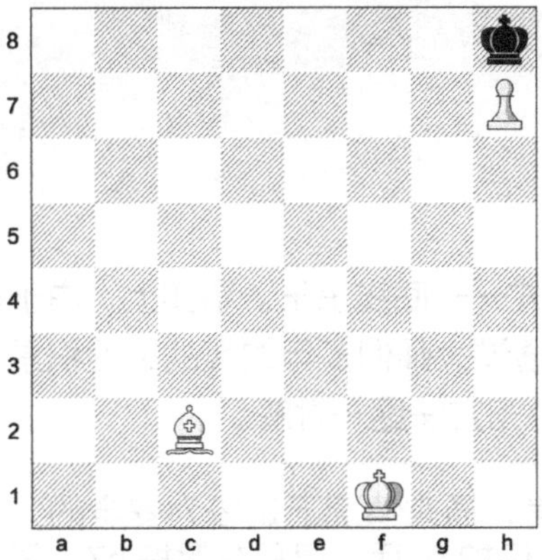

上一页中出现的象兵残局的和棋即是一种堡垒局面。在这一局面里白方无论用任何手段，都无法将黑王驱离棋盘右上角的 h8 和 g7 格，因此对局将以和棋收场。

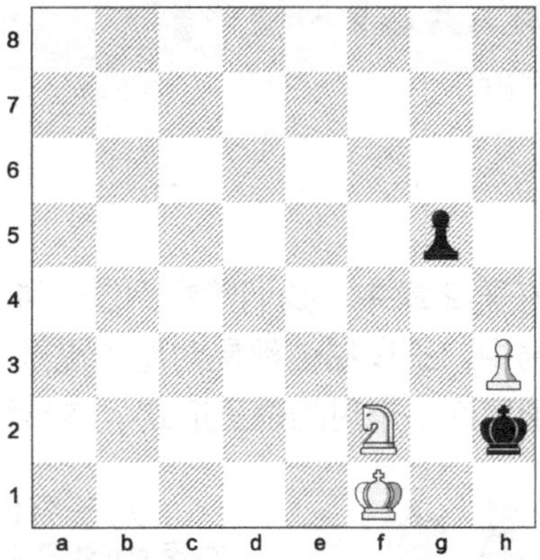

此时的黑王由于攻击了 h3 的兵，使得白马无法移动，因此它可以在 h2、g2、g3 格任意移动。当然，黑方要注意不能让白王走到 f3 或 g1，即白王在 e2 或 e3 时，黑王必须在 g2 或 g3；白王在 f1 时，黑王必须在h2。在这一情况下，白方便无法取胜。

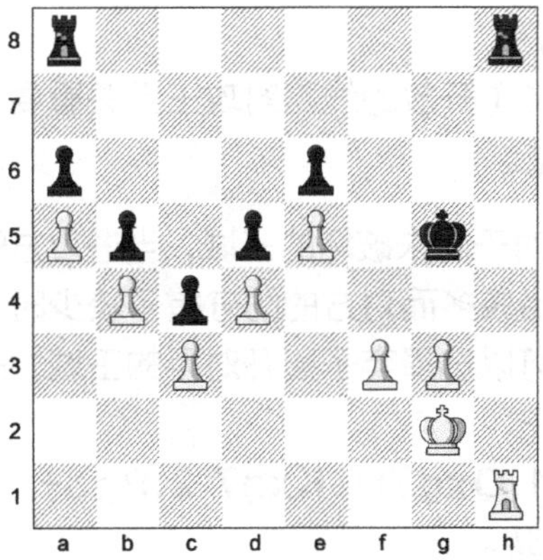

白方比黑方少车，然而在此他可以守得和棋：

1.Rxh8 Rxh8 2.Kg1 Rh3 3.Kg2， 尽管黑方多车，但他的王和车都无法有效攻击白方的兵，因此局面为和棋。

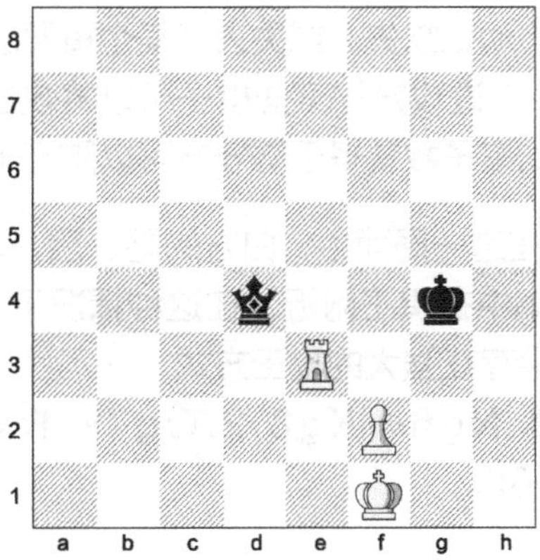

这是一个经典的堡垒局面，白方的车由于受到白兵的有效保护，使得黑王无法切入到第 1 和第 2 横线，而黑方的单后并不能构成杀王，故而这一局面同样为和棋。

如何练好和棋战术

和棋战术是与其他战术形式完全不同的一种战术类型，要想运用好和棋战术，使自己在极度劣势时仍有一线生机，这首先需要我们对于各种和棋规则了如指掌，并且我们要在不断的学习中不断认识和熟悉各种类型的和棋局面；其次，我们要在对局中有不放弃的心态，等待对手在优势时可能麻痹大意的情况，伺机巧妙运用和棋战术挽救危局。

杀王战术

在第 2 章中，我们曾看到过一种常见的杀王形式——底线杀王。事实上，由于在多数对局中，王车易位都是对局中需要走出的走法，通过大师们多年的实战经验积累，人们发现了许多常见的杀王形式。本节我们将对这些杀王方法逐一讲解。

对于易位后的王城而言，通常情况下是较为安全的，例如左图中的黑方王城：黑车在保护 f7 兵，黑马在保护 h7，同时也可以阻挡斜线对 g7 兵的威胁。

攻王成功的基本条件

因此，进攻方若想成功攻破对手的王城，通常需要有两个基本条件：

1）对手的王城有一定程度的削弱：可能是王前的 3 个兵出现了移动或缺失，或失去了某个重要的守卫王的棋子；

2）进攻方的某些棋子可以将攻击方向对准王城（开放的线路对攻王至关重要），攻王的棋子数量多于防守方可以防守王城的棋子数量。

在这一局面中，白方的马、后、车均已经集中在黑王附近，在这种情况下，通常都会存在强大的攻王方式：

1.Ng6+ Kg8 2.Qg7+ Rxg7 3.Nh6#。

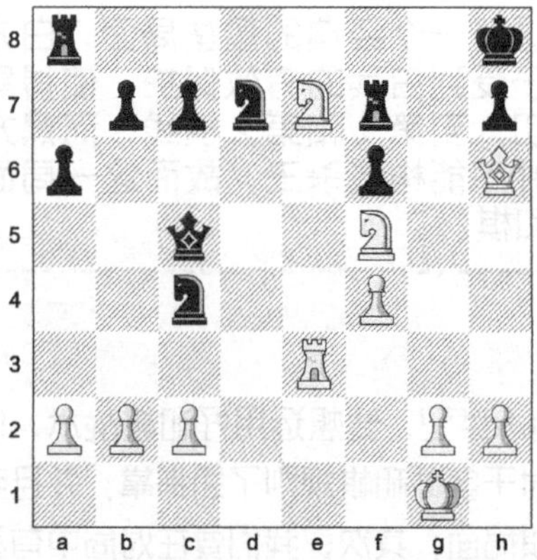

对于尚未破坏的王城，当进攻方的子力数量较多而对方的防守棋子较少时，他甚至可以选择弃子轰开对手的王城，来制造杀王：

1.Qxg7!+ Kxg7 2.Rg5+ Kh8 3.Bf6#。

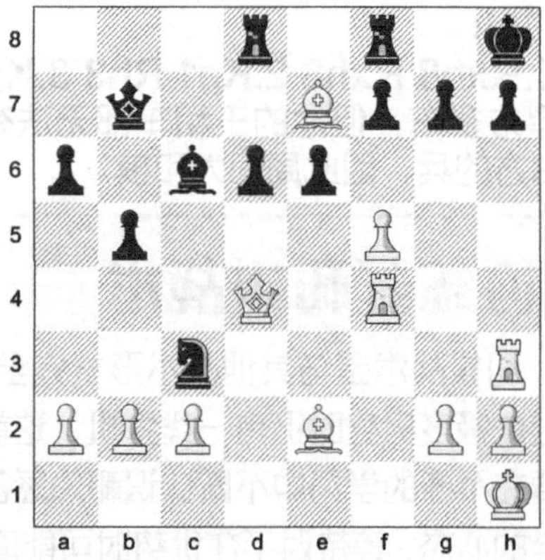

阿纳斯塔西娅杀法 (Anastasia’s Mate)

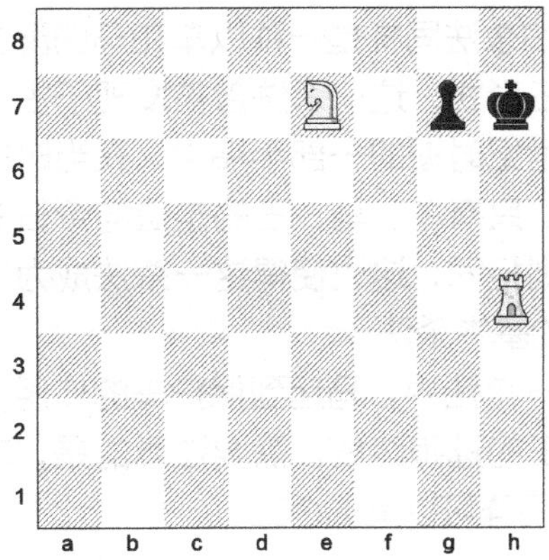

这一杀法因德国小说家威廉·海因泽在他的小说《阿纳斯塔西娅与国际象棋》中得到引用而得名。这一杀法的原型是利用车马配合构成的一种杀王形式，在实战中，通常需要在之前一步在 h7 格弃子将军来创造这一杀法。

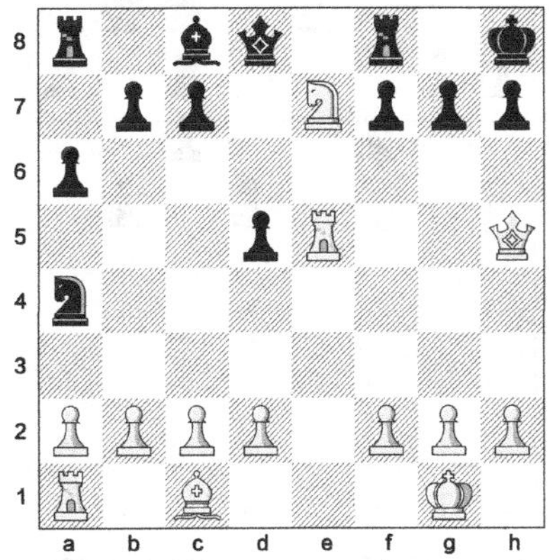

黑方刚刚冲兵 **1...d5??**，在白方 **2.Qxh7+** 之后即刻认输，因为 **2...Kxh7 3.Rh5#**。

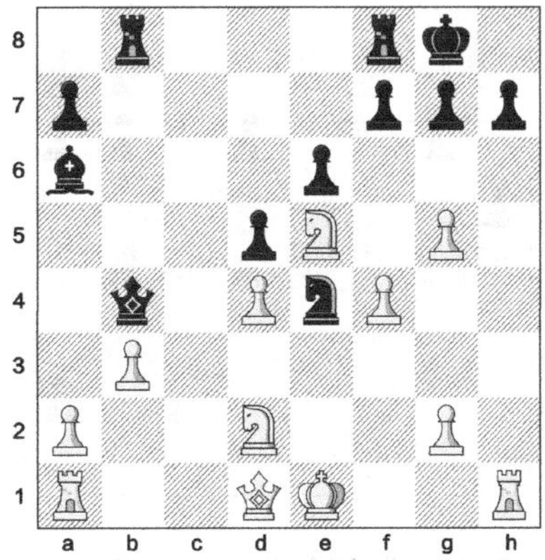

白方此时走了 **1.Nc6** 攻击黑后和黑车，黑方反以 **1...Qc3** 回应，捉马同时威胁...Qg3# 杀王。

白方走错了吗？并非如此，事实上犯错的是黑方，他完全忽视了白方的杀法：**2.Ne7+ Kh8 3.Rxh7+**。黑方认输，若对局继续，将是 **3...Kxh7 4.Qh5#**。

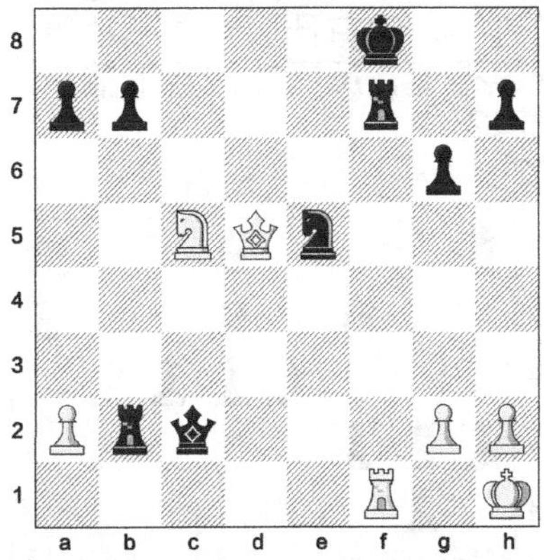

每一种杀王形式，都可能以不同方式展现出来，在此白方可走 **1.Qd8+ Kg7 2.Ne6 Kh6 3.Qh4#**，杀王。

习题：黑方刚刚走了 1...Qxc4 吃兵同时捉马，从子力数量上看白方处于很大的劣势，你有什么办法让白方反败为胜吗？

11.

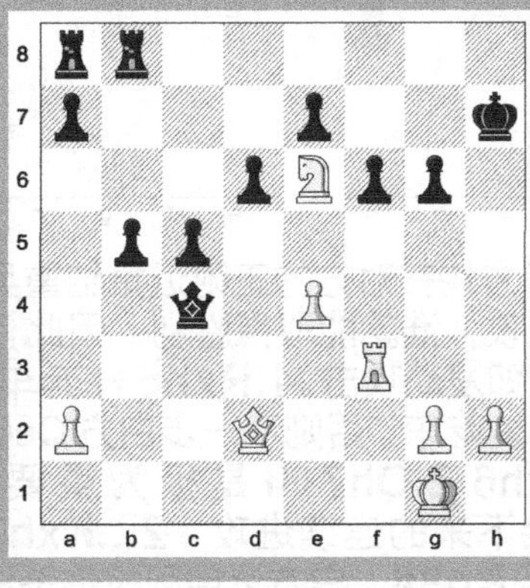

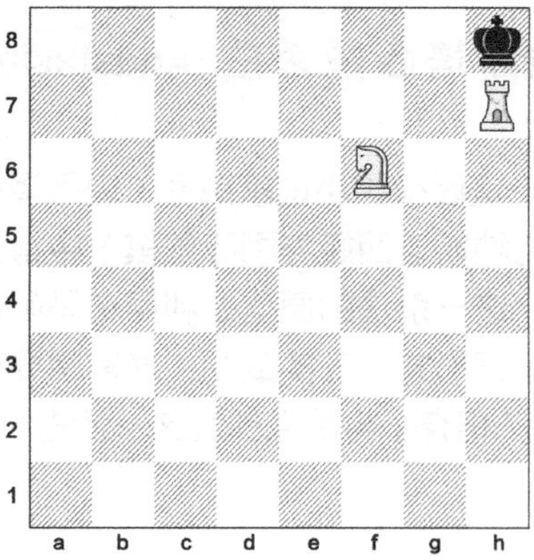

阿拉伯杀法 (Arabian Mate)

阿拉伯杀法同样是一种以车和马的配合为原型的杀王形式，这一杀法曾被发现于古阿拉伯公元 8 世纪时期的一部手稿中。在当时的走法规则里，只有车、马、王的走法与今日的国际象棋规则相同，这也使得这一杀法成为了历史最古老的基本杀法。

在这一杀法中，马起到保护车的作用，同时守住了王的逃跑路线。需要注意的是，车若是在 g8，同样可以造成杀王。

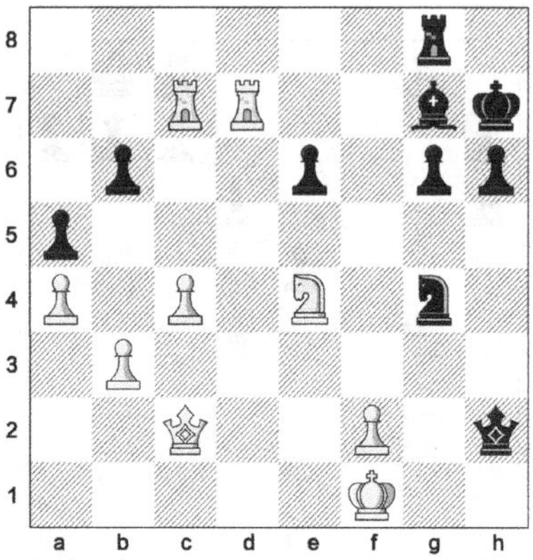

白王的位置不是很安全，黑方发现 c2 的后没有受到保护，走了 **1...Ne3+** 击双，**2.fxe3 Nxc2**，他认为自己得后并将要胜利了。

然而，他实际上落入了白方的圈套。**3.Rxg7+!**，黑方只能走 **3...Rxg7**，这时 **4.Nf6+ Kh8 5.Rc8+ Rg8 6.Rxg8#**，白胜。

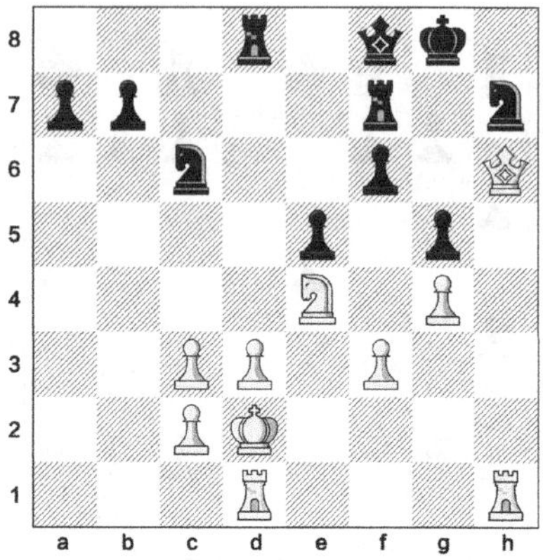

在这一局面中，黑马和黑车都有着非常重要的防御任务——黑马需要阻挡白后可能到 h8 的杀王，黑车则需要保护黑马，于是 **1.Nxf6+!**，黑方只能走 **1...Kh8，2.Qxh7+ Rxh7 3.Rxh7#** 白方杀王。在实际对局中，h7 格是黑兵的情况较为常见，但并不改变白方的进攻效果。

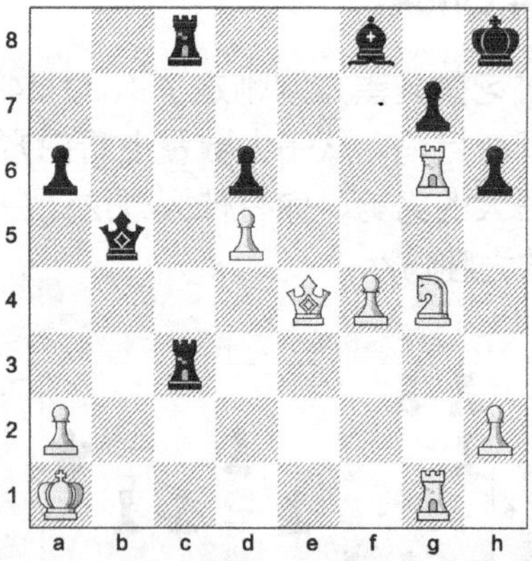

双方均在对方的王附近集结重兵，谁先能连续进攻，谁就能取得胜利。因此，白方这时需要立即发动攻击。**1.Rxh6+!** 弃车开辟 g 线，黑方只能吃车，否则下一步白方 Qe6 是杀王。**1...gxh6 2.Qh7+!!** 是极为重要的一步，引导接下来的连续进攻，**2...Kxh7 3.Nf6+ Kh8 4.Rg8#**，白方运用阿拉伯杀法取胜。

习题：黑方刚刚走了 **1...Be8** 捉后，这时的白后看起来已经无路可逃了。你有什么办法不让黑方的计谋得逞，反而让他吞下输棋的苦果吗？

12.

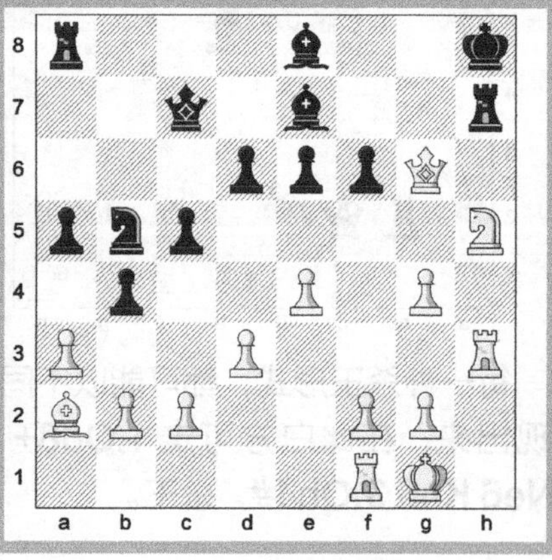

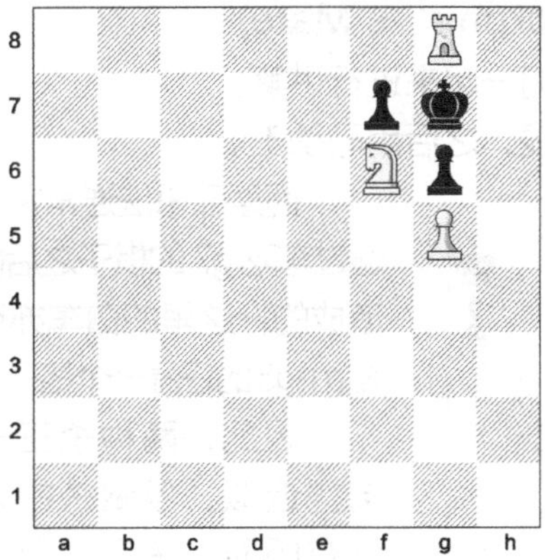

鱼钩杀法 (Hook Mate)

这一杀法的原型得名于它的形态，白兵保护白马，白马则保护白车的同时控制 h7 格，使白车可以从王的后面造成杀王，形态就像是一个鱼钩。另一种杀王形式是，f8 有一个黑车，此时白车在 h7 也是杀王。

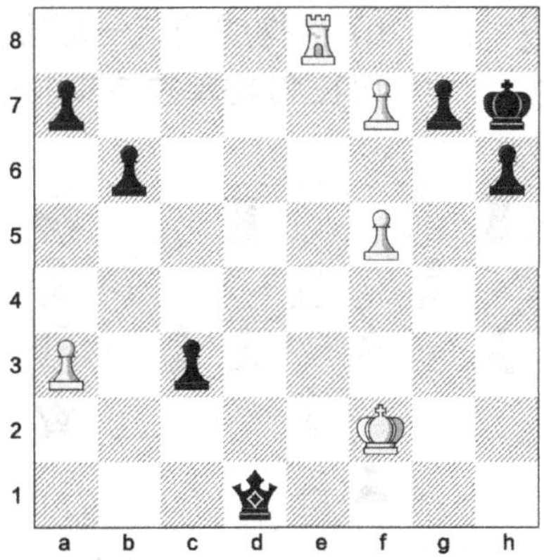

这是历史上的一个著名局面，白方是 20 世纪早期的美国著名棋手马绍尔。这时白方若直接升变，则黑方可以利用后的将军长将和棋。然而，**1.f8=N+!** 升变成马，此时无论黑方怎样走，都无法避免被白方杀王，**1...Kg8 2.Ng6+**，如果 **2...Kf7**，则 3.Rf8# 杀王，若是 2...Kh7，那么 3.Rh8#。

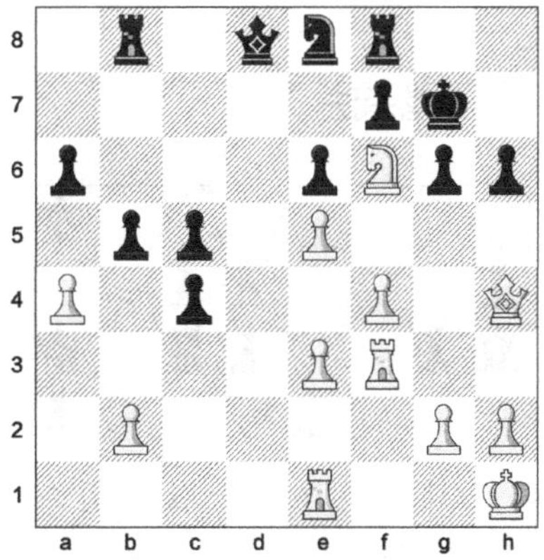

黑方准备换掉 f6 的白马，从而消除白方的攻势，但如之前的阿纳斯塔西娅杀法一样，白方在此同样可以弃后杀王：**1.Qxh6+! Kxh6 2.Rh3+ Kg7 3.Rh7#。**

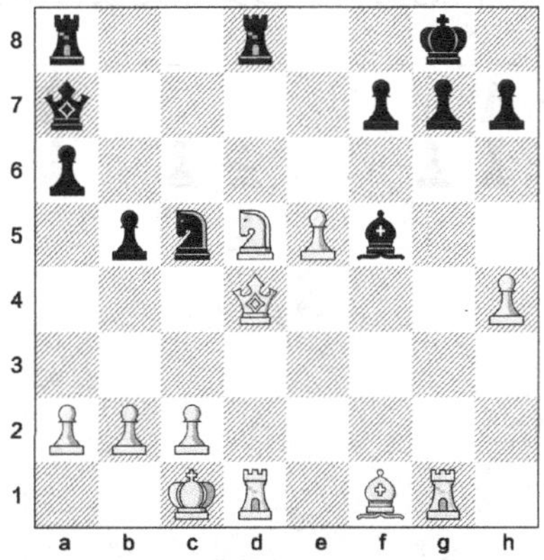

黑方走了 **1...Rfd8??**，试图牵制白方的 d5 马，然而这是一步严重的错着：**2.Nf6+ Kf8 3.Qxd8+ Rxd8 4.Rxd8 Ke7 5.Re8#。**

习题：看起来黑马在这里发挥了很重要的防守作用，你有什么办法帮助白方取得胜利吗？

13.

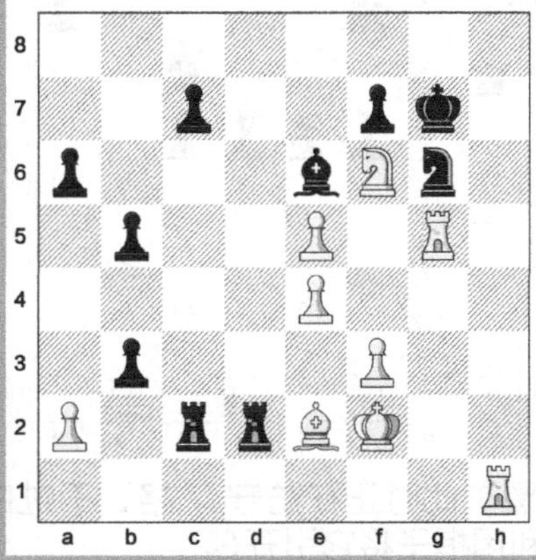

角落杀法与摩菲杀法 (Corner Mate & Morphy’s Mate)

这两种杀法由于有着近似的杀王结构，所以我们一起来进行讲解。

角落杀法中，白方首先用车控制黑王的逃跑路线，之后用马杀王。

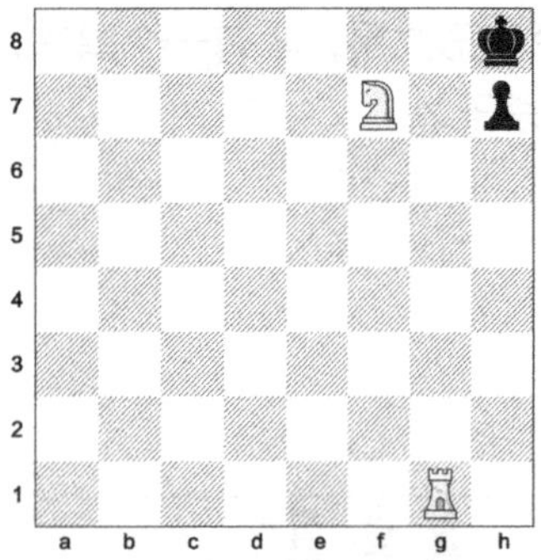

角落杀法

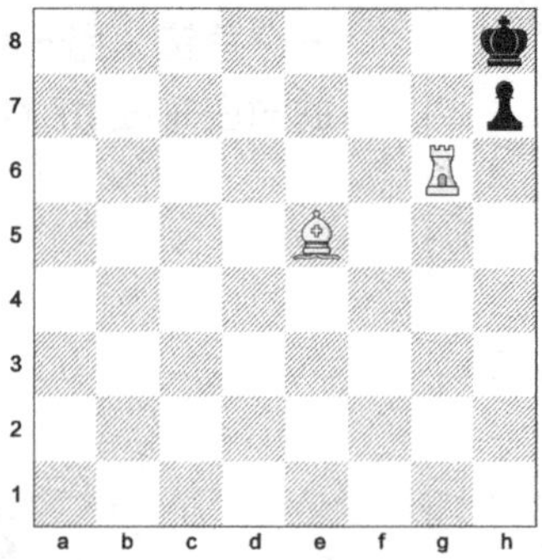

摩菲杀法

而摩菲杀法通常是白方通过车吃g7的棋子之后闪将造成的，这里的白车亦可以在g1-g5的任意一个格子上。

因此，两种杀王虽然结构近似，但做杀的方式仍有明显的差别。另外值得一提的是，对于黑王和h7兵构成的这一形态，后可在f8格单独造成杀王。

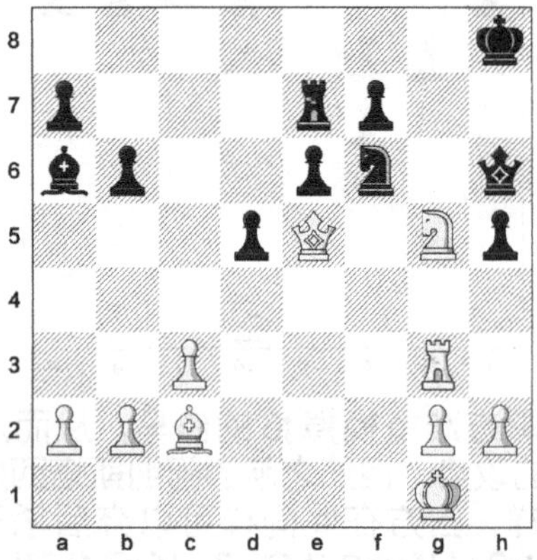

仔细观察可以发现，h7格被c2的象所控制，符合角落杀法的基本条件，而f7兵只有黑车在防守，于是白方可以走 **1.Qb8+Ne8 2.Qxe8+ Rxe8 3.Nf7#** 杀王。

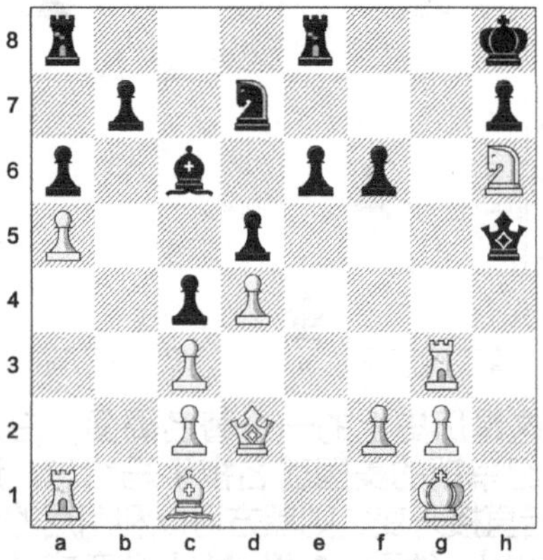

在这一局面中，白方若能走Nf7便可杀王，不过f7格此时正在被黑后控制，白方应该怎么办呢？

1.Qe2! 用白后直接攻击黑后，黑方无力维持对f7格的防御，若要避免被将杀，只能丢后。

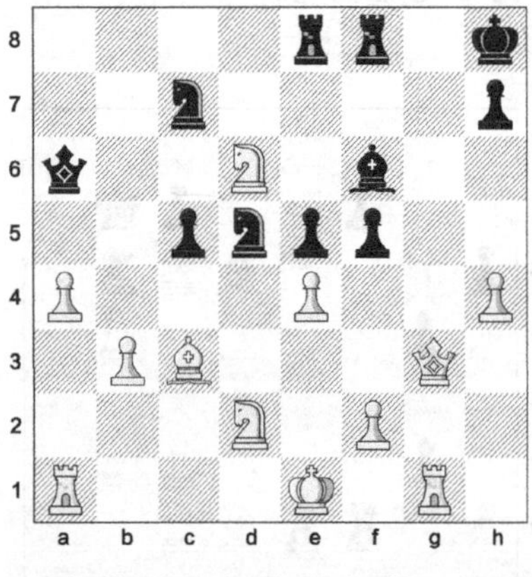

黑车此时正在防守f7格，不过白方可以利用棋子将它引开：

1.Qg8+! Rxg8 2.Nf7#，白胜。

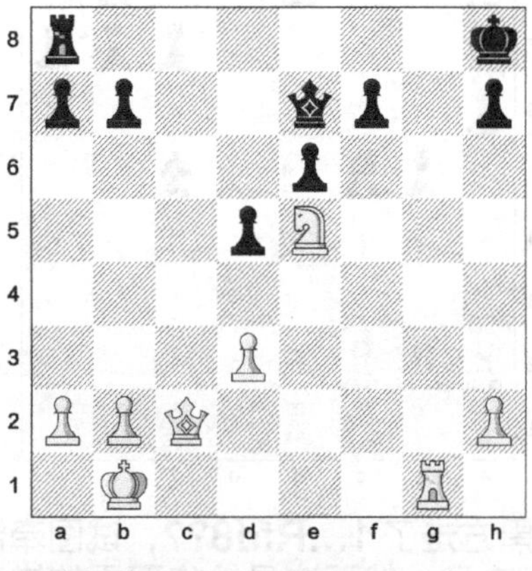

另一种角落杀法的运用形式，白方不光可以用马杀王，从斜线将军做杀同样是可行的：

1.Nxf7+ Qxf7 2.Qc3+，无论黑方如何阻挡都不能避免白方的杀王。

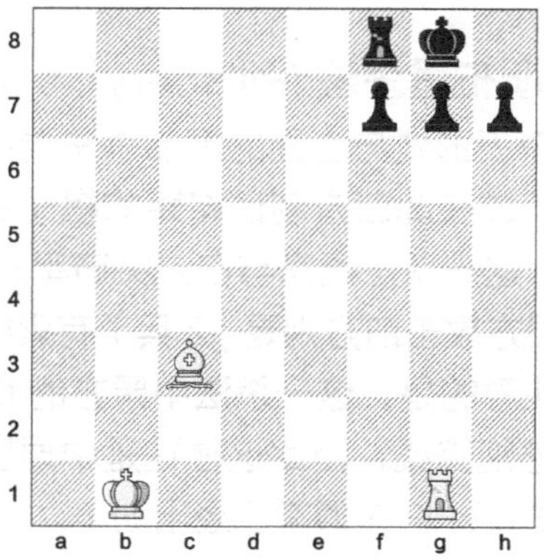

上图的形态是摩菲杀法在实战中的基本形式，白方可以五步杀王：

1.Rxg7+ Kh8 2.Rxf7! 重要的一步，消除黑方可能的 f6 垫将手段，**2...Kg8 3.Rg7+ Kh8 4.Rg6+ Rf6 5.Bxf6#** 。白胜。

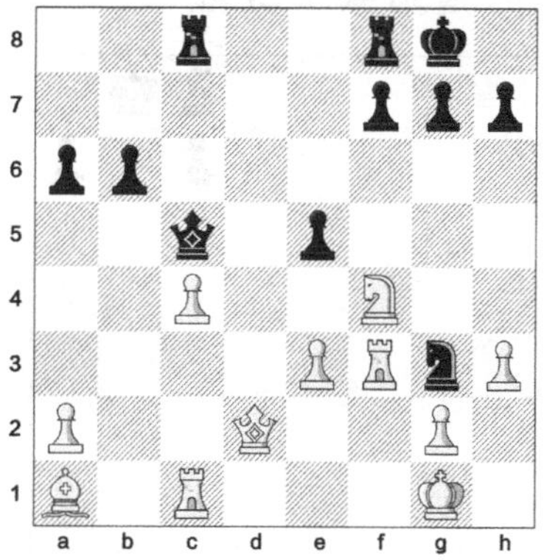

白方在此走 **1.Rxg3** 得子，使得黑方无法走 **1...exf4** 反吃马，因为 **2.Rxg7** 白方可执行摩菲杀法取胜。

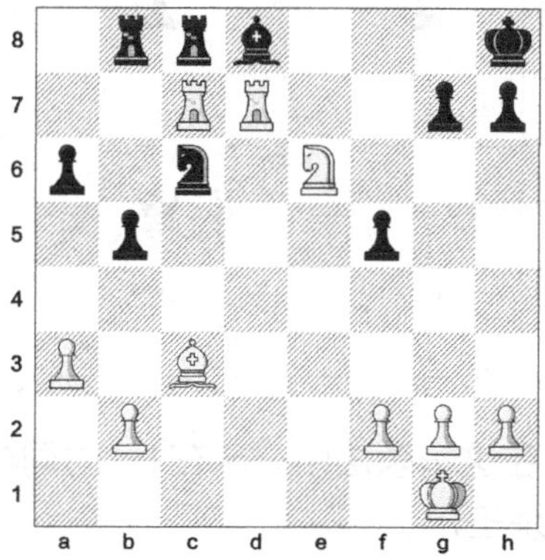

白方的 c7 车被困住了，难道他必须要和黑方换车吗？并非如此，注意到 c3 的象，我们便可发现制造摩菲杀法的方式：

1.Rxg7! 白方无视黑方捉车的威胁，准备接下来 Rxh7+ 再 Rh8 杀王。黑方只能 **1...Bxc7**，但是 **2.Rxc7+ Nd4 3.Bxd4+ Kg8 4.Rg7+ Kh8 5.Rg6#**，白胜。

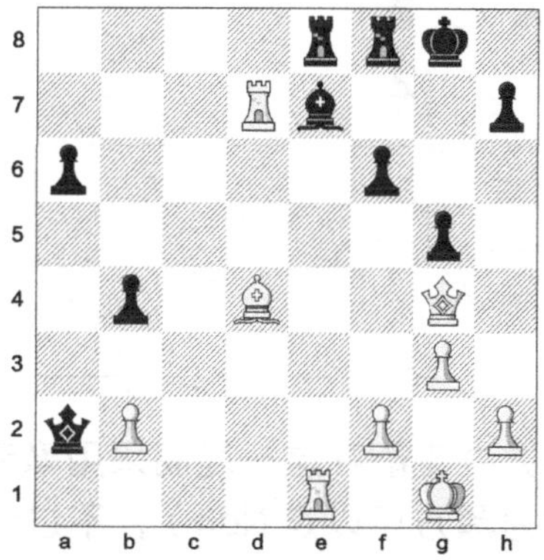

这是中国特级大师李荻 2019 年的一盘对局，黑方此时走了 **1...Bd8** 试图和他进行子力交换，这时他发现了局面中隐藏的摩菲杀法：**2.Qxg5+!**，黑方不得不吃后，**2...fxg5 3.Rg7+ Kh8 4.Rg6+** 黑方认输，因为 **4...Bf6 5.Bxf6+ Rxf6 6.Rxe8+**，即将杀王。

习题

14.

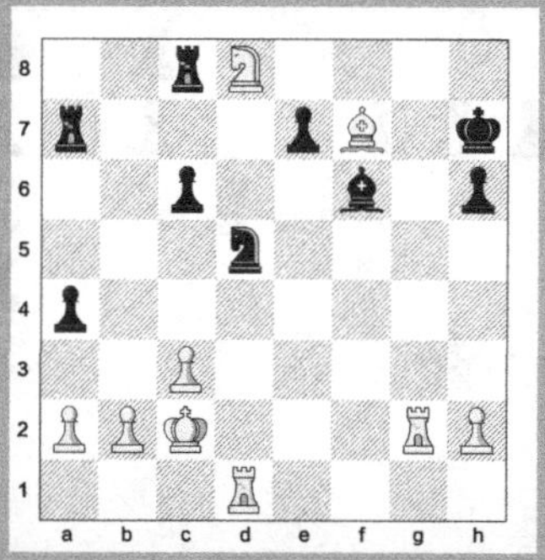

黑方的王看似可以在 h7 或 h8 格安全地躲避，你有什么办法杀王吗？

15.

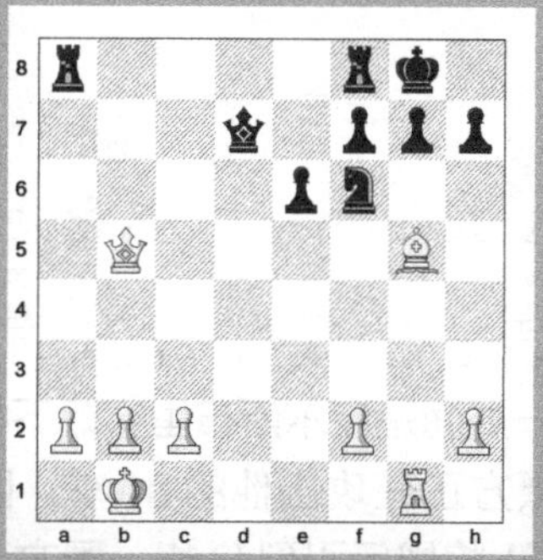

黑方此时正在准备和白方换后，但是他的马似乎不是很安全，你有没有什么办法无视他的吃后威胁，而对他的王构成致命的进攻呢？

皮尔斯布里杀法 (Pillsbury’s Mate)

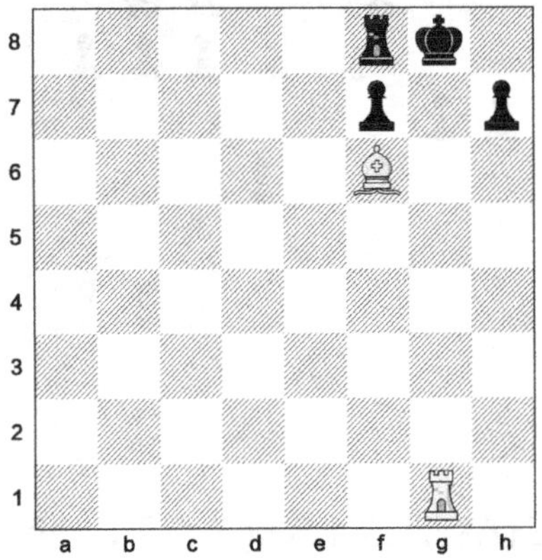

这一杀王形式与上面的摩菲杀法看起来非常相似，不过在此白方制造将军的棋子是车，而不是象。这一杀法通常与白方突破黑方的 g7 兵（若是黑方攻击白方则是 g2 兵）有紧密的关联。需要注意的是，这一杀法中黑方的 f8 车阻挡了王的逃跑路线，因此这往往是中局里运用的杀法（残局时 f8 车通常已经出动）。

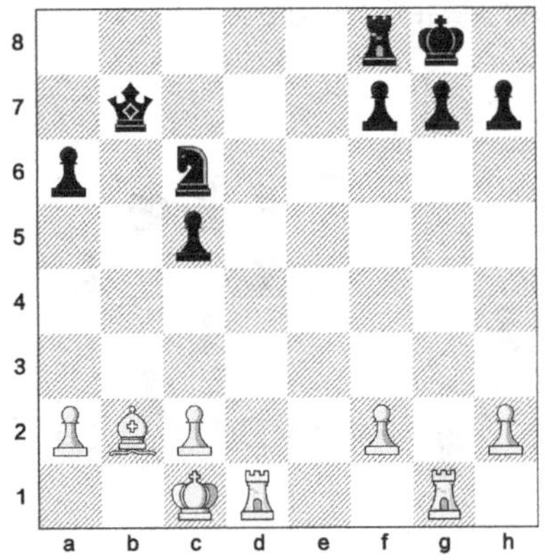

白方并不能在这一局面采用摩菲杀法（因为黑方可以走 Nd4），不过他可以采用皮尔斯布里杀法：

1.Rxg7+ Kh8 2.Rg8+! 用双将把王引回到 g8 格，**2...Kg8 3.Rg1#**，白胜。

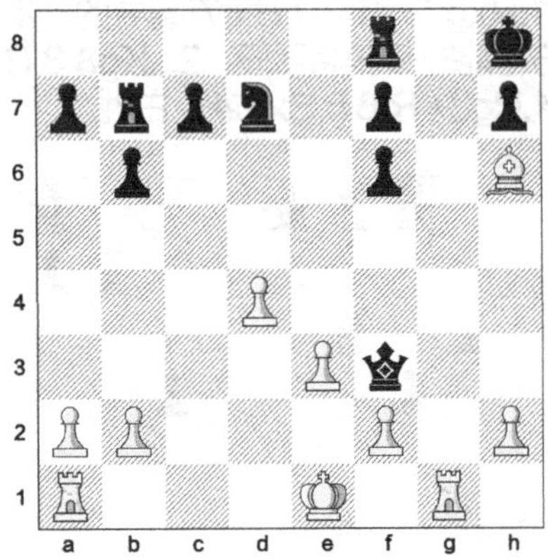

在这一杀法中，象在 h6 时同样可以构成杀王：

1.Bg7+ Kg8 2.Bxf6+ Qg4 3.Rxg4#。

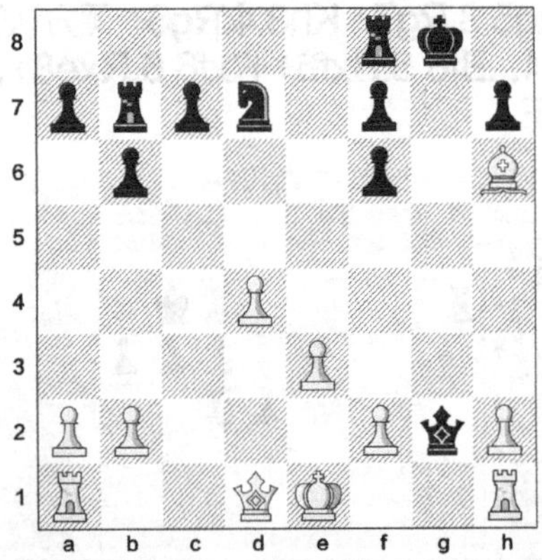

这一局面是皮尔斯布里实际下棋中出现的情况，黑方正在攻击他的 h1 车，因此，他走了 **1.Qf3!** 将黑后引到 f3 格，黑方若退后白方可以吃掉 f8 的车。**1...Qxf3 2.Rb1 Kh8** 形成上面的局面，白方可以杀王。

习题：白方此时并不能利用上述杀法，找出其中的原因并巧妙应对，使白方可以在接下来制造杀王。

16.

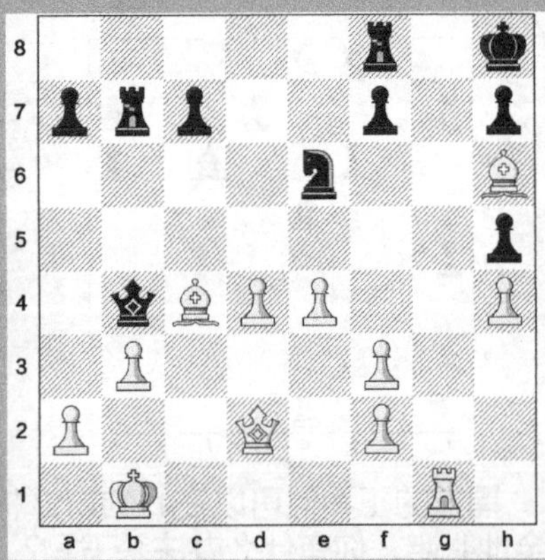

歌剧院杀法与玛耶特杀法 (Opera Mate/ Mayet’s Mate)

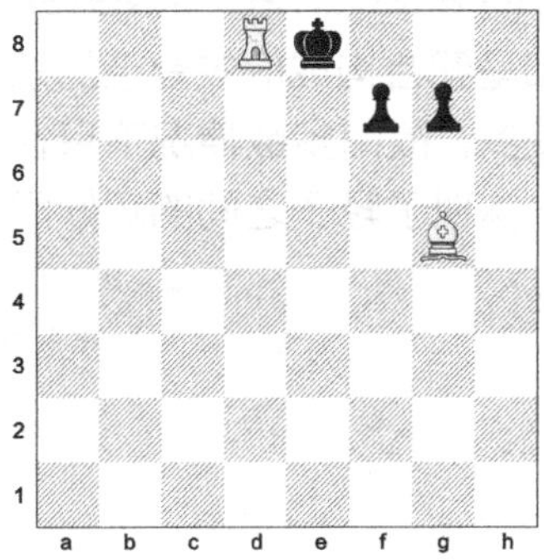

歌剧院杀法

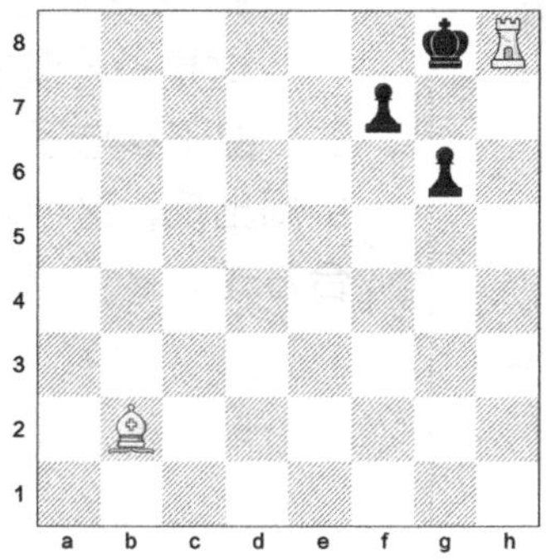

玛耶特杀法

这两种杀法均是车象配合的形式，本质上没有任何区别，之所以前者叫歌剧院杀法，是因为这是19世纪的著名棋手摩菲在歌剧院与两位贵族所下的著名对局中流传下来的。

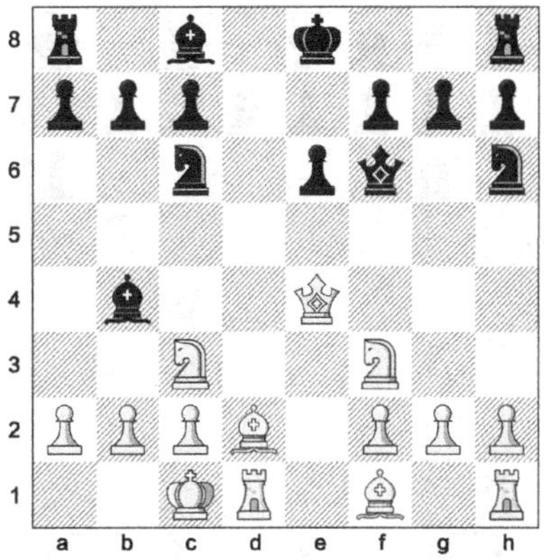

白方在此可以利用如上的斜线，来制造一个强大的战术：**1.Bg5** 白方用象捉后，**1...Qg6**，此时的d8格被黑马保护，因此**2.Qxc6+! bxc6 3.Rd8#**，白方构成杀王。

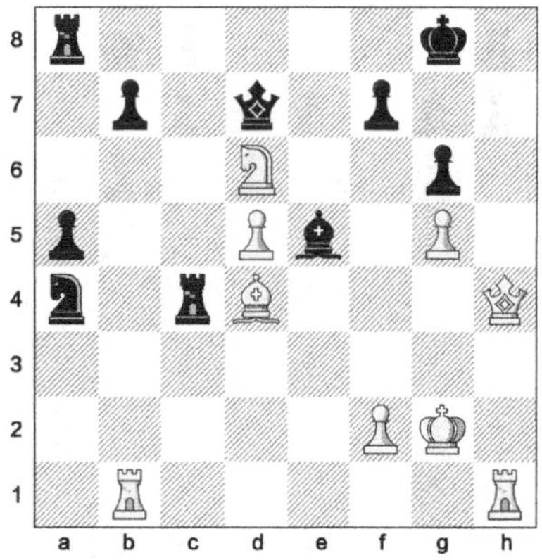

白方已经形成了斜线和直线的配合，因此他可以直接：1.Qh8+ Bxh8 2.Rxh8#。

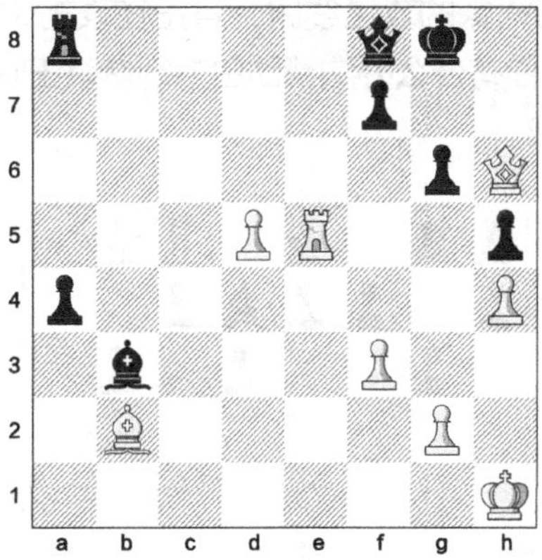

这是一种经典的利用双将构成的杀王配合：

1.Qh8+！ Kxh8 2.Rxh5+ Kg8 3.Rh8#。

习题：结合左图思考，白方如何才能将死黑王？

17.

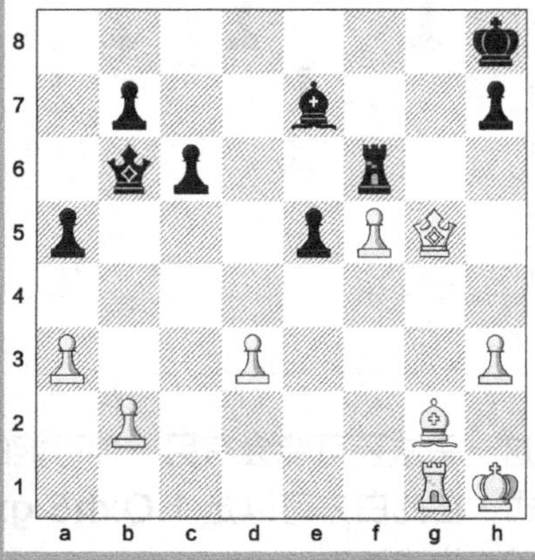

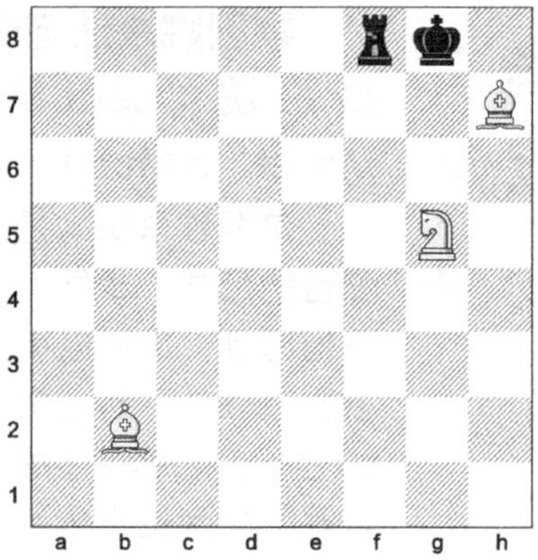

布莱克本杀法（Blackburne’s Mate）

这是一种双象和马配合构成的较复杂的杀法，由于参与子力较多，故而多数情况下只在中局出现，这种杀法体现了轻子之间的巧妙配合方式。

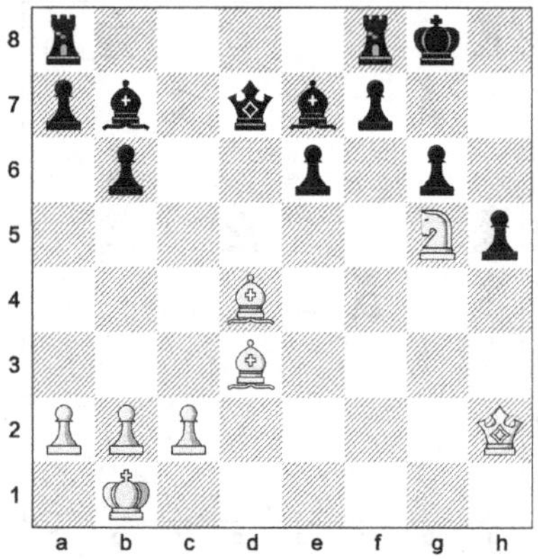

这一杀法通常是由一个弃子破坏黑方的王前兵形而产生的：

1.Qxh5 gxh5，由于威胁 h7 和 h8 格的两个杀王，黑方必须吃后，但这便会导致上述杀法，**2.Bh7#**。

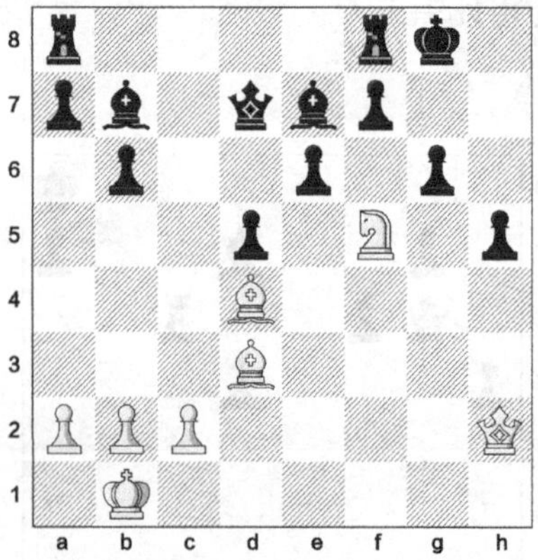

这一杀法还可能会有另一种可能的表现形式，在此白方可以走 **1.Qxh5 gxh5 2.Nh6#** 构成杀王。

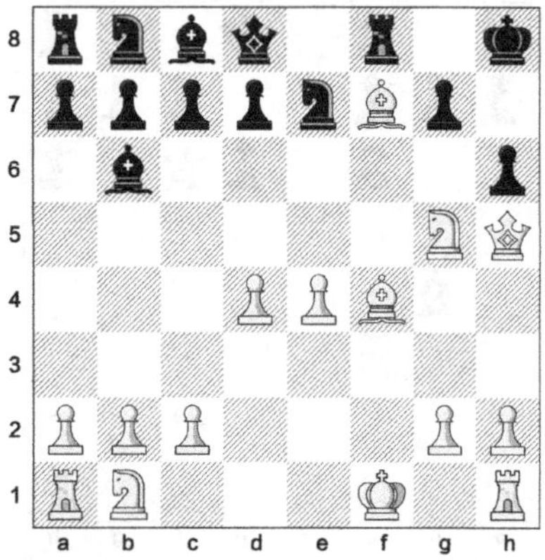

此时白方的白格象在另一条线路上，但这并不会改变黑王的命运：

1.Qxh6+ gxh6 2.Be5#，白胜。

习题：看起来黑方的 g6 兵阻挡了白方白格象的攻击线路，且正在攻击 f6 的象，你有什么办法帮助白方制造杀王吗？

18.

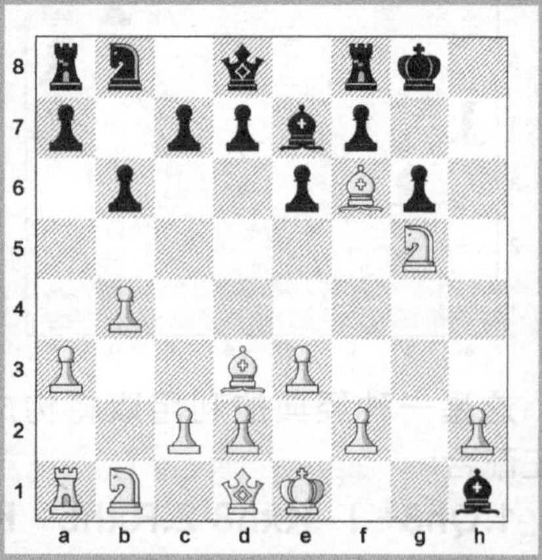

博登杀法与巴莱斯特拉杀法 (Boden’s Mate & Balestra Mate)

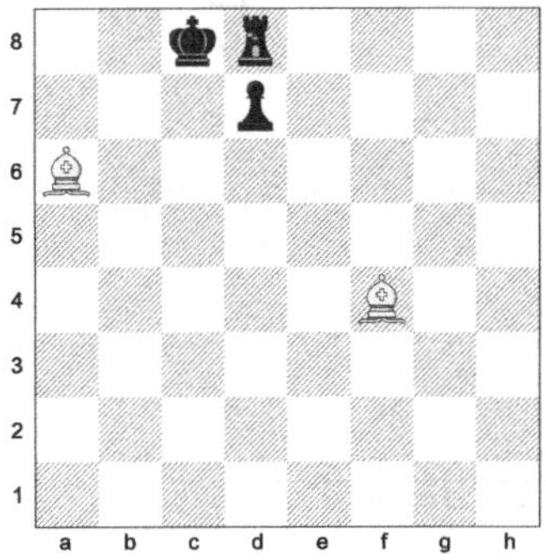

博登杀法

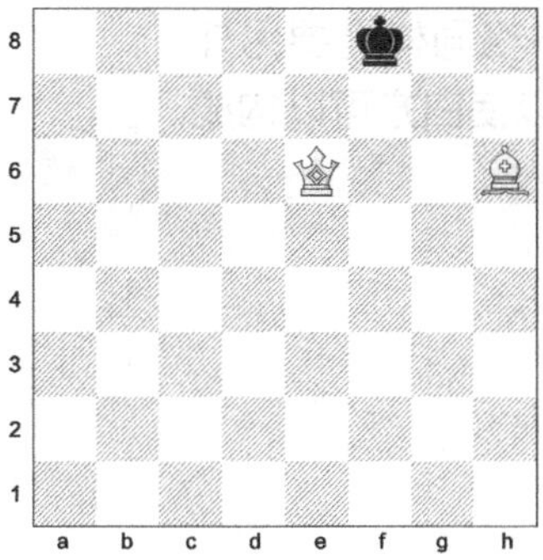

巴莱斯特拉杀法

这两种杀法为双象或后象利用交叉的斜线构成，其中，博登杀法以针对长易位后的王更为多见。

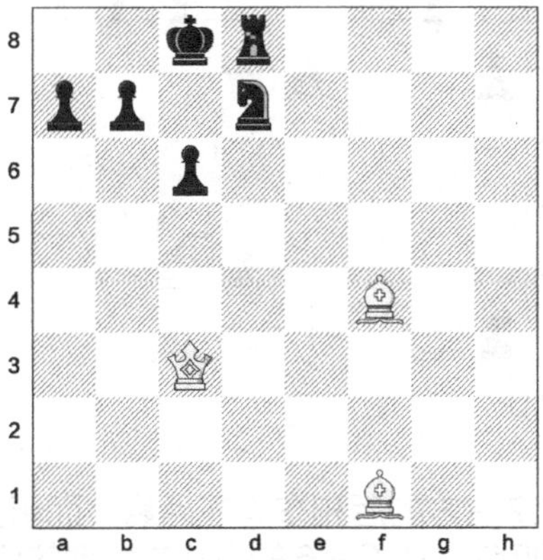

博登杀法在实战中通常也是由一个弃子破坏王前兵形而产生的：**1.Qxc6+! bxc6 2.Ba6#**。从这一杀法我们可以看出，若黑方 c 兵移动过，这时长易位容易导致严重的问题。

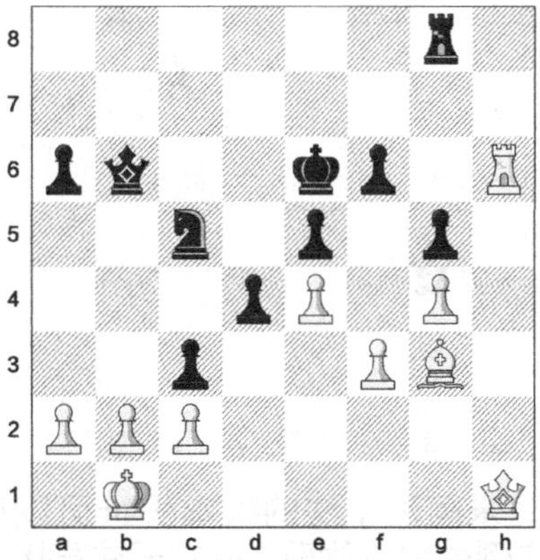

白方已经牢牢控制了 h 线，但他有没有办法对黑方展开进攻呢？答案是有的：

1.Rxf6+ Kxf6 2.Qh6+ Rg6 为了避免丢后黑方只能垫车，**3.Qf8+ Ke6 4.Qe8+ Kd6 5.Bxe5#**。

习题

19.

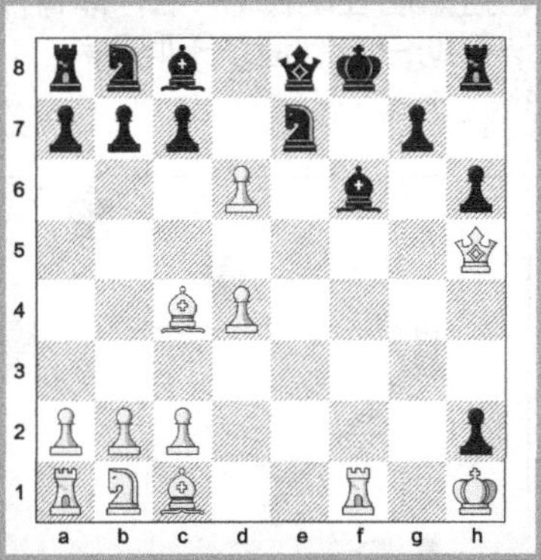

黑方的开局出现了很严重的问题，此时他并没有成功地将王躲到安全的角落，并且 f 线的白车可以对他发动强大的攻击，仔细观察一下，白方有没有办法在几步之内将死黑王？

20.

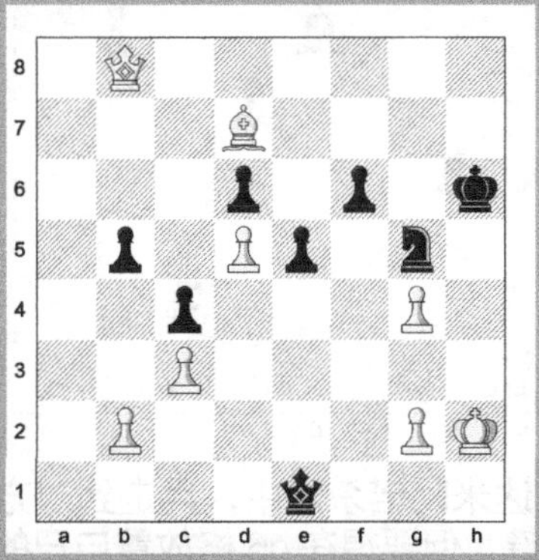

双方均在向对手的王发动进攻，你能不能帮助白方抢先一步发起攻势并取得胜利呢？

达米阿诺杀法 (Damiano’s Mate)

达米阿诺杀法是利用对于 f7 和 h7 格的控制构成的杀法，在这一杀法中 f8 格同样需要另外的攻击，或黑方棋子的阻挡，以使白方可以构成杀王。

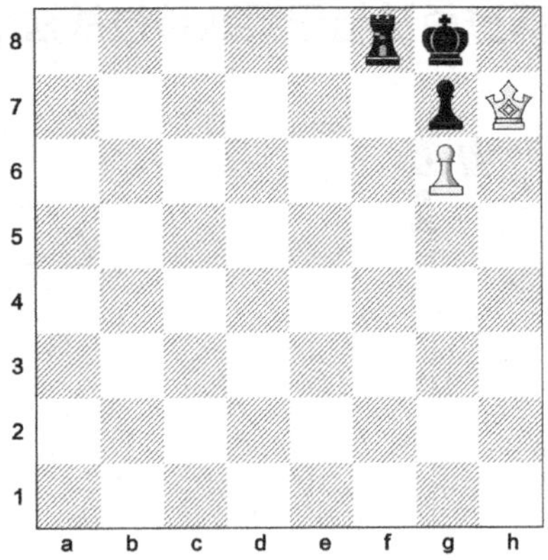

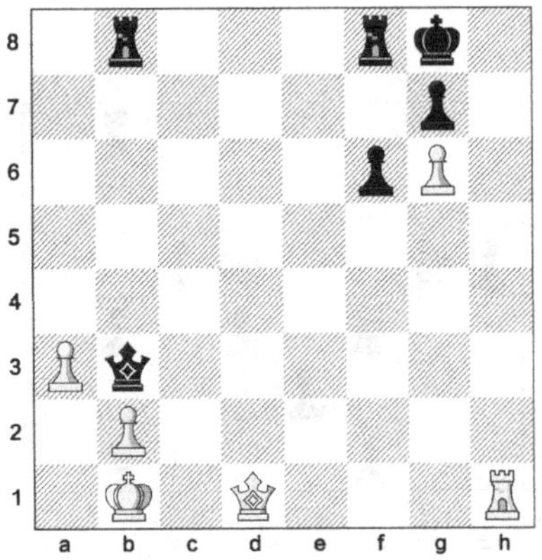

达米阿诺杀法的根本思维可以在这一实例中得以体现。白方无法直接用后构成杀王，不过他可以通过 **1.Rh8+! Kh8** 弃车将军，将黑王引到 h8 格，**2.Qh5+ Kg8 3.Qh7#** 白胜。

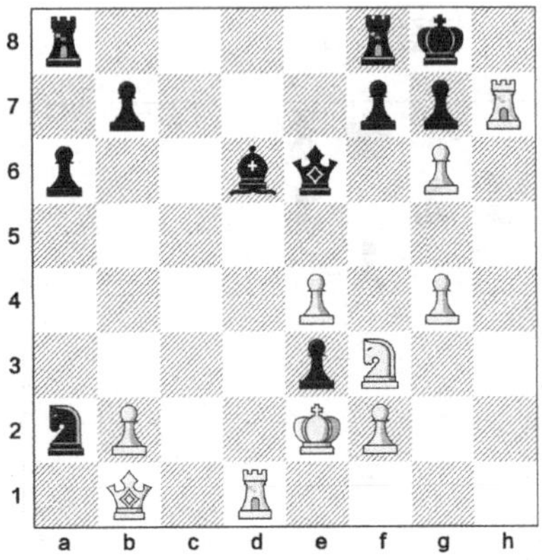

看起来白方的后和车均在后翼，而黑方正在准备例如 Qc4 或 Qxg6 的方式扩大他的优势。然而事实并非如此：**1.Rh8+ Kxh8 2.Rh1+ Kg8 3.Rh8+ Kxh8 4.Qh1+ Kg8 5.Qh7#**，白胜。也就是说，不论弃掉多少子力，只要能够保证后在 h 线可以将军，即可制造杀王。

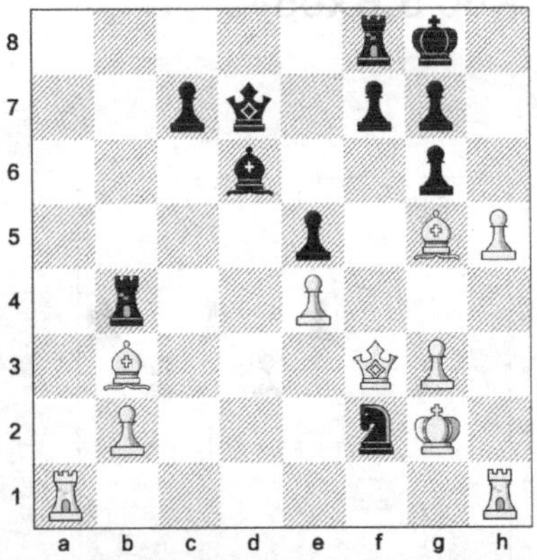

在达米阿诺杀法中，兵走到对方王前是其中的关键，但要想在 g6 格放置自己的兵却时常不是易事。不过当我们用象牵制着 f7 的兵时，这便是可以轻松实现的事：1.hxg6 由于 f7 兵不能反吃，黑方无法防守接下来的 Rh8 之后 Qh5 的杀王，倘若他走 **1...Ng4**，则有 **2.gxf7+ Qxf7 3.Qxf7+! Rxf7 4.Ra8**，白方利用底线杀王。

习题：此时黑方的 f8 并没有棋子，且黑后在防御 h7 格，你有什么办法帮助白方制造杀王吗？
21.

格列柯杀法 (Greco’s Mate)

格列柯杀法的原型是利用对角落里的王旁边格子的控制构成的边线杀法，通常需要进攻方运用某种方式打开边线，以便后或车制造杀王。

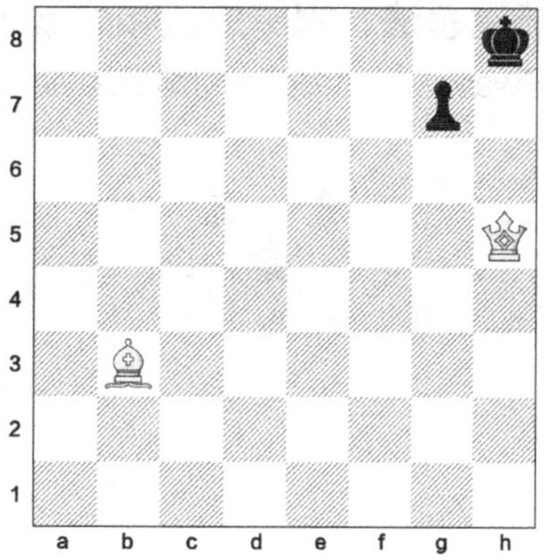

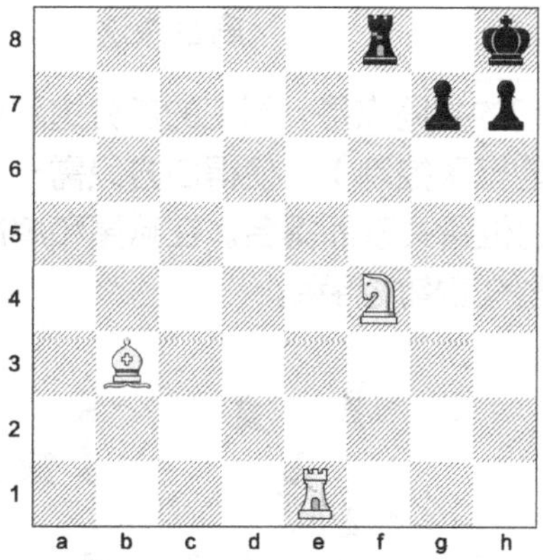

这是格列柯杀法的基本形态，在此白方可以通过：

1.Ng6+ hxg6 打开h线，进而 **2.Rh1#** 杀王。

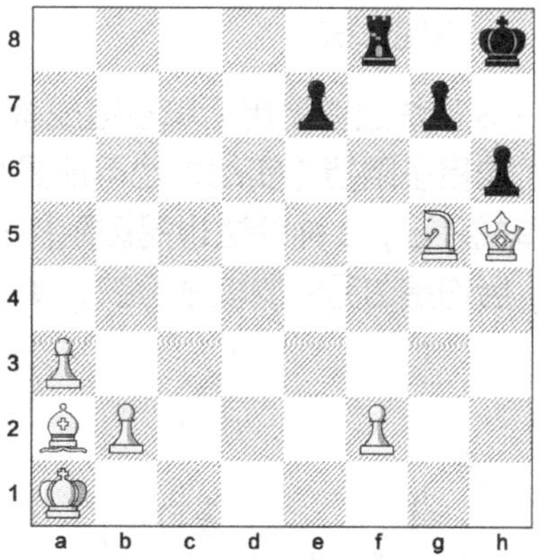

另一种打开 h 线的方式是通过后和马的杀王威胁而产生的：**1.Qg6**。由于 Qh7 杀王，黑方只能走 **1...hxg5**，使白方可以 **2.Qh5#** 取胜。

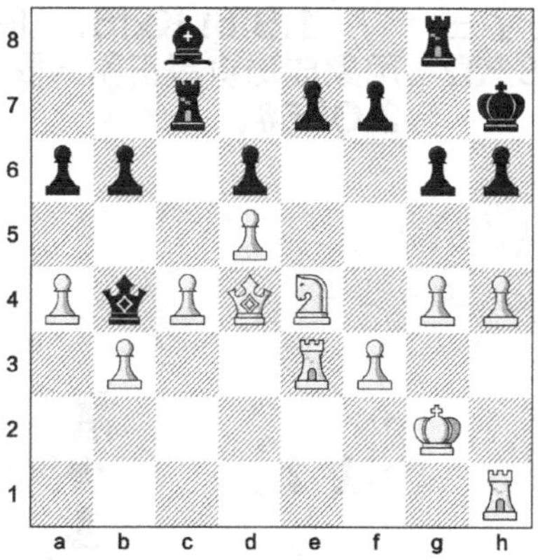

此时黑王在 h7，而他的 g6 和 g8 格均被自己的棋子阻挡。当局面出现这一情况时，白方亦可制造另一种相似形式的杀王。

1.Ng5+ hxg5 2.hxg5#，当进攻方已经将车走到进攻线路时，这一运用 h 兵造成的闪将杀王也是这一杀法中常见的情况。

习题：白方少车，因此他若要取胜只能寄希望于将杀黑王，你有什么办法帮助白方吗？

22.

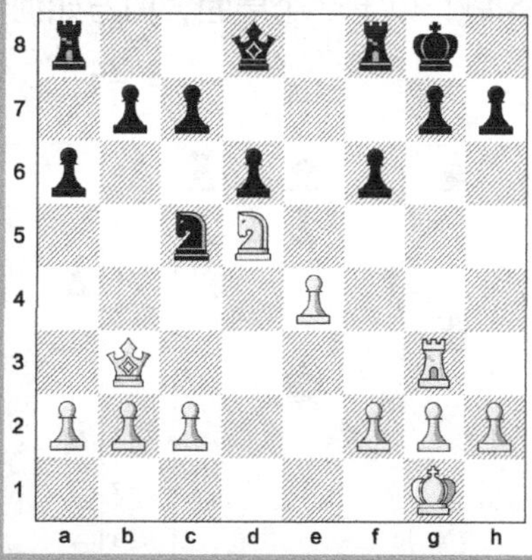

燕尾杀法、鸠尾杀法和肩章杀法

(Swallow’s tail/Dovetail/Epaulette Mate)

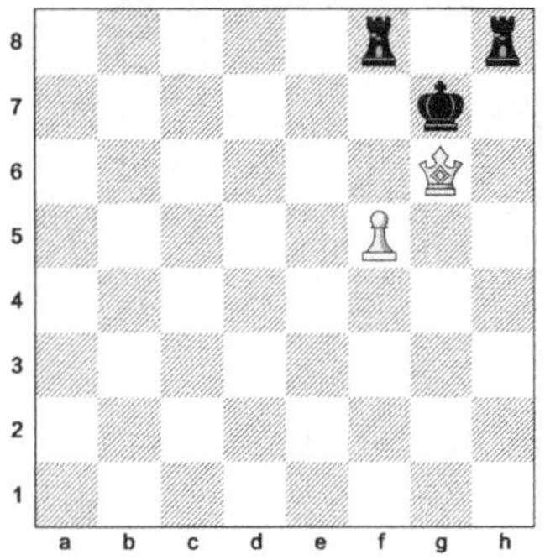

燕尾杀法

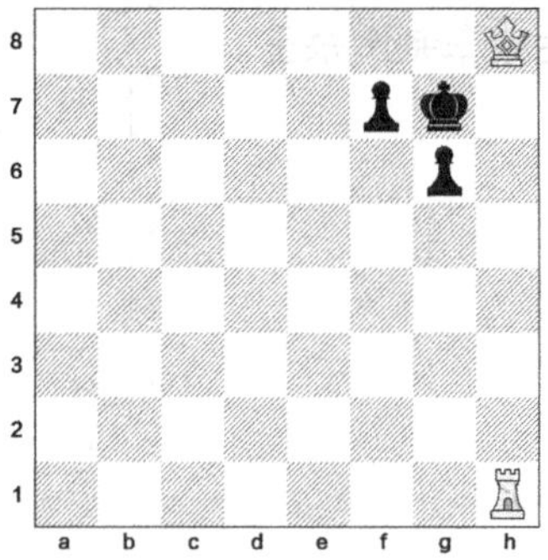

鸠尾杀法

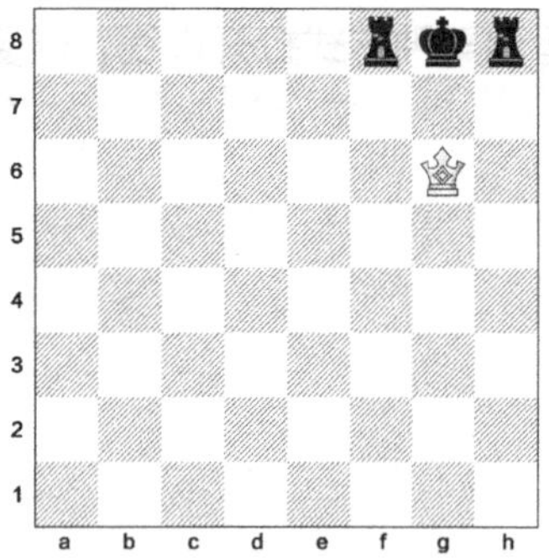

肩章杀法

这 3 种杀法皆是用后单独造成杀法的图形，它们的共同点是，黑王的部分逃跑格均被自己的棋子阻挡（实战中也可能是被进攻方的其他棋子控制），使得白方只需一个后便可造成杀王，3 种杀法也是因阻挡王的棋子与王的位置关系而得名。在燕尾和鸠尾杀法中，后均是由另外的棋子保护，使后可以紧贴对方的王构成将军。

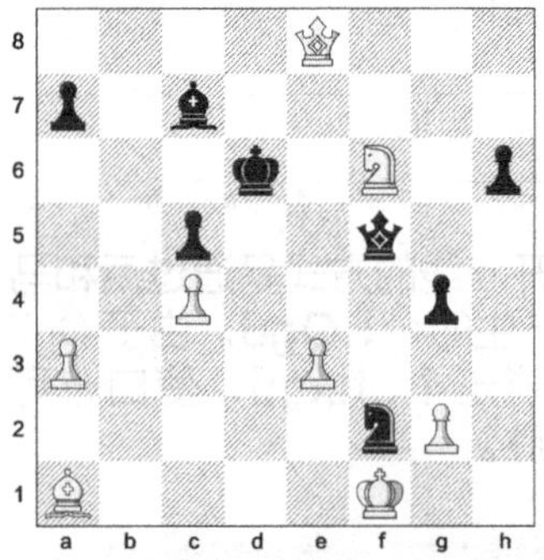

1.Be5+Qxe5 2.Qd7# 白方巧妙运用弃象制造了燕尾杀法。

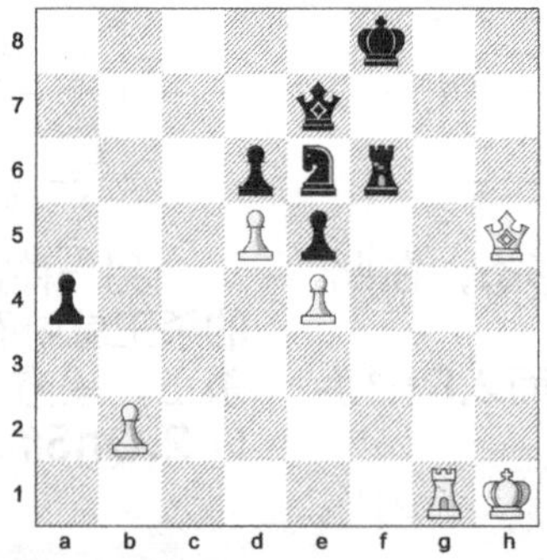

黑方棋子阻挡了王的逃跑路线，**1.Qh8 Kf7 2.Qg8#**。

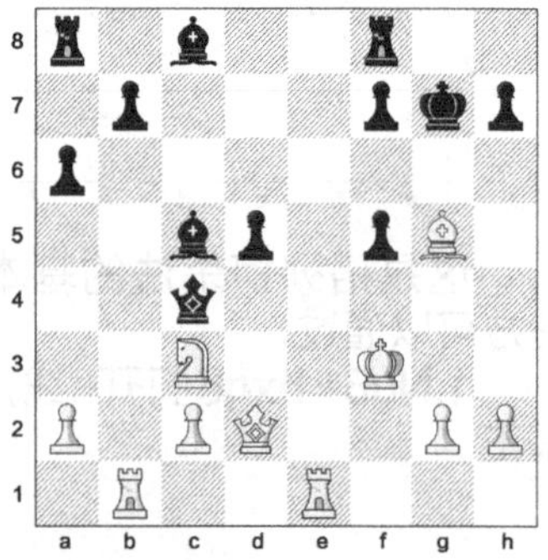

1.Bf6! Kxf6，白方用象成功将黑王引入圈套，**2.Qh6#**。

习题：以下 3 个局面，白方如何将死黑王？

23.

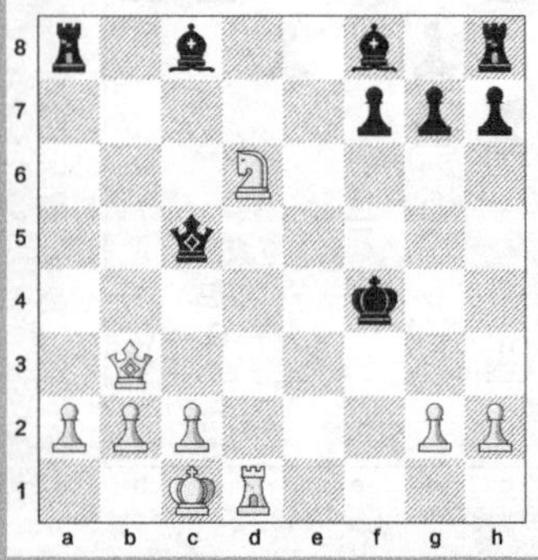

24.

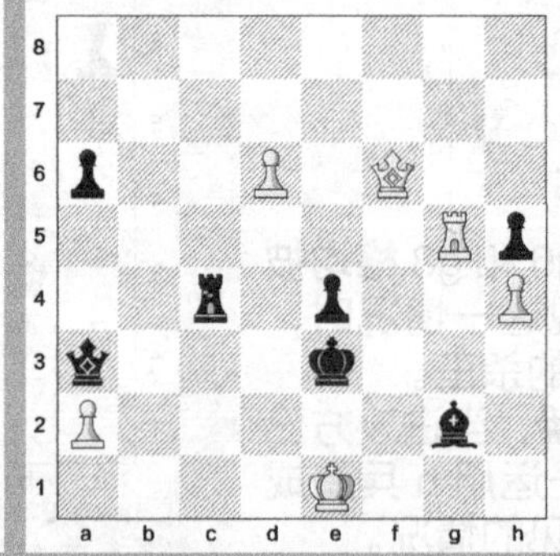

25.

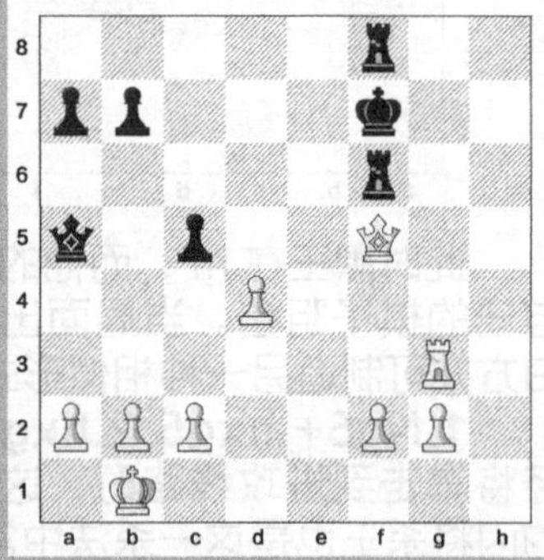

后和车的两种经典杀法

后和车是国际象棋中威力最大的两种棋子，因此这两个棋子的配合造成的攻势对于对方的王是非常危险的。

通常情况下，二者的配合对于没有棋子协防的王而言都是致命的。

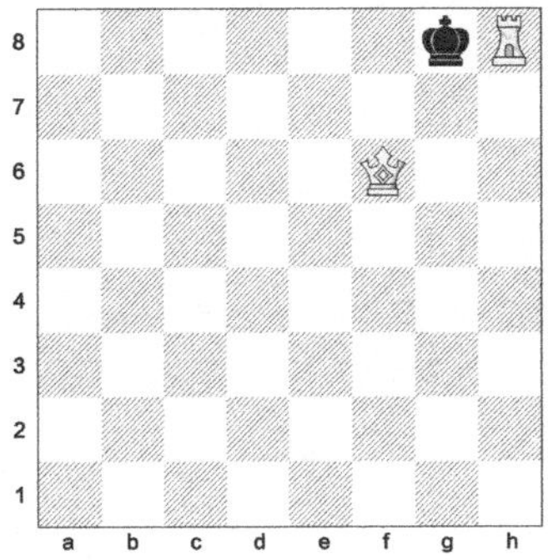

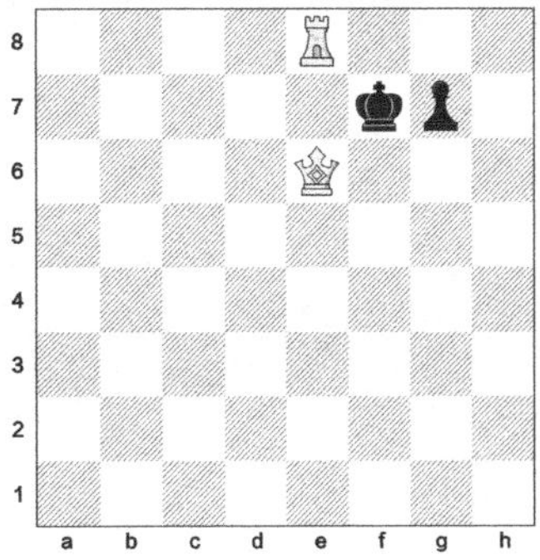

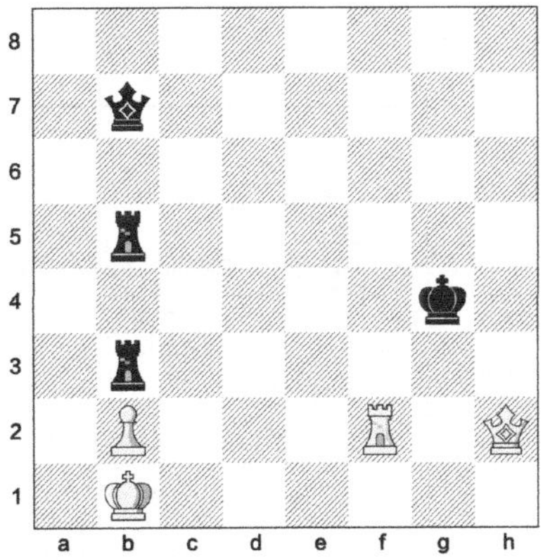

一个经典的后车配合方式，形成上图中的杀王。

1.Rf4+ Kg5 2.Qh4 Kg6 3.Rf6+ Kg7 4.Qh6 Kg8 5.Rf8# 这一杀法中白后和白车可以只在黑格将军，这使得对方对白格的防守毫无价值。

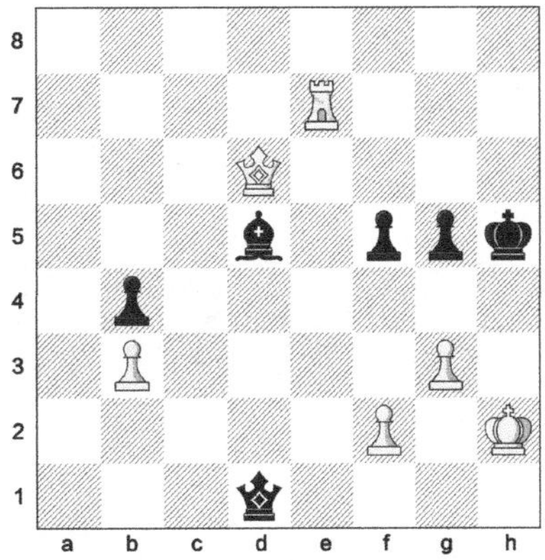

看起来黑王可以逃跑到 g4，躲避白方的将军，并且他的 Qh1 杀王威胁难以防御，白方应该怎样走?

1.g4! 奔掉 g4 兵，让黑王彻底暴露在白方的进攻之下，**1...Kxg4 2.Qg3+ Kh5 3.Qh3+ Kg6 4.Qh7+ Kf6 5.Qg7#**，杀王。

习题

26.

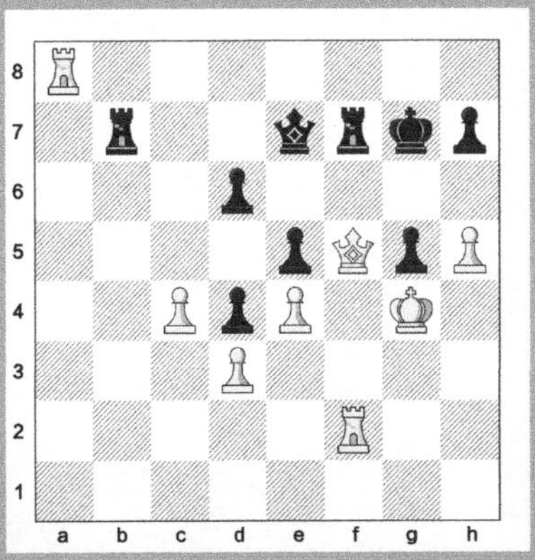

白后正在被攻击，你能否帮助白方取胜呢?

27.

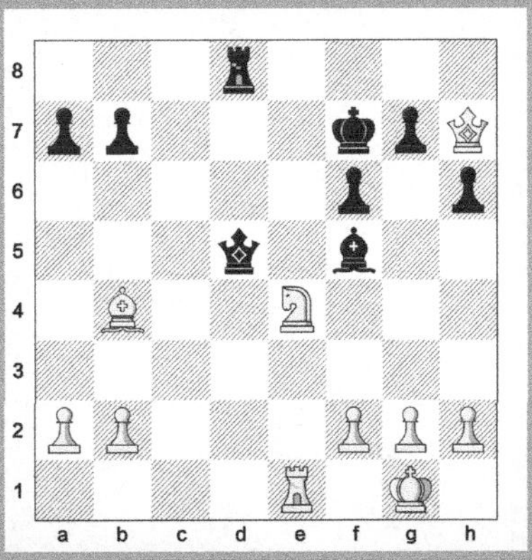

白方在此走了 1.Ng5+ 弃马将军，黑方用 f 兵吃掉了他的马 1...fxg5，请问白方的下一步打算是什么?

第 4 章

4

国际象棋开局

CHESS OPENING

了解国际象棋开局

学习国际象棋开局的要领

总体来说，要想提升开局能力，需要注意 3 个最重要的方面。

学习一种开局，要明白每步棋背后的思想

1. 开局走法的具体目标：国际象棋的不同主流开局虽然遵循一致性的原则，但是不同的开局，形成的中心形态不同，这就使得争夺中心的方式、出动棋子的位置会有具体的不同形式的表现。因此，我们在学习开局时，要明白所学开局的具体目标是什么，也就是将一致的原则与实际开局走法的具体表现联系起来，这样才能让我们更加透彻地把握所学开局的精髓。

学习一种开局，要知晓走法顺序变化的影响

2. 开局走法先后顺序的意义：在一个开局的某种变化当中，可能存在一些走法，先走哪一步、后走哪一步，其顺序是不容改变的。因为走法顺序的细微变化时常会导致产生不同的效果，对于这些微妙的差别，我们需要更深入地理解它们，来更好地应对实战中可能出现的各种对方的变着。另一方面，一些开局可能有多种实际的走棋顺序可以形成（即部分走法可以颠倒顺序），这就导致有时走棋顺序的颠倒可能导致开局的突然转变，从一种开局突然跳转到另一种开局，或是从一种具体变化跳转到另一种变化，这样的转变在大师对局的开局博弈中经常出现，非常考验棋手对不同开局的综合掌握能力和应变能力。

学习一种开局，要明白接下来的中局策略

3. 理解开局所形成的典型中局局面的具体原则：我们学习开局的目的，通常并非希望运用开局直接取胜，使用一些开局陷阱或许能够帮助你快速赢得一些对局，但长期来看我们仍然需要学习最主流的国际象棋开局才能更快地提升自己的水平。**开局阶段的目的，作为白方通常是获得略占上风的局面，作为黑方则是希望获得均势的局面，**但更为重要的是，我们希望利用开局使对局的走向尽可能朝着自己比对方更熟悉的中局局面进行。在这样的局面下，一方面我们会占据对弈的心理优势，而同时由于我们对这一开局有着更丰富的经验，也可以降低我们接下来的出错概率。若是在竞赛或计时对局中，由于我们对于局面更加熟悉、应对更自如，于是行棋速度也更可能快于对手，可以使我们在对局后面的阶段有着用时上的优势。

学习一种开局，一定不要靠死记硬背，而要学以致用

以上 3 个方面的要点便是下好国际象棋开局的关键。但与此同时，我们也要强调，在学习开局时，**应当避免单纯的死记硬背，**不加思考地照搬书上的走法并不是能帮助你下好开局的方式，甚至会影响你形成正确的开局思维和学习方法，反而为后续的学习和进一步的提升制造障碍。正确的方式是，**在分析和对弈中加深自己对于开局的理解**，在不断的尝试中逐步提升自己对所学开局的掌握能力。

国际象棋开局的分类

由于国际象棋开局众多，为了方便学习和系统性地整理，成立在塞尔维亚的国际象棋情报出版社（Šahovski Informator）首先对国际象棋的开局理论进行了整理和总结，他们在 1974 ~ 1979 年首次出版的 5 册《国际象棋开局百科》（*Encyclopaedia of Chess Openings*，简称 ECO）中对国际象棋开局进行了编码分类，所有的开局均被归入 A-E 五类编号中，每种编号包含 100 个开局变化（编号从 00 到 99），这一编码系统也沿用至今。

A 类开局：包含非正统的开局体系，以及白方第一步不走 1.e4 和 1.d4 的常规开局。

B 类开局：白方走 1.e4，而黑方不走 1...e5 和 1...e6 的所有开局。

C 类开局：1.e4 e5（对王兵开局）和 1.e4 e6（法兰西防御）的所有开局。

D 类开局：1.d4 d5(对后兵开局)和 1.d4 Nf6 2.c4 g6 黑方之后走 ...d5 的格林菲尔德防御。

E 类开局：除了格林菲尔德防御之外的，1.d4 Nf6 2.c4 的所有常规开局。

在这些开局的分类中，《国际象棋开局百科》同时又将 1.e4 e5 称为开放性布局 (Open Game)，将 1.e4 而黑方不走 e5 的开局称为半开放性布局 (Semi-Open Game)。将 1.d4 d5 的开局称为封闭性布局（Closed Game），而将 1.d4 但黑方不走 1...d5 的称为半封闭性布局 (Semi-Closed Game)。

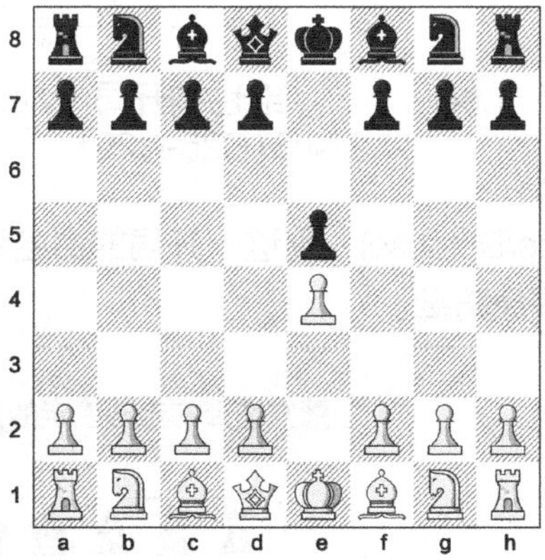

开放性布局：1.e4 e5

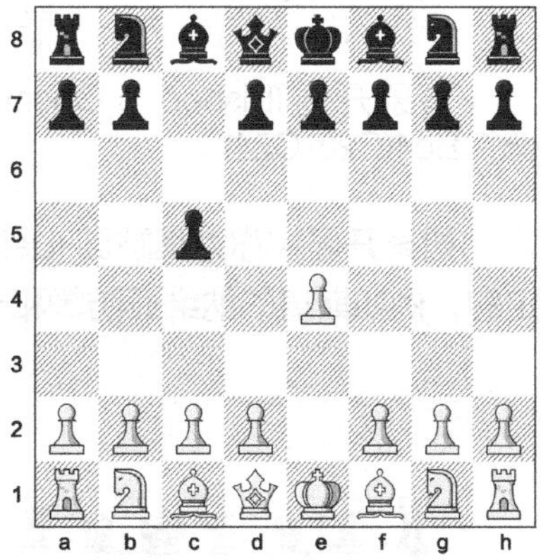

半开放性布局：例如 1.e4 c5

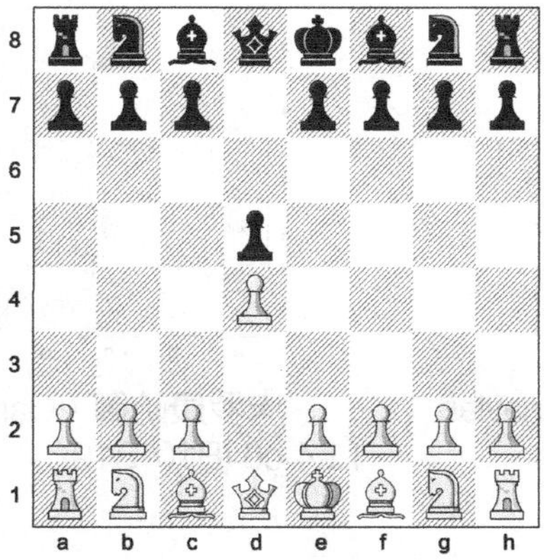

封闭性布局：1.d4 d5

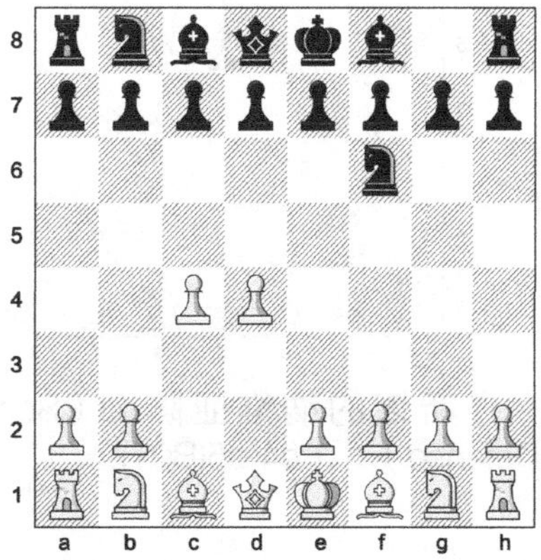

半封闭性布局：例如 1.d4 Nf6 2.c4

什么叫开放和封闭

在开放性的布局中，子力的移动相对要更加灵活，并且中心的兵形通常不是固定不变的，这就使对局更加激烈。

而在封闭性布局中，开局时子力的灵活性要相对弱一些，并且许多时候会形成稳定不变的中心形态，双方的战斗往往会步步为营，稳中求进。

这是由于封闭性布局中的中心兵形态更可能阻挡某些其他棋子的移动而导致的。

在本章中，我们将对这 4 种分类中的几种最重要的开局进行介绍，现在我们先来了解一下各种国际象棋开局名字的由来。

国际象棋开局的命名

在国际象棋的开局命名中，有以下几个重要的专业术语和命名方式。

如果开局被称为某开局（Opening），如飞象开局、维也纳开局，则意味着通常这一开局是由白方的走法而确定的。

以白方选择的走法确定的开局被称作“某某开局”

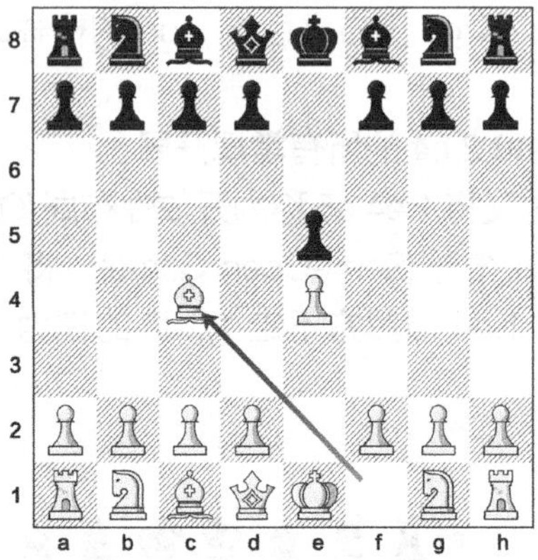

飞象开局 (Bishop’s Opening)：1.e4 e5 2.Bc4(C23-C24)

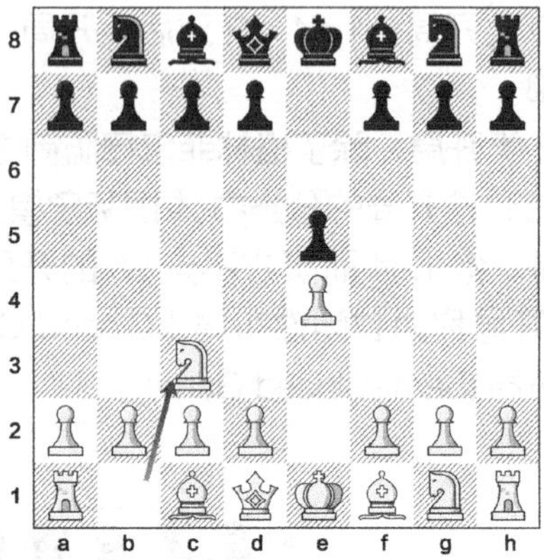

维也纳开局（Vienna Game）：1.e4 e5 2.Nc3（C25-C29）

如果开局被称为某防御 (Defence/Defense)，则这一开局的命名是因黑方的走法而确定的，例如斯堪的纳维亚防御和卡罗康防御。

以黑方选择的走法确定的开局被称作“某某防御”

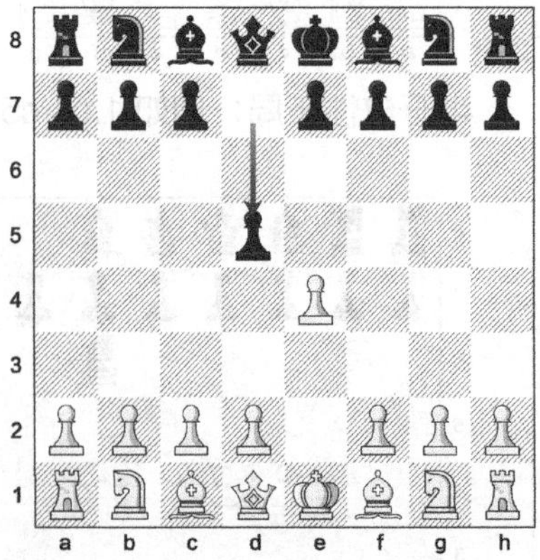

斯堪的纳维亚防御（Scandinavian Defense）：1.e4 d5(B01)

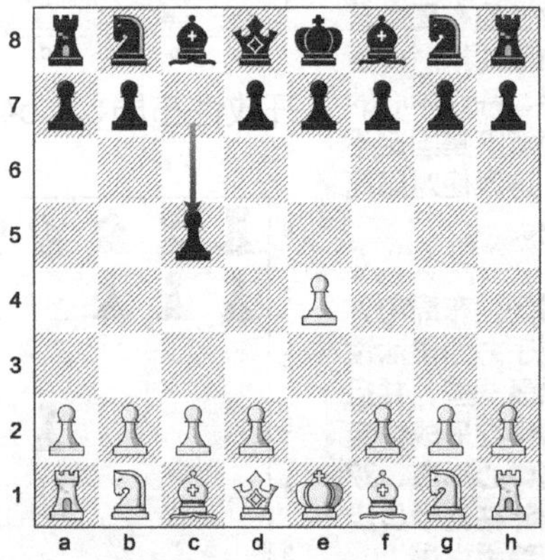

卡罗康防御（Caro-Kann Defense）：1.e4 c6 (B10-B19)

除此之外，有些开局可能涉及对局某方在开局直接弃掉一个甚至更多个兵的情况，这些开局就被叫作弃兵 (Gambit) 开局，例如王翼弃兵和布达佩斯弃兵。虽然可能会一上来丢兵，不过有一些弃兵开局仍然是合理的开局方式。

! 弃兵开局的目的，通常是为了让自己能够更快地向对手发动进攻，这是一类颇具进攻性的开局

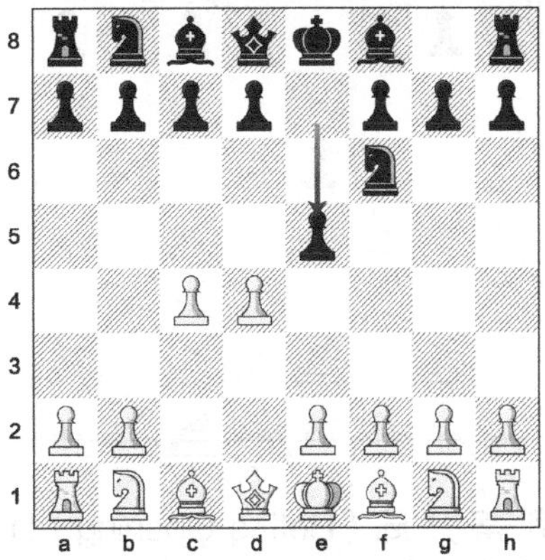

布达佩斯弃兵（Budapest Gambit）：1.d4 Nf6 2.c4 e5(A51-A52)
黑方第二步就弃掉自己的 e 兵

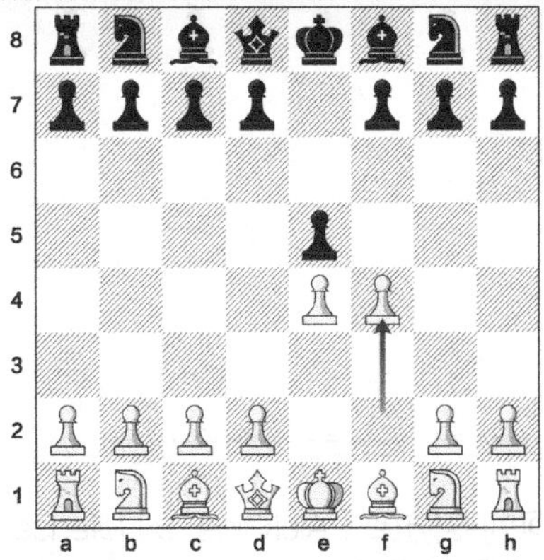

王翼弃兵（King's Gambit）：1.e4 e5 2.f4(C30-C39)
白方第二步弃掉自己的 f 兵

还有一些开局，由于走法相对固定和稳健，通常不用过多考虑对手走法的意图，又被称作体系 (System)，例如伦敦体系和科勒体系。

! 这一类开局通常在开局的准备上较为容易一些，但在开局阶段通常并不会给对手什么压力，更倾向于在中局阶段和对手进行对抗

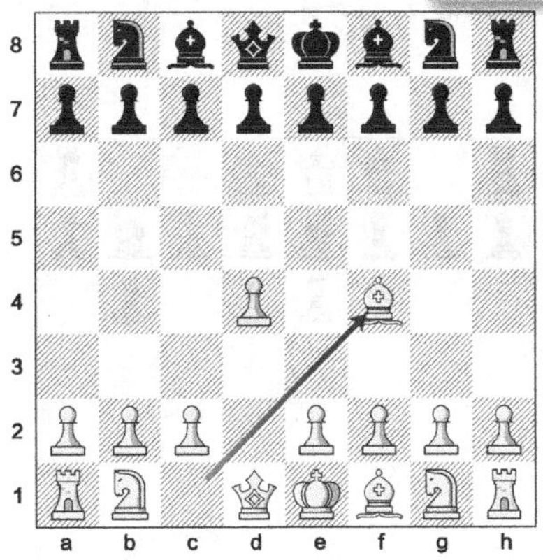

伦敦体系（London System）（D02，A46，A48），白方通常在之后构建 c3-d4-e3 的三角兵型

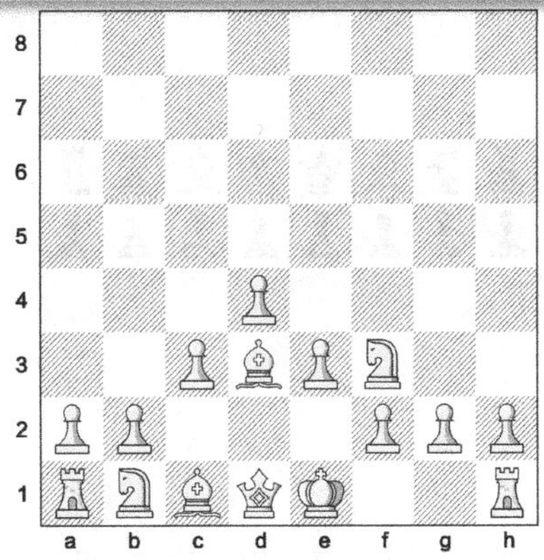

科勒体系（Colle System）（D05），白方在开局试图构建这种阵型

国际象棋开局的具体命名往往与许多国际象棋历史中的事件或人物有关，自从国际象棋的行棋规则在 15 世纪晚期彻底确立下来之后（至今未再改变），现代国际象棋才正式诞生。从那时开始，许多著名棋手写下了开局方面的手稿和书籍乃至对局的记录，使某些开局与他们的名字或国家联系了起来。

其中最具代表性的便是因西班牙棋手路易·洛佩兹 (Ruy Lopez) 而命名的西班牙开局，还有因意大利的 17 世纪棋手格列柯（Greco）而命名的意大利开局。事实上，很多在历史早期被棋手运用的开局，都采取了以国家命名的方式，例如苏格兰开局、法兰西防御、荷兰防御、俄罗斯防御，等等。

另一方面，由于一些历史上的著名棋手对某种开局的早期发展和推广起到了至关重要的作用，某些开局直接以他们的名字作为命名方式，例如阿列亨防御 (Alekhine Defense)、列蒂开局（Reti Opening），等等。

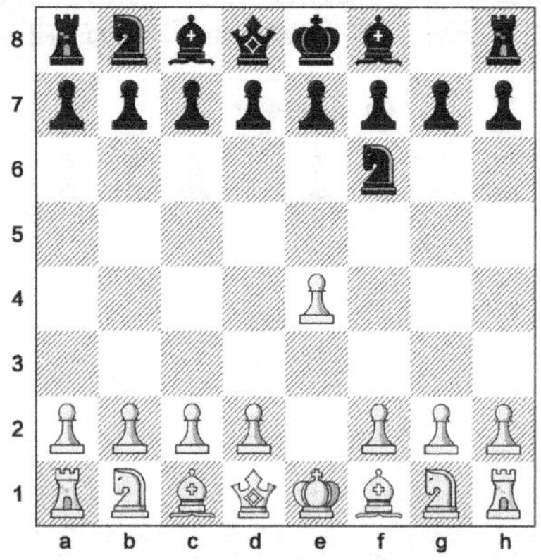

阿列亨防御（Alekhine's Defense）：1.e4 Nf6(B02-B05)

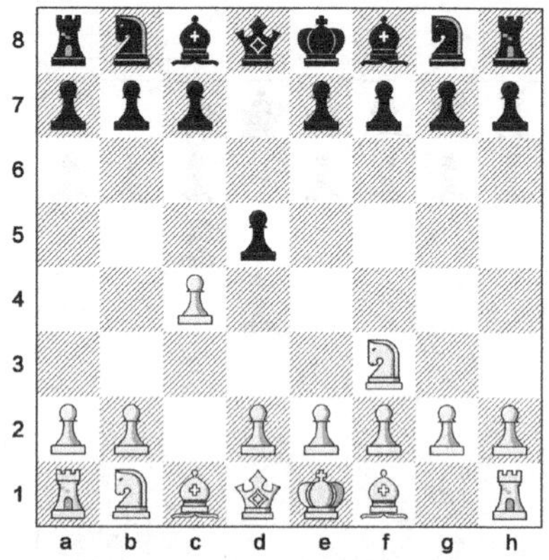

列蒂开局（Reti's Opening）:1.Nf3 d5 2.c4(A04-A09)

除了这些正统的开局命名之外，对于一些不太合理的，或是非常规的开局，人们则时常会冠以一些奇怪甚至异想天开的名字，好像是在嘲弄这一开局走法。例如有些开局是用动物来命名的：猩猩开局、河马防御、象式弃兵。

！这一类开局通常违背了一些开局的原则，所以并不是实战中最有效的开局方式

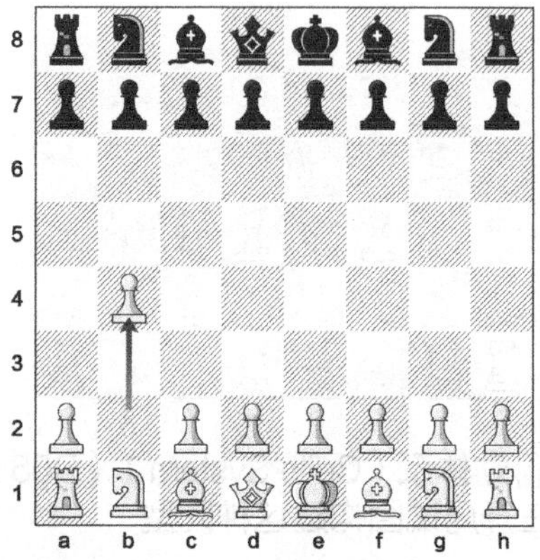

猩猩开局 1.b4 (A00)

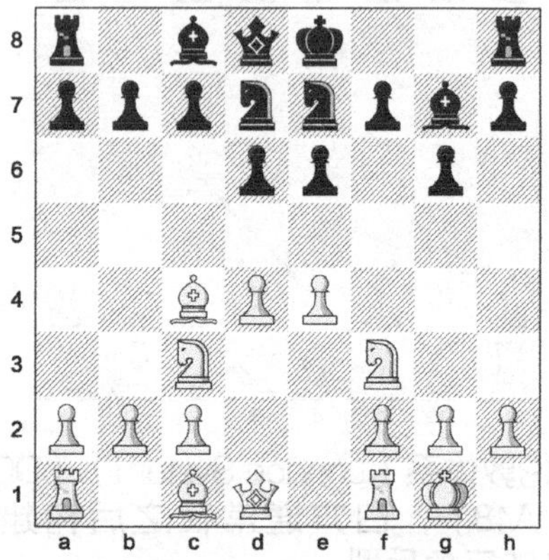

河马防御：黑方把轻子都出到 7 线，而他的兵也不冲到 5 线

对于开局中的更具体的合理走法，我们则通常称之为变例（Variation），这样能帮助我们确定更详细的开局走法所形成的开局局面，方便对其更深入地学习和分析。

! 对于国际象棋大师们而言，只学习开局几步的走法并不能帮助他们在激烈的对决中占得先机，他们对于具体的变例也会仔细学习和研究

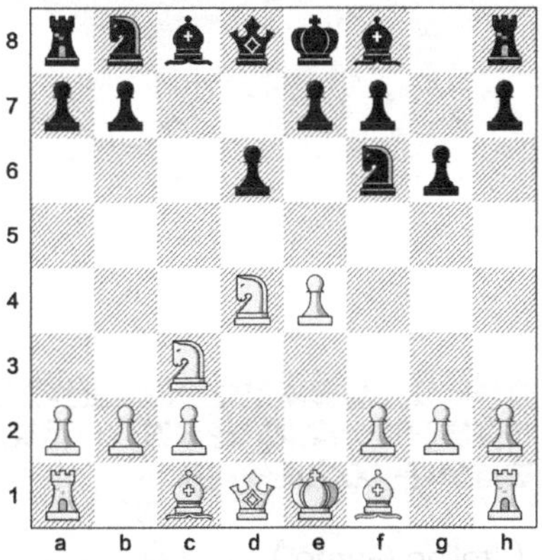

西西里防御，龙式变例（Sicilian Defense, Dragon Variation）：

1.e4 c5 2.Nf3 d6 3.d4 cxd4 4.Nxd4 Nf6 5.Nc3 g6 (B70-B79)

5...g6 将对局引入龙式变例

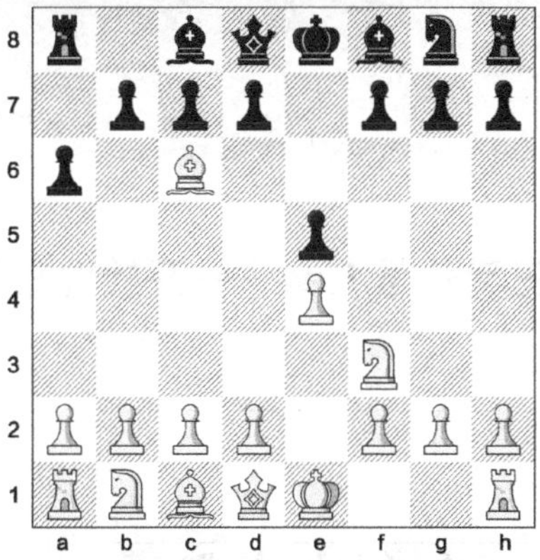

西班牙开局，交换变例（Spanish Opening, Exchange Variation）：

1.e4 e5 2.Nf3 Nc6 3.Bb5 a6 4.Bxc6(C68-C69)

4.Bxc6 将对局进入交换变例

如何选择适合自己的开局？

开局对于一位棋手而言，就像是一个士兵的武器。一件趁手的武器可以帮助你在战场上更好地战斗。然而我们需要明白的是，使用什么样的武器，也要考虑我们有什么样的对手。

也就是说，我们要想成为一名国际象棋高手，必须要领会不同的开局，而不能只求专精一种，这在实战中反而会成为我们的劣势，但若对每种开局的掌握都只是蜻蜓点水，也同样会让我们在实战中处于不利的地位。

对于初学者而言，最好的办法是，先专门研习一种自己喜欢的开局（执白时你需要决定走 1.e4 还是 1.d4，并根据黑方的第一步继续做出选择；执黑时你需要分别选择一种对付 1.e4 和 1.d4 的办法），力求将这种开局越下越好。但不可避免的是，在对局中我们可能时常会遇到一些新的开局和变化，对于这样的情况，我们就在实践中边下边学，当遇到自己不会应对的情况时，便可借助于开局书籍或网络上的对局库进行查阅，搞清楚最佳的应对方式，一点一滴地积累。

当我们已经熟练了一种开局之后，我们便可以运用同样的方式再深入地去学习其他的开局，这时，我们事实上已经对这一新的开局有了一些对局的经验，学习起来也会更加轻松。

而我们最终选择什么样的开局最好，这往往与个人的性格和棋风有关。这是在我们已经具备了一定实力之后，再行考虑的问题：如果我们热衷于进攻，可以选择更具主动性的开局方式；如果我们偏好沉稳，则可以选择更加稳定可靠的开局方式。

国际象棋常用开局简介

王兵开局 1.e4——开放性布局

！几乎所有的开放性布局都以中心格的争夺作为核心目标，因此在学习这一类型的开局时，一定要充分理解开局走法与争夺中心之间的联系

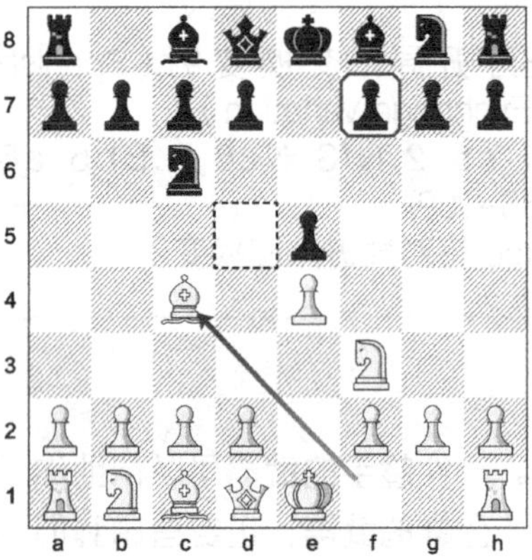

意大利开局（Italian Game）

1.e4 e5 2.Nf3 Nc6 3.Bc4

白方阻止黑方可能的冲兵 d5 抢中心的想法，同时可能在某些情况下对 f7 兵的攻击具有一定的价值。

这一开局可谓是最古老的国际象棋开局了，直至今日，在业余棋手中间也极为流行。大师们近几年的深入探索，使得这一开局重新焕发青春，不时在顶级赛事中出现。下一节将详细地讲解这一开局。黑方通常在此会选择 3...Bc5(瑞高钢琴变例)或 3...Nf6(双马防御变例)。

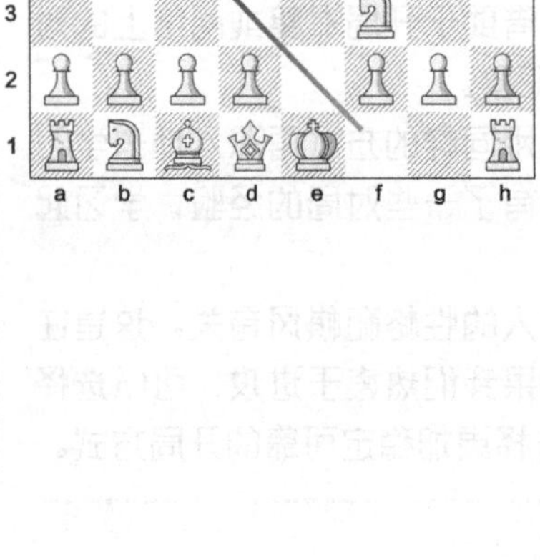

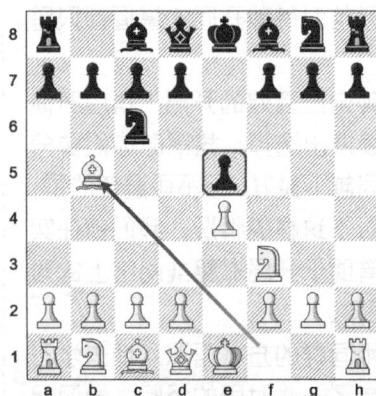

西班牙开局 (Spanish Opening/Ruy Lopez Opening)

1.e4 e5 2.Nf3 Nc6 3.Bb5

白方这步棋的目的在于未来可能的 Bxc6 来威胁黑方的中心兵。

这同样是历史悠久的一种开局，然而由于它变化更丰富、包罗万象，这一开局无论在业余还是顶尖棋手的对局中都甚为普遍，长盛不衰，由于近些年已经被顶尖棋手们详细地探索和研究，柏林防御和马绍尔弃兵两大变例使白方更难利用这一开局取胜。对于一名初学者而言，这是非常值得采用的一种开局。一个能将西班牙开局下好的人一定会成为一名优秀的棋手。

需要注意的是，在这一局面中 Bxc6 并不能帮白方得到 e5 兵，例如：3...a6 4.Bxc6 dxc6 5.Nxe5 Qd4，黑方反吃 e4 兵形成均势。

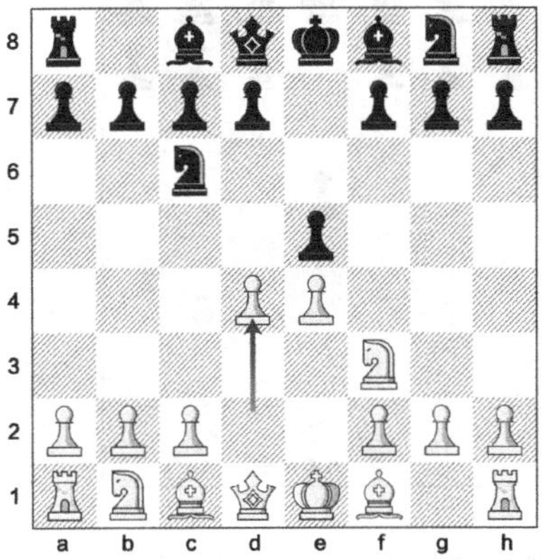

苏格兰开局 (Scotch Game/Scotch Opening)

1.e4 e5 2.Nf3 Nc6 3.d4

白方第三步直接试图消除黑方的中心兵，争夺 d4 格的控制。

由于西班牙开局和意大利开局是开放性布局中最普遍的选择，通常黑方对此也有着充分的开局准备。因此，一些白方的棋手会选择使用苏格兰开局，这同样是开放性布局中一种非常可靠的开局选择。与前两种开局不同的是，这一开局中黑方的进攻性会更强一些，所以白方在使用这一开局之前，必须对这一开局黑方的不同选择有较为全面的了解。

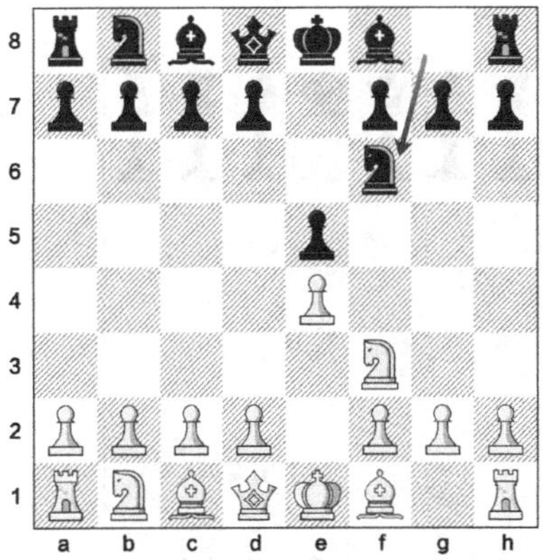

俄罗斯防御（Russian Game/Petroff Defense）

1.e4 e5 2.Nf3 Nf6

黑方并不选择保护自己的 e5 兵，而是对白方的 e4 兵进行反击。

最主流的后续走法是 3.Nxe5 d6 4.Nf3 Nxe4 5.d4 d5。

这一开局由俄罗斯 19 世纪棋手彼得洛夫推广，虽然这一开局通常被认为容易和棋或较为枯燥，但这一开局是黑方规避 1.e4 e5 2.Nf3 Nc6 之后白方所有开局选择的很好方式，事实上一些曾经的世界冠军和顶级棋手都采用过这一开局作为他们应对 1.e4 的主要手段。

3.Nxe5 Nxe4? 是一个错着，因为 4.Qe2 Qe7 5.Qxe4 d6 6.d4 dxe5 7.dxe5 Nc6 8.Nc3 Qxe5 9.Qxe5 Nxe5 10.Nb5 Bb4+ 11.Bd2 Bxd2 12.Kxd2 Kd8 13.Re1 对白方有利。

除此之外，开放性布局还包括以下一些开局方式，这些开局在顶尖棋手的正式对局中较为少见。

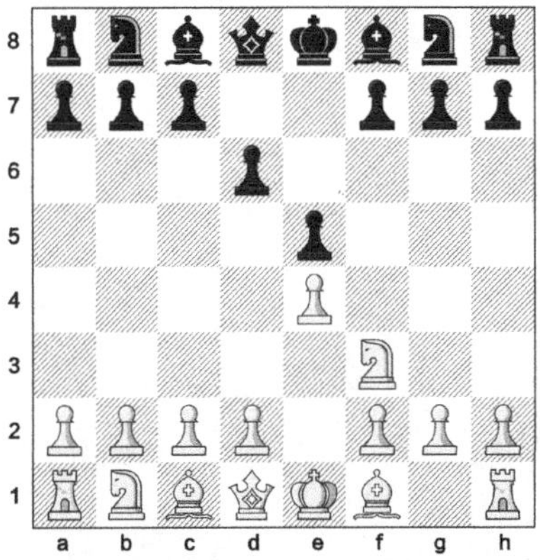

菲利道尔防御：1.e4 e5 2.Nf3 d6

黑方选择固守 e5 兵，但这一走法会阻挡黑格象出动。

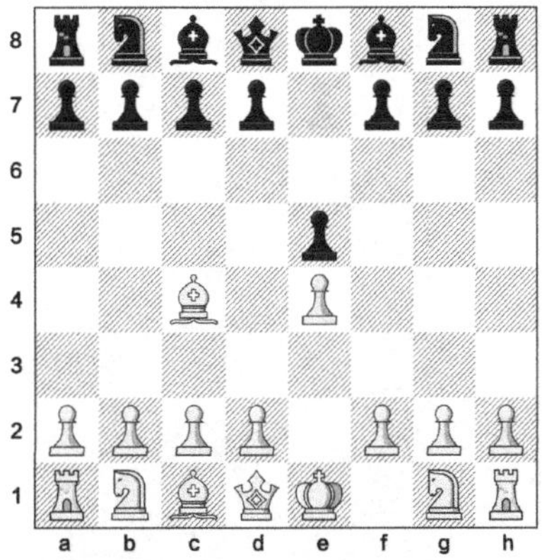

飞象开局：1.e4 e5 2.Bc4

白方首先选择出象，不过这会给黑方 2...Nf6 率先攻击白兵的机会。

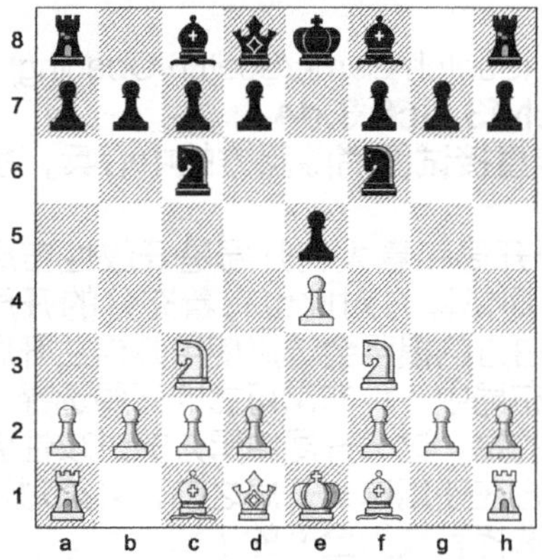

四马开局：1.e4 e5 2.Nf3 Nc6 3.Nc3 Nf6

并不会对白方造成什么损失，但这一开局的攻击性不强。

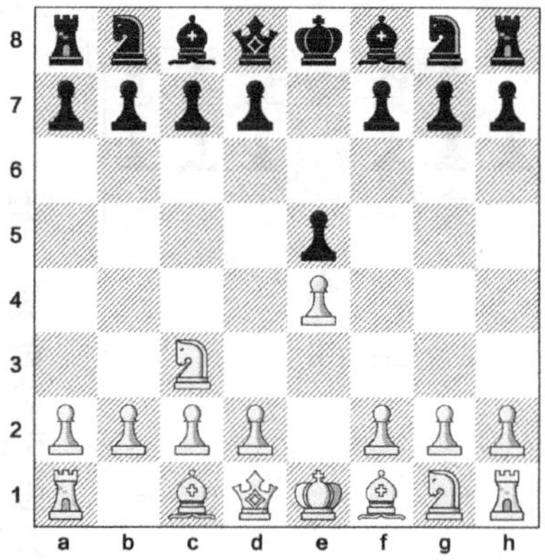

维也纳开局：1.e4 e5 2.Nc3

白方在接下来试图用 f 兵进攻，是一种稳健的开局方式。

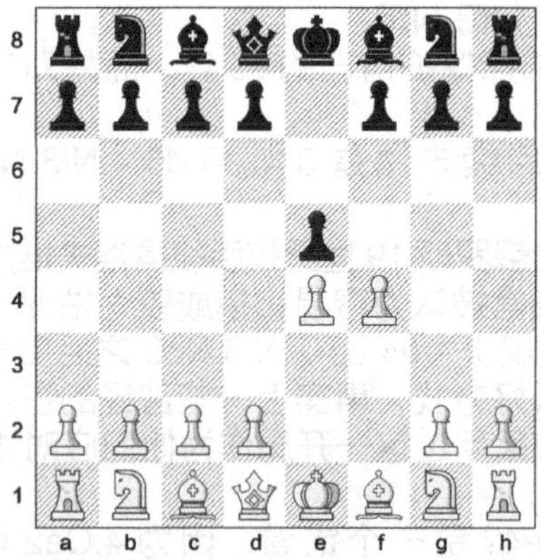

王翼弃兵：1.e4 e5 2.f4

这是一个非常古典的开局走法，现在已经不再流行，不过在这一开局中白方有着很强的进攻性。

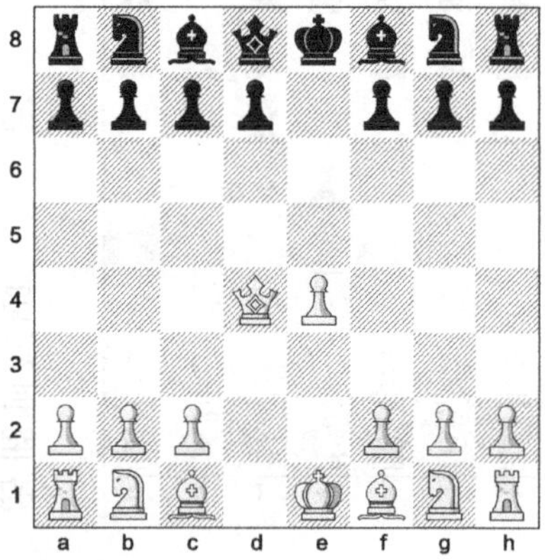

中心开局：1.e4 e5 2.d4 exd4 3.Qxd4

白方直接抢中心，但这会使黑方 Nc6 捉后，从而加快出子的选择。

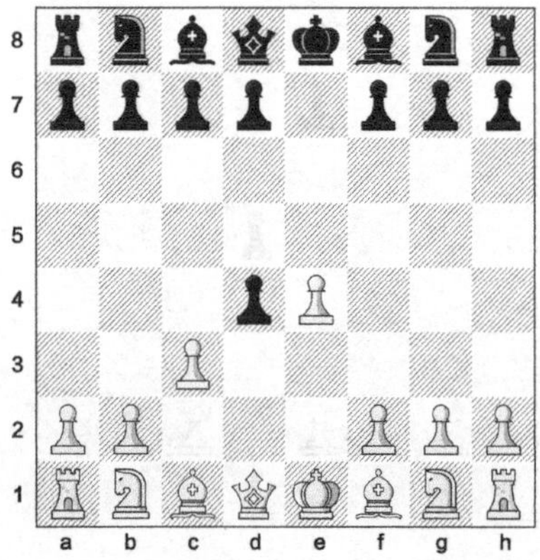

丹麦弃兵：1.e4 e5 2.d4 exd4 3.c3

白方选择放弃吃回 d4 兵，反以 c3 兵进行攻击，试图加快出子速度，准备快速进攻。

在半开放性布局中，黑方均会以某种方式对抗白方的中心控制。在学习黑方时，要注意如何在接下来的战斗中争抢中心格。在学习白方时，要注意如何应对黑方抢中心的行动

王兵开局 1.e4——半开放性布局

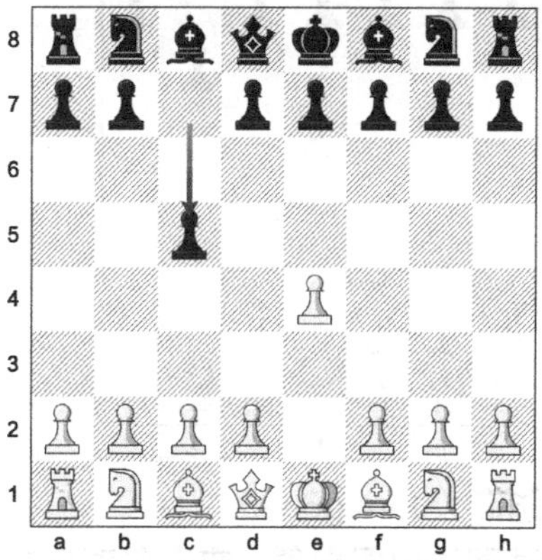

西西里防御（Sicilian Defense）

1.e4 c5

黑方运用 c 兵阻止白方形成 d4/e4 的中心双兵形态。西西里防御是最流行的国际象棋开局，也是黑方在面对 1.e4 时胜率最高的开局选择之一（当然也有更高的风险）。或许正因如此，许多高水平的棋手都将自己的白方开局第一步定为非 1.e4 的开局选择，以躲避这一黑方的开局。在这一开局中，对局双方既可以展开激烈的攻杀，也可以进行深谋远虑的局面较量。如西班牙开局一样，这一开局包含了丰富的开局选择，但相比西班牙开局，这一开局或许更为复杂，掌握它需要棋手不断地磨炼和精进。

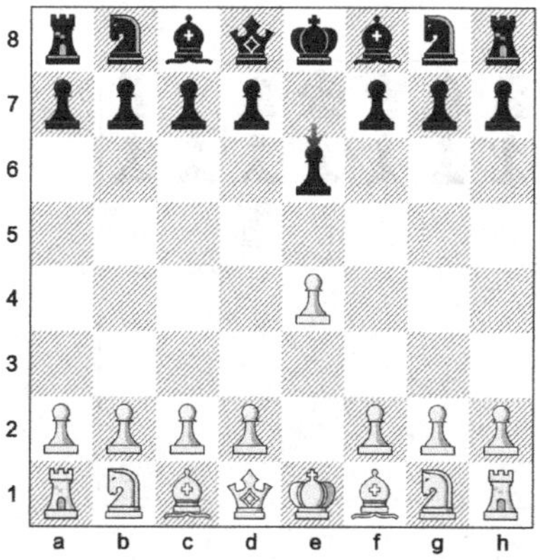

法兰西防御 (French Defense)

1.e4 e6

法兰西防御是因一场 1834 年伦敦和巴黎间的城际通信赛（通过互相传递信件来对局的比赛）而得名的开局。黑方通过 e6 阻挡了任何对于 f7 兵可能的斜线进攻，同时准备冲兵 ...d5 和 ...c5 争夺中心。对于不太喜欢冒险和复杂的开局理论的人来说，法兰西防御是黑方的好伙伴，它的开局原理清晰，相比西西里防御要容易掌握，有些棋手甚至直到职业生涯结束之前都没有选择更换其他开局。

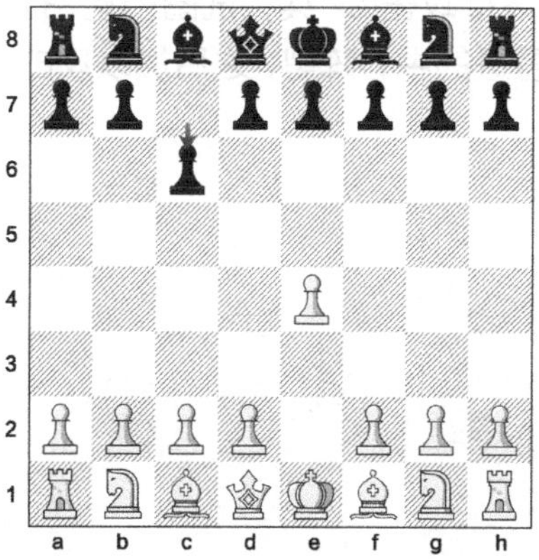

卡罗康防御（Caro-Kann Defense）

1.e4 c6

与法兰西防御类似，这一走法准备冲兵 ...d5 争夺中心格，挑战白方 e4 兵。

这是半开放性布局中最坚固的开局之一，白方在这一开局的多数变例中都较为主动，但常不易取胜，其中最有攻击性的变化是 2.d4 d5 3.e5 Bf5 4.Nc3。黑方在中局阶段的主动进攻性较弱，属于防守反击型的开局，如果黑方可以很好地应对白方的攻势，通常会将对抗拖入残局，卡罗康防御对于偏爱残局的黑方棋手是一个很好的选择。

除了以上几种最主流的半开放性布局之外，还有 4 种重要的半开放性布局。从黑方的角度而言，它们或许并不是最积极的开局方式，但同样可以在实战中使用。

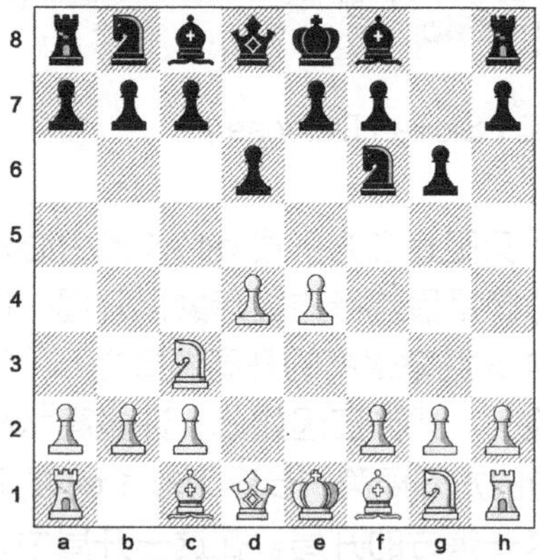

皮尔茨防御：1.e4 d6 2.d4 Nf6 3.Nc3 g6

又叫乌菲姆采夫防御，这一开局给了白方很大的主动进攻的空间，因此略显被动。

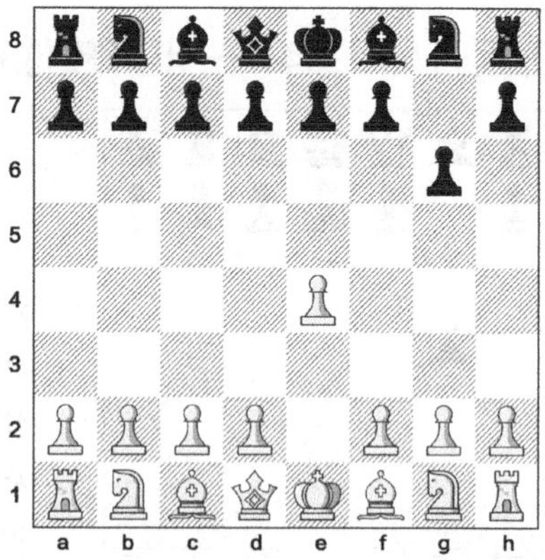

现代防御：1.e4 g6

黑方试图快出堡垒象，来准备对白方的中心发起反攻。

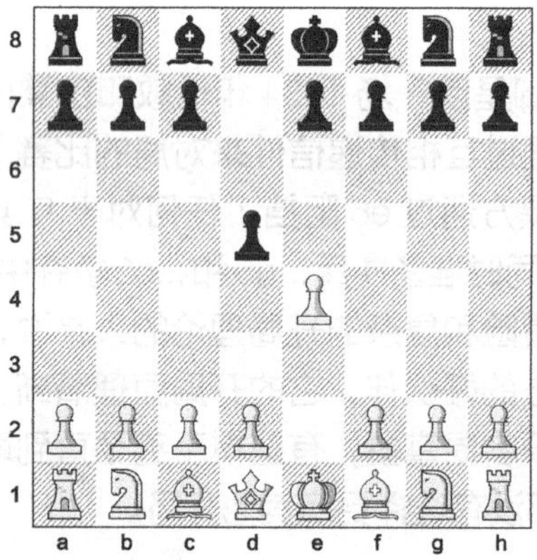

中心反击防御：1.e4 d5

又叫斯堪的纳维亚防御，黑方试图直接破坏白方的中心控制，对付没有准备的白方，这一开局可以发挥一定的威力。

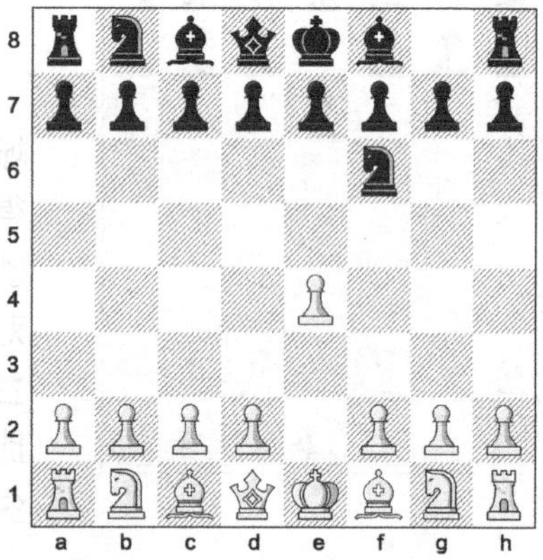

阿列亨防御：1.e4 Nf6

黑方直接攻击 e4 兵，试图引诱白方形成过于冒进的中心阵型，之后加以攻击。

！封闭性布局的开局对抗并不是特别激烈的，但对于棋盘格控制权的争夺在这一类型的开局中会显得尤为重要，要想下好这一类开局，你需要对第 5 章的战略知识有一定理解，更适合入门以后的棋手选择

后兵开局 1.d4——封闭性布局

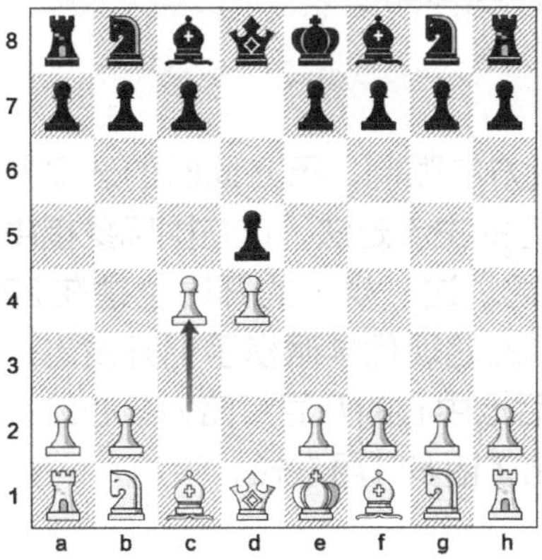

后翼弃兵开局（Queen’s Gambit）

1.d4 d5 2.c4

这是后兵开局中最古老的开局，在 20 世纪早期曾是公认的最佳开局，美国作家沃尔特 • 特维斯甚至以这一名字作为他的一部小说的名字，足以反映这一开局在国际象棋中的代表性。不过，当时的棋手由于在这一开局中进行了许许多多的对局，使得这一开局在当时的和棋概率很高，以至于当时的世界冠军卡帕布兰卡甚至宣称这一开局象征着国际象棋的终结。当然，这一猜想被后来的一代代棋手所打破，国际象棋的开局理论已经发展得枝繁叶茂。

若黑方第二步选择吃兵 2...dxc4，则称为接受变例。

若黑方第二步不吃兵而走 2...e6，则称为拒后翼弃兵变例。

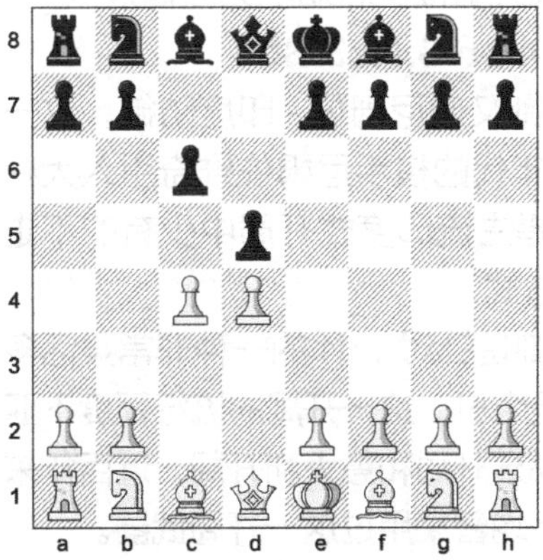

斯拉夫防御（Slav Defense）

1.d4 d5 2.c4 c6

当黑方选择以 2...c6 保护中心兵时，便形成了斯拉夫防御。

斯拉夫防御是一个较为现代的开局，直到 20 世纪的 20 年代才开始受到棋手们的关注，时至今日这已经是封闭式布局中的另一大主流开局，流行程度已经超过了拒后翼弃兵。这一开局相比拒后翼弃兵特性要更加丰富，适合各种类型的棋手使用。我国棋手也非常擅长这一开局。

除了这两个主流开局之外，白方还有几个开局体系，分别是科勒体系、科勒 - 楚凯尔托特体系和石墙体系。

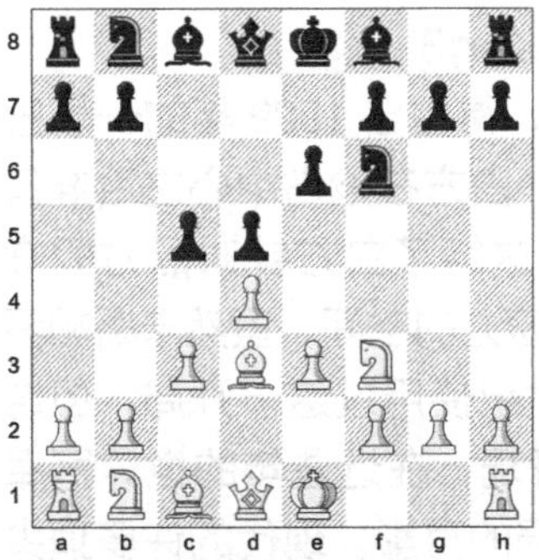

科勒体系

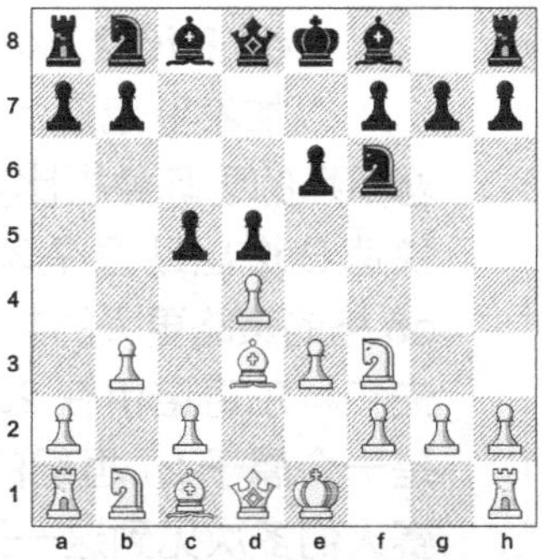

科勒 - 楚凯尔托特体系

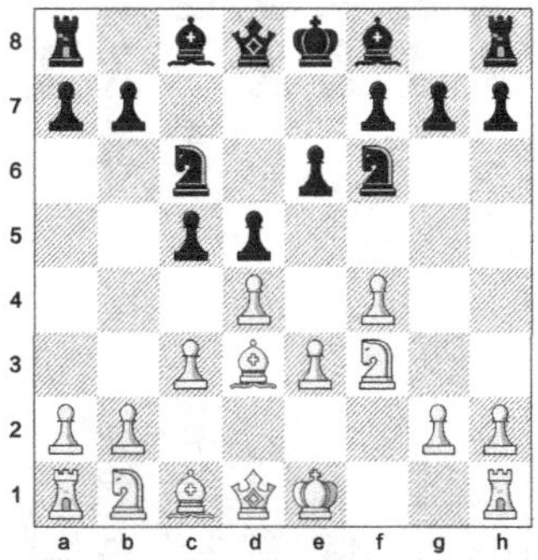

石墙体系

注：d4 之后 Bf4 和 Nf3 的伦敦体系几乎可以在任何时候采用，不论是对于封闭式还是半封闭式布局。

!半封闭性布局与半开放性布局一样，黑方会积极地与白方进行中心对抗，但同时又兼具一些封闭性布局的特性，可以说是局面类型最多变和最丰富的开局类型，想下好这一类型的开局需要棋手具备更全面的能力

后兵开局 1.d4——半封闭性布局

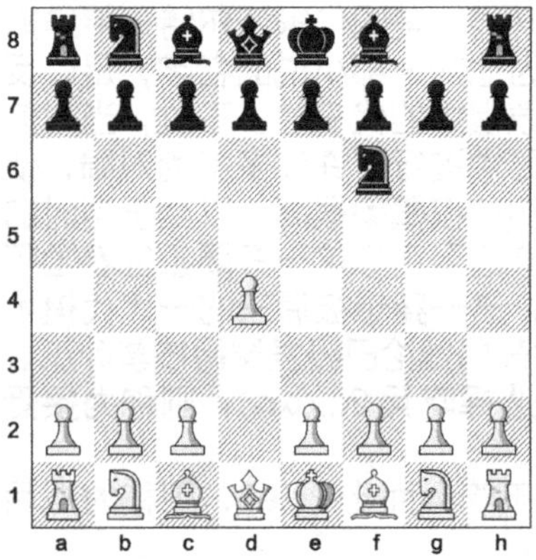

由于 1.d4 对黑方的限制，黑方此时的选择并不多，1...Nf6 是黑方的主流走法，这在国际象棋中又被称作印度式开局。这一类型的开局也是在 20 世纪 20 年代被当时的超现代学派棋手们开发出来的一种以先出子、后抢中心的开局策略为核心的开局类型，并且拓展出了诸多开局方式。

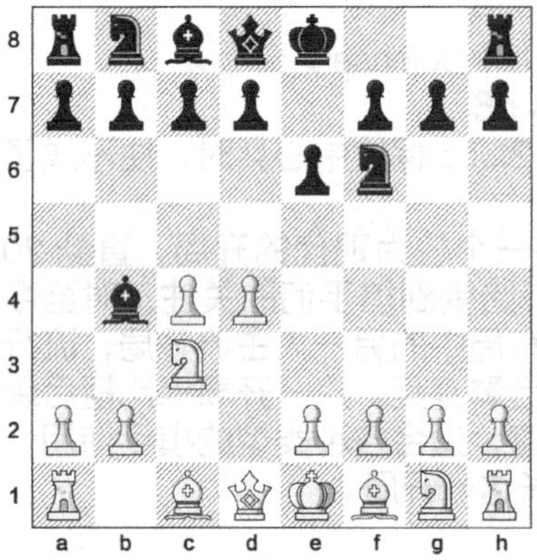

尼姆佐维奇防御 (Nimzo-Indian Defense)

1.d4 Nf6 2.c4 e6 3.Nc3 Bb4

尼姆佐维奇防御又叫尼姆佐 - 印度防御，这一开局由 20 世纪 20 年代的棋手尼姆佐维奇引入大师级的对抗中，这也是主流印度式开局中少有的不走王翼堡垒象的开局方式。

尼姆佐维奇防御是针对 1.d4 的一种非常灵活多变的开局体系，时至今日，这一开局的流行程度不亚于王兵开局中的西部牙开局和意大利开局。近百年来的每一位世界冠军，均曾采用过这一开局武器。

若黑方第三步走 3...d5 则转回拒后翼弃兵变例，这也给了黑方开局阶段更大的博弈空间。

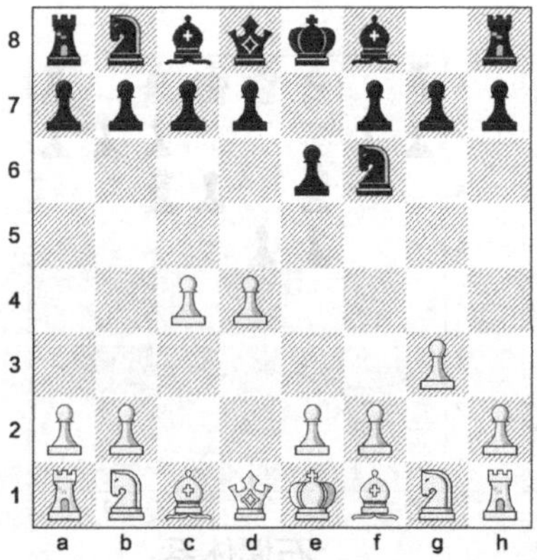

卡塔龙开局 (Catalan Opening)

1.d4 Nf6 2.c4 e6 3.g3

以加泰罗尼亚命名，得名自 1929 年的一场巴塞罗那的国际象棋比赛。白方在抢占中心之后准备快速 Bg2 出动堡垒象，这给了白方针对黑方固守 d5 格的策略更大的制造压力的空间，虽然卡斯帕罗夫和科尔奇诺伊在 20 世纪使用过这一开局，但这是一个属于 21 世纪的开局，在近些年的世界冠军赛人们多次见到这一开局的身影。现代的许多顶尖棋手都成功地采用过这一开局，对于偏爱尼姆佐维奇防御的黑方棋手是不二之选。

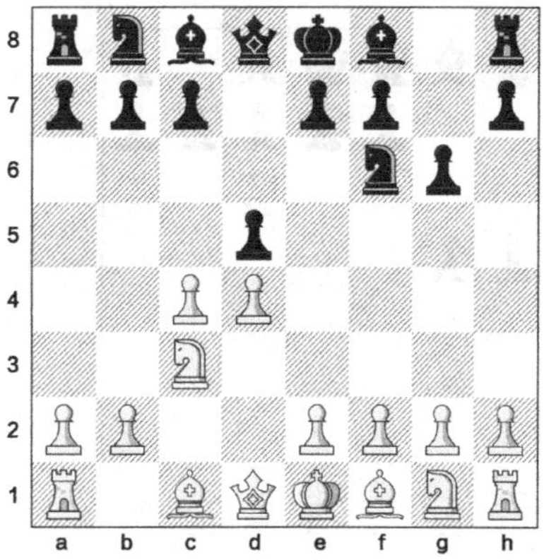

格林菲尔德防御

1.d4 Nf6 2.c4 g6 3.Nc3 d5

与其他的印度式防御不同，黑方快速地对白方中心发起进攻，白方虽然可以选择走 4.cxd4 Nxd4 5.e4 Nxc3 6.bxc3 形成强大的兵中心，但他的出子问题使得黑方会不顾一切尝试瓦解他的中心阵型。

这一开局的激进性使得它成为许多进攻型棋手面对 1.d4 时偏好的武器，但黑方必须在这一开局中准确行动，才能避免被白方的中心完全压制。

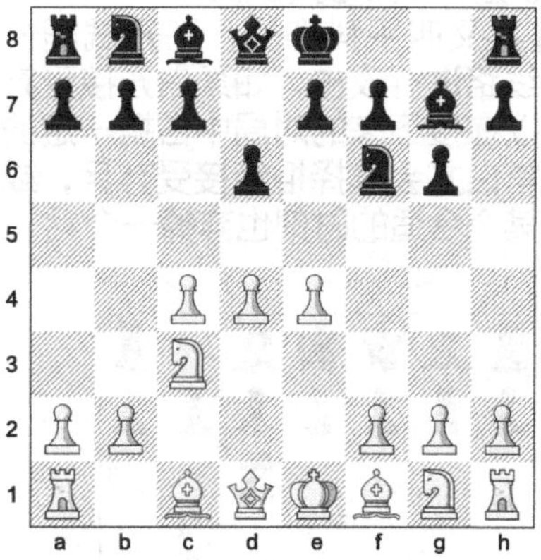

古印度防御

1.d4 Nf6 2.c4 g6 3.Nc3 Bg7 4.e4 d6

古印度防御又叫王翼印度防御，是黑方不走 3...d5 转而选择 ...Bg7 和 ...d6 的开局方式。

这一开局在 20 世纪早期曾被认为是白方占优的开局，但时至今日，多位世界冠军已经证明这是一个非常合理的开局，黑方虽然放弃了中心的争夺，但他通常可以很有效地组织起王翼方向的进攻。

这一开局的内涵极为丰富，也是黑方可以坚持一直使用的一种有效对抗 1.d4 的方式。

除了以上开局之外，在半封闭性布局中，还有以下这些较为知名的开局方式。

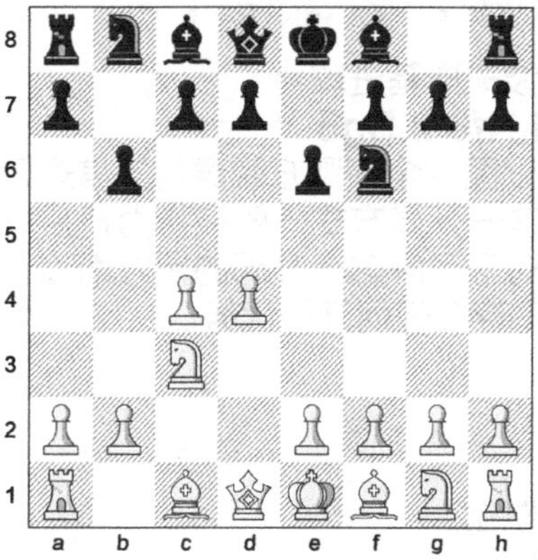

新印度防御

1.d4 Nf6 2.c4 e6 3.Nc3 b6

新印度防御又叫后翼印度防御，这一开局极为稳健，但黑方想取胜也有着更大的难度。

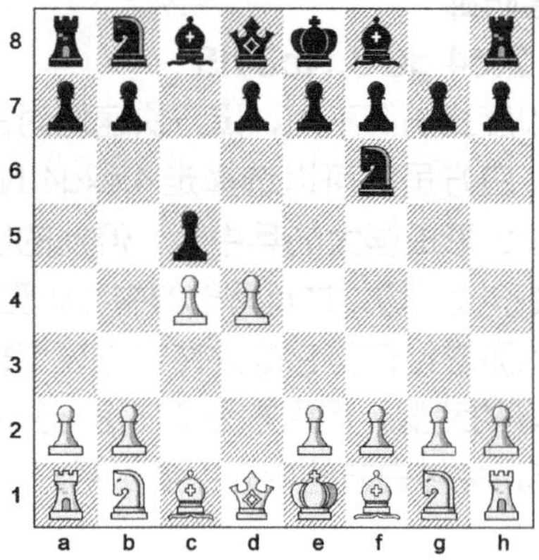

别诺尼防御

1.d4 Nf6 2.c4 c5

这一防御允许白方走 3.d5，因此黑方的局面会稍微被动一些，他必须在侧翼寻找有效的反击方式。

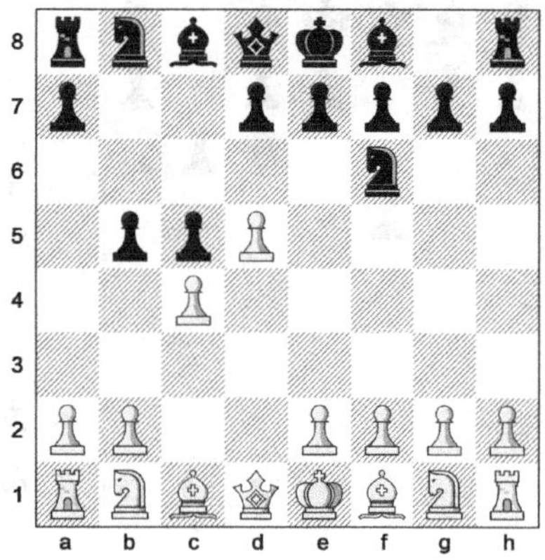

伏尔加弃兵

1.d4 Nf6 2.c4 c5 3.d5 b5

伏尔加弃兵又叫平科弃兵，黑方试图快速打开后翼的线路进行攻击，如果白方接受弃兵，则黑方可以在接下来的对局中占据一定的主动，因此通常白方会选择拒绝接受弃兵，或在接受之后的某个合适的时刻也弃掉一个兵。

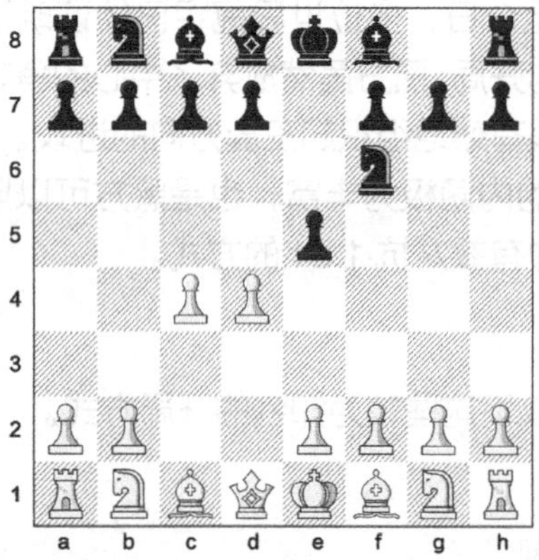

布达佩斯弃兵

1.d4 Nf6 2.c4 e5

这是一个在高水平对局中较为罕见的走法，白方通常并不能在吃兵之后保持他的多兵优势，但他可以很好地出子并占据主动。

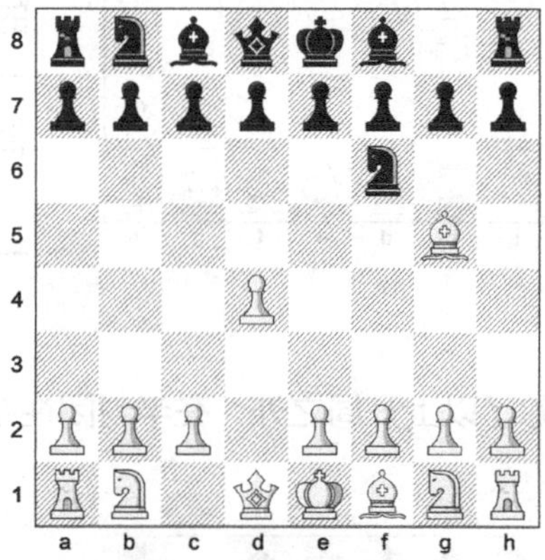

特龙波夫斯基进攻

1.d4 Nf6 2.Bg5

白方试图完全使黑方脱离他的常规开局准备，这一开局方式一般被作为奇招采用，因为对于了解这一开局的黑方而言，白方便并不存在任何开局优势。

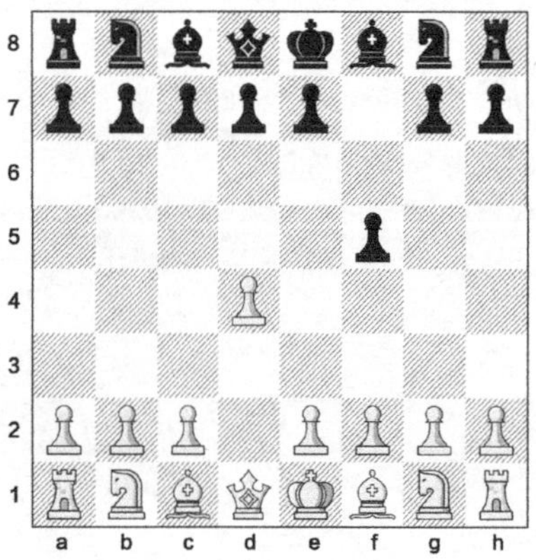

荷兰防御

1.d4 f5

荷兰防御模仿西西里防御的思想，但这一走法一定程度上削弱了黑方王翼的防御。荷兰防御有着一些独立的开局思想，不过这一开局在高水平棋手的比赛对决中并不多见，优势在于可以避开白方 1.d4 面对 1...d5 和 1...Nf6 的主流开局准备。

其他种类的开局

对于一位渴望提升自己水平的棋手来讲，1.d4和1.e4足以成为他棋路上的忠诚伙伴，但仍有一些开局中白方在开始时走动侧翼的棋子，这些开局多数并不流行，都是作为开局奇招使用。

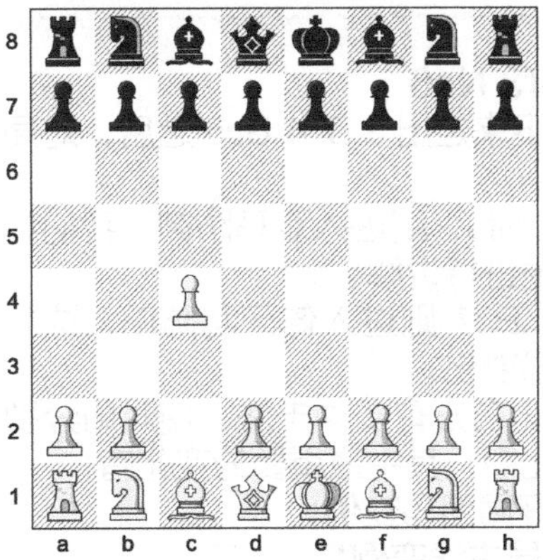

英国式开局

1.c4

虽然侧翼开局（不走 1.e4 或 1.d4 的开局）中的多数都较为另类，但英国式开局却是一种主流的开局手段，流行程度也在所有开局的前五名之列。白方用 c 兵首先控制 d5 格，在对抗擅长应对 1.e4 和 1.d4 的棋手时，不失为一种很好的选择。

黑方通常走 1...c5，若黑方走 1...e5 则类似于调转棋盘的西西里防御（1.e4 c5），但由于先后手顺序的不同会有一定程度的区别。

黑方还可以选择许多其他的走法，使开局转向其他许多开局种类，因此除非你是一位开局大师，否则这一开局选择或许暂时还不适合你。

除此之外，白方还可以采用以下开局。

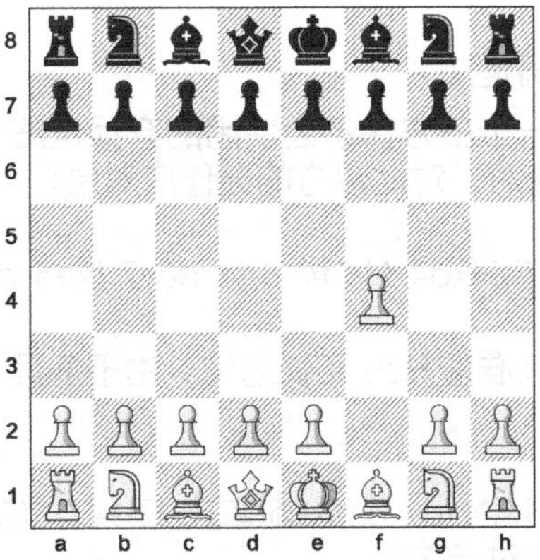

伯德开局：1.f4

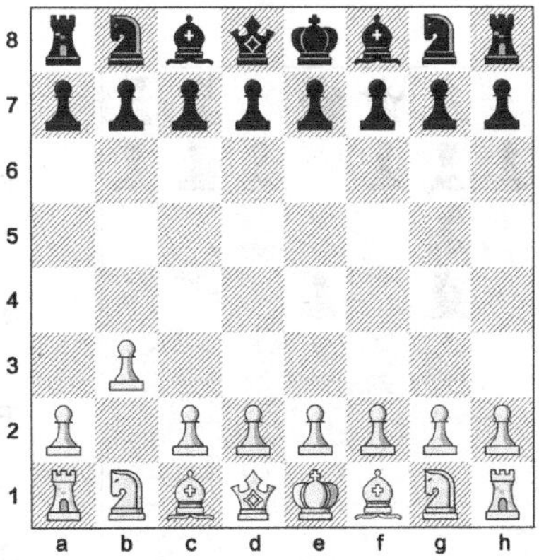

拉尔森开局：1.b3

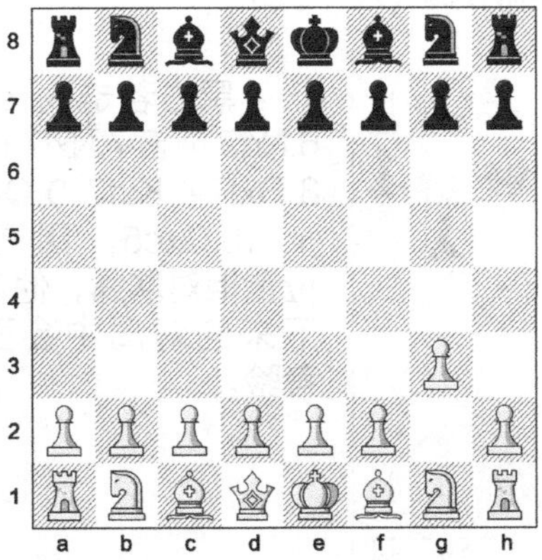

王翼堡垒象开局：1.g3

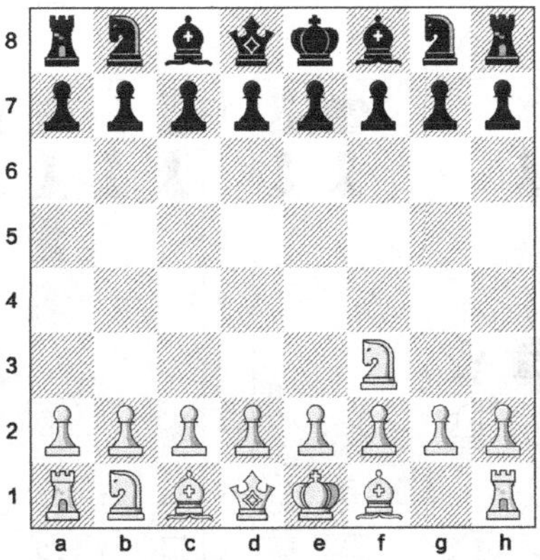

1.Nf3 率先出马，阻止黑方 1...e5 的所有开局。通常不作为一种独立的开局出现，这一走法的目的往往是尽可能隐藏白方的开局选择，并根据黑方的行棋方式来选择开局

意大利开局

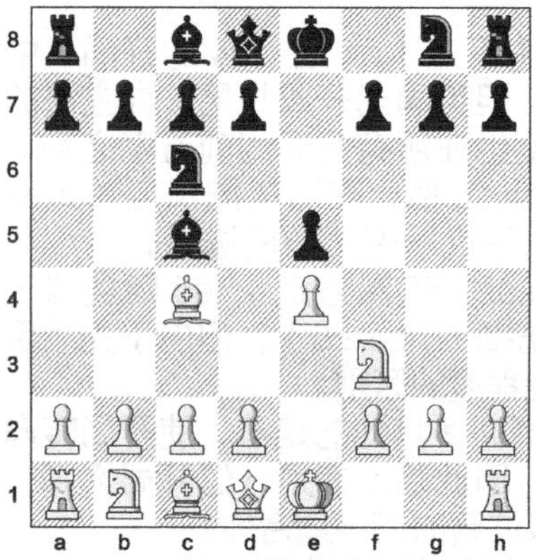

1. e4 e5 2.Nf3 Nc6

当对局双方接下来走出 3.Bc4 Bc5 之后，对局进入意大利开局。

若黑方走出 3...Nf6，则进入双马防御，我们将在下一节对这一开局进行讲解。

若黑方走出 3...Be7 则进入匈牙利防御，这并不是一个主流的开局变化。

在这一局面中，白方有多种走法，使对局分别进入不同的开局变化中，其中最重要的变化有：

4.Nc3 意大利开局四马变例；

4.c3 意大利开局主线变例；

4.d3 Giuoco Pianissimo 变例；

4.0-0（通常会在之后回到以上的某个开局变例中，但其中亦存在一些特殊的细节，需要详细说明）；

4.b4 伊文思弃兵。

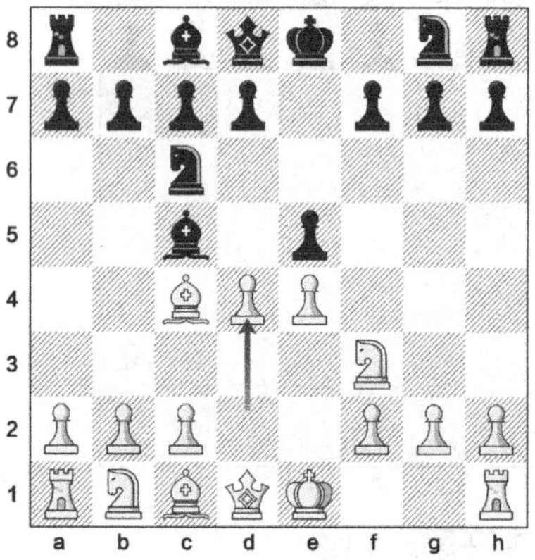

错误的开局走法

4.d4?! 是一个白方偶尔会使用的弃兵走法，考验黑方的开局应对，对此黑方的最佳应对是：

4...Bxd4! 5.Nxd4 Nxd4 6.f4 d6 7.fxe5 dxe5 8.Bg5 Qe7

黑方接下来准备 Be6 和长易位，由于多兵，黑方稍优。

黑方若走 4...Nxd4 5.Nxe5 攻击 f7 兵，黑方这里只有唯一的应对走法：

5...Qe7 6.Bxf7+ Kf8 7.Bxg8 Kxg8 8.Nc4 Qxe4+ 9.Ne3 b6

黑方的局面稍好。(左下图)

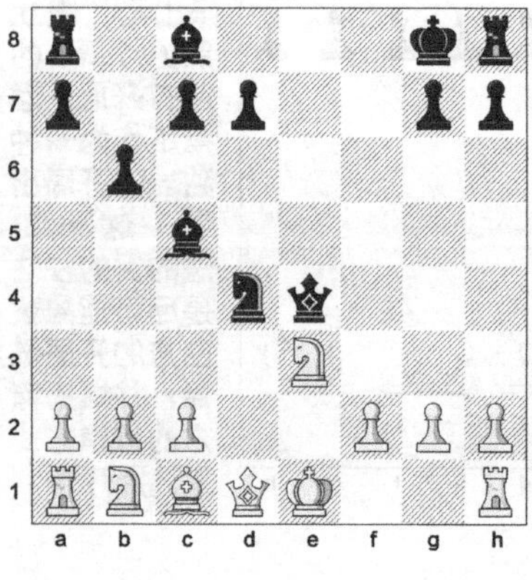

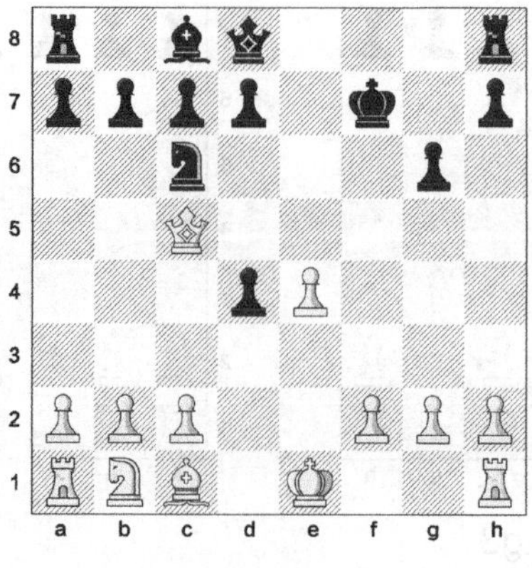

黑方若走 5...exd4 6.Ng5 Nh6 7.Nxf7 Nxf7 8.Bxf7+ Kxf7 9.Qh5+ g6 10.Qxc5，黑王的位置相对暴露，他在接下来的对局中会面临考验。

4.Nc3 Nf6 四马变例

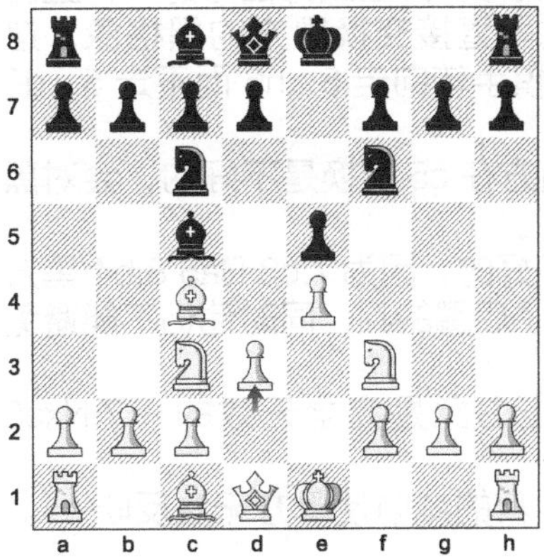

这或许是最平淡的意大利开局变化，白方在第4步选择走 **4.Nc3**，不直接对黑方控制的 d4 中心格进行争夺，这并不是一种主动的开局选择。

4...Nf6 5.d3（左图）此时黑方有两种选择：A)5...d6 和 B)5...h6 。

当前局面下，黑方的 c5 象、c6 马和 e5 兵共同防御 d4 格，使白方中心的争夺暂时无法进行。因此，白方通常需要运用一些手段，来帮助自己争夺中心。

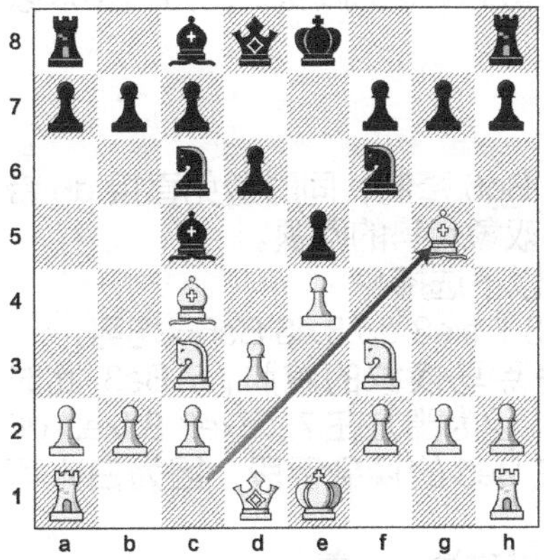

A)5...d6

这一变例也可以由 4.d3 Nf6 5.Nc3 d6 形成。白方在此有两种选择：A1)6.Bg5 和 A2)6.Na4。

A1)6.Bg5

这步棋的目的在于牵制黑方 f6 的马，消除黑方对 d5 格的防御。

接下来，双方通常走 **6...h6** 攻击白方的象。另一种可行的走法是 6...Na5 意图换掉白方的白格象。

7.Bxf6 Qxf6 8.Nd5 通过攻击黑后的先手，白方占据 d5 格。

需要注意的是，一些初学者时常喜欢在黑方 6...h6 之后走 7.Bh4?!，在黑方没有短易位之前，这通常是危险的选择。黑方此时可以走 7...g5 8.Bg3 Bg4 9.h3 Bh5，黑方的牵制难以解除，同时封锁了白方 g3 的象，黑方占优。

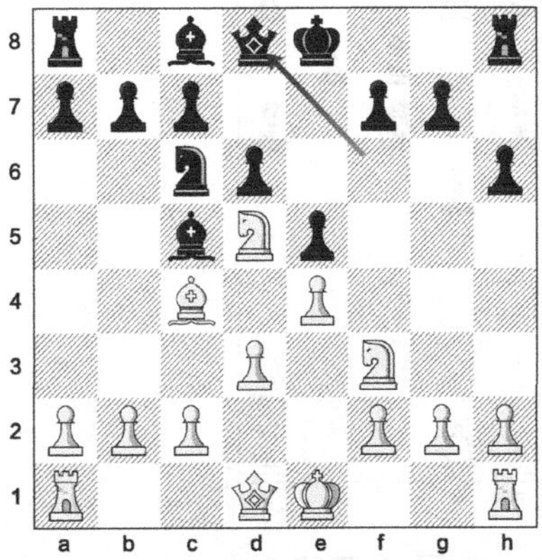

此时的黑后必须撤回来防守 c7 兵。

8...Qd8（左图）9.c3 白方准备冲 d4 争夺中心格。

接下来对局通常向着两个方向展开：

（1）9...a6 10.d4 Ba7 11.dxe5 Nxe5 12.Nxe5 dxe5 13.Qh5 0–0 14.Qxe5 Re8 15.Qf4 Qd6= 局面均势；

（2）9...Ne7 黑方意图直接对抗白方对 d5 格的控制权。

10.Ne3 0-0 11.0-0 白方没有任何优势。

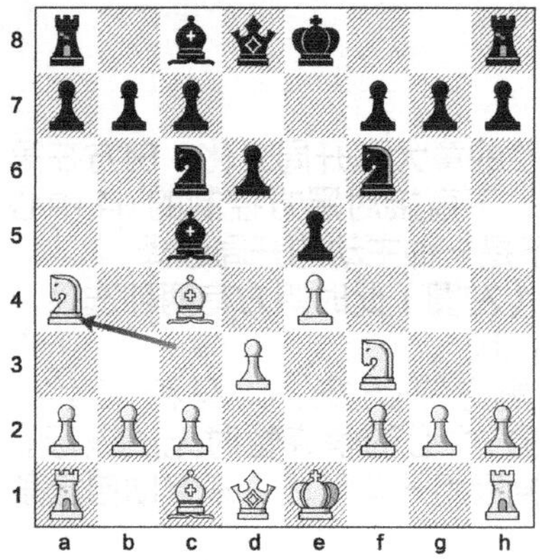

A2)6.Na4

虽然这已经是一个相当古老的开局，但 6.Na4 在最近几年才开始流行，并且成为白方的一种主流走法。此时白方试图直接交换黑方的黑格象。这也是使得许多黑方棋手转向走 5...h6 而不走 5...d6 的一个原因。

6...Bb6 被白方在 c5 交换是不好的，会对黑方的 e5 兵造成削弱。

6...Bb4？是不好的，因为 7.c3 Ba5 8.b4 黑方让白方快速地冲起了后翼的兵，同时他仍不能避免他的象被白马换掉。

6...Na5?? 反击白象是完全无效的，7.Nxc5 Nxc4 8.dxc4 dxc5 9.Qxd8+ Kxd8 10.Nxe5 白方多兵，并且由于对 f7 兵的威胁使黑方无法反吃 e4。10...Re8 11.Bf4 准备长易位进行攻击，白大优。

接下来白方走 **7.a3 或 7.Nxb6 axb6 8.c3** 消除黑方 Na5 的威胁，白方占据双象优势，局面稍优。

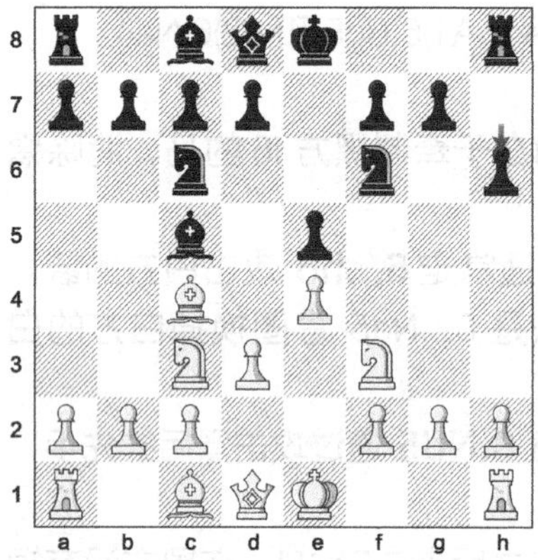

B）5...h6

黑方阻止白方 Bg5 牵制，同时避免直接 d6 带来的白方 Na4 取得双象优势的问题。

接下来白方有以下选择：

B1)6.Be3 Bxe3 7.fxe3 d6 8.a3 Be6= 均势；

B2)6.a3 a6 消除马换象的威胁，7.Be3 此时黑方最好走 7...d6，因为黑方在 7...Bxe3 8.fxe3 d6 9.d4 之后不再存在 Be6 的换象手段，因为白方可以冲兵 d5 击双；

B3)6.0-0 没有进攻性的一着；

B4)6.h3。

对于 B1-B3 的选择，我们不需要详细地记忆，只需要抓住双方的几个要点。

例如：

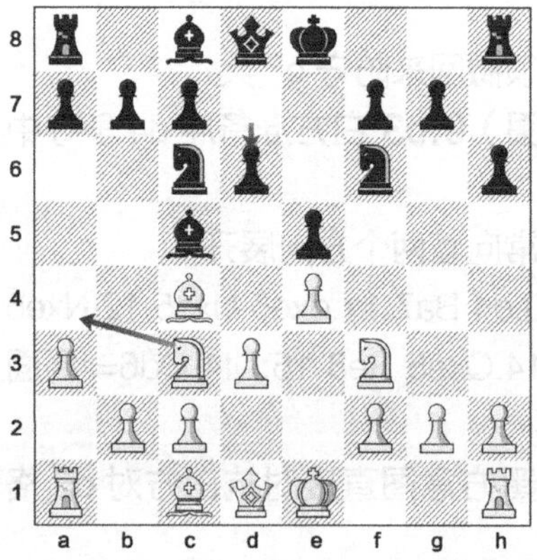

黑方若想冲 d6，需要注意白方的 Na4。

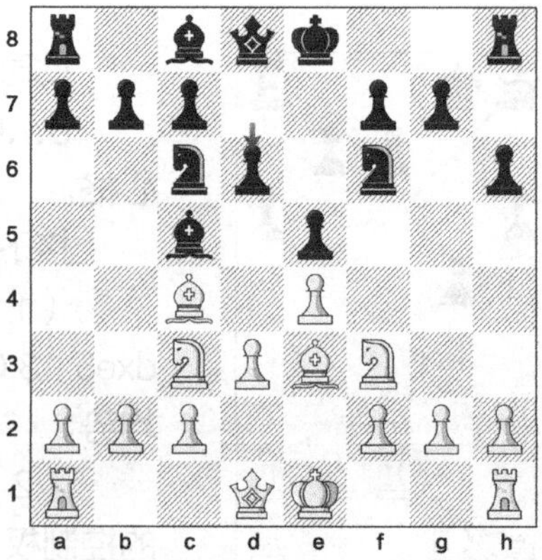

在此走 7...d6 是不正确的，因为 8.Bxc5 dxc5 9.Bb5。

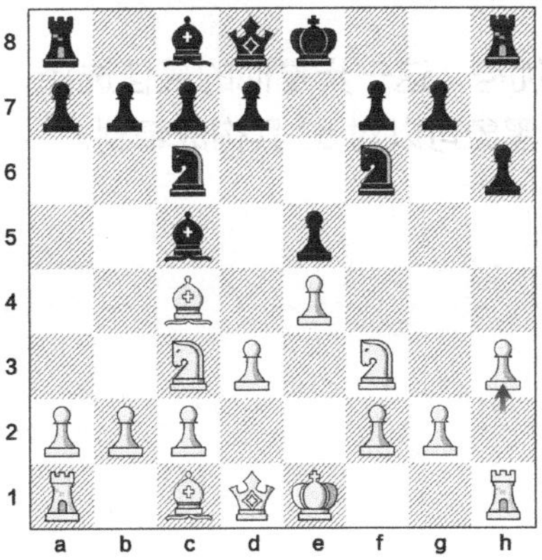

B4)6.h3 这一着的目的在于等待，根据黑方的选择采取不同的行动。

此时走 6...0-0? 在此是严重的错误，由于白方仍然没有易位，他可以直接走 7.g4。

6...a6 同样，在冲 d6 前消除 Na4 的威胁，并且与白方上一步也有着相同的意图，等待白方的具体行动再行应对。

接下来白方可以选择各种走法，但并不存在一种走法可以让他开局就占据优势。

伊文思弃兵

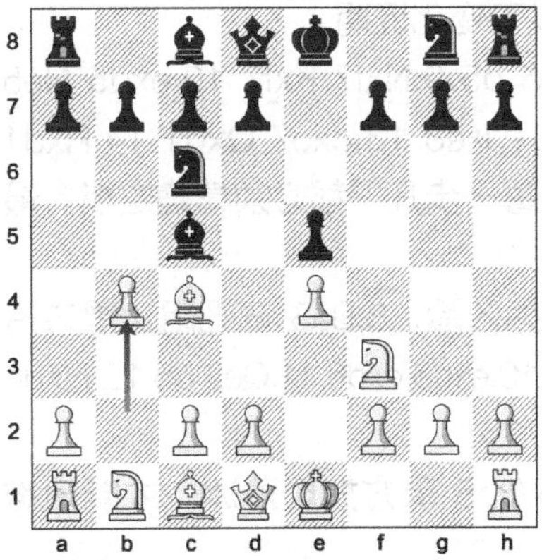

4.b4

这是一个非常具有进攻性的弃兵变化，白方意图将黑象引入到 b4 格，从而用 c 兵继续攻击，加快他争夺中心的速度，黑方棋手必须深入了解这一变化的最佳应对，否则他很可能快速被白方攻陷，但黑方如果应对得当的话，白方并没有明显的优势。

4...Bxb4 5.c3

黑方接下来的选择主要有：

A）5...Be7；

B) 5...Ba5。

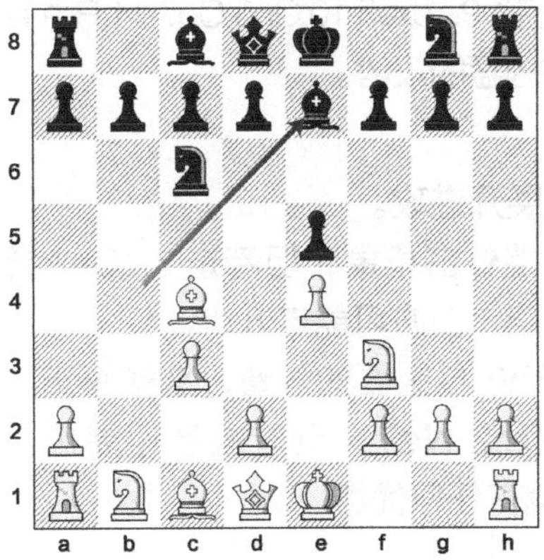

A）5...Be7

这是黑方最稳妥的选择，将象放在王前，掩护王的同时也控制了 g5 格，阻止白马可能的进攻。

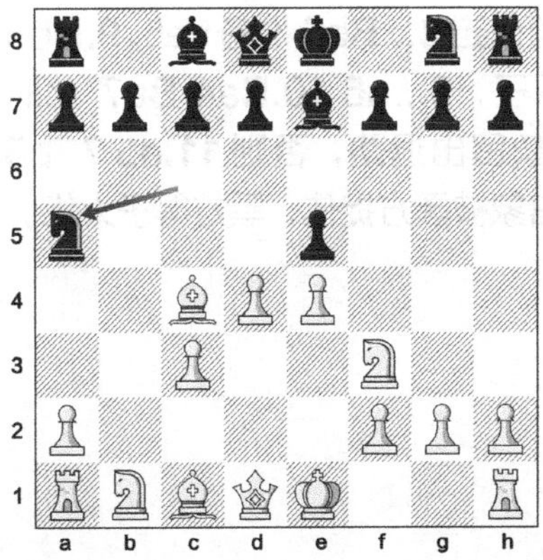

6.d4 Na5 黑方必须借此防守白方 Qb3 攻击 f7 兵的威胁。

7.Nxe5 Nxc4 8.Nxc4 虽然白方得回了弃掉的兵，但他的攻势已经被黑方解除了。

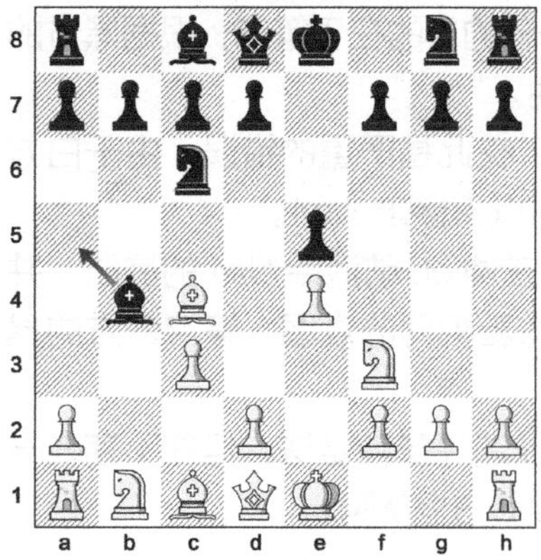

B）5...Ba5

黑方若想取得优势，这一步是他的最佳选择，当白方冲 d4 之后，黑象可以对 c3 兵构成牵制。

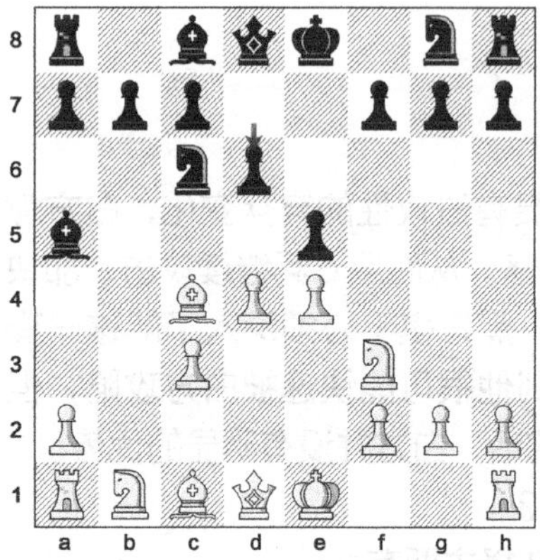

6.d4 d6

6...exd4 7.0-0 对于黑方而言是较为凶险的变化，对此可以通过以下变化证明。

7...Nge7 8.Ng5 d5 9.Nxf7 Kxf7 10.exd5 Ne5 11.Bb3 dxc3 12.d6+ Ke8 13.dxe7 Qxd1 14.Rxd1 Nc6 15.Ba3 黑方的每一步几乎都必须精确走棋，最终的局面白方稍优。

7...Nf6 同样极为凶险，8.Ba3 试图阻止黑方短易位 8...d6 9.e5 Ne4 10.exd6 cxd6 11.Qe2 d5 12.Nxd4 Nxd4 13.cxd4 f5

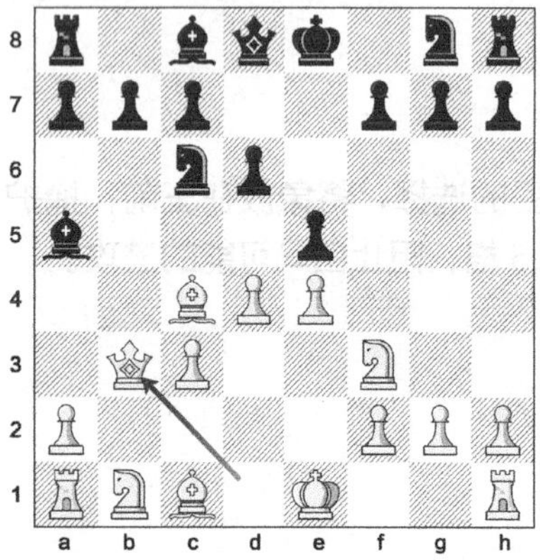

14.Bb3 Kf7 15.Qb5 黑方如履薄冰，才能艰难维持均势。

若黑方第 9 步选择 9...dxe5 10.Qb3 Qd7 11.Re1+- 他的局面将遇到白方凶猛的攻势。

7.Qb3

白方快速对 f7 展开进攻。

7...Qd7 虽然挡住白格象，但若走 7...Qe7 会挡住 c6 马的回撤线路，白方可能走 8.d5。

B1)8.dxe5 Bb6 是重要的一着，准备 Na5，**9.Nbd2 Na5 10.Qc2 Ne7**，黑方准备短易位，之后走 Ng6，白方没有任何优势。

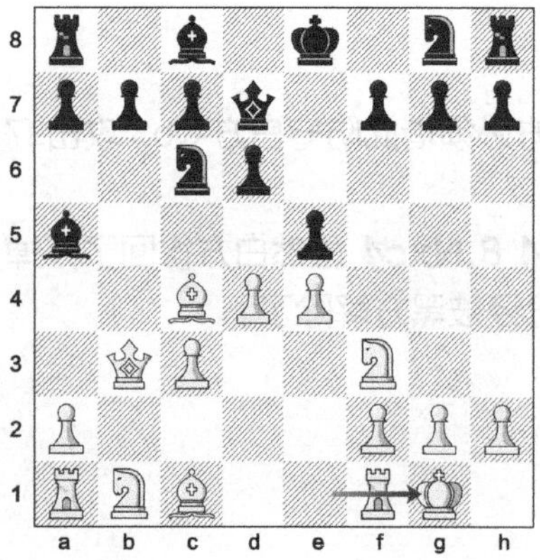

B2)8.0-0

对此黑方同样可以走 **8...Bb6** 准备 Na5，**9.Bb5** 白方试图威胁 d5 得子，**9...a6 10.Ba4 Ba7** 此时白方必须走后，给象留出退路，否则 **11.d5？ b5 12.dxc6 Qxc6**，白象被黑方捉住，黑方得子大优。

意大利开局 c3 主线变例

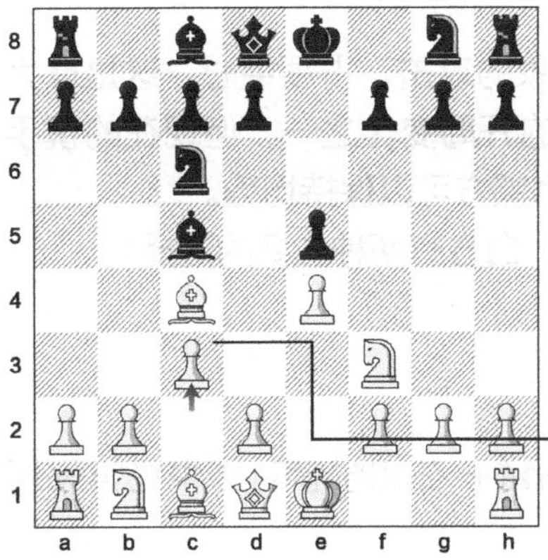

冲 c 兵支持 d4 抢中心
这是意大利开局的核心思想

意大利开局 c3 主线变例或许是国际象棋开局中下得最多的开局变化了，几乎所有的初学者都见到过或在运用这一开局变化。

白方直接冲 c3 意图争夺黑方控制的 d4 中心格。

黑方此时最佳的走法是 **4...Nf6** 攻击白方的 e4 兵，同时准备王车易位。

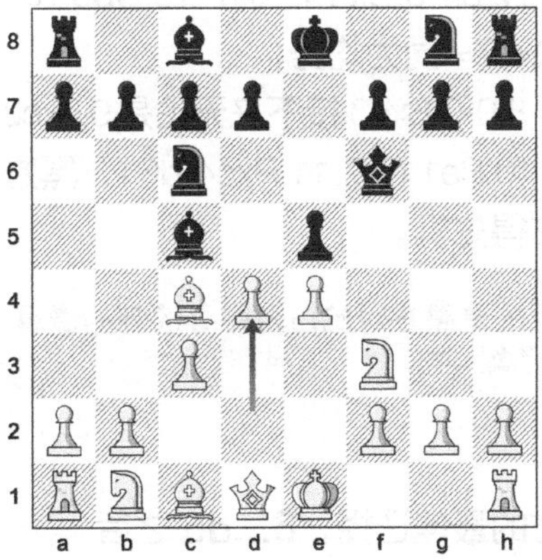

黑方的一些错误应对

强行保护 d4 是不可行的。**4...Qf6? 5.d4! 5...Bb6 6.O–O h6 7.a4 a6 8.dxe5 Nxe5 9.Nxe5 Qxe5 10.Qf3 Nf6 11.a5 Ba7 12.Re1**，白方有明显优势。

一个有趣的变化是 5...exd4? 6.e5 Qg6 7.cxd4 Bb4+ 8.Nc3 Qxg2 9.Rg1 Qh3 10.Bxf7+ Kxf7?? 11.Ng5++-，白胜。

! 早出后在此会受到白方攻击，在多数开局中，早出后都要经过仔细的考虑

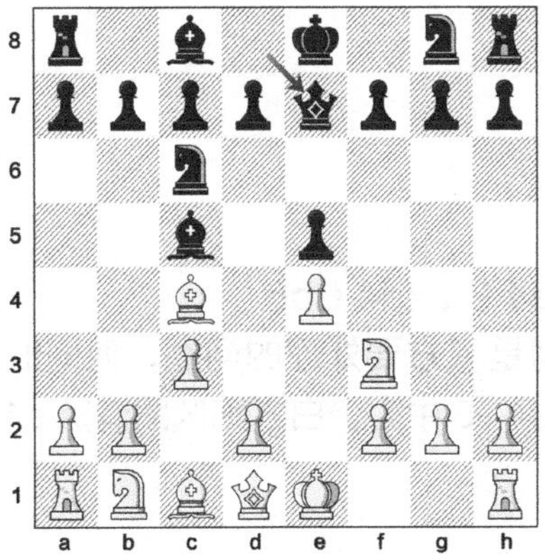

4...Qe7?! 同样不是一个好主意，白方仍然走 **5.d4！**。

5...exd4? 6.0–0 白方出子遥遥领先，在接下来的局面有猛烈的攻势。

若黑方走 5...Bb6，白方 6.0-0 牢牢掌控中心，接下来白方可以自由地施展进攻的手段。

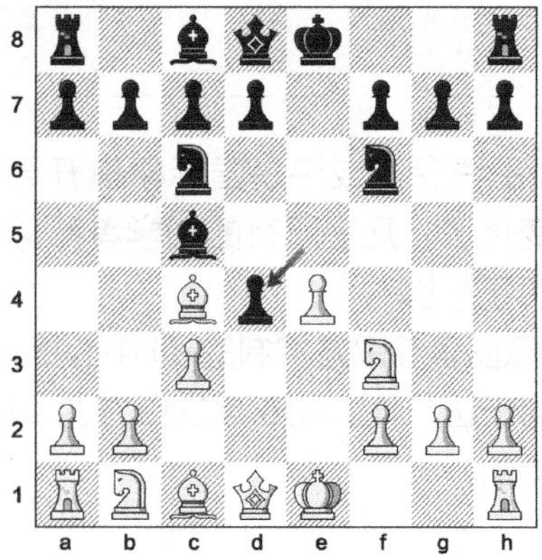

c3 变例的主要变化

① 5.d4

5.d4 exd4

白方利用对黑象的攻击，占领中心，这是意大利开局从前最重要的开局变化之一，但现在的棋手大致认为，这一变例黑方可以保持均势。

在这一局面中，白方有两种主要的选择：

A)6.cxd4；

B)6.e5。

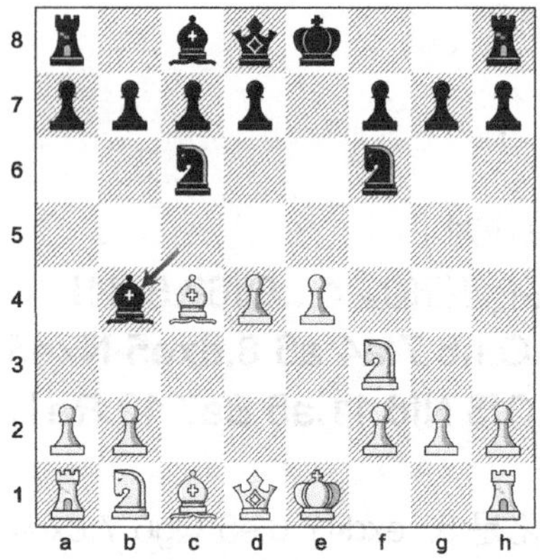

A)6.cxd4 Bb4+ 在初学者对局中经常采用的变化：

A1）7.Bd2 Bxd2+ 8.Nxd2 d5 9.exd5 Nxd5= 或 7.Bd2 Nxe4 8.Bxb4 Nxb4 9.Bxf7+ Kxf7 10.Qb3 Kf8 11.Qxb4+ Qe7 12.Qxe7= 同为均势；

A2) 7.Nc3 Nxe4 8.0-0 Bxc3 接下来无论是 9.bxc3 d5=，还是 9.d5 Bf6 10.Re1 Ne7 11.Rxe4 d6∓，黑方得兵，白方均无法占得先机。

! d5 反击是黑方对抗白方中心控制的最重要的手段

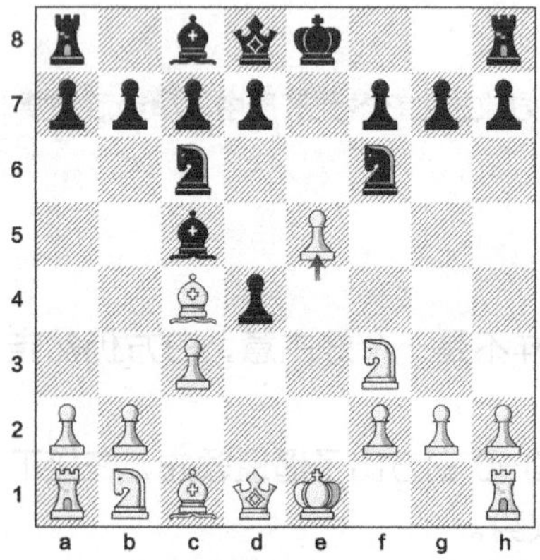

B)6.e5 是白方的最佳选择，**6...d5** 之后

B1) 7.Be2 Ne4 8.cxd4 Bb4+ 9.Bd2= 均势。

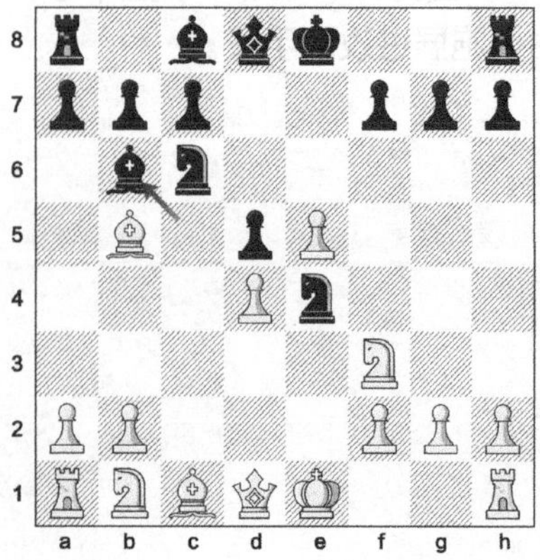

B2)7.Bb5 Ne4 8.cxd4 Bb6

对 c6 马的牵制是黑方要处理的问题，他同时会试图摧毁白方的 d4-e5 中心。白方则试图消除 e4 的黑马。

9.Nc3 0-0

B21)10.h3 阻止 Bg4 牵制。**10...f6** 攻击白方 e5 兵，黑方没有任何问题。

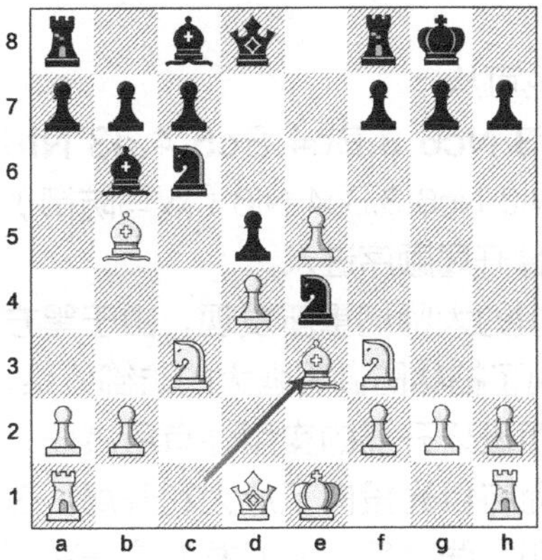

B22)10.Be3

这是白方的主要下法，**10...Bg4** 黑方制造牵制。

11.h3 Bh5

11...Bxf3 并不是很好的选择，12.gxf3 Nxc3 13.bxc3 白方下一步将对黑王发起进攻。

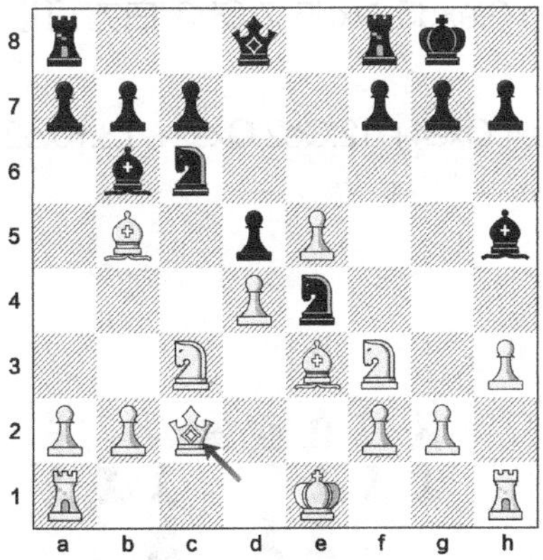

12.Qc2

威胁黑方的 e4 马。

12...Bg6 13.Qb3 黑象退到 g6 之后再躲避白后，避免黑方 e4 马的闪击。这也是当今这一变化白方最普遍的选择。

虽然 5.d4 变例客观上来说并不能让白方在开局占据优势，但这一变化对于初学者而言是最容易学习和使用的一种开局选择。

这一变化可以帮助我们很好地理解争夺中心的开局思想、白方行棋中需要注意的主动性原则，以及黑方应对白方威胁时可能采取的一些常见的行动方式。这些都对我们日后学习其他开局有许多的帮助。

②核心变化 5.d3

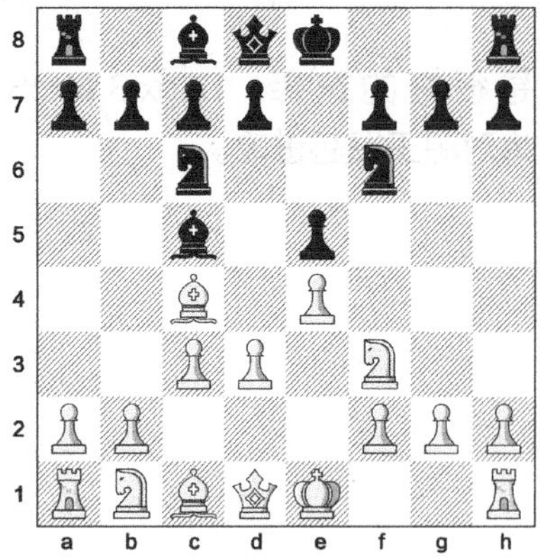

这一变例通常也可从 **1.e4 e5 2.Nf3 Nc6 3.Bc4 Bc5 4.d3 Nf6 5.c3** 或 1.e4 e5 2.Nf3 Nc6 3.Bc4 Nf6（双马防御）4.d3 Bc5 5.c3 这两种开局顺序进入。

近年来国际象棋的大师们重新发现，由于黑方在西班牙开局中发现了柏林防御等强大的防御体系，导致对于白方而言西班牙开局的实用性有所减弱，于是棋手们开始转而将目光投向了意大利开局。在经过一系列的研究和实践之后，人们发现这一变例在实战中是有着很大的使用价值的。今天，这一变例已经成为了意大利开局最流行的变化。

在上图的局面中，黑方不可以直接走 5...d5?，因为 6.exd5 Nxd5 7.Qb3 白方可以得到子力优势。

例如：7...0–0 8.Bxd5 Na5 9.Qd1 Qxd5 10.b4 e4 11.dxe4 Qxe4+ 12.Qe2 Qxe2+ 13.Kxe2 Re8+ 14.Kf1 Rd8 15.Nbd2。

接下来黑方的主要选择有：

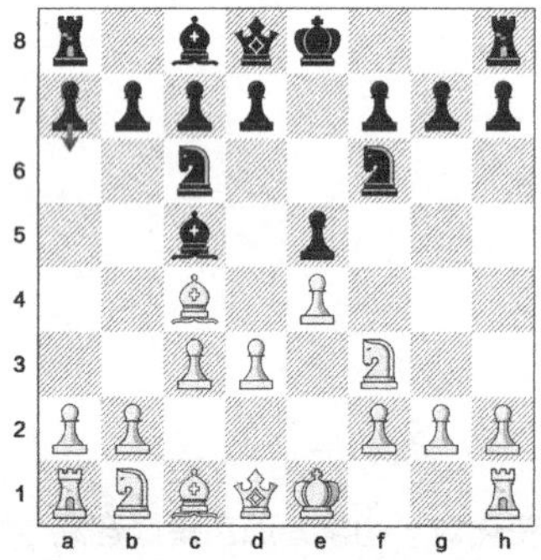

5...a6

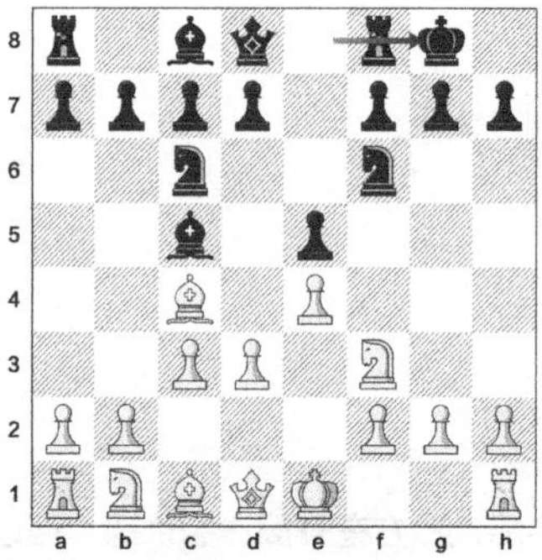

5...0–0

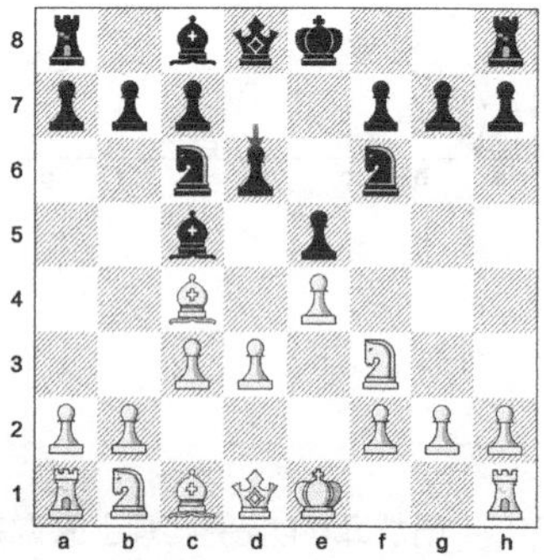

5...d6

以上走法的区别是，5...0-0 中可能会有直接 ...d5 的变化，而 5...a6 则不包含直接 ...a7-a5 的变化。

! 对这一变化的学习，不应拘泥于走法的记忆，因为在这一变化中，走法的顺序和更具体的变化时常会发生各种转变。更重要的是，我们要知晓这一变化中的一些重要的开局思想。

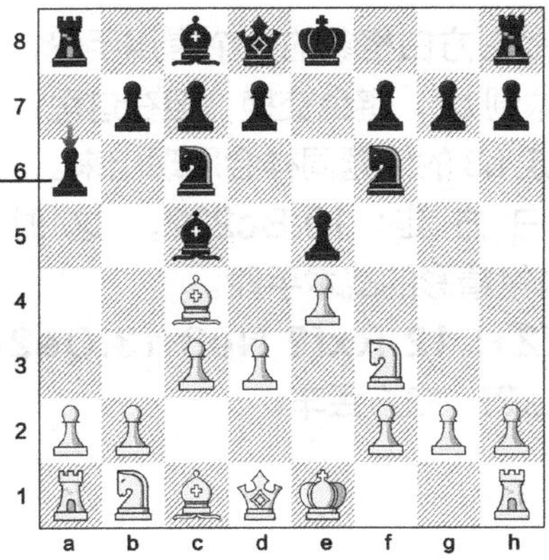

a6 之后，白方在未来需要注意可能的 Na5

5.d3 变化的走法要点

...a6 和直接 ...a7-a5 的区别

...a6 的目的是在接下来的某刻准备 Na5 交换白象（阻止白方 Bb5-a4-c2 的回撤路线）。当然，在这一局面中这一走法暂时还不成立，黑方需要将 c5 的象躲开（因为白方存在 b4 的兵击双），并且保护好他 e5 的兵。

在这一情况下，白方通常会选择走 a4 保障白格象的安全，但若黑方走 ...a7-a5，白方就不需要这一走法。

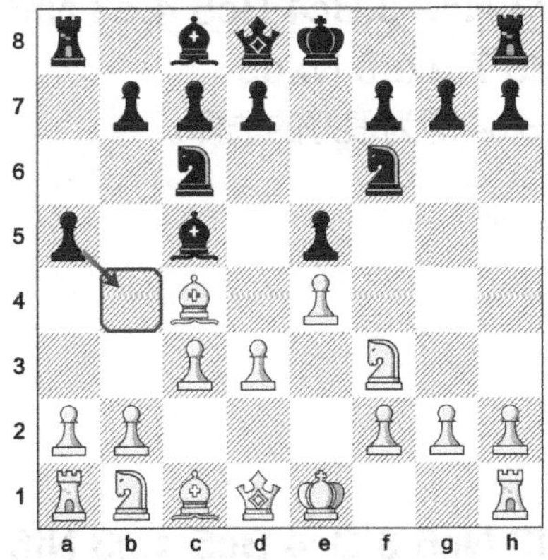

a5 可以阻止白方冲兵 a4 和 b4 的计划

另一方面，黑方 ...a6 并不能阻止白方在中局中通过冲兵 a4 和 b4 进攻（...a7-a5 则守住了 b4 格），因此这两种走法各有利弊，不同的棋手可能会有不一样的判断。总体来说，在实战中黑方走 ...a6 的走法较为多见。

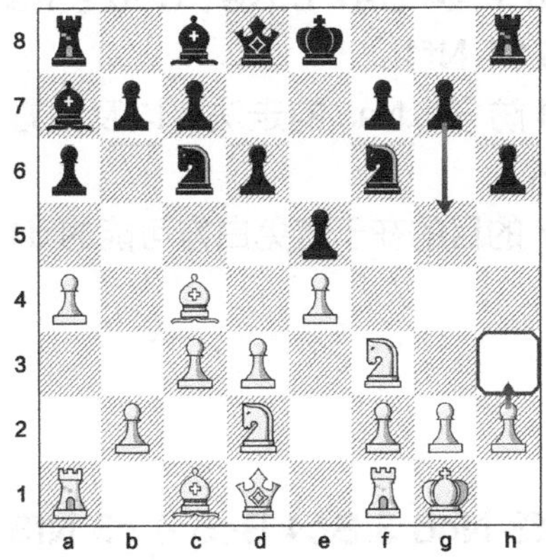

黑方走 h6 而未易位时，白方要等待黑方易位才可以 h3

h3 的问题

通常情况下，白方应当注意，倘若黑方先走了 ...h6，并且没有短易位时，白方此时要避免冲兵 h3，因为此时黑方可能会直接采取 ...g5，之后长易位的王翼攻势，这对于白方而言会有很大的压力。

但 h3 在这一开局中时常是一个非常重要的走法，控制 g4 格来避免一些黑方可能的手段。

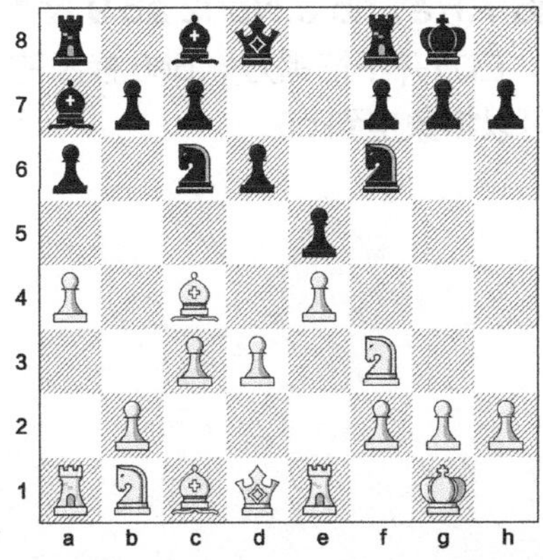

例如在这一局面中，倘若白方走 **9.Nbd2**，此时 **9...Ng4** 攻击 f2 兵：

10.Re2 这时黑方可以选择走 10...Kh8（解除斜线 f7 兵被牵制的状态）。若白方继续走 **11.h3**，黑方可以走 **11...f5!，这时 12.hxg4？ fxg4 13.Nh2 g3**，黑方有着凶猛的攻势。

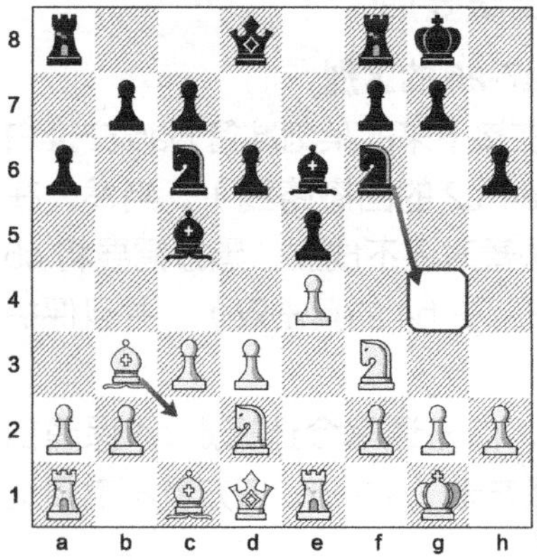

黑方 Ng4 是白方通常需要走 h3 的主要原因

Be6 是黑方挑战白方白格象的一个常用手段，白方通常更希望退象到 c2，避免交换，但在这里，白方走了 Re1 而未走 h3 的问题同样会展现出来。

倘若此时白方走：**10.Bc2??**，这时 **10...Ng4** 是一个非常精彩的战术手段。

11.Re2 Bxf2+! 12.Rxf2 Ne3 13.Qe2 Nxc2 14.Rb1 Bxa2!，白方丢车。

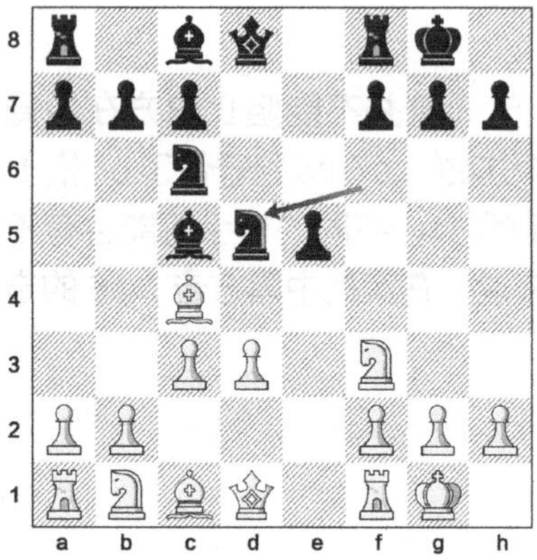

5.d3 变例的走棋顺序举例

1.e4 e5 2.Nf3 Nc6 3.Bc4 Bc5 4.c3 Nf6 5.d3 0–0 6.0–0 d5 7.exd5 Nxd5

此时 8.Re1 或 8.a4 均为很好的选择。

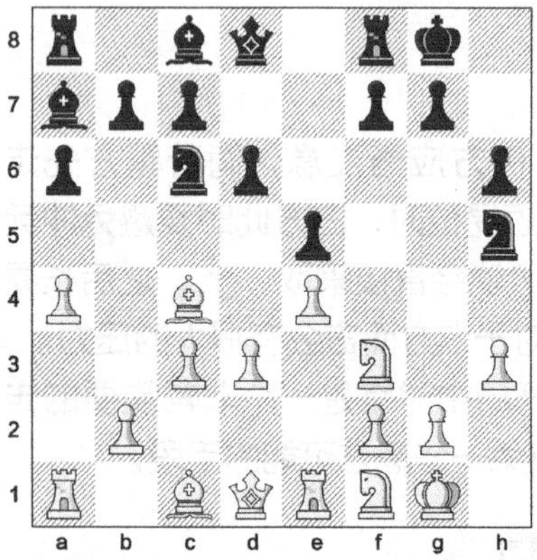

白方后翼的马一般通过 d2 和 f1 格出动

1.e4 e5 2.Nf3 Nc6 3.Bc4 Bc5 4.c3 Nf6 5.d3 d6 6.0–0 a6 7.a4 Ba7 8.Re1 0–0 9.h3 h6 10.Nbd2 Nh5 11.Nf1

注意白方 7.a4 防守 ...Na5 的走法，以及白方后翼的马的调动方式。

黑方的 7...Ba7 的目的在于避免白方可能的 d4 或 b4 攻击。

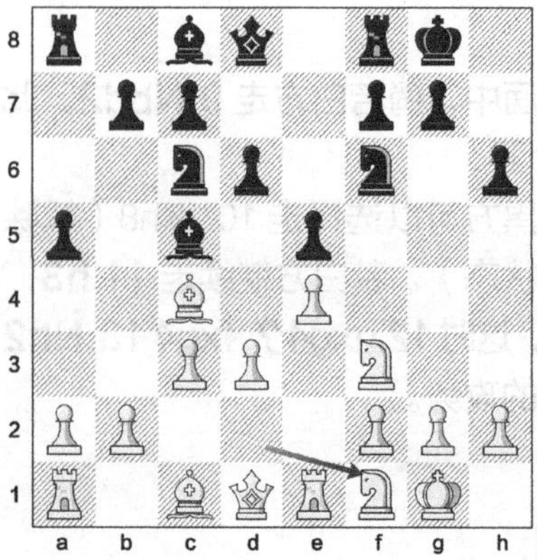

a5 的变化中，白方的白格象可以利用 b5 格继续进攻

1.e4 e5 2.Nf3 Nc6 3.Bc4 Bc5 4.c3 Nf6 5.d3 0–0 6.0–0 d6 7.Re1 h6 8.Nbd2 a5 9.Nf1

在这一变例中，白方并不怕黑方 ...Be6 换象的威胁，因为他随时可以将象走到 b5。

双马防御

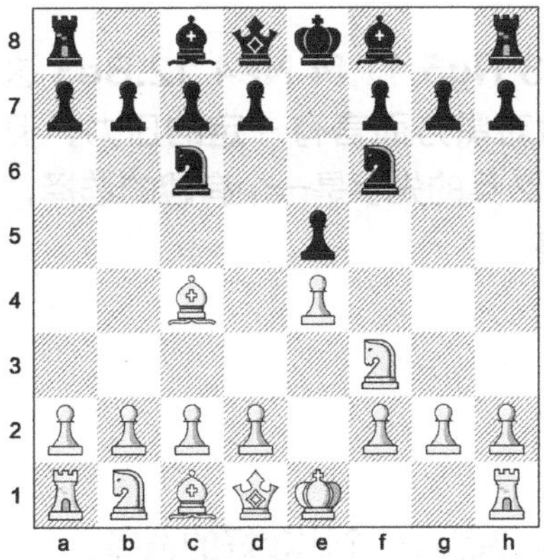

1.e4 e5 2.Nf3 Nc6 3.Bc4 Nf6 当黑方第3步选择走 3...Nf6 时，他意图使对局进入双马防御当中，白方若选择走 4.Ng5 则进入双马防御的主线变例。

白方如果不希望进入激烈的变化，可以选择走 4.d3，此时如果黑方走 4...Bc5，对局将回到意大利开局中。

需要注意的是，这里白方走 5.Nc3？是有一定问题的，黑方可以 5...Nxe4 6.Nxe4 d5 7.Bd3 dxe4 8.Bxe4 得回弃掉的棋子并夺取中心。

一种弃兵的选择

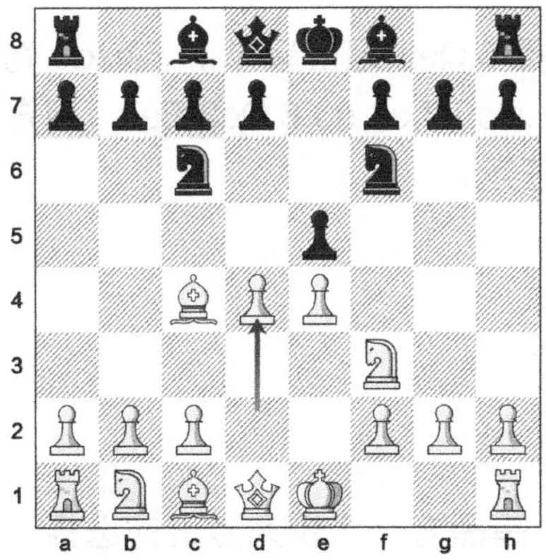

4.d4

白方选择转入苏格兰弃兵变例，这一变例通常是以 1.e4 e5 2.Nf3 Nc6 3.d4（苏格兰开局） exd4 4.Bc4 的顺序走出的。

4...exd4

A)5.0-0 Nxe4 6.Re1 d5 7.Bxd5 Qxd5 8.Nc3 Qh5 9.Nxe4 Be6 10.Bg5 是一个有趣的选择，白方利用两个牵制得回子力，但黑方的局面没有任何问题。

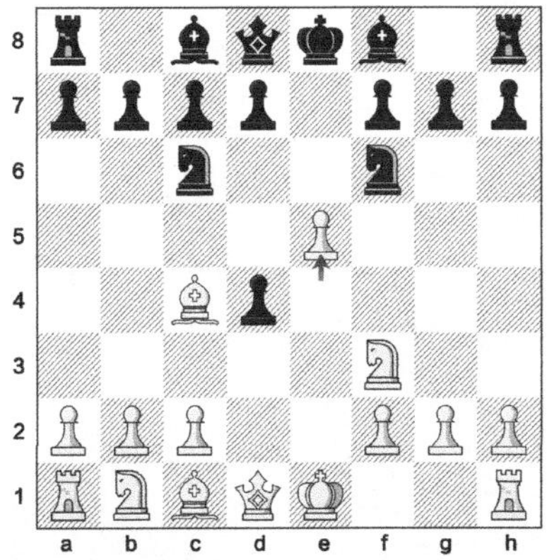

B) 5.e5 同意大利开局中 4.d4 的一个变例相同，这步冲兵攻击黑马是这一变例的核心意图。

这时黑方主要有 3 种选择：

B1)5...d5;

B2)5...Ne4;

B3)5...Ng4。

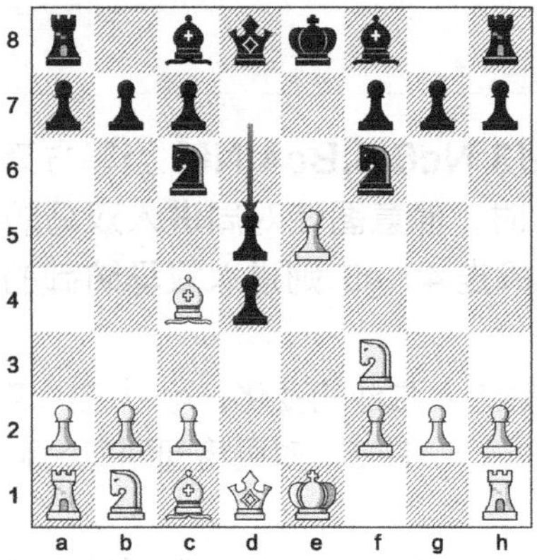

B1)5...d5 6.Bb5 Ne4 7.Nxd4 Bd7 8.Bxc6 bxc6 9.0-0 这些走法几乎都是强制性的。

9...Bc5 10.f3 Ng5 11.f4 Ne4 12.Be3 这一局面一直被认为对黑方而言有一定的压力，但 **12...Qb8!?** 攻击 b2 兵的先手是一个有趣的选择，旨在将后出到 b6 格。

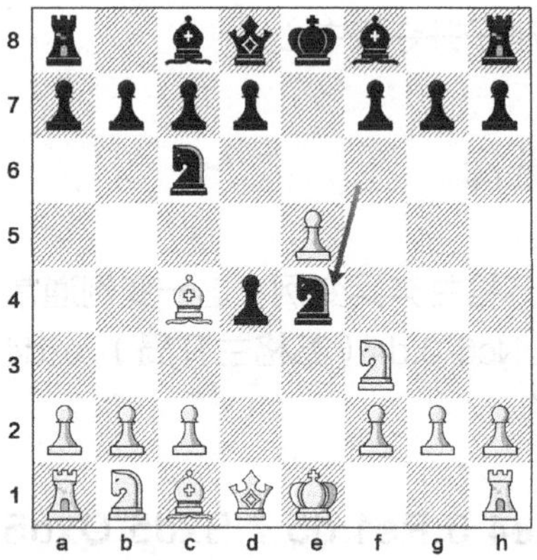

B2）5...Ne4 是黑方一个比较好的选择。

6.0-0 d5 7.exd6 Nxd6 8.Bd5 Be7 9.Bxc6 bxc6，局面大致均等。

白方也可以选择 6.Qe2 阻止黑方 ...d5(exd6 吃过路兵后捉马)。6...Nc5 7.c3 d3 8.Qe3 Be7，黑方顺利地完成了开局任务。

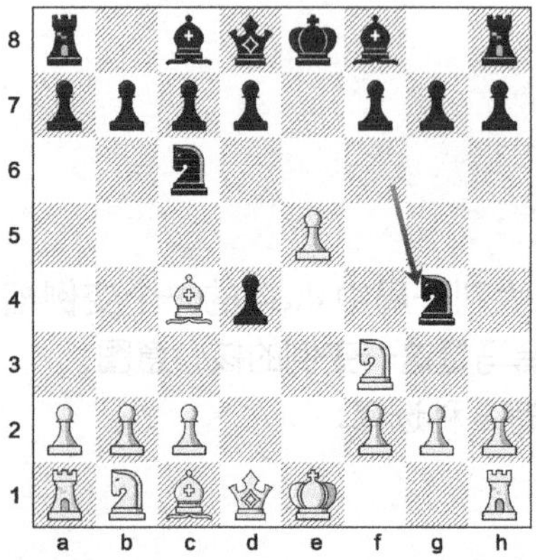

B3) 5...Ng4 是黑方一个较为激进的选择，白方必须积极出子予以应对：

6.0-0 Be7 7.Re1 d6 8.exd6 cxd6 9.Bg5 Nge5 10.Bxe7 Qxe7 11.Be2 0-0+/=，白方稍占优势。

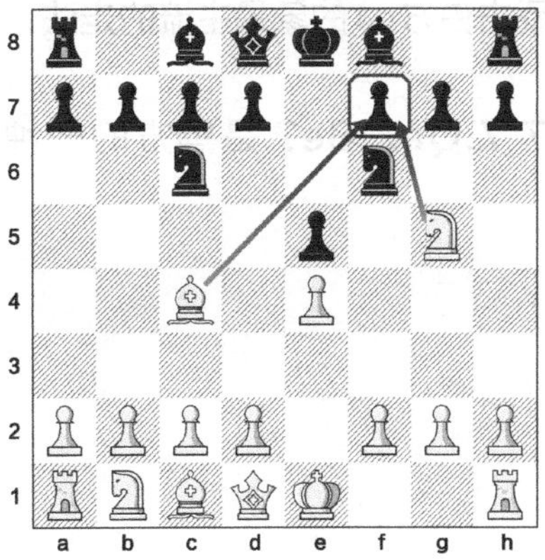

双马防御主线变例

4.Ng5 直接攻击 f7 兵。

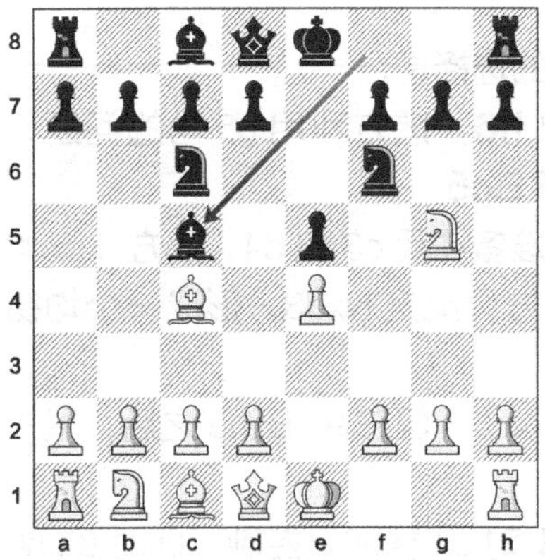

A）此时某些黑方棋手会试图走 **4...Bc5，** 制造一个开局陷阱。

白方如果贪婪地选择 5.Nxf7 击双，黑方继续走 5...Bxf2+，这时白方若走 6.Kxf2?，那么 6...Nxe4+ 对白方而言是非常凶险的。

若白方选择走 6.Kf1 的话，6...Qe7 7.Nxh8 d5 8.exd5 Nd4 9.d6 Qxd6 10.Nf7 Qc5 11.d3 Bg4 12.Qd2 Bh4，他将仍然面临黑方的猛烈攻势，或许理论上白方可以守住黑方的进攻，但在实战中这通常对白方不利。

但白方只要选择 **5.Bxf7** 的话，例如 **5...Ke7 6.Bc4，** 他将保持对黑方的优势。

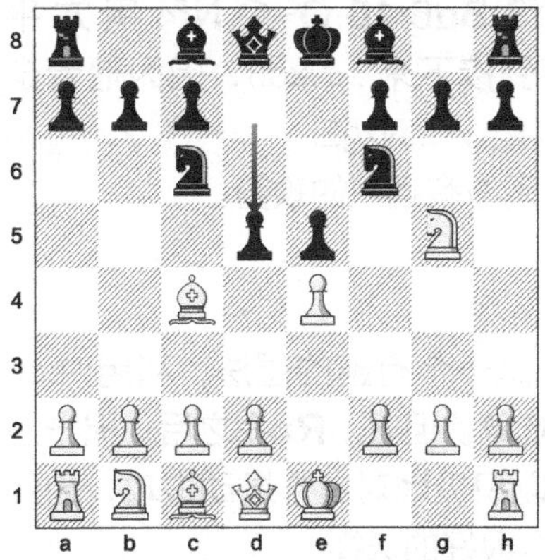

B) 若黑方不走 4...Bc5，则需要走 **4...d5** 防守白方对 f7 的攻击。

接下来，在 **5.exd5** 之后，**B1)5...Nxd5** 是一种很冒险的应对，白方可以走 **6.Nxf7 Kxf7 7.Qf3+ Ke6**，黑王的位置过于暴露，易受到白方的猛烈攻击，在实战中难以很好地把握。

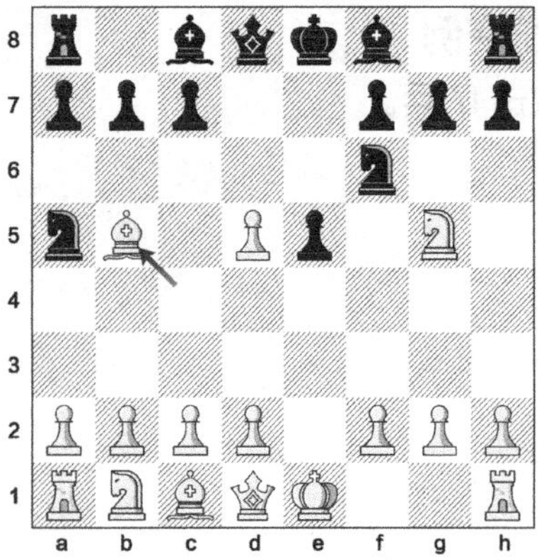

B2)5...Na5反击白方c4的象是主流的走法，6.Bb5+

B21)6...Bd7 7.Qe2 Be7 是黑方的一种选择。

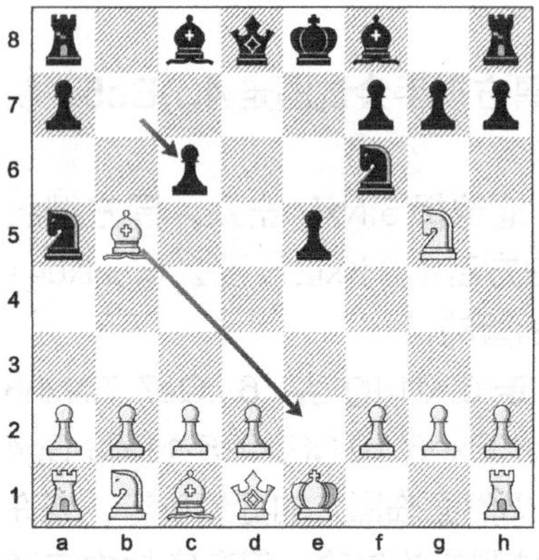

但主要的变化是在 **B22)6...c6 7.dxc6 bxc6**。

此时白方主要的选择是：

B221)8.Be2 h6，黑方利用 g5 马的问题，**9.Nf3 e4 10.Ne5 Bc5**

白方接下来会准备冲兵 c3 和 d4，黑方 ...exd3 吃过路兵之后，白方只能走 Nxd3，形成一个均衡局面。

白方亦可走 9.Nh3，但在 9...Bxh3 之后，黑方不存在任何问题。

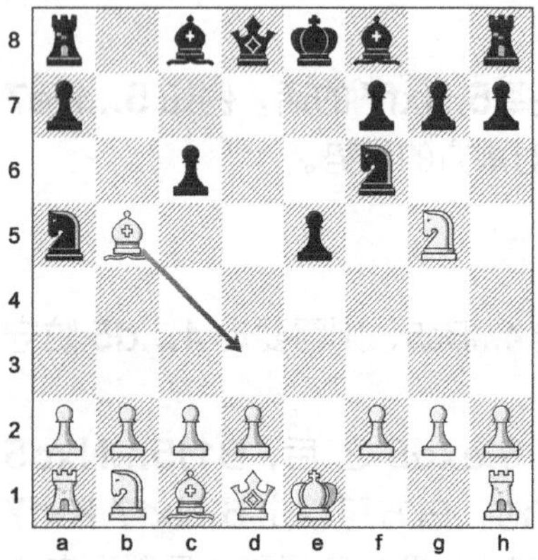

B222)8.Bd3 对 e4 格加强控制，此时 8...h6 则白方可以走 9.Ne4。

8...Ng4 是最激进的应对，9.Ne4 f5 10.Be2 h5 11.h3 fxe4 12.hxg4 Bc5 13.b4，对局会进入一个较为混乱的局面，但双方均可下。

8...Nd5 9.Nf3 Bd6 10.O-O Nf4 黑方平先，白方不得不接受接下来 ...Nxd3，因为他若走 11.Be2?，黑方可以走 11...Nxg2!

12.Kxg2 e4-+ 黑方有猛烈的攻势。

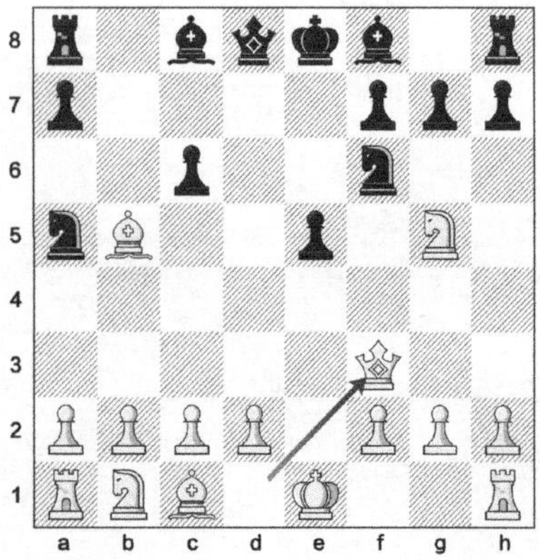

B223)8.Qf3 是一个有趣的想法，利用对 c6 兵的牵制阻止黑方吃象。但 **8...Rb8** 之后，黑方的出子速度很快，可以积极地对白方发动进攻，因此这一走法并不是白方很好的选择。

例如 9.Bxc6+? (最佳的走法是 9.Bd3 双方均势) Nxc6 10.Qxc6 Nd7 11.Nf3 Be7 12.0-0 0-0 13.Nc3 Bb7 14.Qc4 Bxf3，黑方占优。

第5章

5

国际象棋战略

CHESS STRATEGY

什么是战略

你可以首先注意一下第 3 章中的战术走法，每一种战术行动的目的均是在未来的几回合之内达到一个明显的目标。而战略则是相比战术更长远的一种思维方式，在我们无法使用战术时，运用战略中的思想可以帮助我们使对局朝着更有利自己的方向进行，我们以一个简短的对局来进行介绍。

刘文哲（1940 ~ 2011）
中国首位国际大师（1979）
中国首位战胜国际特级大师的棋手（1965）
原国家队总教练，带领国家女队获得两次奥赛团体冠军
国际棋联设立“刘文哲奖”以表彰杰出棋手的启蒙教练

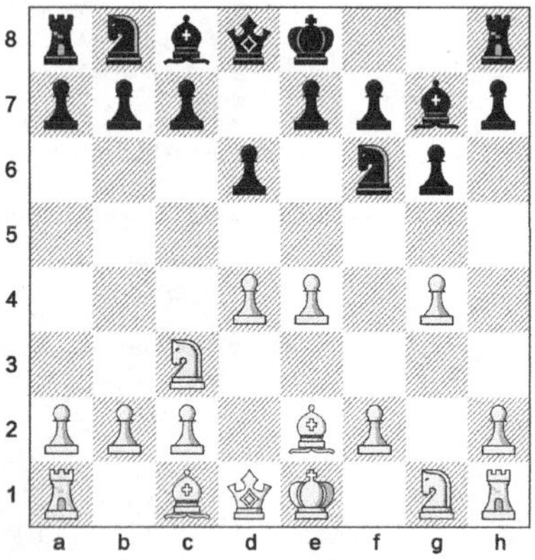

刘文哲（中国队）– 唐纳（荷兰队）
世界国际象棋奥林匹克团体赛第八轮
1978 年弈于布宜诺斯艾利斯

在 1978 年中国首次组队参加世界国际象棋奥林匹克团体赛时，中国仍处在一个相对落后的发展阶段。因此，中国国际象棋棋手的水平也不被人看好。然而，在第一轮比赛中，中国队就令人吃惊地以 3 : 1 击败了北欧的冰岛队，其中，戚惊萱还执黑击败了冰岛特级大师西古乔森。

比赛中间，荷兰当时颇具盛名的特级大师唐纳曾偶遇西古乔森，尝试安慰他：“告诉我，特级大师，一个西欧的特级大师可能输给一个中国人吗？”比赛进行到第八轮时，荷兰队与中国队相遇，唐纳得到了他这一问题的答案。

1.e4 d6 2.d4 Nf6 3.Nc3 g6 4.Be2 Bg7 5.g4!?

这一开局走法极具攻击性，当时只有在西西里防御中会见到，这种早期进攻在当时来看在大多开局中都并非一种正确的开局思路。但在现代的一些开局中，这一走法开始越来越多地出现，足见刘文哲对棋理的深入理解。这一走法的价值主要体现在 3 个方面。

①威胁下一步走 g4-g5，这时倘若黑方走 Nfd7 或 Ng8，均是将棋子后撤，将出动的棋子撤回，这往往是不妥当的走棋形式，因为这减弱了这一棋子的**灵活性**。

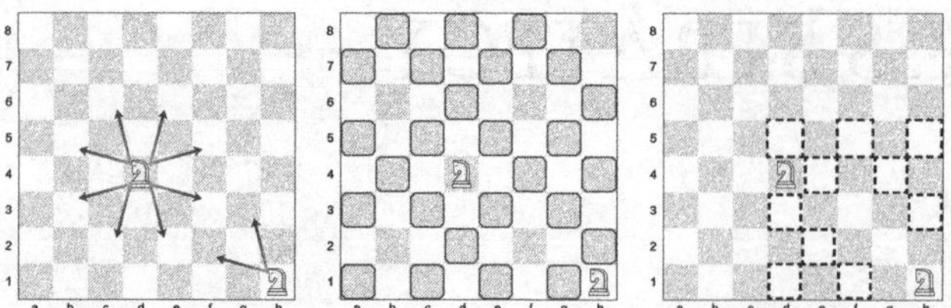

子力灵活性指大子在棋盘上的移动能力和攻击潜力。当一个棋子的位置越靠近中心格或越靠近对方一侧时，运用它的进攻方式就可以更加灵活多变，也就是说，它的攻击能力会因为位置的改善而得到加强。

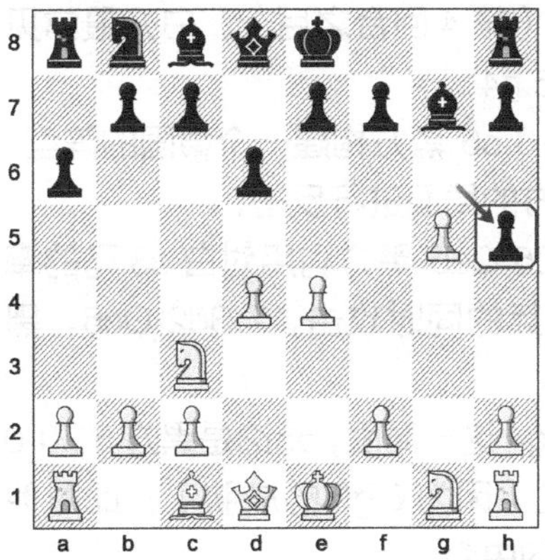

如果黑方回应 ...Nh5 则白方可以通过象吃马，使黑方不得不用兵吃回（**左图**）。

注意这里的 h5 兵，它是一个无法被其他兵保护的棋子，这样的兵由于只能依靠大子保护，在对局中是更易损失的，这样的兵被称为**弱兵**。在大师们下棋时，他们会尝试在对手的局面中制造弱兵，以期在对局的未来阶段得到它们，从而获得子力优势。

在对局的未来阶段不再能被其他兵保护的兵，称为弱兵

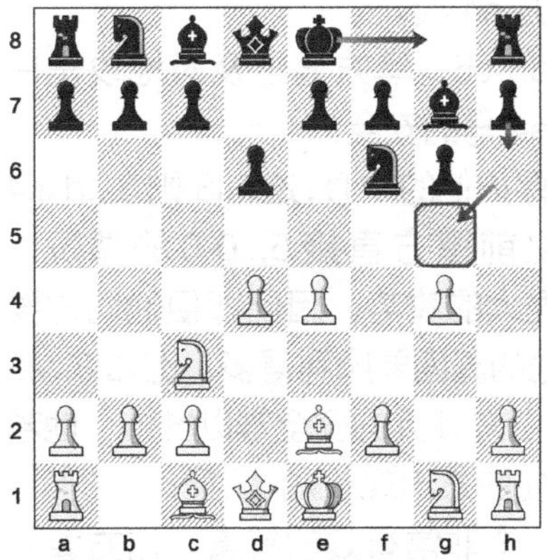

②由于 g4-g5 的威胁，使得黑方不能直接短易位（同样会导致黑马处于很差的位置），也就是说，他若想短易位，就必须在短易位之前利用一步棋的时间进行准备，例如冲兵 h6 阻止 g5（**左图**）。由于我们在之前讲解开局原则时提到的快速出子的思想，这样的行动势必会导致黑方开局的**出子速度**减慢。

出子速度更快的一方，在接下来的对局中可以掌握主动，率先进攻

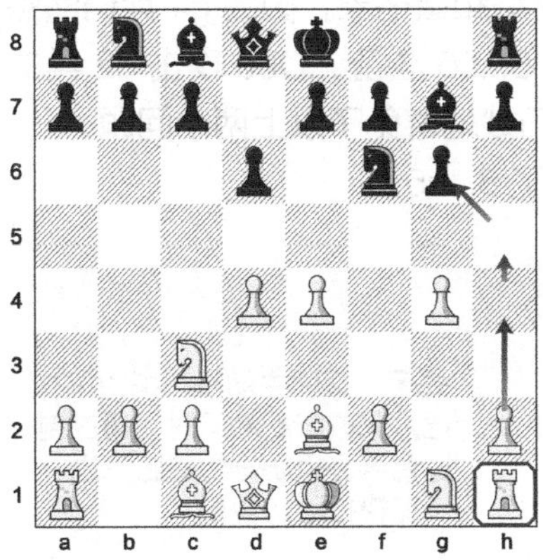

③为将来的王翼进攻进行前期的准备工作，除了 g4-g5 的直接威胁之外，g 兵也可能在将来支持 h2-h4-h5，或 h2-h4 配合 g4-g5 的冲兵进攻（**左图**），使 h1 的白车在兵的交换之后直接发挥进攻的威力。

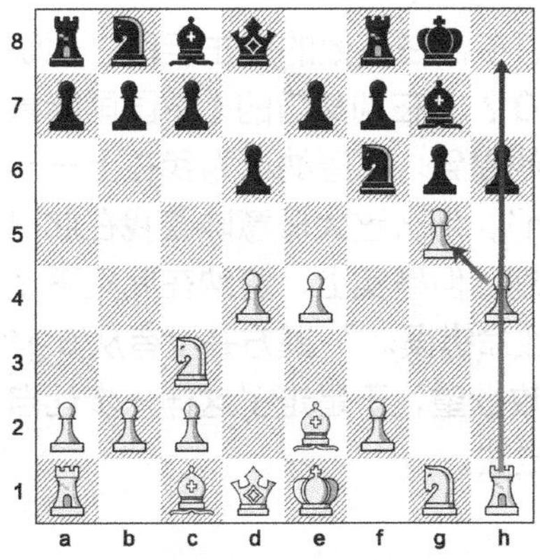

5...h6

由于 5.g4 在当时是一种全新的尝试，唐纳在此仔细思考了很久，选择了一步稳妥的走法。正如我们在上面讲到的，这并非黑方最好的选择。而他没有做出最佳选择的原因也很简单，他遇到了一个没有在赛前遇到过的开局走法，而这一走法需要黑方打破这一开局的惯性思维。

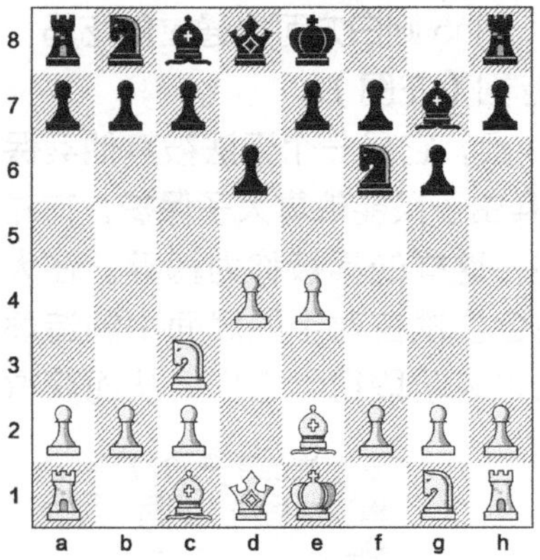

在这一局面中（第 4 回合之后），白方最常见的走法是 5.Nf3 或 5.h4：

5.Nf3 0-0 6.0-0 c6 黑方构建一个稳固的阵型，准备在中局再对白方的局面进行反击；

5.h4 c5! 6.dxc5 Qa5 黑方利用对白 c3 马的牵制构成对 c5 和 e4 兵的同时攻击，7.Bd2 Qc5，黑方的局面安然无虞。

但在实战中 5.g4 这一局面，无论是黑方 5...0-0 还是 ...c5 都不成立（因为 6.g5 的威胁），此时他需要即刻攻击白方的中心。

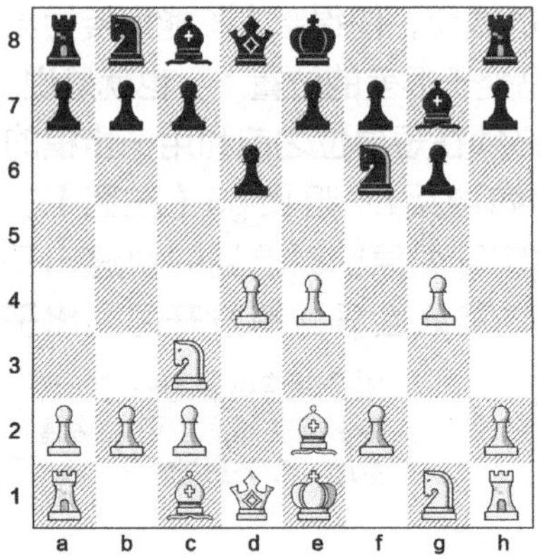

5...d5! 威胁白方 e4 兵。

6.e5 Ne4 7.Qd3 c5，黑方通过及时地攻击白方的中心，保障了 e4 马的安全。

而若白方强行保护他的中心，走 6.f3 则 6...dxe4 7.fxe4 0-0，相比之前黑方直接 5...0-0 的情况，此时他对 d4 有着强大的攻势，因此即便他同样要走 ...Ne8，接下来他的局面要顺利得多。例如 8.Nf3 Bg4 或 8.Be3 c5，白方 d 兵的安全难以维持，他若冲兵 d5 则 ...Bxc3 使白方出现 c3 的弱兵。

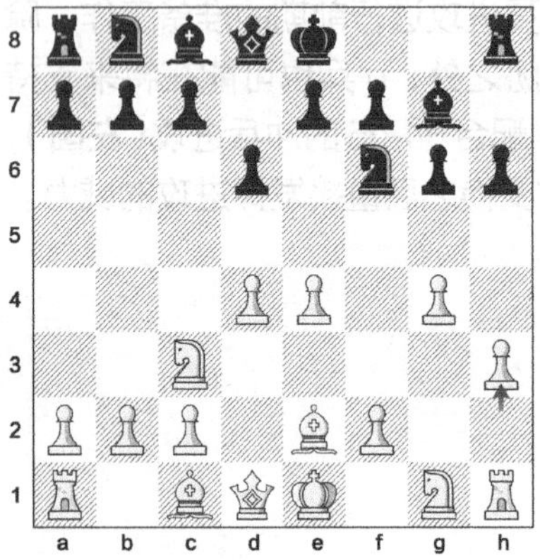

6.h3！ 这是一个非常有效的等着，白方暂时不希望出动他的 g1 马和黑格象，因为 g4 兵仍然需要保护，且黑方有 6...c5 准备 ...Qb6 攻击 b2 兵的**先手**可能，这一着巧妙地避免了以上两个问题。

黑方接下来走了 6...c5。

先手，又叫主动权，指的是在己方采取行动的同时，通过制造对手必须防守的威胁来进一步加快行动的手段

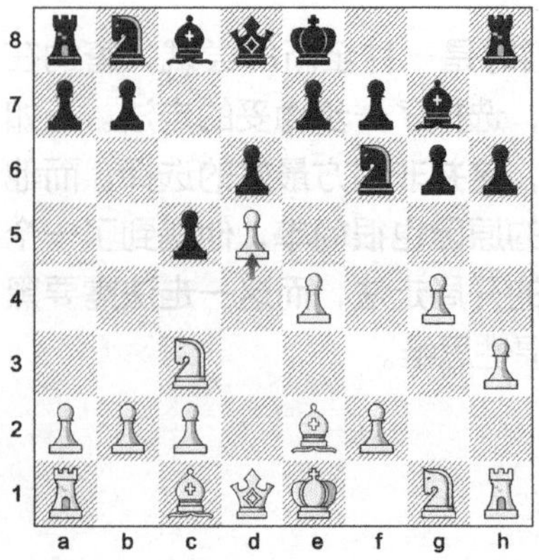

7.d5 黑方此时不存在有效的反击手段，他快速地选择了 **7...0-0？**，在刘文哲的《中国国际象棋学派》一书中，他提到：“唐纳认为我在上一步并未敢直接冲兵 6.h4，那么这大概意味着我在此已经放弃了攻王的计划。但事实上，唐纳在此犯下了一个心理博弈上的致命错误。”黑方并没有从 5.g4 上感受到白方的进攻欲望，于是走了这样一步让自己陷入危险境地的走法。

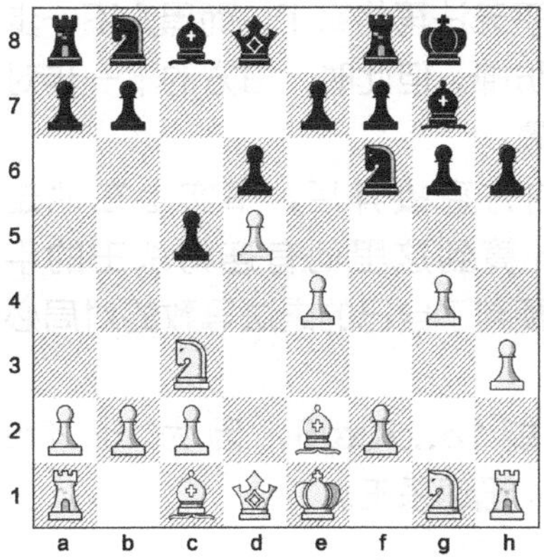

8.h4! 的确，走 h3 之后再走 h4 看起来是浪费了一步棋，但上一个局面与这一局面存在本质的不同（黑方短易位造成的巨大差别，这步棋同时使得之前的 ...h6 有一些画蛇添足的意味）。也就是说，白方根据黑方的走法改变了他的原先计划。《孙子兵法》的第一篇就写道：“兵者，诡道也。”能够随机应变，因势利导，出其不意是兵法思想的核心要义，在军事上如此，在国际象棋的棋局中同样如此。

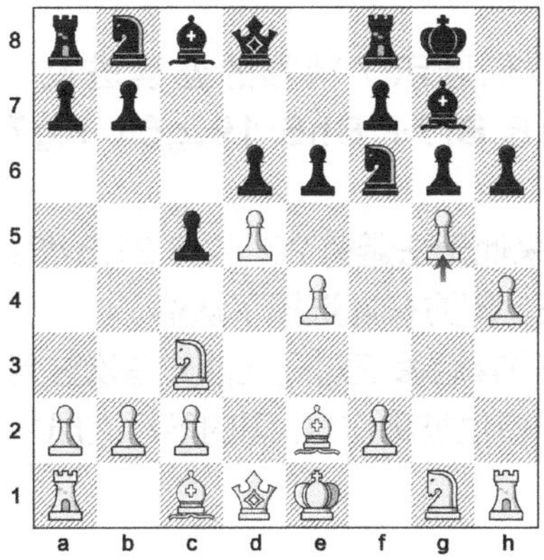

8...e6 黑方仍然不放弃攻击白方的中心。

9.g5 此时白方的王翼攻势已经展开。

9...hxg5? 更好的是直接走 9...Nh7，实战的这一着帮助白方在接下来打开 h 线，让 h1 的车发挥了强大的威力。

10.hxg5 Ne8（下图）。

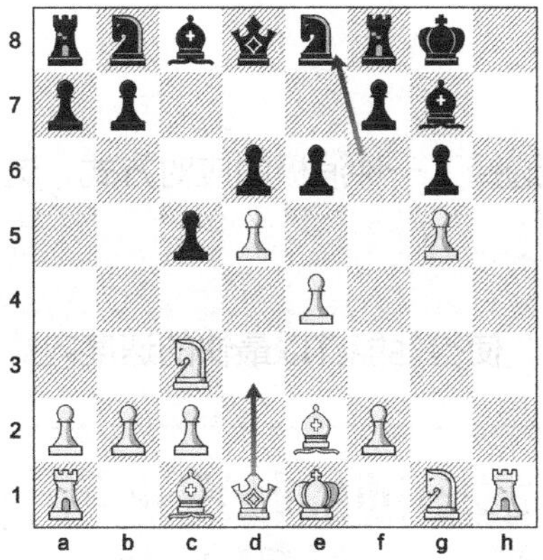

白方此时已经成功地打开了 h 线，那么他应该如何运用他的棋子，来对黑王构成威胁呢？

11.Qd3！ 准备下一步 Qh3，最快速的攻王方式，这里体现出了大师在调动子力时的敏锐感觉，能够发现最有效的子力运用方式。

11...exd5 让 c8 的象阻止 Qh3，**12.Nxd5 Nc6**

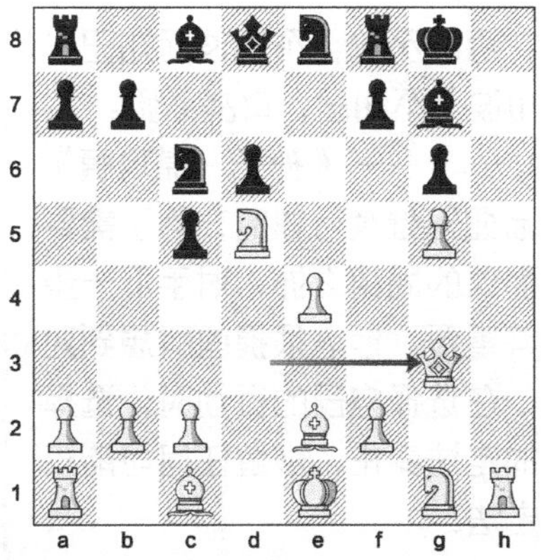

13.Qg3 准备 Qh4，**13...Be6** 或许黑方此时的判断是白方的攻王仍是可以防御的。**14.Qh4 f5** 给王提供 f7 的逃跑格，这是否能够帮助黑方成功防御呢？ **15.Qh7+ Kf7** 。

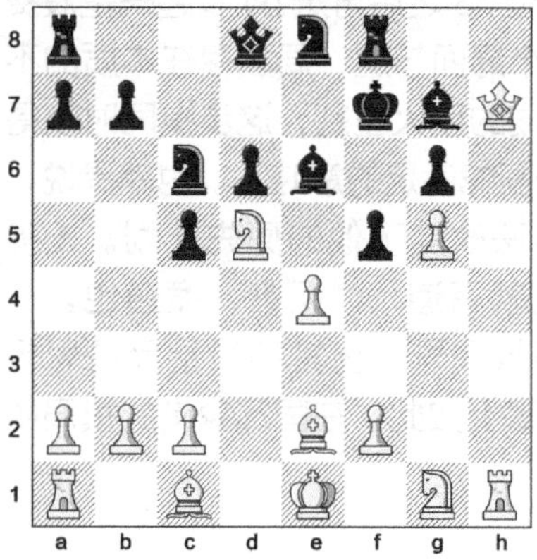

看上去白方似乎无法再将军了，而黑方下一步将准备 ...Rh8 进行防御。但此时，白方的下一步对他而言如同晴天霹雳。

16.Qxg6!! 白方直接弃后，事实上在他走 14.Qh4 时，他就计算到这里他有连将杀王的手段——他已经提前预判了自己的走法导致的对局必然的走向。

黑方此时只能 **16...Kxg6**，因为 16...Kg8 17.Qh7+ Kf7 18.g6# 迅速杀王。

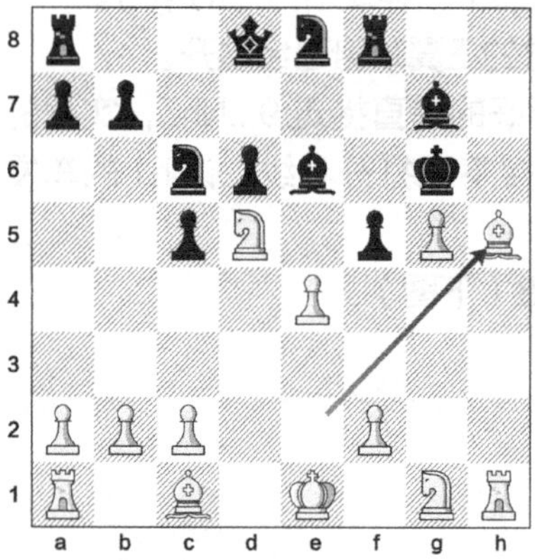

此时白方向我们展示了精彩的连续进攻：**17.Bh5+ Kh7 18.Bf7+ Bh6 19.g6+ Kg7 20.Bxh6+ 1–0。**

由于发现接下来他无法避免 20...Kh8 21.Bxf8+ Qh4 22.Rxh4# 杀王，黑方在此选择了认输。

这盘载入史册的弃后杀王对局让西方首次注意到了中国棋手。这盘棋也被称作“中国的不朽之局”。

对局解读

白方的胜利离不开以下几个要点。

①充分的开局准备

白方运用一步非常规的开局走法，使黑方在开局中选择了一种消极的应对方式，这为他后续受到白方的猛烈进攻埋下了祸根。

②积极地运用自己的子力

白方在运用棋子时，准确地选择了最具威力的方式，使得他能够以最快的速度向对方发动进攻。

③用兵突破黑方的防守阵型

兵虽然是国际象棋中最弱小的进攻棋子，不过兵组成的阵型（兵链）通常是防守对方进攻最坚固的形式。进攻方需要懂得如何利用自己的兵来突破对方的防守，从而使自己的棋子发挥更大的威力。

④精确的计算和战术的运用

在子力调动到强大的位置之后，白方通过精准的计算推演，预判到他的弃后是黑方无法防御的手段，这最终帮助他获得了胜利。

对未来可能出现的情况进行提前的推演——计算能力

知己知彼，百战不殆；不知彼而知己，一胜一负；不知彼，不知己，每战必殆。

——《孙子·谋攻篇》

棋手在判断如何继续行棋时，除了需要充分考虑他所面对的局势之外，对手下一步的行动对他同等重要。他必须提前料想到对方可能的行动，在选择自己的行动时，选择那些利大于弊的走法变化，规避任何可能出现不利情况的走法。

子力灵活性

在上一节的对局中，我们简单了解了子力灵活性在进攻中的体现，现在让我们来更加具体地讨论这一问题。由于后、车、马和象的威力在开局和中局阶段往往明显强于兵的威力，因此运用好这 4 种棋子在对局中有着极为重要的意义。

什么样的棋子是灵活的棋子

在战术一节中我们知道，进攻方往往可以通过如将军、吃子或攻击对方棋子等方式来制造杀王或得子的手段，而往往只有当它们处在不被任何棋子阻挡的位置，才能够快速地加入进攻当中。因而，正在攻击对方的某个子或占据了灵活线路和突前位置的棋子，都可以算作灵活的棋子。

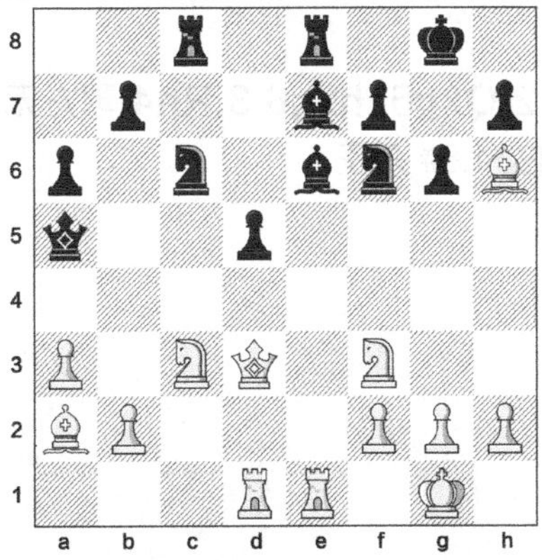

白方的每个大子在这一局面中都是灵活的棋子。其中，它的双车和双象都处在非常通畅或攻击对方棋子的位置，而它们所在位置的灵活性在当前局面下是最大的，这也是我们运用子力的一个最重要的原则——最大灵活性原则。

车和象均是适合占据通畅线路的棋子。

任何一种棋子都有最适合它自己的特殊位置
车——开放的直线
象——开放的斜线
马——靠近敌方的安全格
后——灵活而又难以被对手攻击的位置

最大灵活性原则

在对局的一方无法采取任何直接进攻手段时，进一步地改善他的棋子位置经常是可以采取的最有效的战略。有时，为了获得更大的灵活性，棋手会不惜采取弃兵乃至弃子的手段。对局双方的棋子在灵活性上的差异是衡量局面优劣的最重要的要素之一，双方在对局中会不断地进行子力灵活性的对抗和争夺。

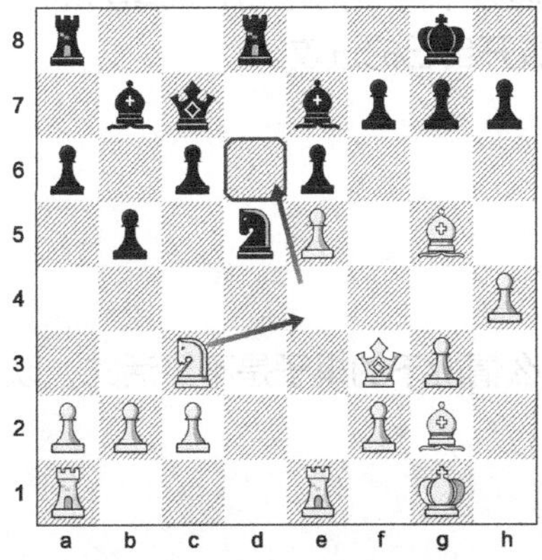

在这一局面中，白方可以走 **1.Ne4!**，准备将马调动到 d6 格，在那里马可以发挥最大的威力。这里的 d6 格是黑兵无法攻击的位置，这样的位置在国际象棋中被称作黑方的弱格（Weak Square）。弱格是进攻方棋子可以占据的一种最理想的位置，弱格对于马来说时常是最理想的位置，能够占据弱格的马又被称为铁马。

黑方不能走 1...Qxe5，因为 2.Nf6 闪击得后。

若走 **1...Re8**，白方将走 **2.Bxe7** 消除 d6 的保护子，**2...Rxe7 3.Nd6**，白方实现他的战略目标。

另一方面，当一方的所有子力或大多数棋子都已处于灵活性最强的位置时，他便进入了自己的局面最具攻击能力的状态，此刻最容易出现连续的进攻手段。

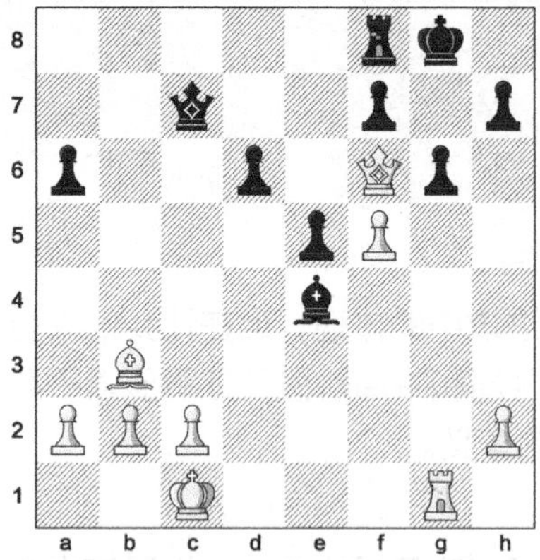

灵活性越强，进攻方式越多；进攻方式越多，进攻成功的概率也就越高

白方的后、车、象均已到达最强的攻击位置，此外，白方的 f5 兵亦可协助进攻。

1.Rxg6+! 由于白象对 f7 兵的牵制，黑方只能 1...hxg6。

2.Qxg6+ Kh8 3.Qh6+ Kg8 4.f6 下一步准备 Qg7#，黑方无法防御，白胜。

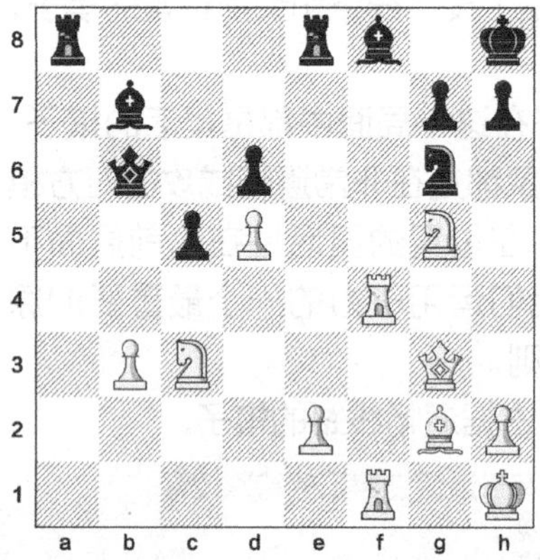

当进攻方在对方的王城前囤积了一定数量的灵活子力之后，若对方的防守子力较少，他时常可以强行攻王。

1.Nf7+ Kg8 2.Qxg6! hxg6 3.Rh4 黑方无法防御白方下一步的 Rh8# 杀王。

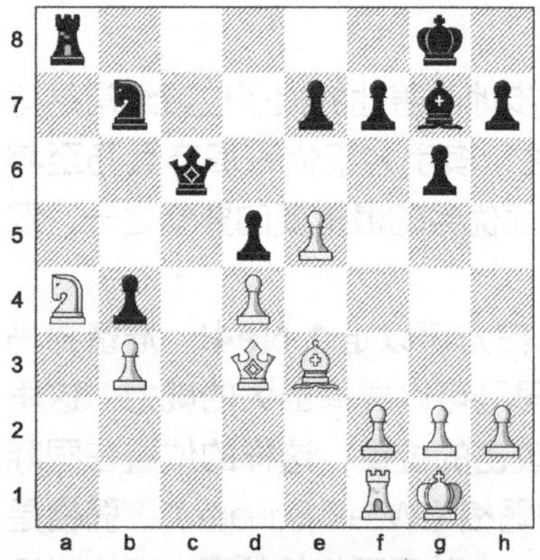

在双方的子力有明显的灵活性差距时，往往只有子力灵活性更强的一方才有进攻的能力，被动一方时常会受到对手棋子的限制。

1.Rc1 白车利用 e3 象的保护抢占 c 线，加强自己的威力，同时进一步限制黑方的棋子。

白方可以自由展开下一步的行动，而黑方的子力较为被动，难以展开自己的进攻。

不灵活的棋子

要想深入理解和运用灵活性原则，我们需要知道什么情况下的棋子是不灵活的，以及可能使它们变得更灵活的方式。

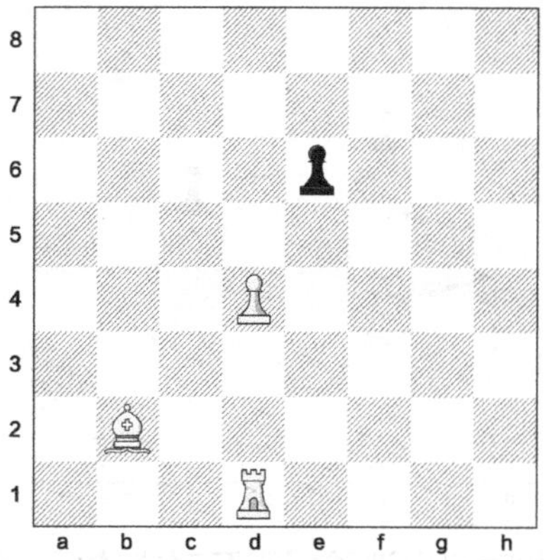

1. 被己方的兵阻挡：当棋子的攻击线路被自己的兵阻挡时，棋子将处于较为被动的状态，此时可以通过将棋子移动到另外的线路或冲兵的方式来改善棋子的灵活性。

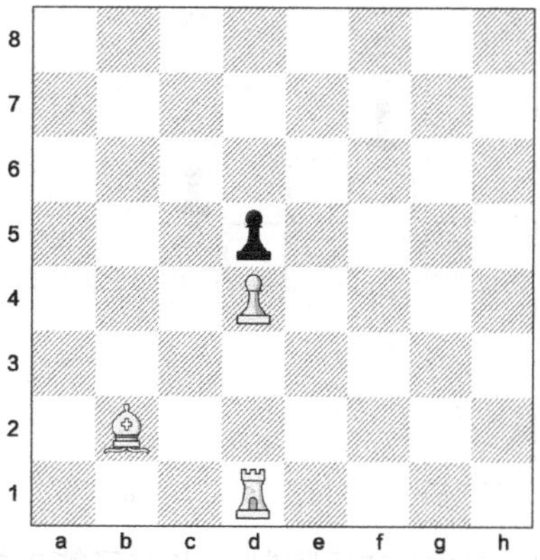

若自己的兵又被对手的兵或棋子阻挡，此时的棋子是很不灵活的，只能选择首先吃掉或引开对方的棋子，或将棋子移动到其他线路，才能使它们发挥一定的威力。

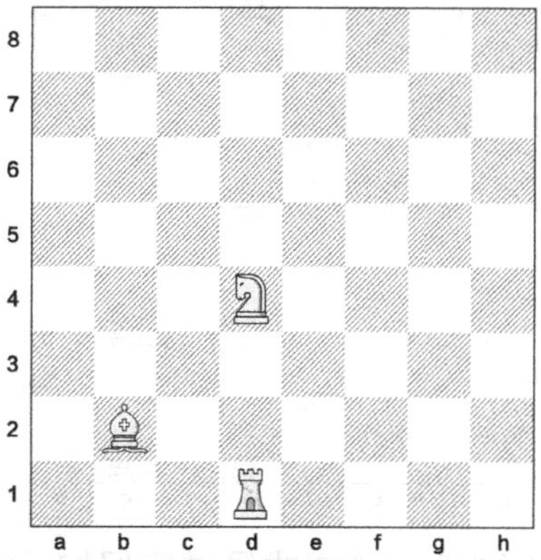

2. 被己方的大子阻挡：当棋子的攻击线路被自己的大子阻挡时，此时棋子只有轻微的被动，因为大子只需走一步便可让开线路或位置。

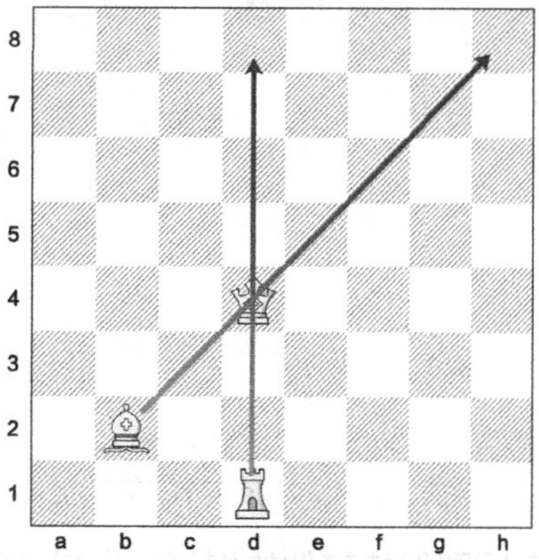

不过，棋子的攻击线路若是相同的，即后象、后车或双车在一条线上时，后方的棋子则实际上并未被阻挡，它们可以共同发挥攻击能力。

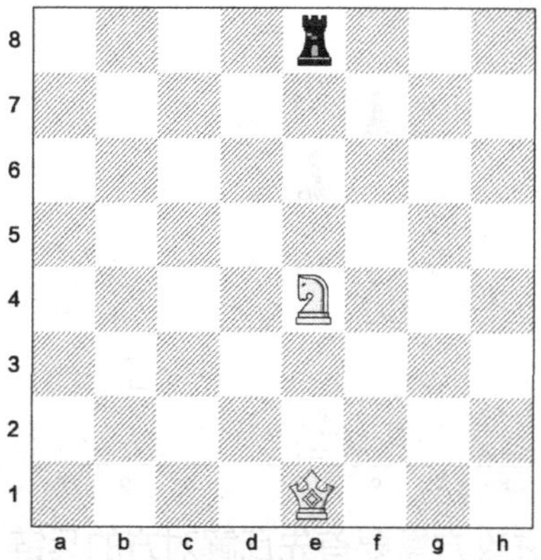

3. 受到牵制的棋子：当棋子被对方棋子牵制时，它的灵活性将受到一定的限制，这时需要解除牵制来恢复它的灵活性。

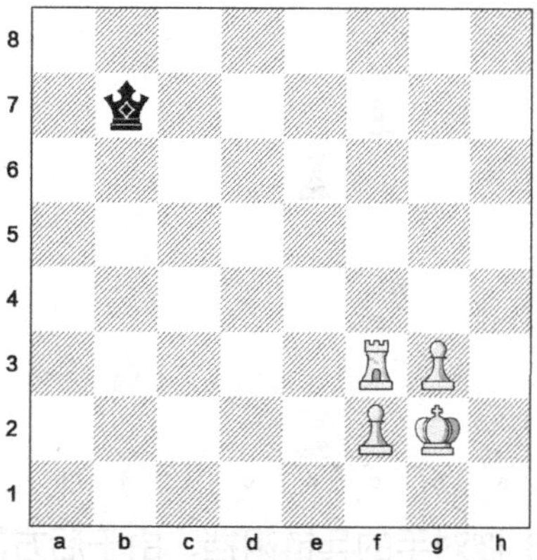

但若牵制无法解除，则灵活性受限的状态可能会较为严重而持久。

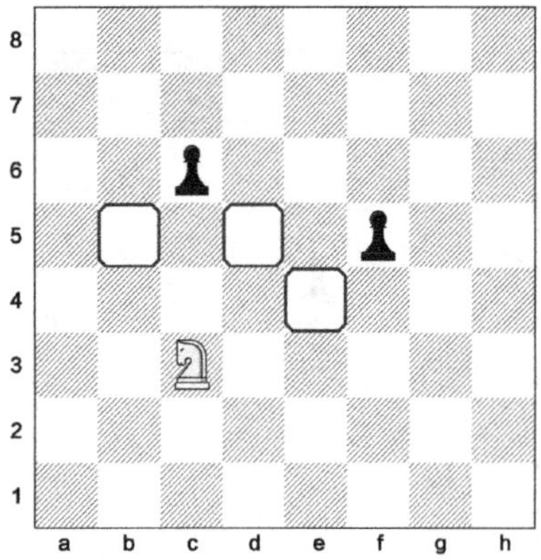

4. 被对方的兵限制：当棋子能走的更灵活的位置被对手的兵攻击时，它此时是比较被动的，用兵限制对方的棋子在对弈中也是常用的策略。

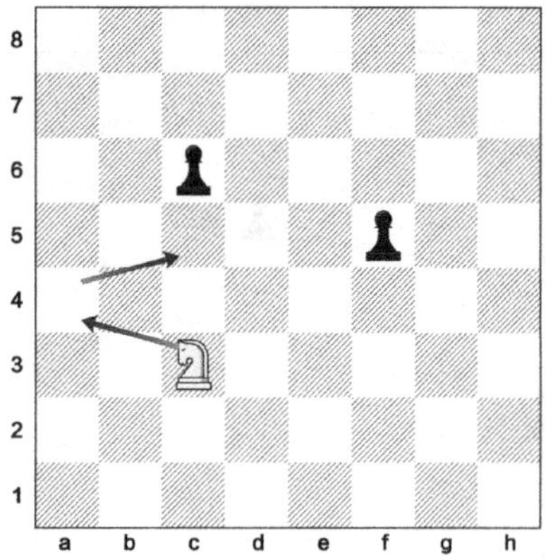

此时可以消除或引开对方的兵，也可以选择通过其他线路走到更灵活的位置。

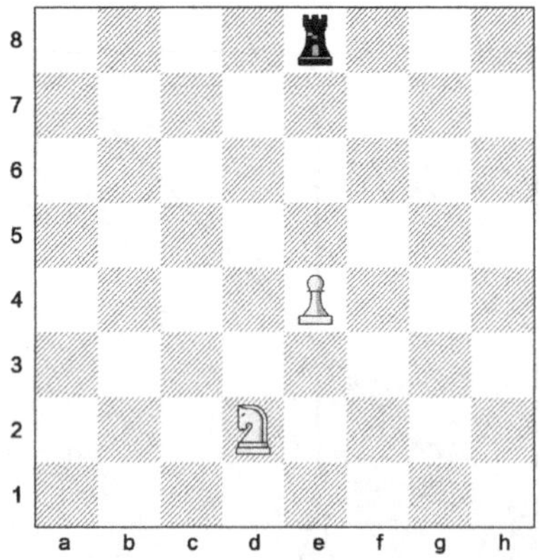

5. 需要保护其他的棋子：当棋子需要保护其他棋子时，它的灵活性同样会受到限制，只有解除对方的攻击威胁才能改善该棋子的灵活性。

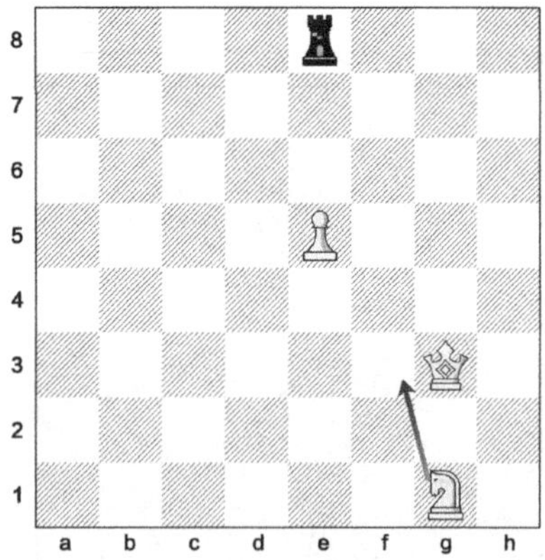

一种特殊的方式是过度保护（Over protection），在此白方可以用马来保护兵，从而解除白后的灵活性受限的状态。

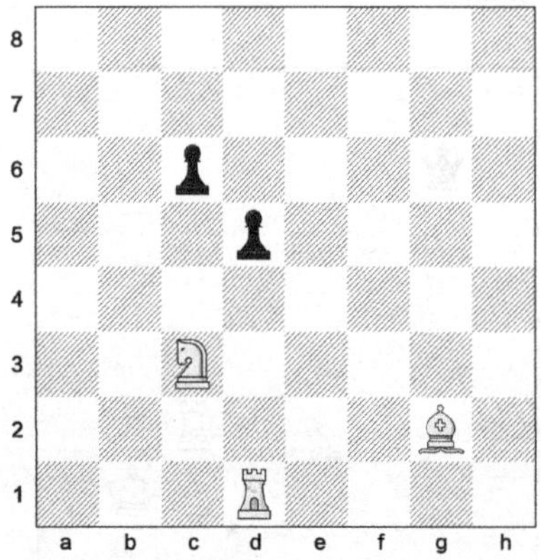

6. 被对手的兵链阻挡：由于后方的保护子是兵，兵链对进攻方大子的灵活性会起到很大的限制，稳固的兵链会令对手的棋子难以发挥威力。

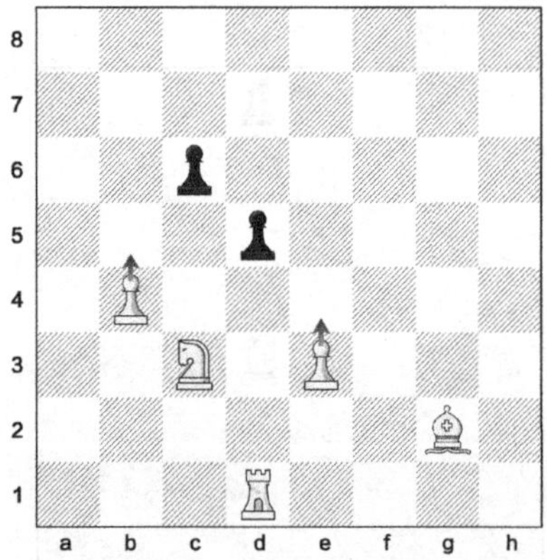

进攻方需要首先瓦解对方的兵链，才能让自己的子力发挥更强大的威力。

实战中，不灵活的子力会降低我们开展有效进攻的可能性，因此我们应当快而有效地激活这些子力。如果我们的行动迟缓，可能会使我们陷入不利的境地。

灵活性与速度

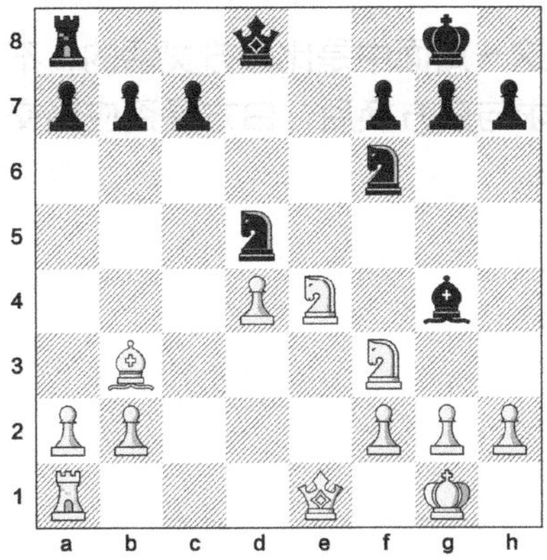

黑方正在准备 **Bxf3** 破坏白方的王城，若此时白方采取防御手段，例如 **1.Nfd2**，黑方可走 **1...Nf4** 用后攻击 d4 兵，使白方持续被动。

不过，他可以选择一种更积极的方式。

1.Nxf6+ 黑方只能 **1...Nxf6** 用马吃回，因为 ...Qxf6 丢马，而 ...gxf6 导致王暴露。也就是说，白方的吃子使得黑方必须将中心的马撤回，这将减弱它的灵活性。

2.Ne5 白方将马调动到中心格，加强了自身的灵活性，并且躲避黑方攻击的同时，攻击了 f7 兵，使黑方不得不被动防御，不能继续出动子力。

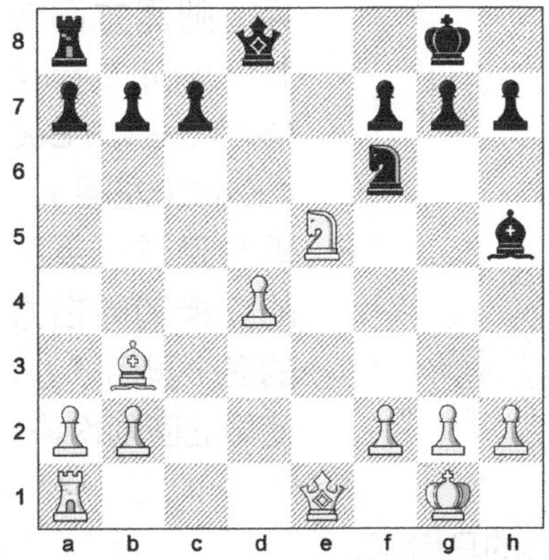

2...Bh5

白方在两步之内有效地减弱了黑方子力的灵活性，而他此时仍然可以继续主动地加强自己棋子的威力。

3.Qb4 攻击 b7 兵的同时将后走到了灵活的位置，黑方仍然只能采取被动防御 **3...Rb8**。

4.Qc4 转而攻击 f7 兵和 c7 兵，黑方只能走 **4...Qe7**（下图）防御。

谁能更快地调动子力，谁就能占得先机

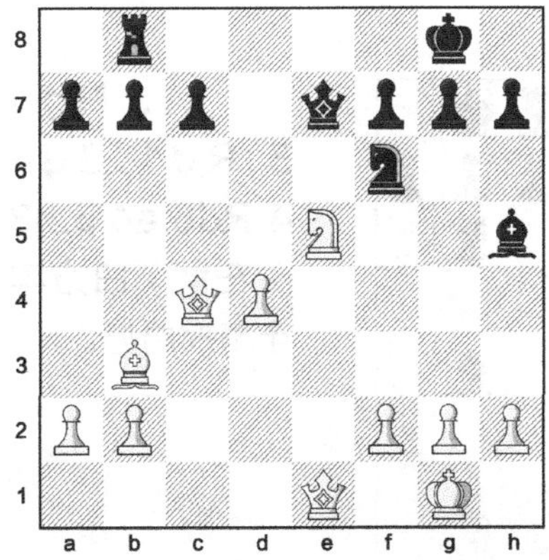

5.Re1 将最后一个没有出动的棋子调动到开放线上，比较双方的每一个大子的位置，我们可以发现，白方的每个大子都占据了比黑方更好的位置，他的子力的灵活性已经远强于黑方。

白方在这里采取的若干走法，使得白方在改善己方子力的同时，阻止了黑方一同改善子力的计划，这种争得先机的手段在国际象棋中被称作先手（initiative）走法。当棋手利用先手获得了灵活性上的领先优势之后，他可以利用他的子力位置优势向对手制造新的威胁。

灵活性与交换

站在棋子分值的角度看，同等分值的子力交换似乎是对双方均等的，但事实上，寻求子力的交换时常是为了获得灵活性上的优势而采用的手段。

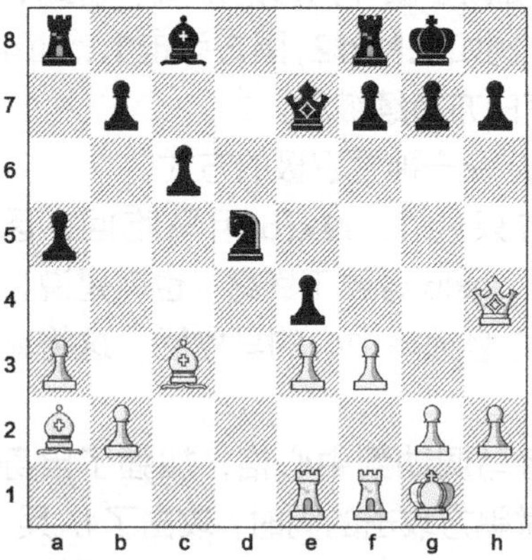

白方的子力在这一局面中是比黑方灵活的，不过黑方此时正在寻求与白方换后，白方是否应当交换呢？

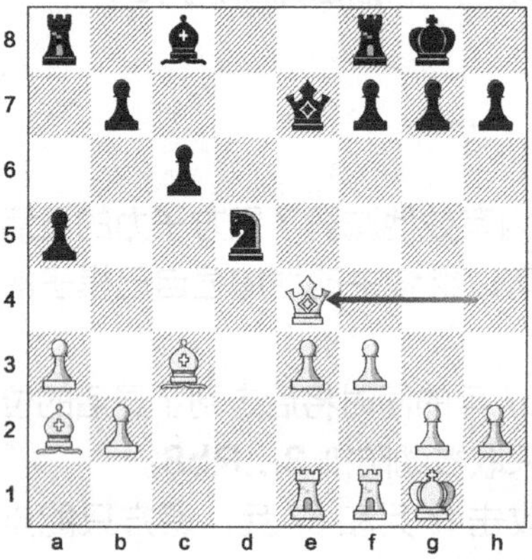

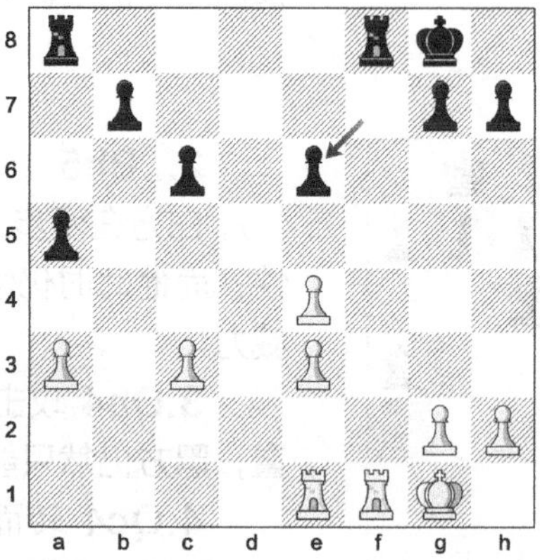

若白方走1.Qxe4寻求得兵，则黑方回应1...Qxe4 2.fxe4 Nxc3 3.Bxc3 Be6 4.Bxe6（左图），黑方通过一系列的交换消除白方的多个灵活子力，使局面回到均势。

1.Qxe7 是正确的选择，**1...Nxe7** 黑方必须将中心的马撤回。

2.fxe4！ 白方用兵控制 d5 格，阻止黑马回到灵活的位置，黑方此时若走 2...Be6 3.Bxe6 fxe6 4.Rxf8 Kxf8 5.Rf1+ Kg8 6.Rd1，与上述局面不同的是，此时白车将切入 d7 格，对黑方发动持续的攻击。

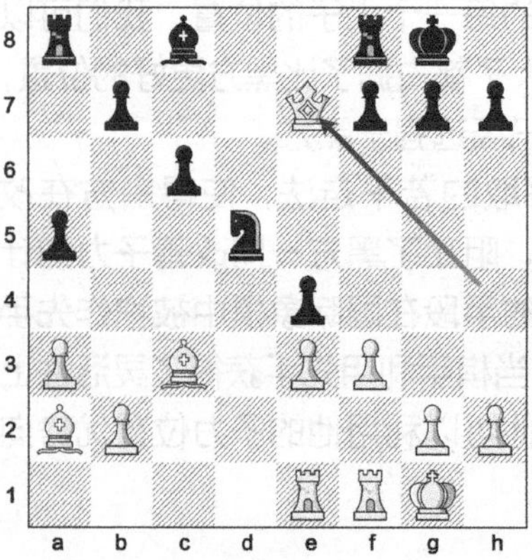

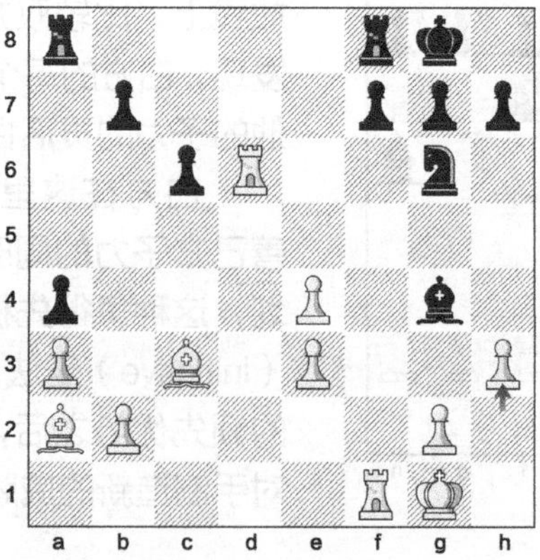

2...Ng6 3.Rd1 Bg4 4.Rd6 a4 5.h3（左图）白方牢牢掌控局势。

我们现在已经知道，许多时候我们的棋子之所以不够灵活，是因为局面中有其他一些棋子（兵或是对手的棋子）的阻挡，因而在判断是否应当进行交换时，需要我们对于交换造成的影响进行更深入的分析。

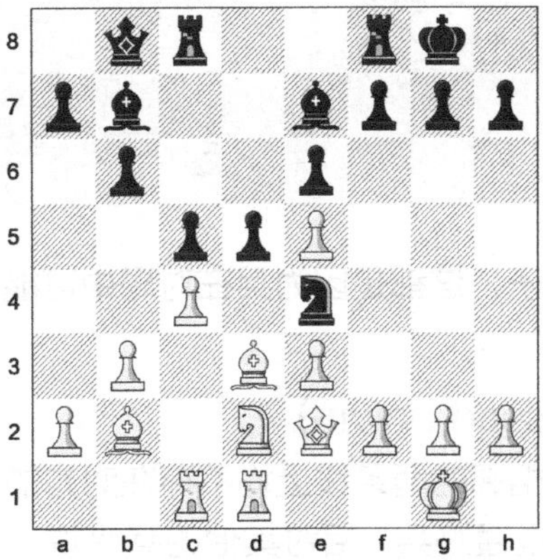

黑方的中心马限制了白方棋子进一步活跃的可能，白方应该如何削弱黑方对中心的控制呢？

1.Nxe4 或 1.Bxe4 都不是有效的选择。

1.Nxe4 dxe4 攻击白象并且阻挡了白象的进攻线路。

1.Bxe4 dxe4 2,Qg4 Qa8 3.Nf1 Rcd8 4.Ng3 Rxd1+ 5.Rxd1 Rd8 白后无法同时攻击 e4 兵和保护 d1 车，若 6.Rxd8 Qxd8 黑后将入侵 d3 或 d2 格，对白方后翼造成强大的威胁。

子力的交换会改变灵活性的对比
兵的交换也会改变部分子力的灵活性

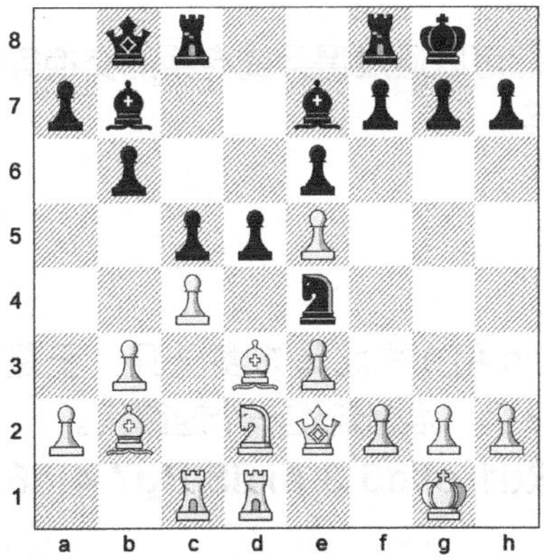

尽管黑方的子力在阻挡中心，但白方自己的棋子是否限制了自己子力的灵活性呢？考虑到自己棋子的阻挡，我们可以发现，c4 兵实质上是白方子力的障碍，因此：

1.cxd5 exd5 2.Nxe4 dxe4 3.Bc4 消除了黑方的中心马，白方让自己的白格象也加入了战斗，下一步他将威胁冲兵 e6 和 Rd7，控制 d 线的同时准备对黑方发动进一步的攻势。

交换对手最灵活的棋子

并非所有时刻我们都是占据优势的一方，许多情况下对手的子力可能比我方更为灵活，这时交换它最灵活的棋子可以有效地削弱他的灵活性优势。

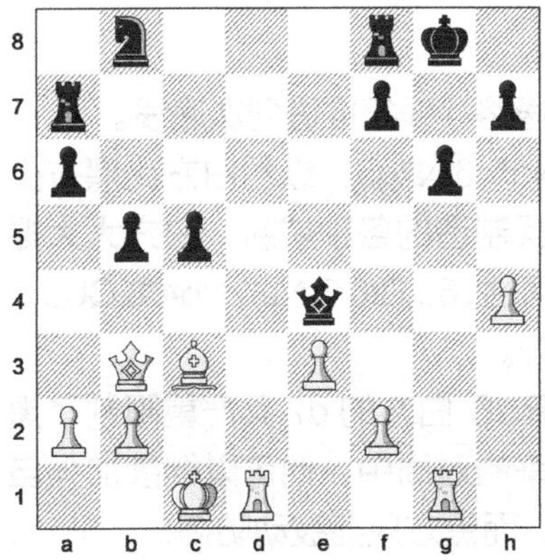

黑后占据了棋盘的中心格，攻击 h4 兵的同时亦可协助黑方后翼的攻势，因此：

1.Qd5!

白方寻求换后，此时黑方若走 1...Qxh4，2.Rh1，d5 格的白后消除了黑后对 h1 格的有效攻击，2...Qg4 3.Rxh7! 白方的杀王威胁无法阻挡，3...Kxh7 4.Rh1+ Qh5 5.Rxh5+ gxh5 6.Qxh5+ Kg8 7.Qh8#。

因此，黑方只能接受白方换后的邀请，**1...Qxd5** 形成均势。

子力灵活性与兵

子力灵活性的较量中，兵时常是起到决定作用的棋子，这都是因为兵在对局中可能影响胜负的重要规则——升变。

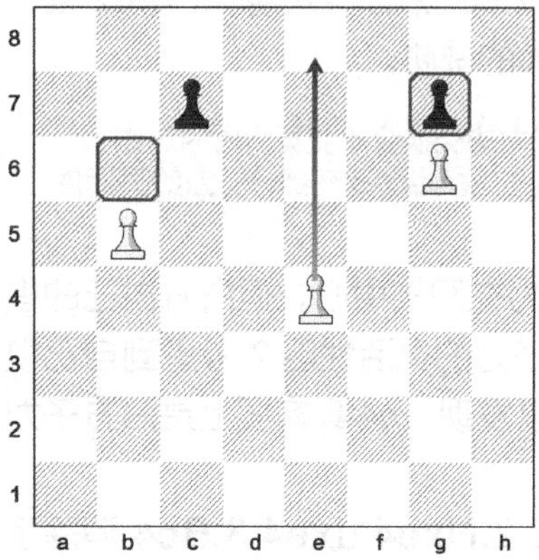

通路兵（Passed pawn）

当兵的前方和相邻的两条线上均不存在对方的兵时，这样的兵就是通路兵。相对其他的兵来说，对手在防守通路兵时，只能依靠大子，这使得通路兵可以有效地牵扯对手的子力并影响它们的灵活性。

在对弈中，我们可以通过得兵或弃兵的交换等方式，来制造通路兵。

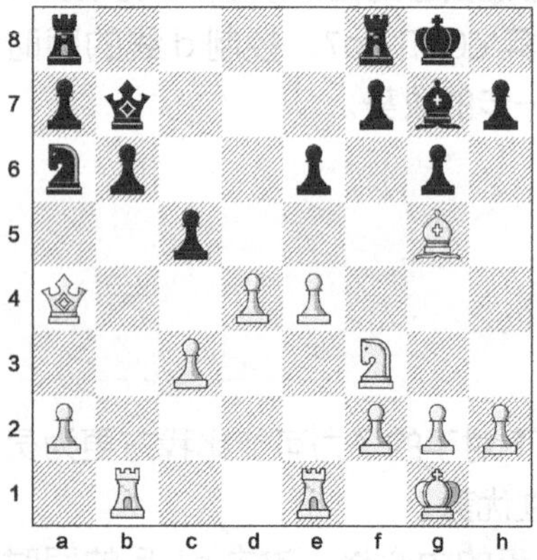

白方在中心的 d 和 e 线比黑方多一兵，于是 **1.d5！** 白方放弃 c3 兵，准备制造一个通路兵。

1...Bxc3 2.Rd1 exd5 3.exd5 Bg7 4.d6 f6 阻止白方 Be7。

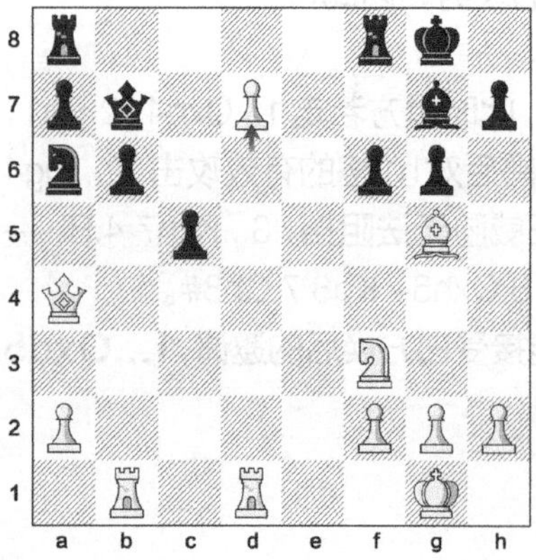

5.d7! 白方将通路兵强行推进到次底线。

黑方如果 5...fxg5 6.Nxg5，纵然白方比黑方少一个象，但通过 d 兵制造的各种威胁，白方大大提升了自己大子的灵活性，6...Bf6 7.Ne6 Nb4 8.Qb3，他将有着猛烈的攻势。

5...Rad8 6.Rd6 白方的 d7 兵严重限制了黑方的子力，在接下来的对局中，他可以继续加强自己的子力准备进攻，而黑方只能被动防御。

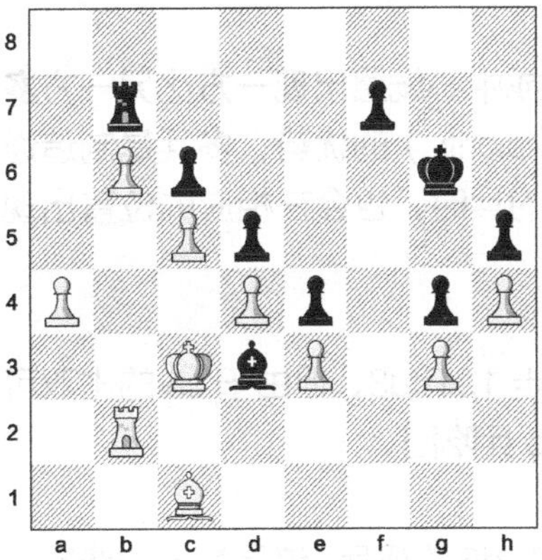

在这个局面中，白方的黑格象被黑兵完全封锁，他的 b 线通路兵被黑车阻挡，而他的 a 兵也无法冲到 a6 格，白方是否还有取胜的希望呢？

1.Rb5!! 白方威胁 Rb5-a5-a7 消除黑车的阻挡，黑方只能 **1...cxb5**。

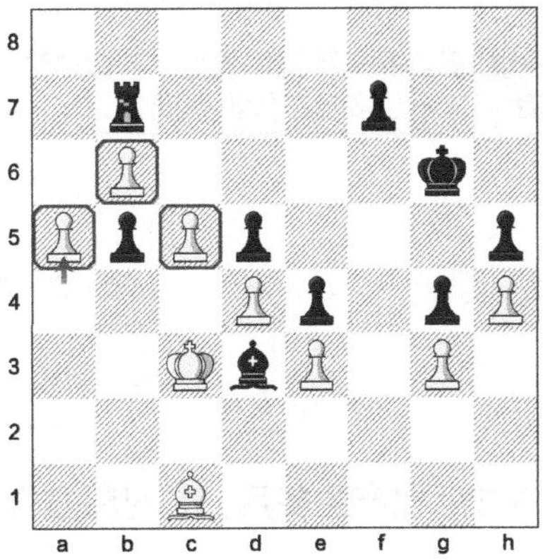

在这之后：

2.a5 白方获得了 3 个相连的通路兵，黑方无法靠单车防御 3 个通路兵，所以他只能走 **2...b4+**。

3.Kxb4 Ba6 4.c6 黑方的车和象被牢牢控制，无法对白方构成反击。

4...Rb8 5.Kc5 黑方无法走 5...Rd8，因为 6.b7 之后 Kb6，白方的兵将升变，迫使黑方丢子。因而，白方将吃掉 d5 的黑兵，之后 Ba3 加入进攻，这也将使黑方的防御阵线彻底崩溃。

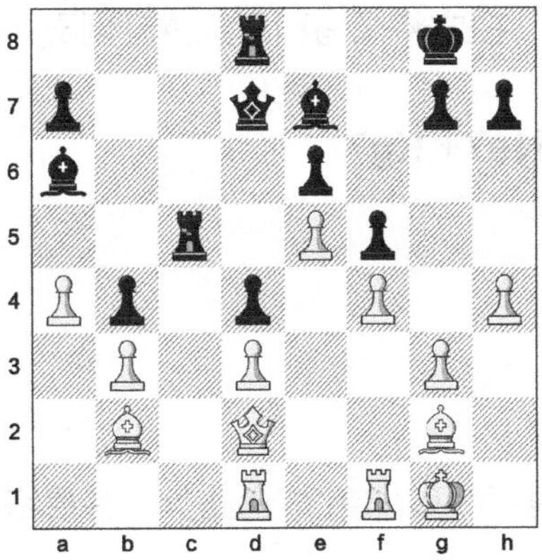

轮到黑方走棋，他的 d4 和 b4 兵限制了自己的棋子，那么他应当怎样改善自己的局面呢？

1...Rc3! 攻击 b3 和 d3 兵，白方只能被迫吃车。

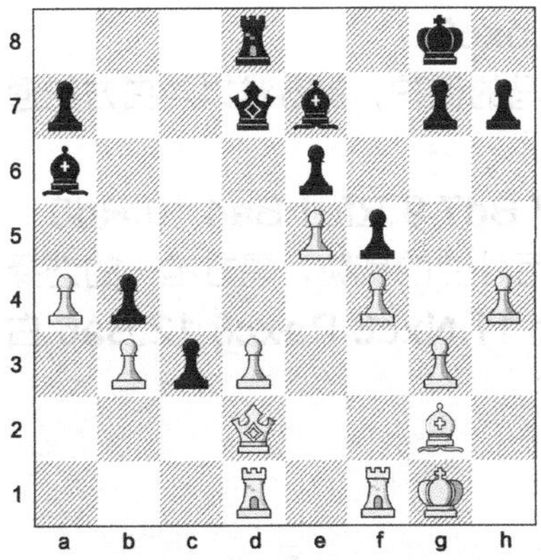

2.Bxc3 dxc3

黑方制造了通路兵，同时消除了 d 兵对自己子力的阻挡，使自己可以继续获得 d3 兵。

3.Qe3 Bxd3 4.Rf2 Qd4! 换掉白方最重要的后，**5.Qxd4 Rxd4 6.Bf1 c2 7.Rc1 Bxf1 8.Rcxf1 Rc4 9.bxc4 Bc5 10.Kg2 Bxf2 11.Kxf2 b3**，白方无力阻挡黑方的通路兵，只能认输。

多兵与通路兵

在中局阶段，由于兵的交换时常可能导致棋盘两翼或中心线路出现一方比另一方**多一个兵**的情况，这种情况会使得一方拥有多兵（Pawn Majority）的优势，多兵是制造通路兵的一种重要的可能性。有时，当我们得到一个对手的兵时，也会在相应的位置出现己方多兵的情况。

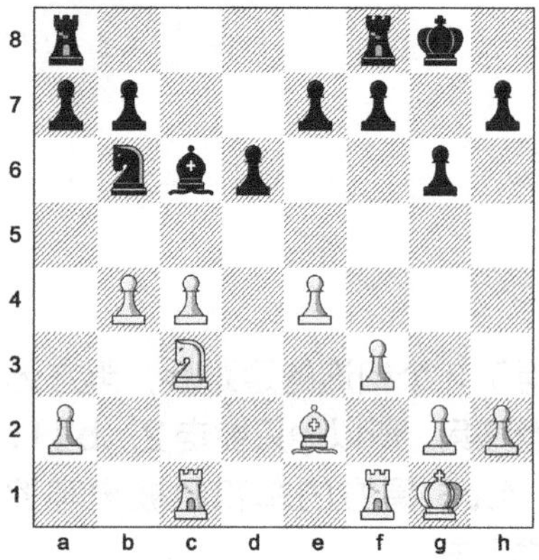

1.e5

黑方可以选择走 1...Rfd8，但由于 c5 的击双可能，他仍然只能用 e 兵吃回。

1...exd5

若黑方不想产生 d6 的孤兵，这是唯一的选择。

> 一侧的多兵是一种残局优势，可以制造通路兵，不过多兵不能是叠兵。

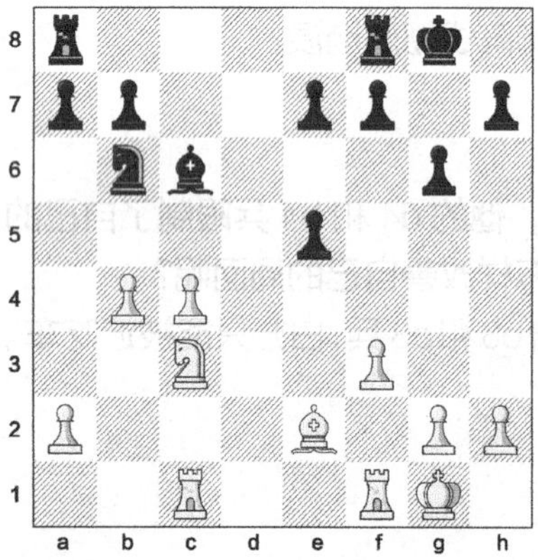

然而这会使得白方后翼产生多兵，并对黑方构成强大的威胁。

2.b5 Be8 3.c5 Nd7

通过兵的推进，白方将黑马和黑象驱赶到更被动的位置。

4.Nd5 e6 5.Ne7+ Kg7

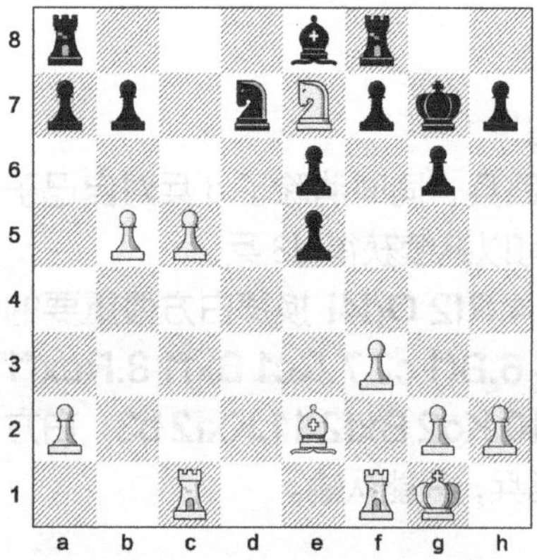

此时，白方的多兵可以转化成通路兵，并最终帮助白方取得胜利。

6.c6 bxc6 7.bxc6

由于白车和白马的保护，黑方难以对白方的通路兵构成任何威胁。

7...Nb6 8.c7 Bd7 9.Rfd1 Ba4 10.Rd6

由于 Rxb6 之后升变的威胁，黑方唯一的选择是 **10...Nc8**，然而 **11.Nxc8 Raxc8 12.Ba6** 白方得子呈胜势。

有害的通路兵

尽管通路兵有着更强的升变威胁，但在某些情况下通路兵则可能成为己方的障碍。

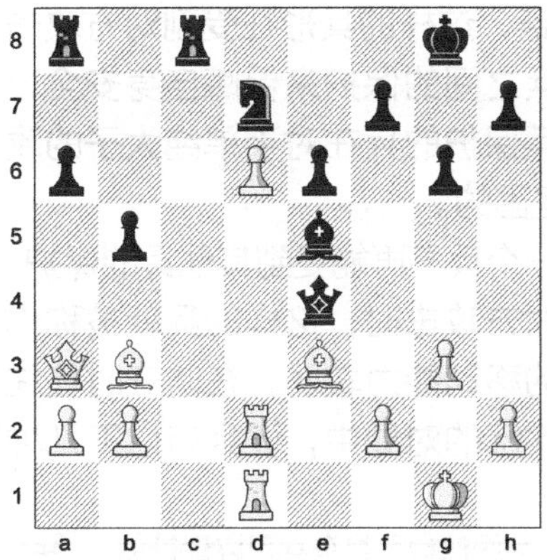

在这一局面中，白方的 d6 兵是通路兵。然而，这一通路兵被黑方的马阻挡住了。

而反观黑方的棋子，他 e4 的后、c8 格的车和 e5 的象占据了更主动的位置，使白方难以改善他的子力位置。在接下来的走棋中，他必须小心翼翼，避免黑方占据优势。

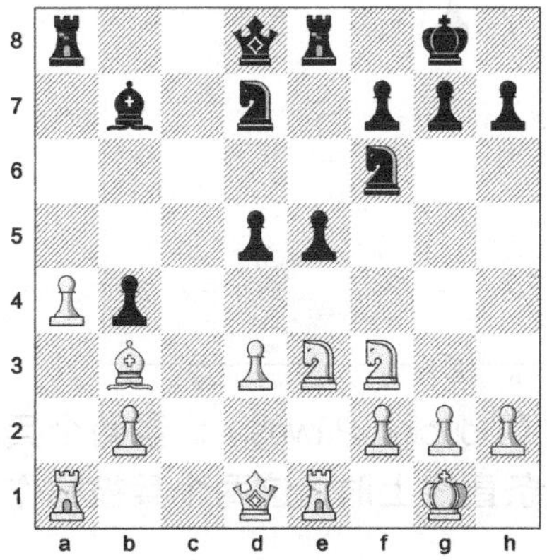

卡尔森 – 卡鲁阿纳 2018 年弈于斯塔万格

16.d4! 世界冠军卡尔森在此选择了弃兵，**16...e4 17.Ne5 Nxe5 18.dxe5 Rxe5**

被安全阻挡的通路兵，将丧失它的威力，若还会阻挡自己的棋子，反而还是累赘

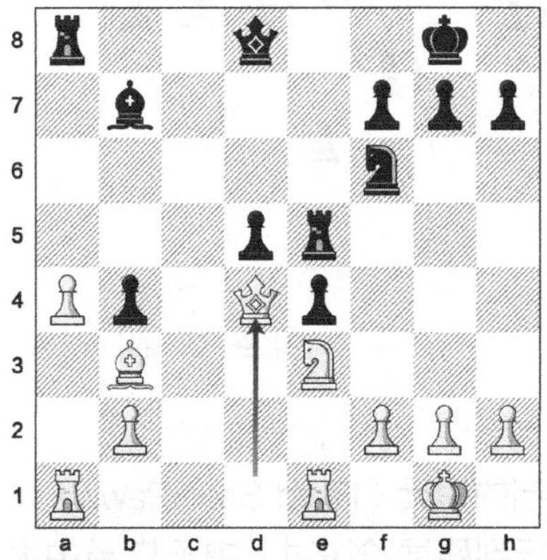

19.Qd4 白方用后阻挡了黑方的 d5 兵，这将使黑方的棋子处于被动的境地。**19...Re7 20.Rac1 Rd7** 白方占据了局面中最灵活的子力位置。

或许客观而言，白方在这一局面中并不占据任何实质性的优势，但在实际的对局中，拥有灵活的子力要比被动的子力更难犯错。

接下来白方走了 **21.Red1** 全力攻击黑方的 d5 兵，此时黑方的多个棋子都由于需要保护 d5 兵而受到了移动能力的限制，这将引出我们的下一个将要讨论的问题——弱兵。

弱兵（Weak Pawn）

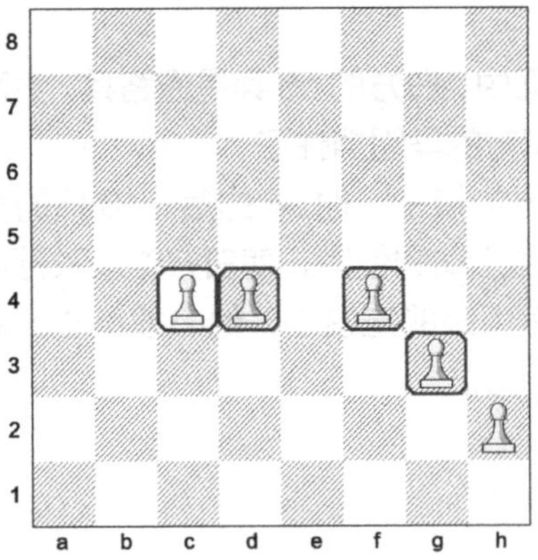

左图中，白方的c兵和d兵构成联兵；f、g、h兵构成兵链，这样的兵形在受到对方攻击时，可以利用兵之间的保护来保障自身安全，因为受到其他兵保护的兵在对手单纯大子的攻击之下是相对坚固的。

但是，当一个兵不再能受到其他兵的保护，且它可能受到对方攻击时，这样的兵就被称作弱兵。由于兵的移动能力较弱，在防守时往往难以解脱。在实际的对局中，弱兵有以下几种基本形式。

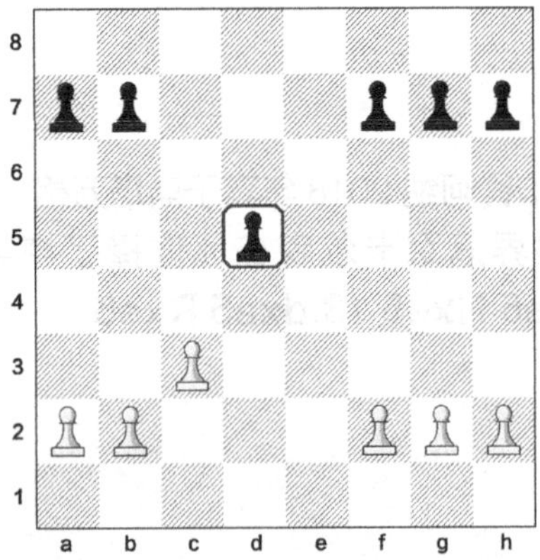

孤兵（Isolated Pawn）：当某个兵相邻的线路上没有己方的兵时，这个兵被称作孤兵。

若前面的叠兵是有兵可以保护的，叠兵仍相对安全，否则就容易陷入危险

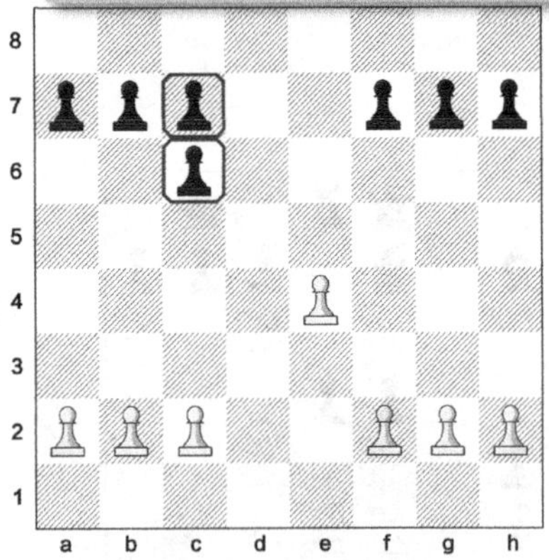

叠兵（Doubled Pawns）：当两个兵重叠在一条直线上时，这两个兵被称作叠兵。

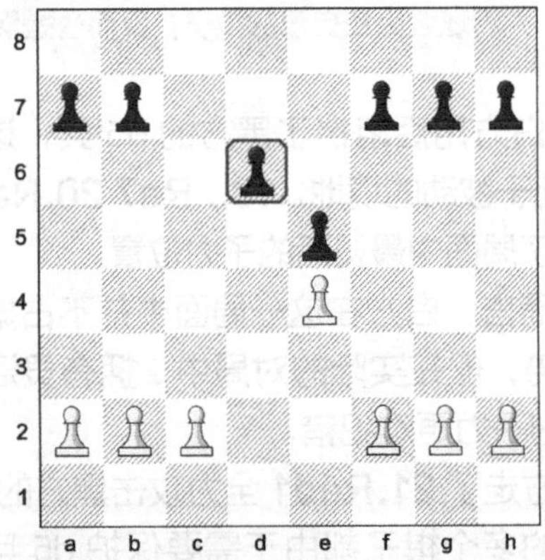

落后兵（Backward Pawn）：当一个兵处于某个兵链的末端，且无法安全地向前走时，这个兵被称为落后兵。如果在同一条线上对手没有兵，这个落后兵就更容易受到对方的攻击。

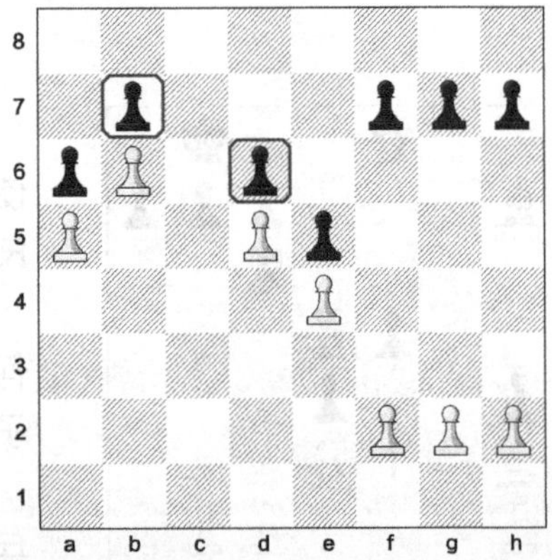

被阻挡的根兵（Fixed Base Pawn）：当对局进行到残局阶段时，由于棋局中大子数量减少，保护兵的方式也在减少，使得这样的兵也会更容易受到对方的攻击。

弱兵的问题

由于弱兵无法受到其他兵的保护，在受到攻击时，只能依靠大子来确保安全，并且弱兵时常位置较为靠后，这使得进攻方可以更容易地从多个方向攻击弱兵，而防守方的防守难度则要更大一些。在实战中，如果双方没有任何直接的战术或得子的方式的话，弱兵经常是局面中最佳的攻击目标。在对弈中，对此有深刻理解的棋手还会想办法在对手的局面中制造弱兵，而后对其进行攻击。

对抗孤兵

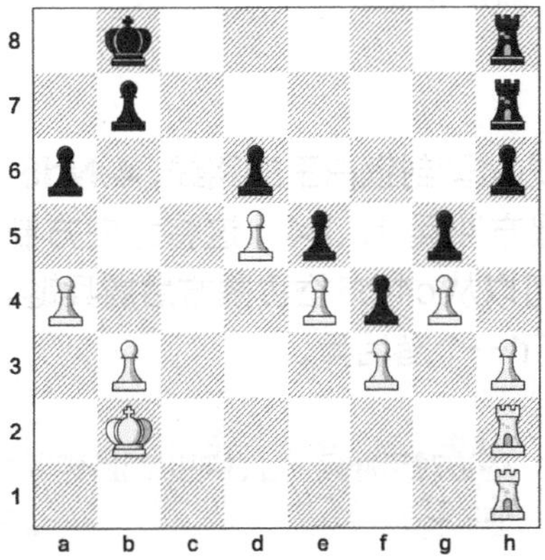

在此，白方可以走 **1.h4** 准备与黑方换兵打开线路。

黑方不能无视白方的威胁，因为白方 hxg5 的话他并不能反吃。

黑方也无法走 1...h5，因为 2.hxg5 h4 3.g6 黑方将被迫放弃自己的兵。

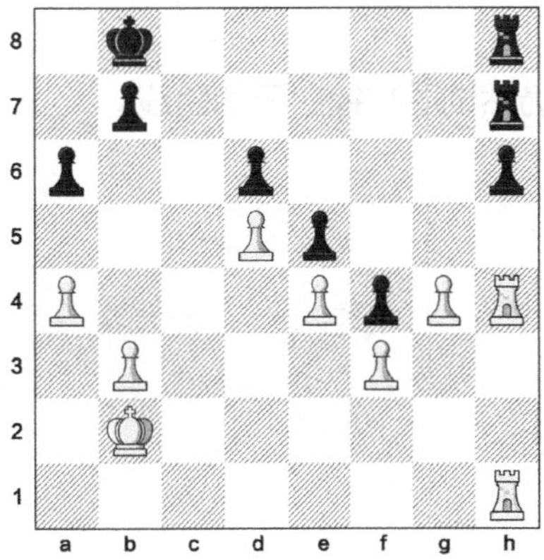

1...gxh4 2.Rxh4

此时黑方形成了 h6 孤兵，他的车被牢牢困住。

牵制战术——无法防御的得兵手段

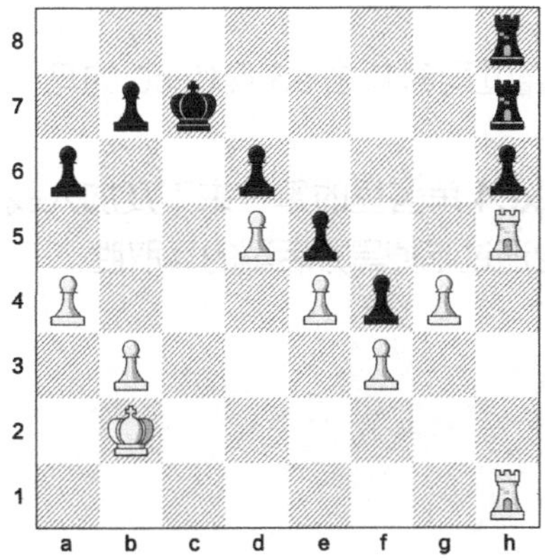

2...Kc7 3.Rh5!

这是关键的一步！白方准备走 4.g5 制造牵制战术，黑方对此无法应对，他将必然丢兵，使白方产生通路兵。这样的残局将足以帮助白方取得胜利。

白方需要先用车阻挡黑兵，因为 3.g5 后黑方可以走 3...h5。

如上所示，这是一种针对孤兵的重要战术手段，可以使对方丢兵。

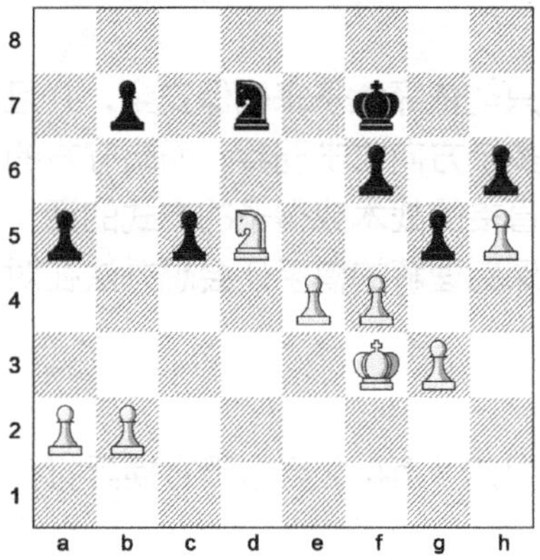

找到最弱的兵与制造弱兵

实战中，学会识别弱兵是一个很重要的能力。

左图是一个残局局面，黑方在后翼有多兵，但 h6 同样有一个被阻挡的根兵，这将成为他的致命要害。

1.Ne3! 白方以最快速度运马，向 h6 兵挺进。

1...Kf8 2.Nf5 Kh7

黑王被牢牢困在 h7 格。

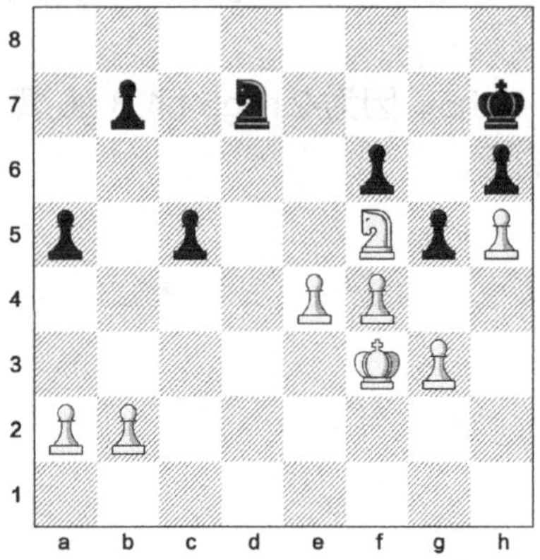

3.Ke3 b5 黑方试图封锁白王的路线，**4.Nd6!** 攻击 b5 兵，强迫黑方冲兵 **4...b4**，这将为白方制造 c4 弱格，使白王可以从 c4-b5 蚕食黑方后翼兵链。并且，c5 此时成为了一个落后兵。

逼迫对手冲兵，往往可以制造更多的破绽

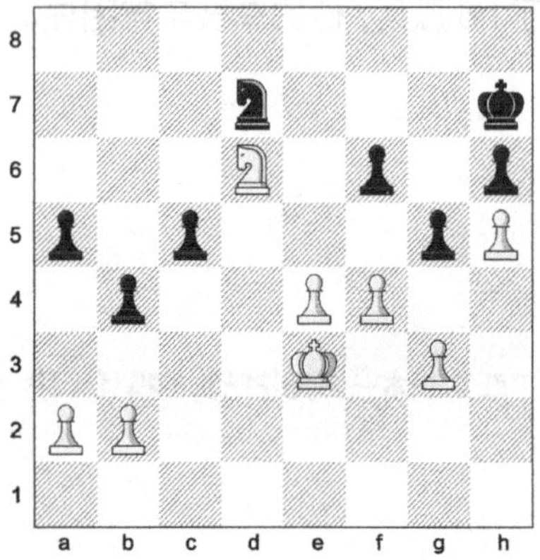

5.Kd3 Nb6 仍然试图封锁白王的路线。

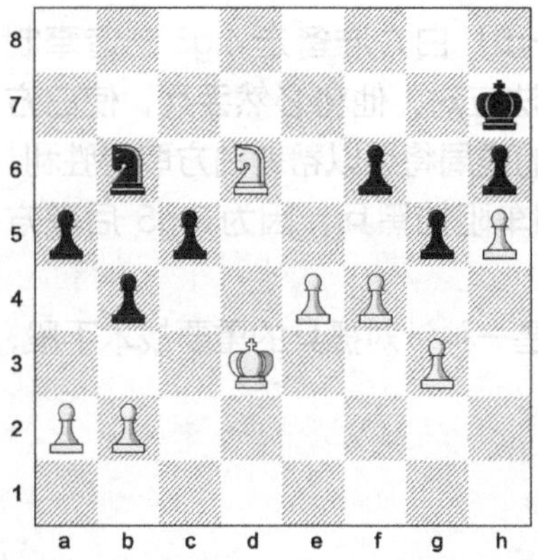

6.Nc4! 白方通过同时攻击 a5 兵和 b6 的马，强迫黑方交换。

6...Nxc4 7.Kxc4 角落里的黑王来不及加入战斗，白方可以轻松地通过吃掉黑方后翼的兵取胜。

破坏兵链

在实际的对弈中，我们的对手时常构筑坚固的兵链来避免被我方攻击，这时就需要我们利用主动性的手段来打破他的兵链，从而削弱他的防御阵型。

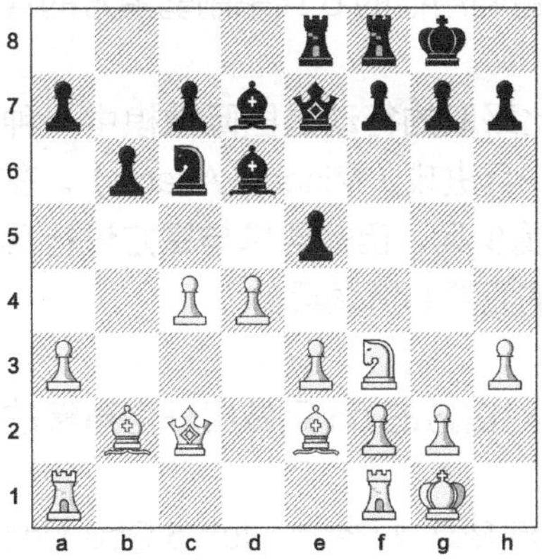

白方在此可以运用巧妙的手段破坏黑方的兵形结构。

1.c5! bxc5 由于对黑象的攻击，黑方被迫吃掉白兵。

而此时白方并不吃回 c 兵，而是转而吃掉黑方的 e 兵：

2.dxe5 Nxe5 3.Nxe5 Bxe5 4.Bxe5 Qxe5

弱兵越多，局面越被动

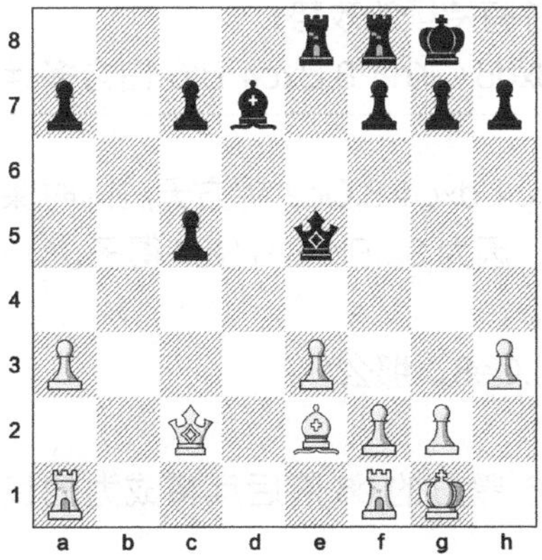

尽管此时黑方多一个兵，但他的 a7、c7 和 c5 兵均是弱兵，白方很容易在接下来对这些兵发动攻击。

5.Rfc1 黑方无法保护 c5 兵

5...Rc8 6.Qxc5 Qxc5 7.Rxc5

威胁 Ba6 消除保护得到 c7 兵，唯一的应对是 **7...c6。**

黑方只能在此被动防御，力求守得和棋。

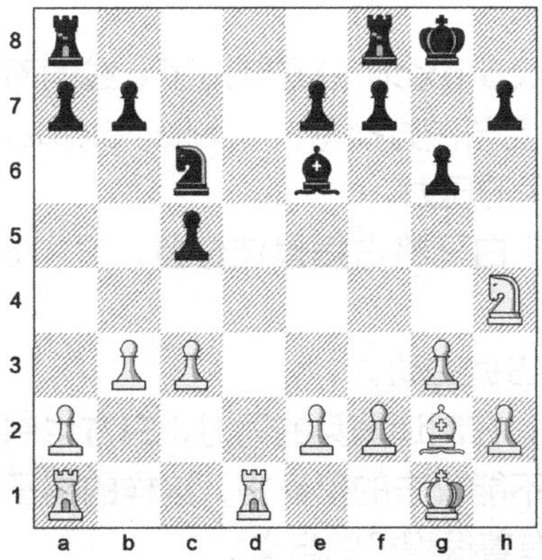

一种最简单的制造弱兵的方式是通过子力的交换。

1.Bxc6 在 c 线制造了一组叠兵，**1...bxc6**

2.Nf3 试图走到 e5 攻击 c6 的叠兵，**2...f6**

3.Nd2 Rfd8 4.Ne4 c4 5.Nc5 Kf7 6.b4 Bf5 7.Nb7

白方通过巧妙地运马，威胁将来 Na5 得兵，黑方不能防御，白方占优。

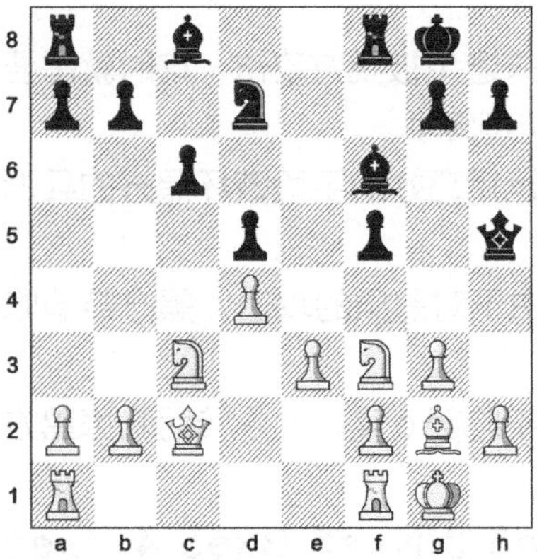

黑方在王翼正在准备进攻，不过他仍然需要很长时间才能发起攻势。白方在后翼面对着黑方坚固的兵链，他应当如何行动呢？

1.b4! 白方准备利用他的 b 兵来削弱黑方的兵链，**1...Nb6**

2.b5 白方在此采取的行动是国际象棋中一种重要的策略，称作少兵进攻（Minority Attack）。在此，白方虽然在后翼少兵，但他寻求与黑方进行兵的交换时，在黑方的后翼制造弱兵。

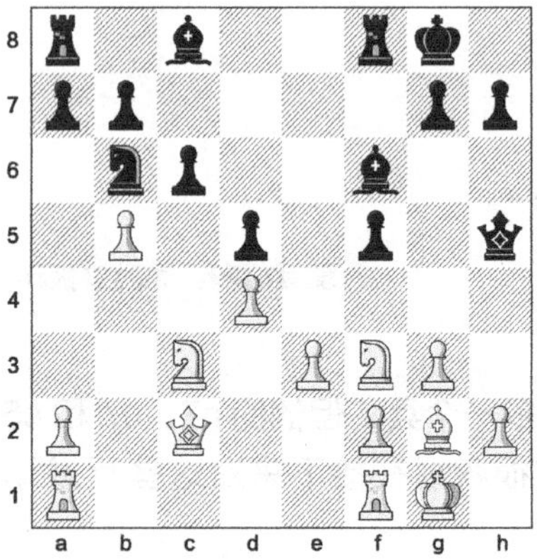

此时黑方无法对白方的 b5 兵做出任何直接的应对。

2...cxb5 3.Nxb5 Bd7 4.Rab1 Rfc8 5.Qb3 Nc4 6.Ne5

虽然黑方暂时守住了他的后翼，但他的中心被白方击溃：

1)6...Nxe5 7.dxe5 Bxb5 8.Qxd5+ Kh8 9.Rxb5 白方将多两个兵，并有持续的攻势；

2)6...Bxe5 7.Bxd5+ Kh8 8.Bxc4 Bf6 白方多兵占优；

3)6...Be6 7.Nxc4 dxc4 8.Qc2 黑方无法同时保护他的 a 兵和 b 兵，因为 8...Rcb8 9.Nc7 得子。

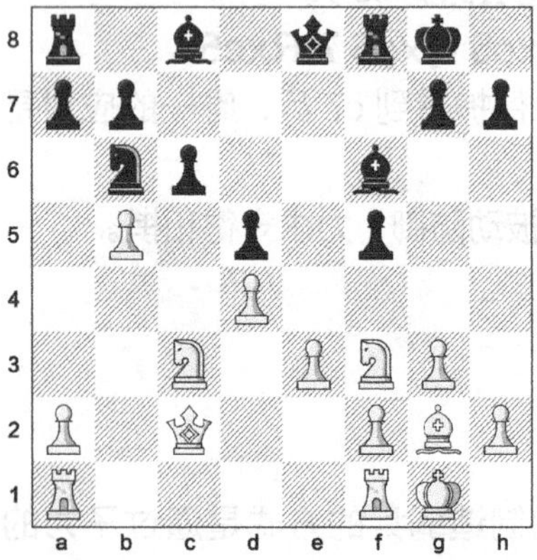

他若选择走 2...Qe8，那么：

3.a4

1)3...a5 4.bxc6 黑方的 c6 落后兵将成为他长期的问题；

2)3...Nc4 4.a5 Nd6 5.a6! Nxb5 6.Nxb5 cxb5 7.Qc5 黑方的后翼兵都将成为白方未来的攻击目标。

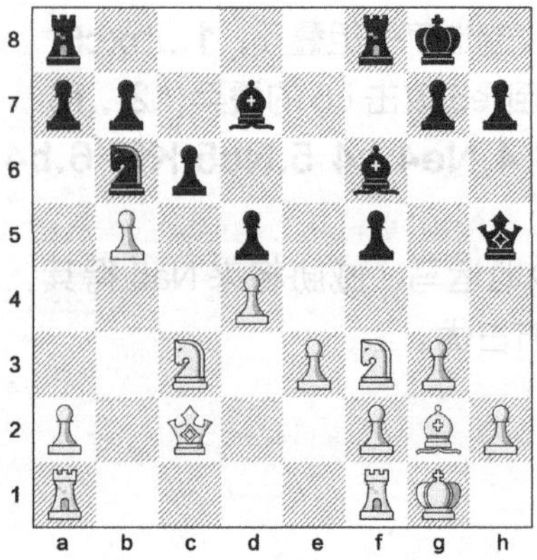

2...Bd7 3.bxc6 bxc6 白方制造了 c 线的落后兵，**4.Na4** 黑方若与白方换马，4...Nxa4 5.Qxa4 他的后翼将承受持久的压力。

4...g5 5.Nc5 白马将占据最佳位置，攻击 c 兵的保护子 d7 象。

5...Be8 白方占据主动。

在此我们看到，在制造弱兵的同时，白方也制造了一些对方的兵不能攻击的棋盘格，这样的格子对于调动己方子力有着很积极的意义。

弱格

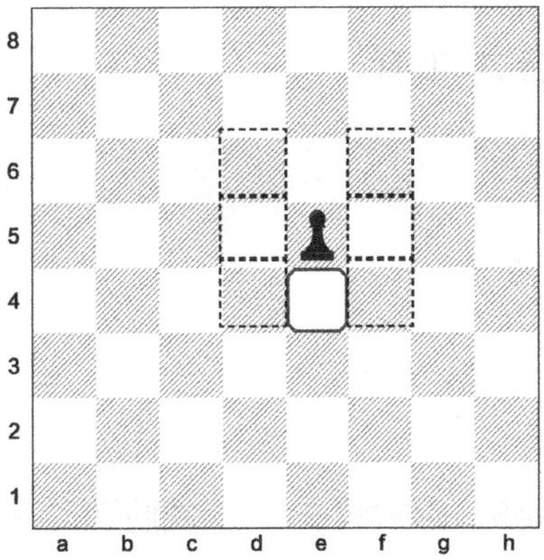

由于弱兵表示己方无法继续保护的兵，在如图所示的情况中，e5 格的兵若是一个孤兵，也就等于黑方 d5、d6、d7、f5、f6 和 f7 格没有兵。

那么，这同样意味着一个问题，黑方对于 e5 兵前方的 e4 格是无法用兵进行攻击的。这样的格子对于对手的大子而言（当有轻子可以攻击时，重子不应当占据），是极佳的部署位置，这样的格子就叫作弱格。

当轻子占据弱格时，可以利用前方对手的兵阻挡黑方某些棋子的攻击，而同时又不影响自己的进攻能力。对手若想消除这样的棋子，只有一种手段，便是运用自己的棋子进行交换。

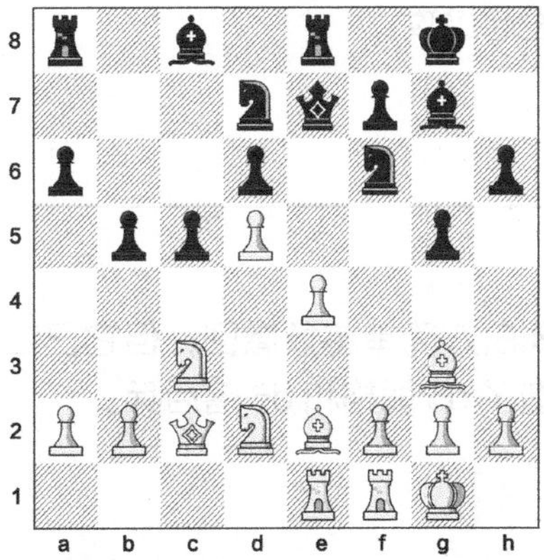

因而，我们可以发现，在对弈中无论是制造弱兵还是制造弱格，均是采取类似的行动方式——通过改变对手兵形的整体结构。

黑方在后翼构筑了一个由兵构成的封锁阵型，试图遏制白方子力的灵活性，白方必须寻求突破的方式。

1.a4 我们可以看到，对于兵链前方的兵的攻击，只靠大子是无效的，但若加入了自己的兵，将使攻击有效，对手就将被迫做出应对。

1...bxa4 将大大加强白方子力的灵活性，制造了 a 线的活跃空间和 c4 的安全格，这将彻底解放白方后翼的轻子。

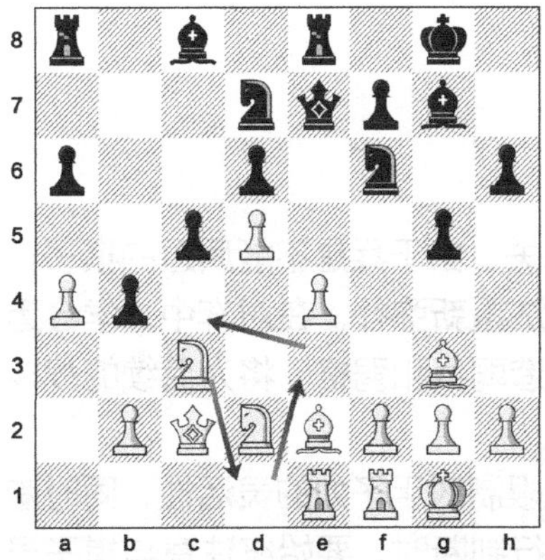

由于白方有 3 个子同时攻击，黑方并不能进行防御，于是他只能走：

1...b4

由于被迫冲兵，c4 格对白方而言将成为安全格。接下来白方可以将 c3 的马通过 d1 和 e3 格迂回至 c4，攻击黑方薄弱的 d6 根兵，或是准备可能继续朝 a5 和 c6 格挺进，进一步改善它的灵活性。

弱格时常是马发挥威力的最大位置

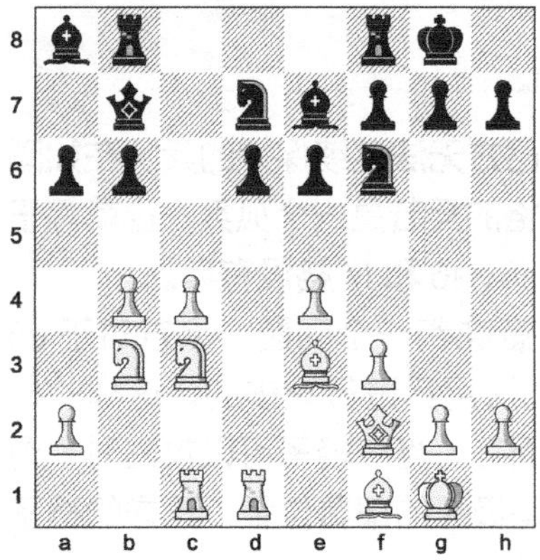

这是一个在西西里防御中常见的兵形结构，黑方试图用 d6 和 e6 兵阻挡白方的子力，不过此时白方可以走：

1.Bf4！ 攻击黑方 d6 兵。

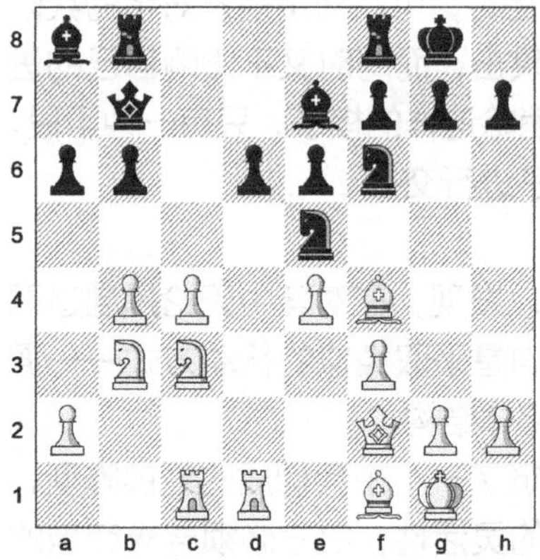

若黑方走 1...Ne5，白方将走 2.c5 威胁消除马的保护。

2...bxc5 3.bxc5，此时唯一的防守方式是 3...Nh5，不过在 4.Be3 之后，黑方后翼的防守兵阵被破坏，白方的子力灵活性将得到进一步改善，他将可以迅速对黑方发起进攻。

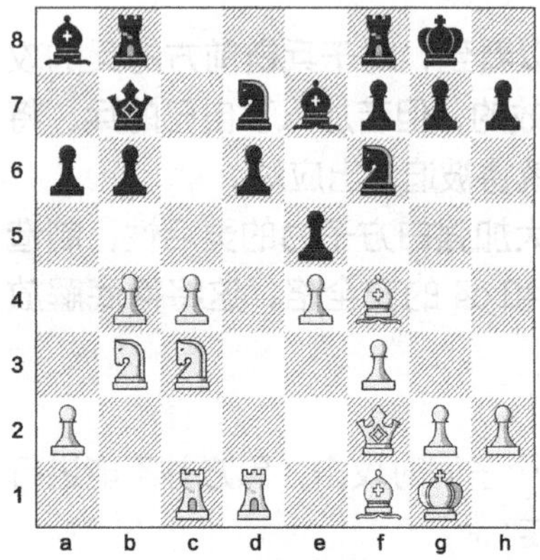

1...e5 2.Be3 白方简单将象撤回，但它已经造成了破坏——制造了 d5 弱格和 d6 落后兵。

弱兵与弱格的核心要点

1. 无论是弱兵还是弱格，均与对方兵的防御能力有关，由于兵是不能后退的棋子，一旦丧失了对重要的棋盘格或其他兵的保护能力，将无法重新弥补。在对弈中，学会运用各种手段强迫对手改变兵形结构，在对手的局面中制造弱兵和弱格，将为后续的战斗提供颇为有效的帮助。

2. 在行棋过程中，也应注意己方兵的部署，尽可能限制对手子力的灵活性，同时避免被对手制造弱兵和弱格。在对全局兵形结构的好坏进行判断时，要始终注意与棋子灵活性问题相关联，因为棋子灵活性才是决定一方是否拥有有效进攻能力的关键。

大师对局中的国际象棋战略

现在我们已经知道强大的子力灵活性在对局中的重要价值了。不过在实战中，我们即使尽力地快速出子，也往往并不能直接获得出子的领先优势，在使用黑方时尤其如此，由于白方从规则上具备先走棋的优势，只要他的走法都是合理的，他便不会轻易落入被动局面。因此，我们需要学会如何对他发起挑战，才能使自己的子力比对手更加灵活，进而获得争取优势的机会，获得对局的胜利。

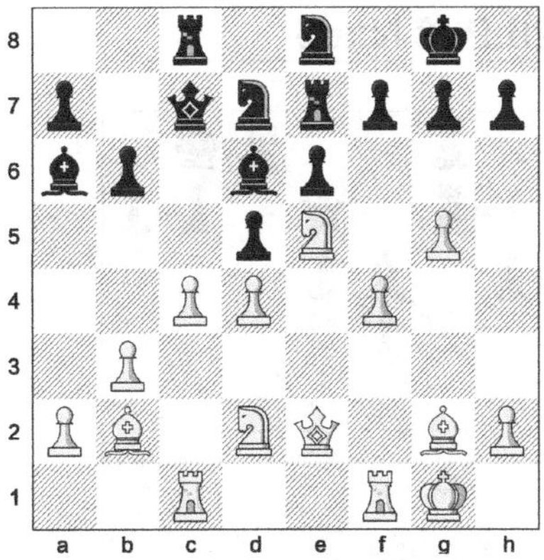

瓦西里丘克（前苏联）－徐家亮（中国）

1965 年弈于上海

徐家亮
中国第二位国际象棋全国冠军（1958）
中国首位国际级裁判（1981）
中国唯一一位获得国际棋联裁判员奖的国际级裁判(2018)
国际象棋泰斗，棋艺理论家，编著国际象棋和中国象棋书籍百余本
由于在新闻出版工作中的重大贡献，被国务院授予“政府特殊津贴”

1.Nf3 Nf6 2.c4 e6 3.b3 Be7 4.Bb2 0－0 5.g3 d5 6.Bg2 Nbd7 7.0－0 b6 8.d4 Bb7 9.Nbd2 c5 10.Rc1 Rc8 11.e3 cxd4 12.exd4 Bd6 13.Ne5 Re8 14.Qe2 Ba6 15.f4 Qc7 16.g4 Re7 17.g5 Ne8

在此局面中，白方看起来很主动，他牢牢地控制了中心，于是他准备展开对黑王的攻势。

18.Qh5 从 a6 象的攻击线路上躲开，同时准备攻王。

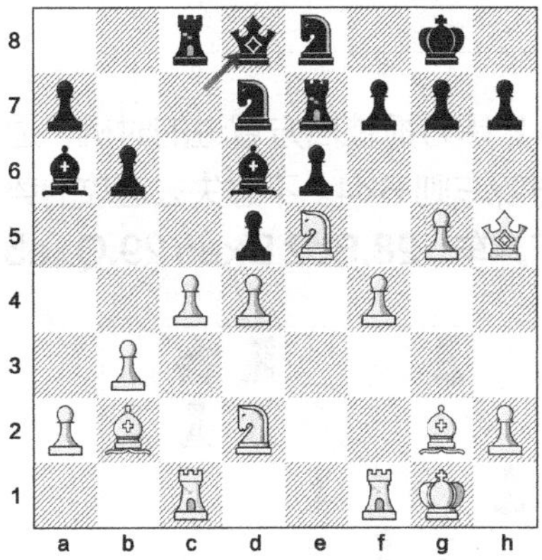

18...Qd8 躲避 cxd5 的闪击。**19.Rf3 Nf8 20.Rh3 Rec7** 白方继续运子，准备加强对王翼的压力。而黑方的一系列调动，则成功地改善了自己子力的协调性，同时对 c4 兵制造了不小的压力。

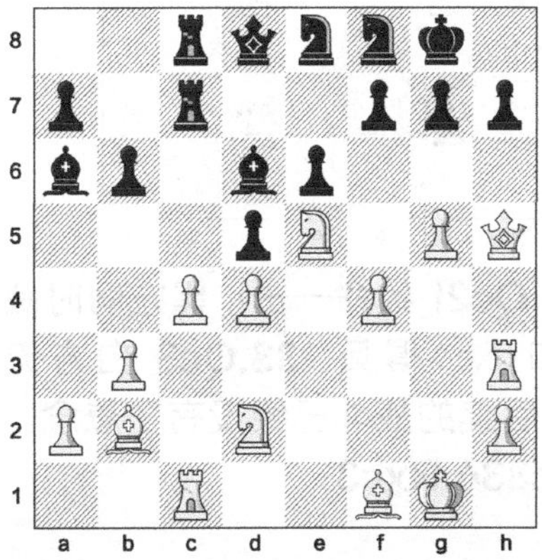

考虑到黑方 Bxe5 再 dxc4 的得兵威胁，白方走了 **21.Bf1** 防御。白方的攻势则并不明显，黑方的双马发挥了强大的防守能力。历史上著名的丹麦棋手本特·拉尔森曾夸张地说：“如果 f8 格有一个马，没有人可以将死你的王。”

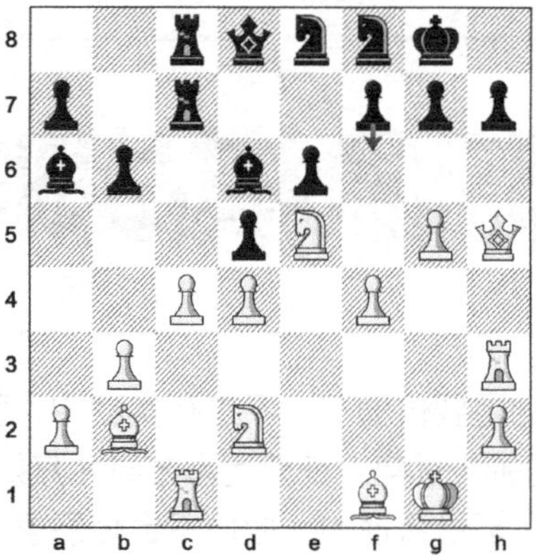

21...f6 黑方开始了他的反击，**22.gxf6 Nxf6 23.Qe2 Qe7 24.Rcc3 Bb4 25.Rce3** 黑方一步一步地舒展他的子力，而白方此时却走得很迷茫。

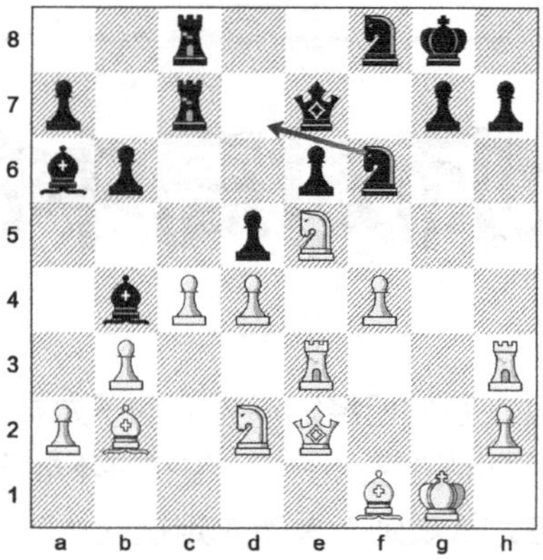

25...N6d7! 关键的一着，要想成功反击，黑方必须消除白方的中心铁马。

26.Bc3 Nxe5

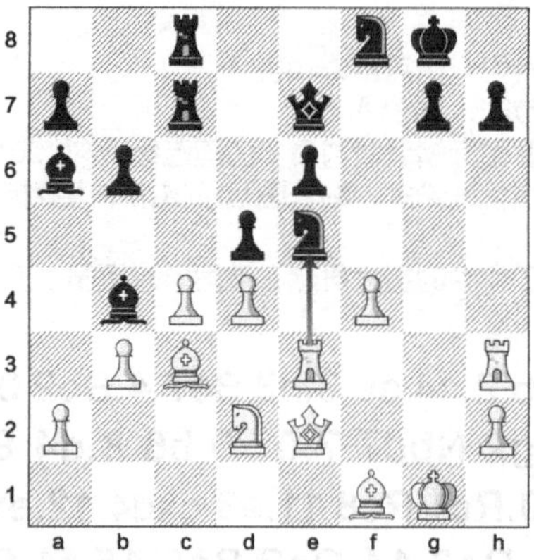

27.Rxe5？ 白方仍在试图进攻，但 f8 的马防住了黑方所有的弱点。

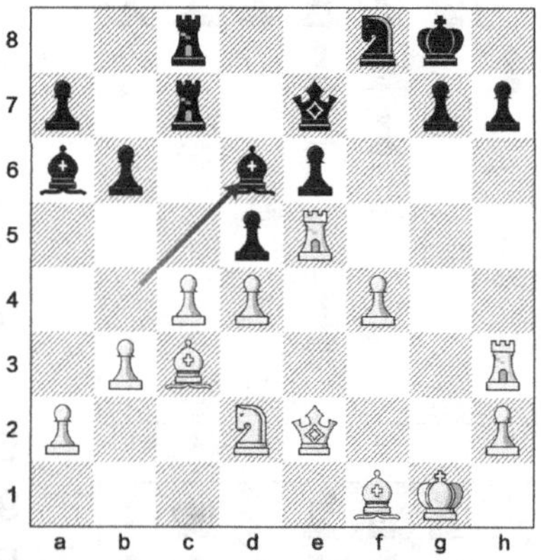

27...Bd6！ 黑方抓住白方冒进的时机，退象捉车，若白方躲车则 Bxf4。不想失去进攻的势头，白方选择了弃车。**28.Bb2 Bxe5 29.Qxe5**

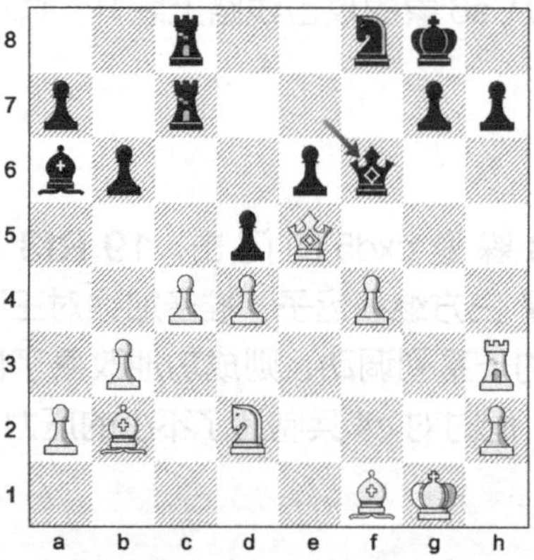

29...Qf6 由于黑方已经多半子，此时寻求兑换再好不过。

白方的攻势已经被彻底瓦解。**30.Qe3 Rf7 31.Rf3 Qg6+32.Kf2** 黑方已经掌握了战斗的主动权。

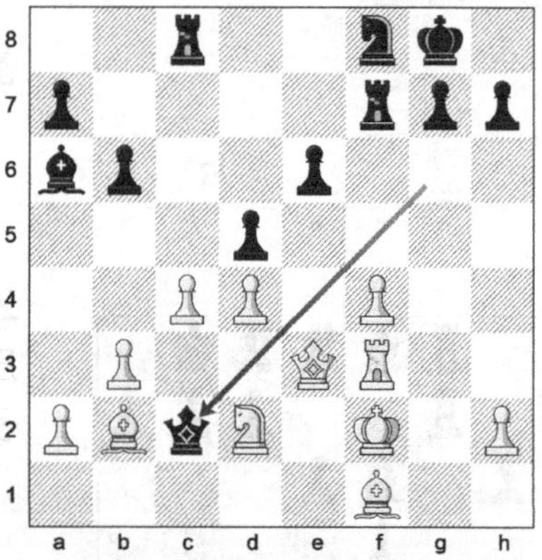

32...Qc2! 致命一击！黑方同时威胁吃象和 dxc4 得兵。**33.Qc3** 白方无奈兑后，后续的战斗已经没有了悬念。**33...Qxc334.Rxc3**

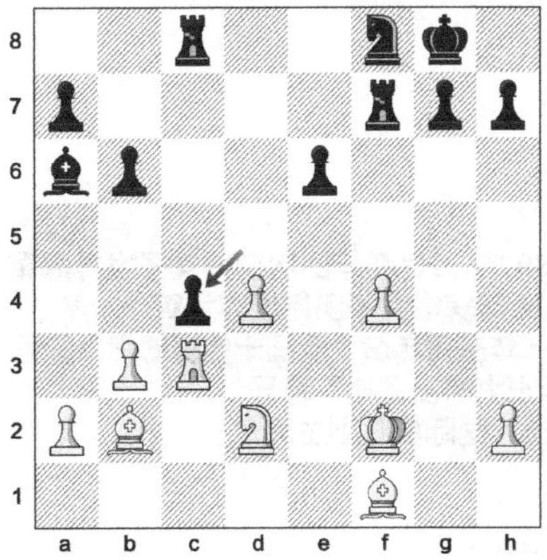

34...dxc4 35.bxc4

黑方打开 a8-h1 斜线的同时，试图与白方兑换子力，白方只能被迫用兵吃回。

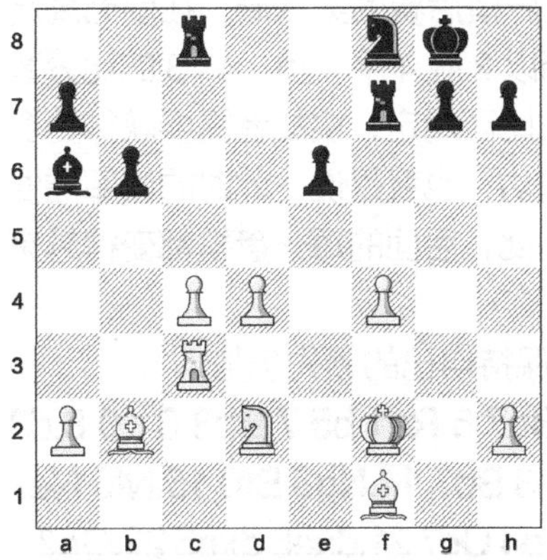

35...Bb7 永远保持最大的子力灵活性，即使在优势的情况下也是至关重要的。这步棋消除了白方保护 f4 兵的任何想法。

36.Rg3 Rxf4+ 37.Ke3 Rf7 38.Ne4 Rxf1 39.d5 Ng6 白方弃象试图找到黑方的破绽，但黑马的存在注定他的任何尝试都将无功而返。

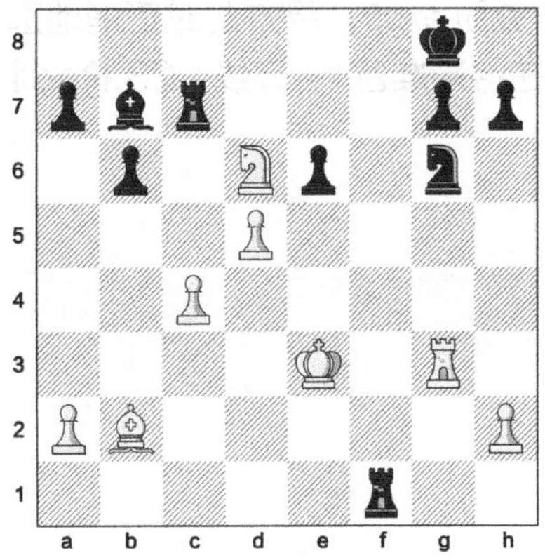

40.Nd6 Rc7 0–1

白方见反击失败，且自己少车，只得认输。

这盘棋向我们展现了通过进攻走法和交换手段，来削弱对手子力灵活性的多种方式，黑方最终也反客为主，取得了胜利。

树立全局化的攻防思维

故善攻者，敌不知其所守；善守者，敌不知其所攻。

——《孙子兵法 · 虚实篇》

国际象棋对局的争夺并非仅仅体现在谁能开局占优、谁能首先攻王。一盘对局的攻防是可能经历多次变化的。开局主动的一方未必能够一直占据主动，先行攻王也未必能在攻王中得利。而一种更为合理的思维是：在进攻时充分估计对方的防守能力，攻击对方难守的要点；在防守时，则做到至精至简，用尽可能少的子力防守对方攻击的焦点。这样便可使对方的攻势无所适从，进而将局势逆转。

齐布尔达尼泽——谢军

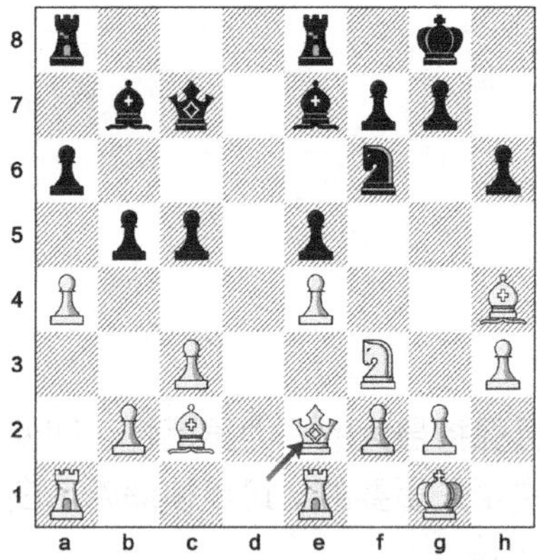

谢军
1991 年、1993 年、1999 年、2000 年四次获得女子世界冠军
1998 年、2000 年、2004 年获得女子团体世界冠军
1991 年、1992 年、1994 年获得年度“全国十佳运动员”称号
1994 年获第五届“中国十大杰出青年”称号
现任首都体育学院副院长、国际棋联副主席

1991 年弈于马尼拉

这是 1991 年世界棋后赛的第八局，在前七局比赛后，齐布尔达尼泽以 2 胜 4 平 1 负，4：3 的比分暂时领先，根据当时的比赛规定，挑战者需要获得更多的积分才可以挑战成功，也就是说，此时的谢军需要至少在不输棋的情况下再赢两局才能取得比赛的胜利，因此，后面的每一盘棋都变得越来越重要。

齐布尔达尼泽选择了一个稳健的西班牙变例，旨在保持自己的领先优势。

1.e4 e5 2.Nf3 Nc6 3.Bb5 a6 4.Ba4 Nf6 5.0－0 Be7 6.Re1 b5 7.Bb3 0－0 8.d3 d6 9.c3 Na5 10.Bc2 c5 11.Nbd2 Nc6 12.Nf1 Re8 13.h3 Bb7 14.Ng3 Bf8 15.Nf5 Ne7 16.Nxe7+ Bxe7 17.a4 Bf8 18.Bg5 h6 19.Bh4?! Be7 20.d4 Qc7 21.dxe5 dxe5 22.Qe2

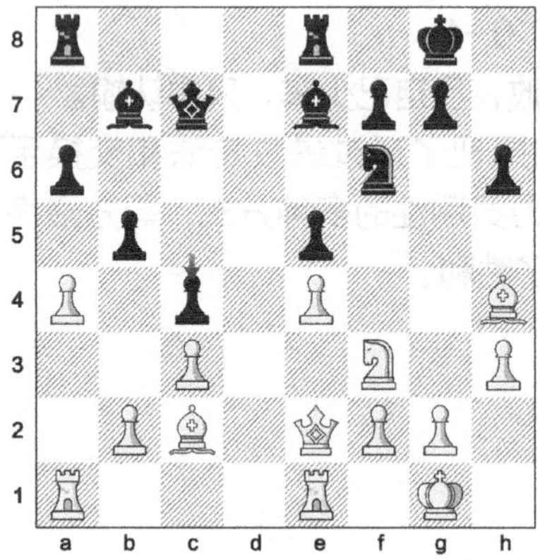

22...c4! 白方威胁 axb5，黑方此时正确地选择封锁线路，同时在将来准备 b4 开线。**23.Red1 Qc5 24.Nh2**

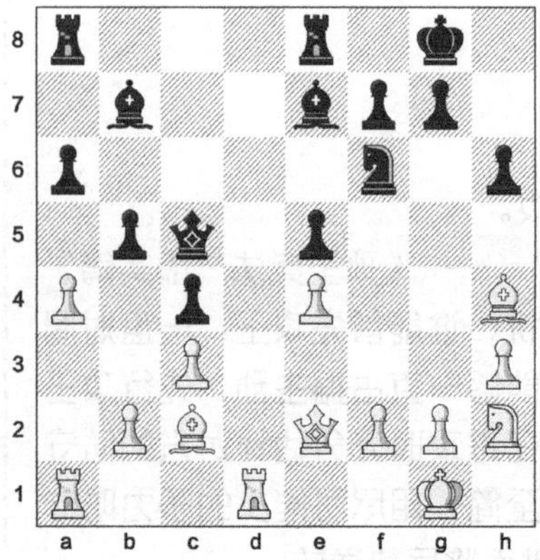

24...b4 25.cxb4 Qxb4 黑方开线为自己的子力创造了更大的空间。**26.Nf3**

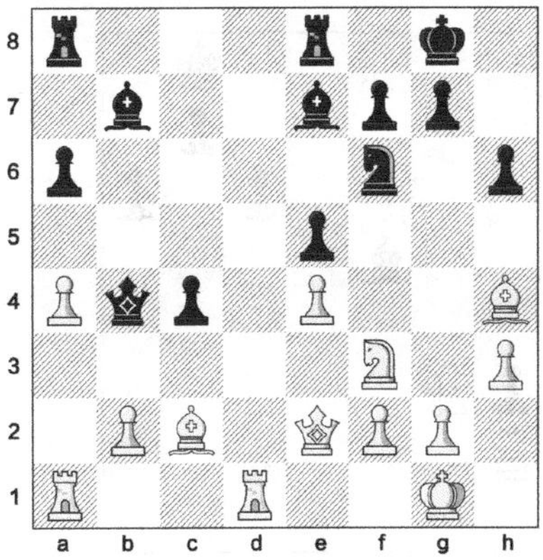

26...Nh5 交换自己的坏象，白方无法避免。**27.Bxe7 Qxe7 28.g3** 防守 f4 格，但这一走法削弱了 h3 兵。

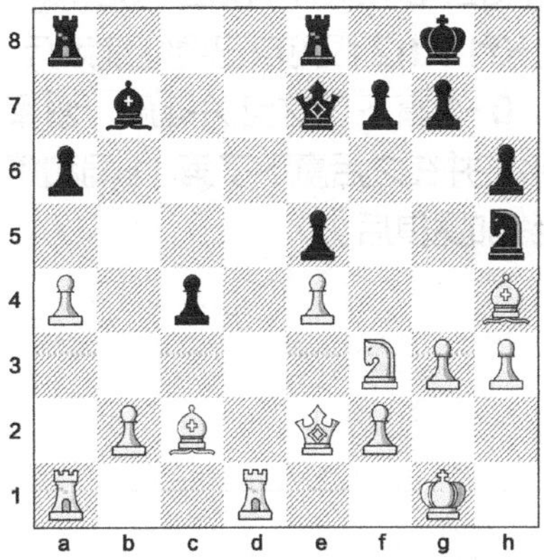

28...Qe6 29.Kh2 Nf6 30.Ra3 a531.Re3 Bc8 32.Qf1 Rb8 33.Rb1 黑方通过一系列的子力调动和冲兵，将白方部分子力牢牢控制在被动的位置上。

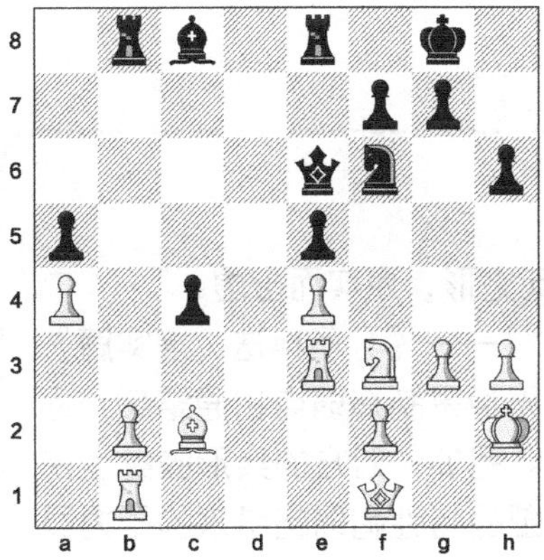

33...Ba6 34.Qe1 Rb4 35.b3 Reb8 通过在 b 线施加强大的压力，黑方迫使白方吃兵。

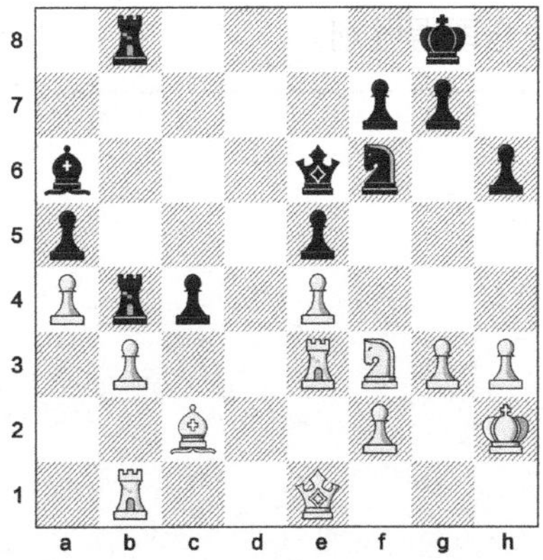

36.bxc4 虽然此时白方多兵，但她的兵都是弱兵！ **36...Nd7 37.Reb3 Qxc4**

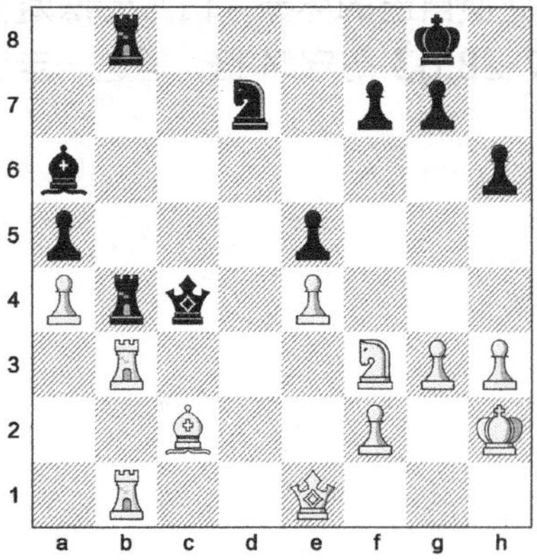

38.Rxb4?! 白方迫于压力，只能兑子，但黑方的剩余棋子仍然有强大的攻击能力。**38...axb4** 黑方制造通路兵。并进一步持续地压制白方。**39.Bb3 Qd3!40. Qd1 Qxd141.Rxd1 Nc542.Rb1 Bd3 43.Rb2 Bxe4 44.Nxe5 Nxb3 45.Rxb3 Bd5 46.Rb2 b3 47.Nd3 f6 48.g4 Bc4 49.Nc5 Rc8 50.Ne4 Bd5 51.Ng3 Ra8 52.Ne2**

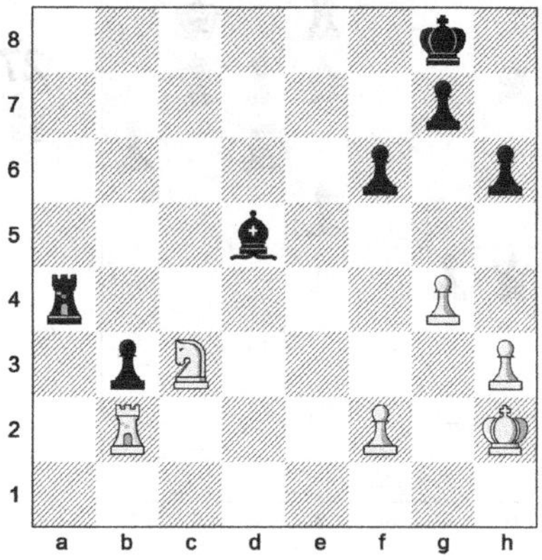

53...Ra2! 54.Rb1 Rxf2+ 55.Kg1 Rg2+ 56.Kf1 Rh2 眼见自己要继续丢兵，白方认输。**0-1** 赢下了这盘关键局，谢军将比分扳平，并在之后赢下了第 11 局和第 13 局，最终加冕棋后。

兵是国际象棋的灵魂

孙子曰：“夫兵形象水，水之形，避高而趋下，兵之形，避实而击虚。”

——《孙子兵法 · 虚实篇》

虽然兵是国际象棋中最弱的棋子，但在实战中，无论是制造弱点和通路兵，还是限制对方的子力，兵常常都是必不可少的进攻力量。另外，对方的兵形破绽也是我方组织进攻时的最佳目标，由于弱兵只能被大子防御的特性和弱格带来的子力灵活性优势，将给防守方带来极大的防守压力，充分保证进攻方子力位置持久的主动性，在这种情况下，防守一方任何小的过失都可能帮助进攻方取得胜利。

2017 年中国国际象棋甲级联赛

2017 年是丁立人大放异彩的一年，通过在世界杯赛上取得晋级决赛的优异成绩，他成为了历史上第一位进入世界冠军赛候选人赛的中国棋手。而在同年国内进行的国际象棋甲级联赛上，他以一盘摧枯拉朽式的进攻，展现了作为世界顶级棋手强悍的进攻能力，这盘对局也在国外各大媒体和网站的年度评选中高票当选“年度最佳对局”。

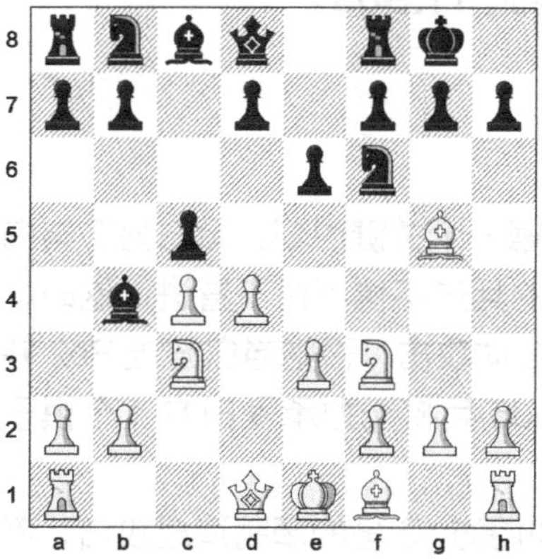

1.d4 Nf6 2.c4 e6 3.Nc3 Bb4 4.Nf3 0–0 5.Bg5 c5 6.e3

对局在尼姆佐维奇防御中展开，在之前的对局中丁立人选择的是 4...d5 的变例，这一次他在开局中做出了新的尝试。

他本局的对手白金石，是一位 1999 年出生的新生代优秀棋手，在 2015 年成为国际特级大师，在 2022 年甲级联赛中，他所在的杭州队获得全国团体冠军。

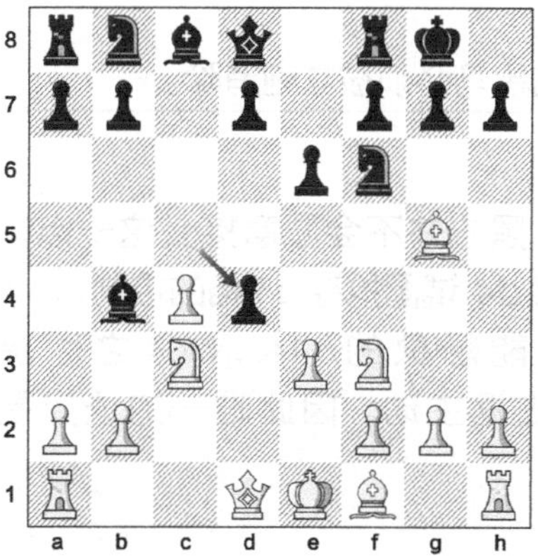

6...cxd4 削弱白方中心格的控制，并且帮助黑方打开 c 线，这在后兵开局中是一种极为常见的手段。**7.Qxd4** 白方通常会选择 7.exd4 维持中心控制，在此他选择用后吃，是赛前的开局准备，威胁 **8.Bxf6** 破坏黑方王翼的兵形，并且通过维持 d 线的通畅，可以在将来从 d 线对黑方发起攻击。

8...Nc6 黑方必须阻止白方的计划。此时白方不能 9.Bxf6? 对捉黑后，因为 9...Nxd4 威胁 ...Nc2 的击双得车。

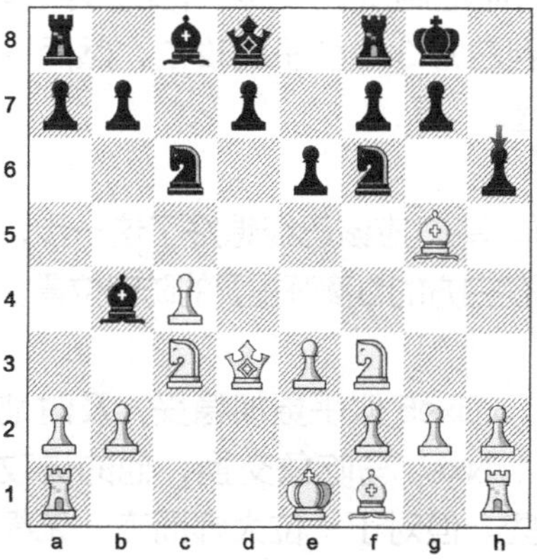

8...h6 运用带有攻击的方式，消除王城在对局将来可能存在的底线弱点（给王腾出 h7 安全格，避免被底线杀王的风险），这同样是一个非常常见的开局走法。另外，这一着还有着可能的 ...g5 准备，解除牵制的同时减弱白方黑格象的威力。在许多情况下，这一走法可能会给自己的王带来危险，不过黑方在此会试图从中心快速进攻，不给白方部署子力准备攻王的时间。**9.Bh4 d5** 感谢 b4 象对 c3 马的牵制，黑方可以直接挺兵争夺中心。

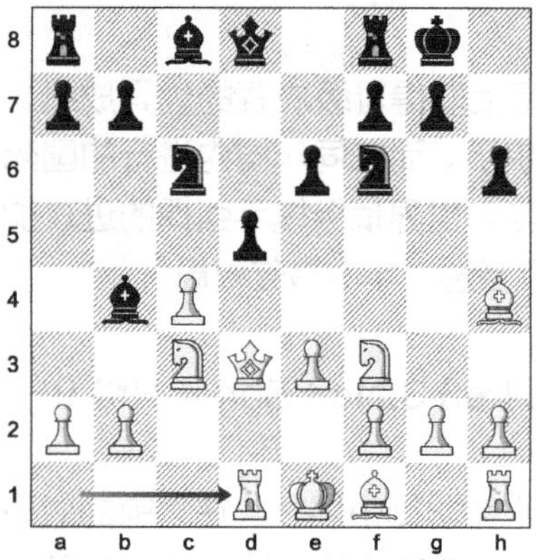

10.Rd1 白方的计划是，若黑方选择 ...dxc4，他可以走 Qxc4 吃兵，同时攻击黑后。他并不能直接选择 10.cxd5，在黑方 ...exd5 之后他将帮助黑方解放 c8 的象和 e8 的车（e 线被打开）。

这时黑方的 d 兵在面临攻击，白方在威胁 11.Bxf6 消除 d 兵的保护而后得兵。于是，黑方走了 **10...g5**，白方被迫 **11.Bg3**。

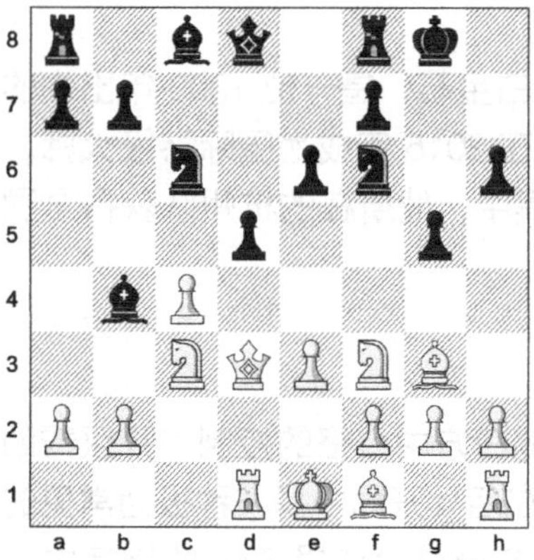

对局进行到了第一个关键时刻，黑方为了与白方争夺中心，王城的兵形不得不过于冒进。这时，他必须尽快对白方发动攻击，否则当白方走 Be2 并短易位之后，他的 d5 兵将无力承受白方 4 个棋子的集中攻击。

11...Ne4，利用对 c3 马的牵制造成攻击，若白方不予回应，他将走 ...Qa5 得兵，例如 12.Be2 Qa5 13.Rc1 Qxa2!。

12.Nd2 e4 的黑马必须被立刻消除。

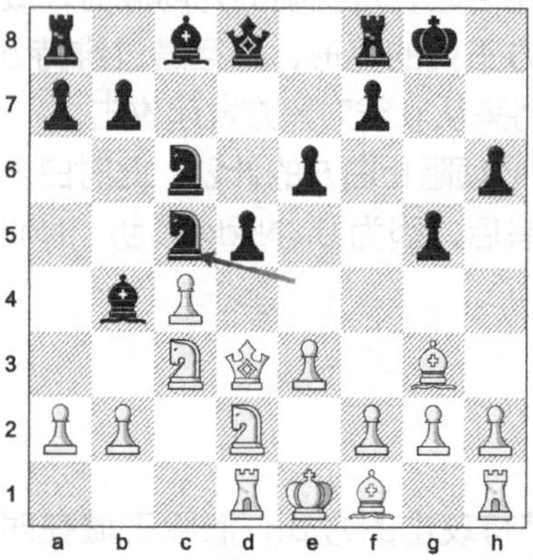

不过很明显，黑方并不会愿意接受这一点，**12...Nc5 13.Qc2 d4** 试图抢夺 d4 格的控制。

14.exd4 是不能想象的，14...Nxd4 之后黑方的子力位置将占据主动。因此唯一的选择是 **14.Nf3**。

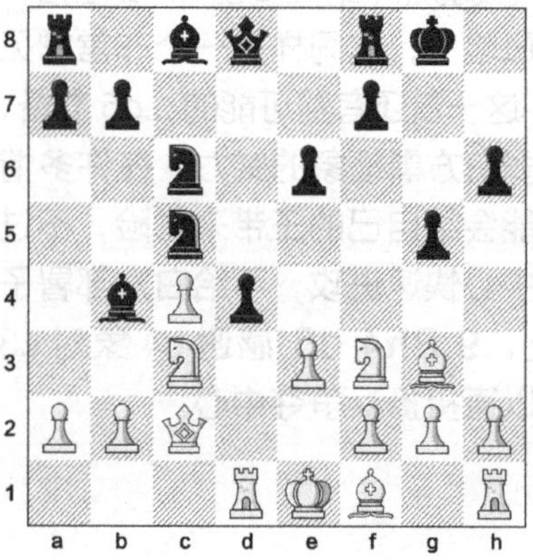

看起来黑方的中心已经无力支撑，他的 d 兵被白方牵制，并且受到白方 3 个棋子的攻击，然而黑方在此看得更加深远。

14...e5!!

在冲兵 d4 之前，黑方应该已经想好了这一步，他试图以一个弃兵诱使白方的 f3 离开重要的防守位置。

15.Nxe5

从现在来看，15.Bxe5 似乎更加稳妥，及时地支援后翼，若黑方 ...Nxe5 马吃象交换，他的进攻能力也相应减弱一些。但对于一位大师而言，无缘无故地放弃双象，并不是什么合乎常理的选择。

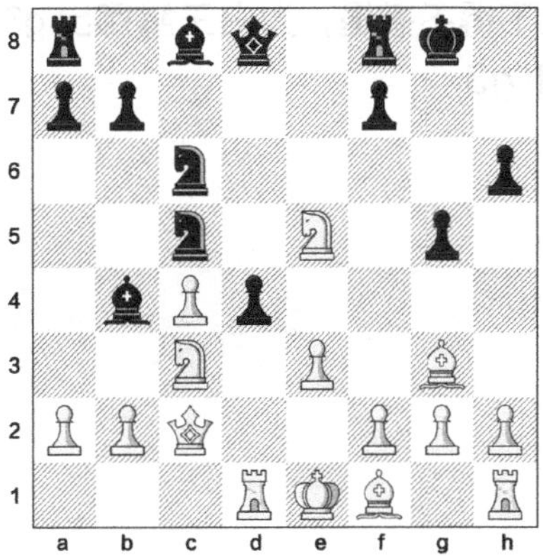

经历了开局阶段的激烈厮杀，对局来到了第二个关键时刻，黑方若选择交换白马，他的进攻能力将大大减弱，并且留给白方一个强大的黑格象。但让我们仔细思考一下，白方的局面有没有什么问题呢?

白方仍然没有王车易位。按照开局中的规律而言，如此晚的时刻仍未进行王车易位，可能会暗藏着一些危险，但进攻方必须果断而勇敢地进攻，甚至不惜为此牺牲子力，那么黑方此时到底走了什么呢?

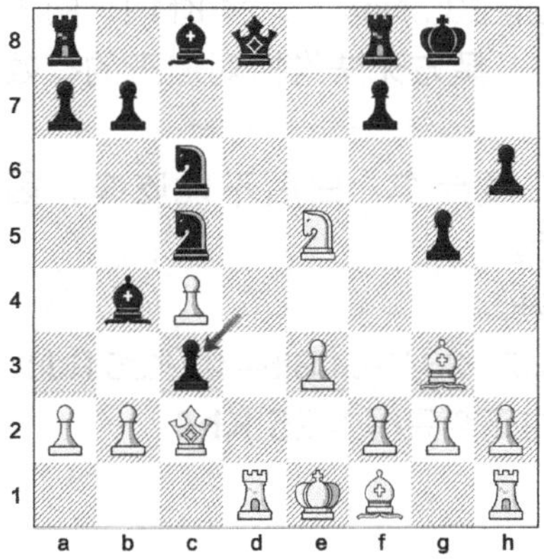

15...dxc3!! 为了充分打开通往白王的线路，黑方在此弃掉了自己的后! **16.Rxd8 cxb2+ 17.Ke2 Rxd8 18.Qxb2**

经过大师们的赛后分析，17.Rd2! 是白方唯一可行的防守走法，但又有谁敢于在一场重大比赛中主动让自己的车受到全牵制呢?

黑方若走 17...Rd8，白方可以 18.Bd3！ Nxe5 19.Bh7+，这一将军将幸运地挽救白方，19...Kf8 20.Bxe5 Rxd2 21.Qxd2 Bxd2+ 22.Kxd2，战局终于平息下来，双方均势。

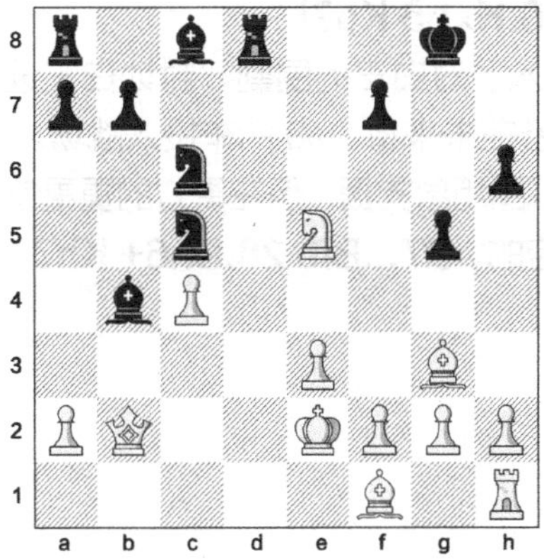

白方的王虽然位置很差，但他占据着子力优势。此时他正威胁 19.Nxc6 Rd2+ 20.Qxd2 Bxd2 21.Ne7+! Kf8 22.Nxc8 得子。因此，黑方必须保持住他的进攻势头，任何的迟缓都可能导致进攻的失败。

18...Na4 攻击白后的同时朝更好的位置调动自己的马。

19.Qc2 Nc3+ 将军，白王将被迫踏上征途。

20.Kf3 若走 20.Ke1 Ne4+ 21.Ke2 Rd2+，白方只能用后换车，黑方得子。

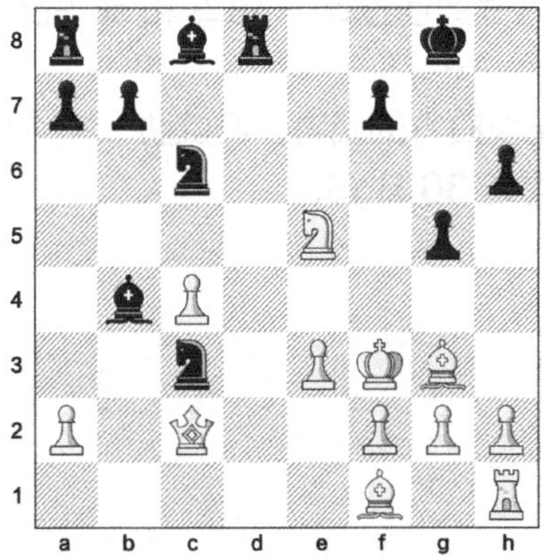

看起来此时的白王逃离了黑方火力最密集的区域，黑方此时没有任何有效的将军走法来维持他的进攻了，但一发藏在暗处的冷箭向他飞来:

20...Rd4!! 黑方用车强行封锁白王的逃跑路线，准备 21...g4+ 22.Nxg4 Bxg4# 两步杀。白方无法走 21.exd4 吃掉黑车，因为 21...Nxd4+ 击双抽后!

21.h3 这是为防守黑方 ...g4 将军的无奈之举。**21...h5** 黑方继续威胁 ...g4 杀王。

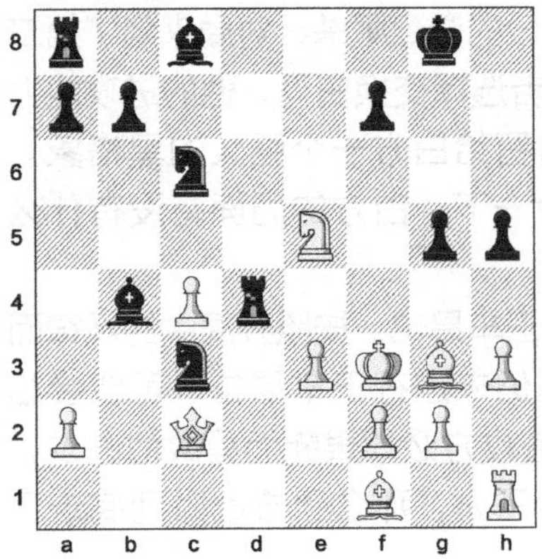

22.Bh2 白象不得不撤退，为白王腾挪出 g3 格。**22...g4+ 23.Kg3**

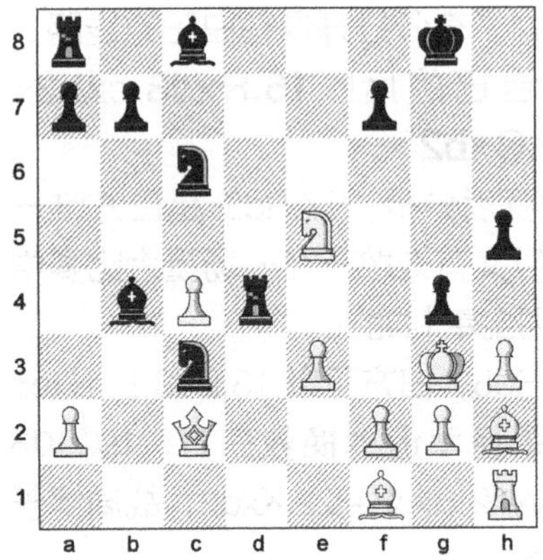

此时黑方如果走 23...Ne4+， 24.Kf4！ 由于 e 兵对 d4 车的攻击，黑方无法维持对白王的有效攻势。

23...Rd2!! 二度弃车，白后不能吃车，因为 ...Ne4+ 击双得后。

24.Qb3 Ne4+

由于 25.Kf4 Rxf2+ 26.Kxe4 Bf5+ 27.Kd5 Rd8+ 黑方即将杀王，白方无奈只得走 **25.Kh4**。

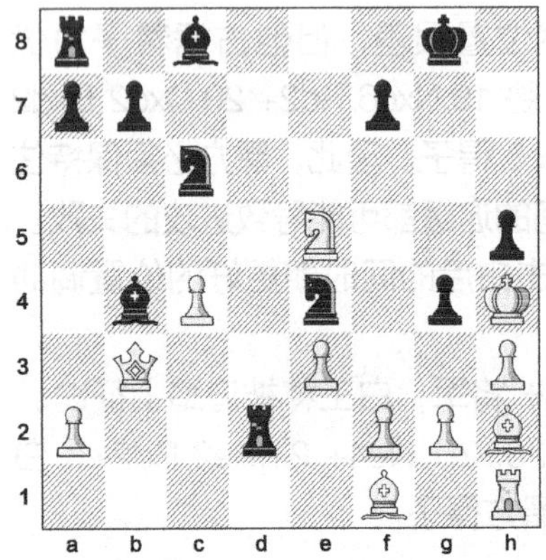

25...Be7+ 26.Kxh5 Kg7!

黑王也亲自加入了对白王的围剿，封锁白王逃跑路线的同时，准备在未来将 ...a8 的车投入战场。

27.Bf4 白方试图用象支援，但在黑方的重重包围之下，这也是徒劳的。**27...Bf5 28.Bh6+ Kh7**

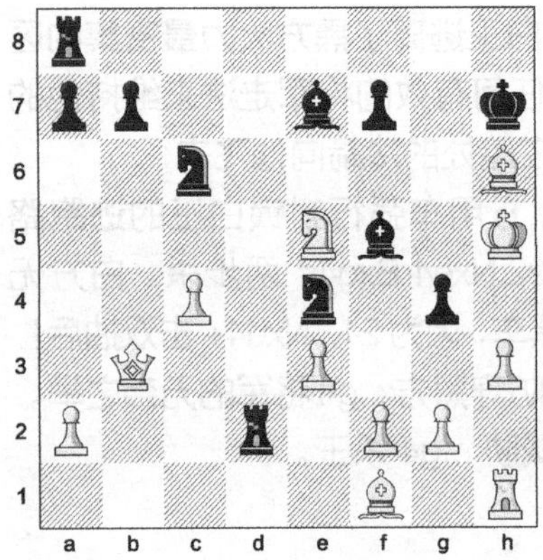

29.Qxb7 白方试图通过攻击 a8 车和 c6 马迟滞黑方的攻势，然而……

29...Rxf2! 无视白方的威胁，反威胁 ...Ng3# 杀王。白方无奈只得走 **30.Bg5**。

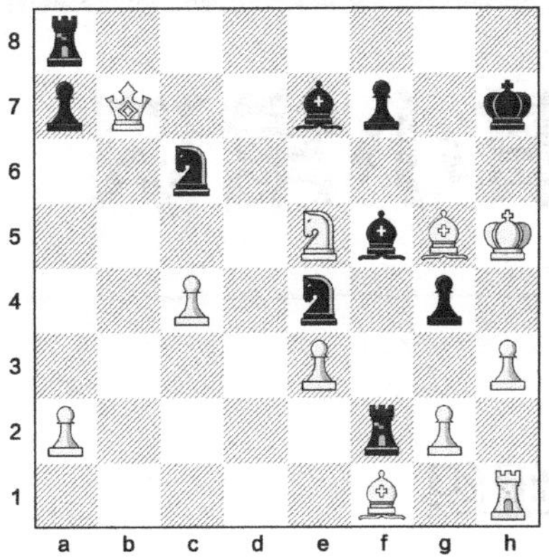

这时，白方正在攻击黑方的 3 个棋子，黑方仍然不能迟滞他的攻势。

30...Rh8！！ 没有任何一个棋子是多余的，黑方将他的最后一个大子也投入战斗。下一步闪开黑王，白王的命运将终结。在一场攻王大战中，用己方的王结束战斗，将是多么优雅的结局。

31.Nxf7 白方此时只能做无谓的挣扎。

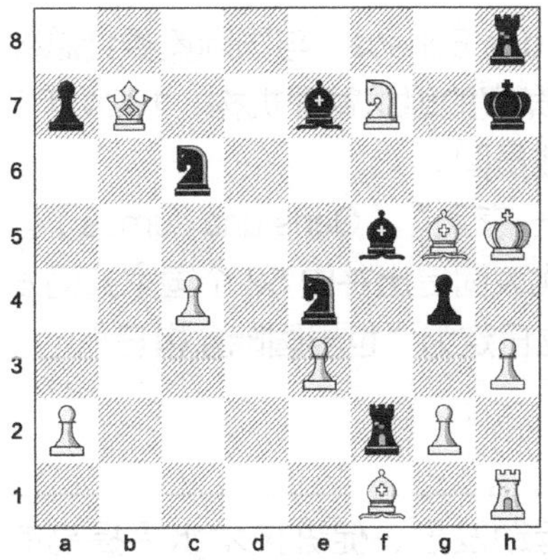

31...Bg6+ 32.Kxg4 Ne5+

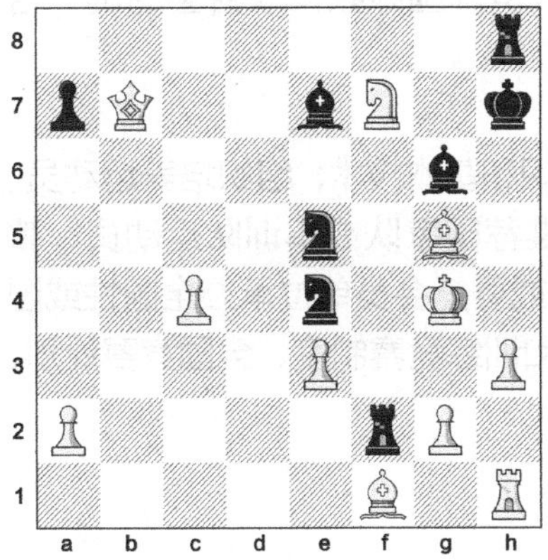

接下来黑方准备 33.Nxe5 Bf5+ 34.Kh5 Kg7+ 35.Bh6 Rxh6#，眼看回天乏术，白方在这一局面认输。

黑方弃掉了他的后，也近乎牺牲了他所有的兵！但他的双车、双象、双马和王一同齐心协力，合力将白王围歼，这是一场激动人心的伟大胜利！

进攻的持续性

故兵贵胜，不贵久。

——《孙子兵法·作战篇》

在任何长期战争中，后勤补给都是对资源和国力的巨大消耗，故而对于进攻方而言，能速战速决方为上策。而防守方则要试图用各种手段延缓对方的进攻。

在国际象棋中，进攻方可以通过先手走法来持续调动子力，在不断的进攻中，对方只能疲于防守。他无法得到喘息机会，调动他的援兵支援作战，这是进攻中极为重要的策略。

附录 1　国际象棋小常识

国际象棋运动管理机构、官方组织

世界国际象棋联合会（FIDE）

官方法语名 Fédération Internationale des Échecs，与国际奥委会总部一样坐落在瑞士洛桑，是世界性国际象棋竞赛的组织管理机构，1924 年 7 月 20 日成立于法国巴黎，现已有 200 个成员国。

世界国际象棋联合会的官方口号是——“我们都是一家人”（Gens una sumus）。2019 年 12 月 12 日，联合国大会通过由亚美尼亚常驻代表团提出并由 53 个国家共同发起的议案，将 7 月 20 日——世界国际象棋联合会的成立日定为“世界国际象棋日”。

中国国际象棋协会（CCA）

成立于 1986 年，是推动国际象棋运动发展、促进技术水平提高的全国性体育社会团体，也是代表中国加入世界国际象棋联合会的唯一合法组织。

中国国际象棋协会的宗旨是：普及国际象棋运动知识和基本技术；组织培养运动员、教练员和裁判员；开展国际交往和技术交流；选拔和推荐国家队或集训队运动员、教练员；组织国家优秀运动队集训和参加国际比赛；组织或委托会员单位承办全国性或国际性各类比赛；研究制定国际象棋发展规划、管理法规和训练竞赛制度、全国竞赛计划、规则和规程；组织科学研究工作等。

世界国际象棋重大赛事

男子、女子世界冠军赛（World Chess Championship）

顾名思义，世界冠军赛是决出新一届世界冠军的重大赛事，也是国际象棋历史最悠久的赛事之一。现今的世界冠军赛的赛制为二人对抗赛，其胜者将获得世界冠军头衔，亦可称为“棋王”(男子)或“棋后”（女子）。这一称号为现任者独有，前任冠军则被称作前世界冠军 (Former World Champion)。男子世界冠军赛起始于 1886 年，现今的世界棋王是挪威棋手马格努斯·卡尔森（Magnus Carlsen）。女子世界冠军赛始于 1927 年，现今的世界棋后是中国棋手居文君（Ju Wenjun）。

世界冠军候选人赛（Candidates Tournament）

世界冠军候选人赛是为决出下一届世界冠军赛挑战者的特定赛事。赛事最终的胜者将得到下一届世界冠军赛的参赛权，即对现任棋王的挑战资格。候选人赛的赛制在历史上经历过多次变更，如今的男子世界冠军候选人赛采用的是八人双循环的赛制。在前世界冠军卡尔森放弃卫冕之后，丁立人介此获得了参加世界冠军赛的机会，并最终夺魁。

世界国际象棋奥林匹克团体赛（Chess Olympiad）

这项赛事是世界上最重要的国际象棋团体赛事，以世界国际象棋联合会成员国为参赛单位，两年举行一次。每年都有数百个成员国组队参赛。在 2018 年的第 43 届比赛中，我国棋手成功包揽了男女团体冠军（男女团体积分总和第一），第三次捧起了“加普林达什维利”杯。

世界青少年国际象棋锦标赛（World Youth Chess Championship）

世界上最重要的青少年赛事，通常简称为世少赛。世少赛分为 8 岁以下 (U8)、10 岁以下（U10）、12 岁以下 (U12)、14 岁以下 (U14)、16 岁以下 (U16) 和 18 岁以下 (U18)6 个组别。由于参赛人数不断增加，自 2015 年起，8 岁以下至 12 岁以下 3 个组别（低龄组）与 14 岁以下至 18 岁以下 3 个组别（大龄组）开始分别在两个不同的举办地举行。不少当今世界上的知名棋手都是在世少赛中崭露头角并成长起来的。

中国国际象棋的部分重要赛事

中国国际象棋甲级、乙级联赛

以不同省（直辖市）协会组织的棋手队伍参与进行的团队赛事，其中甲级联赛为顶级联赛，限定为 12 支参赛队伍。乙级联赛的冠亚军队伍则可以获得下一届甲级联赛的参赛资格。

全国国际象棋锦标赛（个人甲组、个人乙组）

国内最高水平的个人赛事，甲组和乙组分别由不同的地方协会承办。甲组为最高组别，由国内最高水平的棋手参加，男女组选手各 12 名。乙组排名前列的棋手可以获得下一届甲组比赛的参赛资格。

“李成智”杯全国少年儿童国际象棋冠军赛

国内最高水平的青少年个人赛事，由新加坡著名实业家李成智热心资助举办的年度赛事，共分为 6 个组别：青年组（U18）、甲组（U16）、乙组（U14）、丙组（U12）、丁组（U10）、8 岁组 (U8)。这项赛事自 1993 年至今已举办了 27 届，为我国国际象棋优秀人才的选拔做出了不可磨灭的贡献。

棋手水平的等级评定

等级分（Rating）

用来评估棋手水平的一种分数计算系统，现今普遍使用的是“Elo”等级分机制，不论是在 FIDE 官方棋手排名或是在一些网络平台上，均运用了这一机制的计算方法，根据棋手的对局成绩和对手的水平对棋手的个人等级分予以动态增减。一般水平的业余棋手按等级分估算在 1400 分左右，而能够到达 2700 分以上的棋手可以称得上是世界一流棋手了（世界排名前 50 名左右），由世界冠军卡尔森创造的等级分世界纪录则高达 2882 分。

等级称号（Title）

由世界国际象棋联合会或成员国协会给棋手授予的对于棋手水平的终身认证，其中由世界国际象棋联合会授予的称号包括：

国际特级大师（Grandmaster，常缩写为 GM）——世界国际象棋联合会授予的最高等级称号；

国际大师（International Master，常缩写为 IM）；

棋联大师（FIDE Master，常缩写为 FM）；

棋联候补大师（Candidate Master，常缩写为 CM）。

以上等级称号可授予男棋手，也可授予女棋手。不过，对于女棋手仍有单独的称号可以授予，其授予条件则相对低一些，即女子国际特级大师(WGM)、女子国际大师(WIM)、女子棋联大师（WFM）和女子棋联候补大师（WCM）。

此外，一些成员国协会也会依照自行制定的条件，授予棋手国家大师称号 (National Master，常缩写为 NM)，但这并不是世界国际象棋联合会官方认证的称号。

对于一名棋手而言，当他拥有更高级别的称号时，低级别的称号便将自动作废。

中国运动员技术等级称号

中国运动员技术等级称号是依照国家体育总局颁发的《运动员技术等级制度》授予的，用以评价各项体育项目专业运动员水平的技术标准，共分为 5 个等级，由高到低依次为：国际级运动健将、运动健将、一级运动员、二级运动员、三级运动员。具体标准条件可参见《国际象棋运动员技术等级标准》。

中国国际象棋协会棋士等级称号

中国国际象棋协会授予的棋士等级称号，是为在全国范围内进一步普及和推广国际象棋运动而授予的，为衡量业余棋手国际象棋水平的称号标准。通过竞赛可授予的称号共分为 17 个等级，由高到低分别是：棋协大师、候补棋协大师、一级棋士至十五级棋士。

其中，棋协大师和候补棋协大师需要在全国性比赛中获得相应的胜率才可授予，一级至十五级棋士可在地方性比赛中授予，有兴趣详细了解的读者可以自行查阅中国国际象棋协会颁布的《中国国际象棋协会棋士等级称号条例》。

国际象棋的竞赛制度

为了在不同类型的赛事中以合理的方式决出胜者，国际象棋的竞赛会采取不同类型的赛制，主要有以下几种类别。

对抗赛（Match）：为在两位棋手中决出胜者的赛制，双方需要下偶数轮次的对局 (2 局、4 局或更多局)，最后积分高者为最后的胜者。当今的世界冠军赛便采用这一赛制。

淘汰制比赛（Knockout Tournament）：在有许多棋手参赛时，淘汰制采取两两对决、不断淘汰败者的方式来决出最终胜者。国际象棋世界杯 (Chess World Cup) 便采用这一赛制。

循环制比赛（Round Robin Tournament）：在棋手数量有限时，安排所有棋手相互进行一盘或多盘对局，按照最终的积分进行排名的赛制。现在的世界冠军赛候选人赛便是采用这一赛制（八人双循环制，十四轮比赛），许多国际象棋的重量级赛事也采用这一赛制。

瑞士制比赛 (Swiss Tournament)：在有大量棋手参赛的比赛中通常采取的赛制。这一赛制也是业余比赛中主要采用的赛制，依照棋手在之前轮次获得的积分，尽可能地让棋手同分配对，通过“强者遇强、弱者遇弱”的对阵编排方式来最终决定所有棋手的比赛名次。

在瑞士制比赛的对阵编排中，有以下几种硬性规定：

棋手不能碰到同一个对手两次；

棋手执白和执黑的总次数之差不能大于 2 或小于 -2；

棋手在连续的轮次中应尽量分配不同的先后手，不得出现连续 3 次执白或执黑的情况。

总参赛人数是单数时，无配对的棋手记为轮空，该轮结果按胜局计，但一名棋手在比赛中不能轮空两次。

舍维宁根制比赛（Scheveningen System）：两个队伍的所有成员之间都进行相互对决的一种赛制，最终积分之和的高者为胜利的队伍，通常在一些以团队为单位的表演赛中采用。

国际象棋比赛中的破同分制度（Tie-break，常缩写为 TB）

现在我们已经知道，国际象棋比赛中赢棋通常计 1 分，和棋计 0.5 分，输棋计 0 分。但在循环制或瑞士制比赛中，排名时常会出现多名棋手积分（对局总分）相同的情况。为了能够更细致且公平合理地区分出同分棋手的名次，避免出现过多排名并列的情况，除少数比赛为决出唯一冠军会采取加赛的方式外，大多数比赛都会采用几种破同分制度进一步区分棋手名次。依照赛事具体制订的破同分规则，同分棋手的排名将被进一步划分（破同分数值高者排名居前，第一项数值相同时比较第二项，以此类推），个人赛中最常见的破同分方式有以下几种。

索伯分（Sonneborn–Berger Score/SB 分）：某位棋手所击败的所有棋手的积分之和加上与该棋手和棋的所有棋手积分之和的一半（也可理解为用棋手的每局局分乘以他对手的总积分再求和），这一制度常用在循环制的比赛中。

直胜（Direct Encounter）：当同分的棋手相互之间都进行过对局时，可以用相互间的对局成绩进行破同分。

对手分 (Buchholz System)：瑞士制比赛中常用的破同分方式，以棋手所有对手的总积分（对局总成绩）之和计。

中间对手分 (Median-Buchholz)：瑞士制比赛中常用的破同分方式，以棋手所有对手的总积分之和（即对手分）再扣除积分最高和积分最低的对手积分计。

扣除对手分 I 型 (Buchholz Cut I)：对手分扣除所有对手中的最低积分后的得分。

赢棋数（Number of Games Won）：棋手在比赛中获胜的总局数。一些比赛也会仅以执黑的赢棋数（Number of Games Won with the Black Pieces）计算破同分。

执黑局数（Number of Games Played with the Black Pieces）：棋手在比赛中总共执黑的次数。

抽签（Draw of lots）：当比赛制订的多项破同分规则均不能区分同分棋手的名次时，最终可能采用抽签决定名次。

国际象棋世界冠军名录

男子世界冠军（Men's World Chess Champion）

序号	年份	姓名	国籍
1	1886 ~ 1894	威廉·斯坦尼茨　Wilhelm Steinitz	奥匈帝国/美国
2	1894 ~ 1921	伊曼纽尔·拉斯克　Emanuel Lasker	德国
3	1921 ~ 1927	若泽·劳尔·卡帕布兰卡　José Raúl Capablanca	古巴
4	1927 ~ 1935、1937 ~ 1946	亚历山大·阿列亨　Alexander Alekhine	法国
5	1935 ~ 1937	马克思·尤伟　Max Euwe	荷兰
6	1948 ~ 1957、1958 ~ 1960、1961 ~ 1963	米哈伊尔·鲍特维尼克　Mikhail Botvinnik	前苏联
7	1957 ~ 1958	瓦西里·斯梅斯洛夫　Vasily Smyslov	前苏联
8	1960 ~ 1961	米哈伊尔·塔尔　Mikhail Tal	前苏联
9	1963 ~ 1969	蒂格兰·V. 彼得罗相　Tigran V. Petrosian	前苏联
10	1969 ~ 1972	鲍里斯·斯帕斯基　Boris Spassky	前苏联
11	1972 ~ 1975	鲍比·菲舍尔　Bobby Fischer	美国
12	1975 ~ 1985	阿纳托利·卡尔波夫　Anatoly Karpov	前苏联
13	1985 ~ 2000	加里·卡斯帕罗夫　Garry Kasparov	前苏联/俄罗斯
14	2000 ~ 2007	弗拉基米尔·克拉姆尼克　Vladimir Kramnik	俄罗斯
15	2007 ~ 2013	维斯瓦纳坦·阿南德　Viswanathan Anand	印度
16	2013 ~ 2023	马格努斯·卡尔森　Magnus Carlsen	挪威
17	2023 年至今	丁立人　Ding Liren	中国

女子世界冠军 (Women's World Chess Champion)

序号	年份	姓名	国籍
1	1927 ~ 1944	薇拉·明契克　Vera Menchik	捷克斯洛伐克/英国
2	1950 ~ 1953	柳德米拉·鲁登科　Lyudmila Rudenko	前苏联
3	1953 ~ 1956、1958 ~ 1962	伊丽莎白·贝科娃　Elisaveta Bykova	前苏联
4	1956 ~ 1958	奥尔加·鲁布佐娃　Olga Rubtsova	前苏联
5	1962 ~ 1978	诺娜·加普林达什维利　Nona Gaprindashvili	前苏联
6	1978 ~ 1991	玛雅·齐布尔达尼泽　Maya Chiburdanidze	前苏联
7	1991 ~ 1996、1999 ~ 2001	谢军　Xie Jun	中国
8	1996 ~ 1999	苏珊·波尔加　Susan Polgar	匈牙利
9	2001 ~ 2004	诸宸　Zhu Chen	中国
10	2004 ~ 2006	安托阿内塔·斯坦芳诺娃　Antoaneta Stefanova	保加利亚

续表

序号	年份	姓名	国籍
11	2006 ~ 2008	许昱华　Xu Yuhua	中国
12	2008 ~ 2010	亚历山德拉·科斯坚纽克　Alexandra Kosteniuk	俄罗斯
13	2010 ~ 2012、2013 ~ 2015、2016 ~ 2017	侯逸凡　Hou Yifan	中国
14	2007 ~ 2013	安娜·乌什尼娜　Anna Ushenina	乌克兰
15	2015 ~ 2016	玛丽亚·穆兹丘克　Mariya Muzychuk	乌克兰
16	2017 ~ 2018	谭中怡　Tan Zhongyi	中国
17	2018 年至今	居文君　Ju Wenjun	中国

附录2 国际象棋常见用语（中英对照）

A

absolute pin <战术>全牵制

active 灵活的、主动的（棋子或局面）

activity <战略>子力灵活性

advantage 优势

algebraic notation 代数记谱 / 简易记谱法

analysis 对开局、残局或局面的分析

annotation 棋局评注

arbiter 裁判

attack 攻击（棋子），攻势（局势）

attraction <战术>引入

B

back rank 底线 (a、h 线)

backward pawn 落后兵

bad bishop 坏象

bishop 象

bishop pair 双象 (优势)

blindfold chess 盲棋

blitz chess 闪电棋，3~10 分钟时限的对局

blockade 拦截 (战术)、阻挡（棋子）

blunder 臭棋，大漏着（走法）

board 棋盘，（比赛）台次

book move （开局）理论走法

breakthrough 突破

bullet chess 子弹棋，低于 3 分钟的对局

bye 轮空

C

calculate 计算

capture 吃子

castle 易位

castle long 长易位

castle short 短易位

center 中心

center file/central file 中心 (d、e) 线

center pawn 中心兵

correspondence chess 通信对局

centipawn 厘兵（国际象棋软件评估局面的最小数值单位）

check 将军

checkmate 将死、杀王

chessboard 棋盘

chess clock 棋钟

chess set （一副）棋具 (棋盘和棋子)

classical chess 经典时限对局，正式比赛中的慢棋对局

clearance 腾挪（战术）

closed file 封闭的线路

closed game 封闭性布局

color/colour 颜色（棋盘或棋子）

combination 战术组合

compensation （局面性）补偿

connected passed pawns 通路联兵

connected pawns 联兵

consolidation 巩固局面

control 控制（线路、棋盘格、局势）

counterattack 反攻（走法）

counterplay 反击（行动）

cover 保护（棋子）、控制（棋盘格）

cramped 子力拥挤的（局面）
crosstable 成绩表
crushing 压倒性的（攻势、优势）

D
dark-squared bishop 黑格象
dark square 黑格
dead draw 理论和棋（子力不足和棋）
decoy 引入（战术），同 attraction
defence/defense 防守，（开局）防御
deflection 引离（战术）
desperado 绝命弃子（战术）
development 出子（速度）
diagonal 斜线
discovered attack 闪击
discovered check 闪将
domination 掌控（对手的棋子或局面）
double attack 击双（战术）
double check 双将
doubled pawns 叠兵
doubling the rooks 叠车
draw 和棋
drawish 大概会和棋的（局面）
draw offer 提和

E
edge 优势
ECO 国际象棋开局百科
Elo rating Elo 等级分
endgame 残局
endgame tablebase 残局库，同 tablebase
en passant 吃过路兵
en prise （棋子）受攻击的状态
equal 均势
equalise/equalize 使局面均势
escape square 逃跑格
evaluation/eval. 对局面的评估
exchange 交换
exchange sac/sacrifice 弃半子，用车交换马或象的弃子形式
expanded center 扩展中心
exposed king 暴露的王

F
FEN < 软件 >Forsyth-Edwards 记谱法，一种国际象棋软件运用的记谱格式
fianchetto bishop 堡垒象
FIDE 世界国际象棋联合会，国际棋联
FIDE Master/FM < 称号 > 棋联大师
FIDE rating 国际棋联等级分
fifty-move rule 五十回合和棋规则
file 直线
flag 钟旗，现常指让对手以超时方式输棋
flagged 超时输棋
flank 侧翼，指 a-c 线或 f-h 线
flight square 逃跑格，同 escape square
forced mate 强制性（无法防御）的连着杀王
forced move 受迫的走法
forced win 强制性（无法防御）的取胜手段
forcing move 强制性着法
fork 击双
fortress 堡垒

G
gambit （开局中的）弃兵
good bishop < 战略 > 好象
Grandmaster/GM < 称号 > 国际特级大师

H
half-open file < 战略 > 半开放线
hanging 无保护的
hanging pawns < 战略 > 悬兵兵形
heavy piece 重子（指车和后）
hole （兵形的）漏洞，与弱格含义相近

I

illegal move 非法行棋，不合规则的着法

illegal position 非法局面，由不合规的走法导致的局面，或指无法从初始局面以合规走法弈出的局面

inactive 不灵活的（棋子）

inaccuracy 不精确的（走法）

increment < 时限规则 > 每步棋的加时

initiative < 战略 > 先手，主动权

insufficient material 子力数量不足（和棋）

interference < 战术 > 拦截

intermediate move/intermezzo < 战术 > 过渡着

International Master/IM < 称号 > 国际大师

interpose 垫子，用棋子阻挡攻击或将军

isolated pawn < 战略 > 孤兵

IQP/isolated queen pawn/isolani < 战略 > 后翼孤兵兵形

J

j’adoube < 对弈 >“我要摆正棋子”

K

key square < 战略 > 关键格

kibitz 观棋支招（一种违背道德的观棋行为），现常指用国际象棋软件分析对局时，让国际象棋引擎支招

king 王

king’s pawn opening 王兵开局

kingside 王翼

knight 马

L

light-square bishop 白格象

liquidation 简化局面

long-range piece 能长距离移动的棋子，指后、车、象

losing 败势

loss 输棋

luft 逃跑格，同 escape square

M

main line < 开局 > 核心变例，主线变例

major piece 重子，同 heavy piece

master 大师

match 对抗赛

mate 将死，杀王，同 checkmate

material 子力，子力价值

mating attack 有杀王

mating net 杀网，能最终构成杀王的局面

middlegame 中局

minor piece 轻子，指马和象

mobility （棋子的）移动能力

move 走法，一回合（双方各一步）

move order （开局或战略的）走棋顺序

N

norm 序分（获得 GM 或 IM 所需的一种规则要求的比赛成绩）

notation 对局棋谱

novelty 开局新着（未在历史对局中出现过的开局走法）

O

open file < 战略 > 开放线

open game < 开局 > 开放性布局

opening 开局

opening repertoire < 开局 > 开局武器库（棋手运用的开局体系）

open line 开放的线路（直线或斜线）

opposite-colored bishops 异色格象

opposition 对王

OTB/over the board 面对面形式的对局，线下对局（与网络对局相对）

outpost < 战略 > 前哨

outside passed pawn < 战略 > 远端通路兵

overloaded 过载、超负荷

overprotection < 战略 > 超保护，额外保护

P

passed pawn/passer < 战略 > 通路兵

passive 被动的，受压制的

pawn 兵

pawn break 兵的突破，用兵冲破

pawn center < 战略 > 绝对中心，多兵中心

pawn chain < 战略 > 兵链

pawn island < 战略 > 兵岛

pawn majority < 战略 >（在某侧）多兵

pawn minority < 战略 >（在某侧）少兵

pawn structure < 战略 > 兵形

pawn storm < 战略 > 兵涛，指在一侧用多个兵冲锋的方式进攻

perpetual check 长将（和棋）

PGN < 软 件 >Portable Game Notation，一种存储国际象棋棋谱的电脑文件格式

piece 棋子，或特指大子（除兵和王以外的子）

pin 牵制

playable 可行的，站得住脚的（开局，局面或走法）

ply < 软件 > 国际象棋软件术语，半回合的，（白或黑的）一着棋，国际象棋引擎分析局面的深度单位

positional play 局面性弈法，运用局面的优势或劣势的对弈手段

positional sacrifice < 战略 > 局面性棋子

post mortem （比赛）对局后的拆解，复盘、讨论

preparation （开局）准备

promotion 升变

prophylaxis < 战略 > 预防性手段

protected passed pawn < 战略 > 有根通路兵

Q

queen 后

queening（使兵）升变成后

queen's pawn opening 后兵开局

queenside 后翼

quiet move 平静的走法，不造成攻击也不吃子的走法

R

rank 横线

rapid chess 快棋

rating 等级分

recapture （被吃子后）吃回

refute （开局或战略）被有效反制

refutation（开局或战略）有效的反制手段

relative pin < 战术 > 半牵制

repertoire 同 opening repertoire

resign 认输

rook 车

S

sac/sacrifice 弃子

score 积分，成绩，棋谱

score sheet 棋谱记录纸

semi-open file 半开放线

semi-open game 半开放性布局

sharp 尖锐的、冒险的、战术性强的（指局面、走法、棋手风格等）

simplification 简化，同 liquidation

simultaneous chess 车轮战，同时与多人对弈

skewer < 战术 > 串击

smothered mate < 战术 > 闷杀

solid 坚固的、稳健的、平稳的（指局面、走法、棋手风格等），与 sharp 相对

sound 合理的，可行的（走法）

space < 战略 > 空间

squeeze < 战略 >（用兵）压制对手棋子的移动能力

stalemate < 规则 > 逼和

strategy 战略

strong square < 战略 > 强格，与弱格相对

swap 交换，同 exchange

symmetry 对称的，通常指双方兵形相同

T

tablebase <计算机>记录简单残局（子力数量较少）的理论结果的数据库

tactic 战术，战术性，战术形式

technique 残局技术，尤指将优势转化成胜势的能力

tempo 速度

theoretical draw 理论和棋

threat 威胁

threefold repetition 三次重复局面

tiebreak/TB 破同分

time control 对局时限

time pressure 用时紧张，时间压力

trade 交换，同 exchange

transposition 不同顺序的相同开局局面

trap 陷阱

two bishops 双象（优势）

U

undermining 削弱、瓦解

underpromotion 低升变（升变为非后的子）

unpinning 解除牵制

unsound 不可靠的

V

variant 国际象棋变体（国际象棋趣味玩法）

variation （开局）变例，（棋局分析）变化

W

waiting move 等着

weakness 弱点

weak square 弱格

WFM 女子棋联大师

WGM 女子特级大师

white 白方

WIM 女子国际大师

win 胜

wing 侧翼（a-c、f-h 线的区域），同 flank

winning position 胜势的局面

World Champion/Wch 世界冠军

X

X-ray 穿透（战术）

Z

zeitnot <德>用时紧张，同 time pressure

zugzwang 逼走劣着（战术）

zwischenschach <德>将军形式的过渡着

zwischenzug <德>过渡着